वाणी प्रकाशन

21-ए, दरियागंज, नई दिल्ली-110002

फोन : 011-23273167, 23275710, 4156262

फैक्स : 011-23275710

e-mail : vani_prakashan@yahoo.com

अज्ञेय
कवि और काव्य

डॉ. राजेन्द्र प्रसाद

वाणी प्रकाशन

वाणी प्रकाशन

4695, 21-ए, दरियागंज, नयी दिल्ली 110 002

शाखा

अशोक राजपथ, पटना 800 004

फ़ोनः +91 11 23273167 फ़ैक्स: +91 11 23275710

www.vaniprakashan.in
vaniprakashan@gmail.com

AGYEYA : KAVI AUR KAVYA
by Dr. Rajendra Prasad

ISBN : 978-81-7055-761-6

Criticism

संस्करण 2001
आवृत्ति 2013

मूल्य : ₹495

न्यू कृष्णा ऑफ़सेट, दिल्ली-110 093 में मुद्रित

वाणी प्रकाशन का लोगो मक़बूल फ़िदा हुसेन की कूची से

आमुख

हिन्दी साहित्य में ''अज्ञेय'' के साथ प्रयोगवाद का पदार्पण हुआ और उससे जुड़कर नयी कविता आई। आरम्भ में अनेक वर्षों तक नयी कविता उपेक्षा एवं विवाद का विषय रह चुकी है। किंतु अब बात वही नहीं रही। विभिन्न विश्वविद्यालयों के पाठ्यक्रमों में नये कवियों को प्रवेश मिल चुका है। जो समीक्षक-आलोचक-अध्यापक नयी कविता के नाम से ही मुँह बना लेते--बिदक उठते थे, वे या तो अब ढीले पड़ गये हैं या अपना उत्तरदायित्व समझकर इसके अध्ययन और अध्यापन की समस्या से जूझ रहे हैं।

नये कवियों में अज्ञेय निःसन्देह सबसे प्रखर व्यक्तित्व के स्वामी हैं। उनकी ही कविताओं के साक्ष्य पर यह कहा जा सकता है कि वे आधुनिक हैं, नये हैं, 'बीहड़ में अकेले चलने वाले' तथा 'अनुभव की भट्ठी में' अपनी अन्तर्दृष्टि को शोधित करनेवाले कवि हैं। 'बिजली-सी त्वरग एवं अमोघ पंजे के समान बलिष्ठ जीवानानुभूति' को उन्होंने भोगा है और पौधे की तरह कचरा, राख, अशुच आदि को अपने तक सीमित रखकर रूप-शिव तथा भाव-सत्य का सृजन किया है। कवियों में वे पूरब और पश्चिम के, पुरातन और अधुनातन के, सामाजिक यथार्थ-बोध और व्यक्तिगत अध्यात्म-बोध के बीच 'सेतु' हैं।

उन्होंने कविता में भावनाओं के आक्रमण को रोका है और बौद्धिकता को जगह दी है। भावनाओं को खाद समझकर दबा देने के कारण अज्ञेय चिन्तनशील हो उठे हैं। किसी के सत्य को भले ही उन्होंने अपने विचारों के सन्दर्भ में जोड़ लिया हो, वे अपने 'रागदीप्त सत्य' को उपलब्ध करने में सफल हुए हैं। वाद, रूढ़ि, परायी उपलब्धि और पराये प्रकाश की तुलना में उन्हें अपना 'कच्चा और हरा अन्धकार' प्यारा है। अग्रजों के प्रकाश से वे लाभान्वित न हुए हों यह बात नहीं किंतु अपने 'कच्चे अन्धकार' में 'प्रकाश की सुरंग' उनकी अपनी है। रही प्रभावित होने की बात तो इसका उत्तर यही है कि सभी प्रभावित होते हैं—छोटे भी, बड़े भी, ज्ञानी भी, ध्यानी भी। यदि कोई 'विमूढ़' हो तो बात दूसरी है क्योंकि उसके ऊपर 'जगत्‌गति' का कोई प्रभाव नहीं पड़ता।

अज्ञेय की दृष्टि में शब्द ईश्वर है, शब्द 'रहस' है तथा वह अपने आप में इति है। काव्य में शब्द के महत्त्व को जानने और मानने के कारण उन्होंने उसे 'रत्नों की लड़ी', 'नैवेद्य' आदि बनाने की चेष्टा की है। शब्दों के नाम पर ढेर सारा 'फिचकुर' देने से वे बचे हैं। अज्ञेय ने स्वयं अपने कवि के लिए द्रष्टा, उन्मेष्टा, संधाता, अर्थवाह, कृतव्यय आदि संज्ञाएँ दी हैं किंतु इन सबसे बढ़कर वे अज्ञेय हैं :

रहा अज्ञ, निज को कहा अज्ञेय,
हुआ विज्ञ, सो यह रहा अज्ञेय।

अज्ञ और विज्ञ दोनों ही स्थितियों में वे स्वयं अपने लिए अज्ञेय पदवाची रहे तो भला पाठकों के लिए ज्ञेय कहाँ से हो उठेंगे। कोई भी समीक्षक आलोचक या प्राध्यापक उनके अज्ञेयत्व को पूर्णतया खंडित कर देगा ऐसी आशा नहीं है किंतु फिर भी उनकी कविता के अध्ययन-विवेचन-विश्लेषण के माध्यम से अज्ञेय में सेंध मारने की चेष्टा तो की ही जा सकती है। बहुतों ने निष्ठापूर्वक ऐसी चेष्टाएँ की भी हैं। यों तो कवि-चेतना की 'वापिका' बड़ी गहरी और 'धुंध ढकी' है तथापि इस पुस्तक के रूप में उस वापिका में झाँकने का एक लघु-प्रयत्न मेरी ओर से भी।

डॉ. राजेन्द्र प्रसाद

द्वितीय संस्करण की भूमिका

पुस्तक के प्रथम प्रकाशन से द्वितीय संस्करण तक बहुत कुछ बदल गया है। प्रथम प्रकाशन के समय अज्ञेय जीवित थे, उनकी लेखनी जाग्रत थी, उनकी काव्य-चेतना क्रमशः विकसित होती हुई प्रौढ़ से प्रौढ़तर हो रही थी। इस बीच अज्ञेय की अनेक रचनाएँ प्रकाशित हुई हैं। कवि की सर्जक मनीषा काव्य-जीवन के आरंभ से ही 'अनपुजी परती' तोड़ने का संकल्प लिये हुए थी। 'अनपुजी परती' तोड़ते हुए वे किसी 'अन्तः सलिला' तक पहुँचे थे। अपने काव्य-जीवन के अंतिम दशक तक उन्होंने यह पहचान लिया था कि भले ही 'बाहर' 'सूखी रेत का विस्तार' हो—उनकी 'अंतः सलिला' 'सदानीरा' है।

अब अज्ञेय हमारे बीच नहीं हैं। उनके साथ ही एक साहित्यिक युग का, सत्यान्वेषण के क्षेत्र के एक 'बावरे अहेरी' का अवसान हो गया है।

जब यह पुस्तक प्रकाशित हुई थी, अज्ञेय पर समीक्षात्मक पुस्तकें बहुत कम थीं। आज उनकी संख्या तो बढ़ गयी है किंतु अभी तक कवि अज्ञेय के मूल्यांकन का समग्र प्रयास नहीं हुआ है। कुछ प्रतिष्ठित लेखक हैं, जो अज्ञेय पर दो-एक समीक्षात्मक लेख लिखकर अथवा उनके काव्य के दो-तीन मुद्दों पर चर्चा चलाकर ही संतुष्ट हो लेते हैं। कुछ शोधार्थी हैं, जो विशेष दृष्टि से अज्ञेय के काव्य का अध्ययन प्रस्तुत करते हैं।

इस पुस्तक के प्रकाशन के बाद जिन सहयोगी बन्धुओं, शोधार्थियों, पाठकों ने अनुकूल प्रतिक्रियाओं एवं सम्मति से लेखक का उत्साह-वर्द्धन किया, लेखक उनका हृदय से आभारी है। दूसरे संस्करण के अवसर पर 'कृतिकार का परिचय' और 'कृतियों का परिचय' से संबंधित सामग्री में बहुत कुछ नया जोड़ना पड़ा है, जो आवश्यक था। इसके अतिरिक्त 'संवेदना के धरातल' के अन्तर्गत 'यथार्थ और रोमान' तथा 'शिल्प-विधान' के अन्तर्गत 'मौन' विषय पर स्वतंत्र रूप से विशिष्ट सामग्री जोड़ दी गई है। लेखक यह मानता है कि अज्ञेय के कवि-व्यक्तित्व पर विचार के लिए अभी अनेक मुद्दे शेष हैं। इस पुस्तक में उसे रखना कदाचित समीचीन नहीं होता इसलिए इस संबंध में लेखक की दूसरी पुस्तक योजनाधीन है।

अंत में लेखक, अज्ञेय की 'बावरा अहेरी' कविता की कुछ पंक्तियों को उनके लिए ही पढ़ना चाहता है :

'कि तुझे देखूँ,
देखूँ, और मन में कृतज्ञता उमड़ आय
पहनूँ सिरोपे-से ये कनक-तार तेरे-
बावरे अहेरी रे!'

डॉ. राजेन्द्र प्रसाद

3, सवेरा एपार्टमेंट्स, रोहिणी, दिल्ली

अनुक्रम

कृतिकार का परिचय

'मैं मरूँगा सुखी
मैंने जीवन की धज्जियाँ उड़ाई हैं !'

(इत्यलम्)

कृतिकार का परिचय

किसी भी कवि या कृतिकार का परिचय लिखना इतना सरल नहीं है, जितना प्रायः मान लिया जाता है। इसका कारण यह है कि परिचय के नाम पर चाहे कोई किसी कवि के व्यक्तिगत, पारिवारिक और सामाजिक जीवन के कितने ही तथ्य क्यों न एकत्रित कर ले, व्यक्तित्व की विशेषताएँ निरूपित करे, विश्लेषण करे, वह उसके सम्पूर्ण-परिचय को नहीं पा सकता। इन्हीं अर्थों में हर समर्थ सर्जक अज्ञेय होता है। तथापि किसी कृतिकार के आन्तरिक व्यक्तित्व को जानने का यदि कोई विशेष उपयोगी माध्यम है तो वह है कवि का अपना ही रचना संसार। उनकी कृतियाँ ही मानो दर्पण हैं जिनमें कवि का अन्तस् प्रतिबिम्बित होता है। एक ओर जहाँ किसी कृति में युग-सत्य झाँकता है वहाँ दूसरी ओर कवि का अपना व्यक्ति-सत्य भी उसमें निहित होता है। वास्तव में किसी कृति में जो कुछ भी है, वह कवि के अन्तर्जगत् से गुजरता हुआ काव्य-रूप में उतरा है इसलिए उसमें उसके निजत्व की छाप अवश्य रहती है। इसका सीधा अर्थ यही है कि यदि हमें किसी कृतिकार का परिचय प्राप्त करना है तो इसके लिए हमें उसके काव्य-जगत् में प्रवेश करना होगा। हमें पूरी सजगता से देखना होगा कि कहाँ-कहाँ कवि का युग-बोध उसके निजत्व से जुड़ा हुआ है, कहाँ-कहाँ उसकी अनुभूतियों की परिधि में आने वाले तथ्य उसके व्यक्ति-सत्य से जुड़कर आये हैं तथा कौन से आरोपित हैं। काव्य में सब कुछ इतने संश्लिष्ट रूप में होता है कि शायद ही कोई दो-टूक निर्णय लेकर कुछ कह सके। ऐसी हालत में संपूर्ण परिचय दे पाने की बात करना धृष्टता ही कही जा सकती है। हाँ, अध्ययन का एक क्रम निश्चित किया जा सकता है, जिससे कृतिकार को जाना जा सके। उसी क्रम में जीवन-वृत्त से संबंधित स्थूल-तथ्य, शिक्षा-दीक्षा, आरंभिक जीवन के पारिवारिक-सामाजिक परिवेश, व्यवसाय तथा व्यक्तित्व को रेखांकित करने वाले तथ्यों की जानकारी एकत्रित करना अपेक्षित है। विभिन्न संदर्भों में कवि की विचारधारा और मान्यताओं का अध्ययन भी आवश्यक है। कवि की रचनाओं में निहित संवेदन-तत्त्व और शिल्प-तत्त्व के विश्लेषण एवं आकलन को भी इस क्रम की अंतिम और सर्वाधिक महत्त्वपूर्ण कड़ी माना जा सकता है। प्रस्तुत प्रबंध में अज्ञेय को जानने-परखने का—विशेषकर उनके कवि-रूप से साक्षात् का प्रयास लगभग इसी क्रम में किया जा रहा है।

आरंभिक जीवन और शिक्षा :

अज्ञेय का वास्तविक नाम सच्चिदानंद वात्स्यायन अज्ञेय है और पूरा नाम सच्चिदानंद हीरानंद वात्स्यायन अज्ञेय। श्री हीरानंद वात्स्यायन इनके पिता का नाम है। अज्ञेय के पिता पुरातत्त्व विभाग में एक उच्च पदाधिकारी थे। उनका बहुत-सा समय पुरातत्त्व खुदाई-शिविर

में बीता था। अज्ञेय का जन्म भी एक खुदाई-शिविर में ही हुआ। उन दिनों श्री हीरानंद जी कसया (जिला देवरिया) के एक खुदाई-शिविर में सपरिवार रह रहे थे। अज्ञेय का जन्म यहीं सात मार्च सन् 1911 को हुआ। यह स्थान गोरखपुर के पास है।

कसया का संबंध "कुशीनगर" से भी जोड़ा जाता है, जो भगवान बुद्ध के निर्वाण का स्थान है। कसया अर्थात् कुशीनगर में जन्म लेना अज्ञेय के लिए विशेष महत्त्व रखता है। इसका एक विवरण अज्ञेय के उपन्यास 'शेखर : एक जीवनी' में मिलता है। यद्यपि 'शेखर : एक जीवनी' का 'शेखर' एवं अज्ञेय एक ही नहीं हैं किंतु स्वयं अज्ञेय ने इस पुस्तक की भूमिका में लिखा है – "शिशु मानस के चित्रण की सच्चाई के लिए मैंने 'शेखर' के आरंभ के खण्डों में घटनास्थल अपने ही जीवन से चुने हैं।"[1] इसका अर्थ यह है कि 'शेखर' के जन्म का जो विवरण उपन्यास में प्रस्तुत है उसे अज्ञेय से संबंधित मान लिया जा सकता है। वह विवरण इस प्रकार है – "जिन खण्डहरों के मध्य में उसका जन्म हुआ था, वे एक बौद्ध विहार के खण्डहर थे। वहाँ उसी दिन गौतम बुद्ध की अस्थियों की एक मंजूषा निकली थी, जिसकी उपासना करके वे भिक्षु उसके पिता के पास अतिथि होकर आये थे। वहाँ आकर जब उन्होंने देखा कि उसी दिन इस शिशु का जन्म हुआ है, तब उन्होंने पिता से कहा – "यह शिशु बुद्ध का अवतार है। इसको बौद्ध-धर्म की दीक्षा देना।"[2]

बौद्ध-धर्म की दीक्षा अज्ञेय ने चाहे न ली हो किंतु कुशीनगर और उससे जुड़े हुए बुद्ध ने अज्ञेय को कहीं भीतर से छू अवश्य लिया। एक बौद्ध-श्रमण की तरह ही वे कभी एक जगह टिक कर न रह पाये। आत्मान्वेषण के प्रति सदैव एक आस्था अज्ञेय में रही है। सन् 1960 में जब वे दूसरी बार यूरोप-यात्रा पर निकले, इनका परिचय फ्रांस के कट्टर कैथोलिक पादरी पियेर दानियेलू से हुआ और एक महीने तक मसीही साधना की गहराइयों में प्रविष्टि होने के निमित्त वे 'पियरे द क्ववीर' के मठ में भी रहे। उनका मठ में निवास भीतर में छिपे किसी सत्यान्वेषी की ओर संकेत अवश्य करता है। कोई आश्चर्य नहीं कि अज्ञेय के भीतर कहीं शिशु बुद्ध छिपा रहा हो, जो जिज्ञासा एवं करुणा को कभी नहीं छोड़ता। 'अरी ओ करुणा प्रभामय' में बुद्ध संबंधी दो कविताएँ हैं – 'हे अमिताभ' और 'साम्राज्ञी का नैवेद्य दान।' पहली कविता में कवि स्वयं अमिताभ (बुद्ध) से प्रार्थना करता है :

'हे अमिताभ !
नभ पूरित आलोक,
सुख से, सुरुचि से, रूप से, भरे ओकः
हे अवलोकित
हे हिरण्याभ !'

---

1. 'शेखर : एक जीवनी', भाग-1, -9
2. 'शेखर : एक जीवनी', भाग-1, -48

दूसरी कविता में एक साम्राज्ञी कारुणिक बुद्ध के प्रति नैवेद्य प्रस्तुत करती है—

हे महा बुद्ध !
मैं मंदिर में आई हूँ
रीते हाथ :
फूल मैं ला न सकी।......
जो फूल जहाँ है,
जो भी सुख
जिस भी डाली पर
हुआ पल्लवित, पुलकित
मैं उसे वहीं पर
अक्षत, अनाघ्रात, अस्पृष्ट, अनाविल,
हे महा बुद्ध !
अर्पित करती हूँ तुझे **(अरी ओ करुणा प्रभामय)**

'अरी ओ करुणा प्रभामय' की उपर्युक्त कविताएँ बुद्ध के प्रति उनके लगाव को द्योतित करती हैं। इसके अतिरिक्त अनेक कविताओं में 'करुणा' की उपस्थिति विद्यमान है। 'दीप पत्थर का' कविता में कवि 'करुणा प्रभामय' का आह्वान करना चाहता है। करुणा की उपस्थिति और उसके आह्वान में भी बुद्ध से जुड़ने की आकांक्षा देखी जा सकती है।

अज्ञेय को बचपन में ही अनेक जगहों को देखने और घूमने का अवसर मिला। अपने कार्य के सिलसिले में श्री हीरानंद जी को अनेक स्थानों पर रहना पड़ा था। परिणामस्वरूप अज्ञेय को श्रीनगर, नालंदा, पटना, लाहौर, लखनऊ, बड़ौदा, मद्रास, उटकमंड आदि देखने और घूमने का अवसर अनायास मिला। पिताजी के कार्य-क्षेत्र के बदलते रहने के कारण ही अज्ञेय की शिक्षा एक स्थान पर संपन्न न हो सकी। उनकी शिक्षा का आरंभ लखनऊ में संस्कृत के श्लोकों को याद करने की मौखिक परंपरा से हुआ। श्रीनगर एवं जम्मू में संस्कृत, फारसी और अंग्रेजी की प्रारंभिक शिक्षा मिली। नालंदा एवं पटना में राखालदास के संपर्क में आकर उन्होंने बंगला का ज्ञान अर्जित किया। सन् 1925 में हाई स्कूल परीक्षा पंजाब से, इंटर साइंस सन् 1927 में मद्रास से एवं बी. एस. सी. सन् 1929 में फारमन कॉलेज, लाहौर से उत्तीर्ण की।

सन् 1929 में ही अज्ञेय ने एम. ए. अंग्रेजी प्रथम वर्ष में प्रवेश लिया किंतु एम. ए. की पढ़ाई वे पूरी न कर सके। पढ़ाई पूरी न कर पाने का कारण था उनके क्रांतिकारी जीवन का आरंभ। इस प्रकार अज्ञेय के विधिवत् विद्यालयी-शिक्षा ग्रहण करने का क्रम यहीं समाप्त हो जाता है। विद्यार्थी जीवन में ही इनका संपर्क अमेरिकी प्रोफेसर डेनियल से हुआ। प्रो. बनेड ने इन्हें ब्राउनिंग की ओर उन्मुख किया। इन्हीं दिनों अंग्रेजी साहित्य

एवं बाइबिल के अध्ययन में उनकी विशेष रुचि उत्पन्न हो गई थी। साहित्य-जगत् में तब तक कवीन्द्र रवीन्द्र का प्रभाव जम चुका था। अज्ञेय रवीन्द्र के प्रति भी पूरी तरह आकर्षित हुए। छात्र-जीवन में ही बाइबिल ज्ञान और रवीन्द्र के अध्ययन के लिए अज्ञेय को विशेष पुरस्कार मिला था।

अज्ञेय के आरंभिक जीवन के परिवेश की दृष्टि से कुछ बातें इस प्रकार हैं। जिस परिवार में अज्ञेय पैदा हुए थे वह संस्कारी पण्डित का परिवार था। पिता श्री हीरानन्द निर्भय स्वभाव के थे एवं किसी से भी दान न लेने का व्रत उन्होंने ले रखा था। विद्यानिवास मिश्र ने, 'आज के लोकप्रिय हिन्दी कवि : अज्ञेय' की भूमिका में अज्ञेय के पिता के सम्बन्ध में लिखा है– "वे संस्कृत के पुराने ढंग के पण्डित थे, पर इसके साथ ही उनमें देश, भाषा और वर्ण का स्वाभिमान बहुत ज्वलंत था। कठोर अनुशासन में विश्वास करते हुए भी वे प्रतिभा के स्वतन्त्र विस्तार में बाधक नहीं थे।" अज्ञेय को पिता के उपर्युक्त स्वभाव ने बहुत प्रभावित किया। अज्ञेय में भी एक प्रकार की निर्भयता, अनुशासनप्रियता और स्वाभिमान विद्यमान है। अज्ञेय पर उनकी माता का प्रभाव कम पड़ा।

अज्ञेय के बाल्यकाल के परिवेश का चित्रण प्रकारान्तर से 'शेखर : एक जीवनी' में मिलता है। वहाँ अनेक ऐसे तथ्य विस्तार से वर्णित हैं, जिनका संबंध अज्ञेय के बचपन से जोड़ा जा सकता है। दो-तीन ऐसे अंशों का हवाला देना यहाँ उपयुक्त होगा – 'शेखर' को पढ़ाने के लिए मास्टर रखा जाता है किन्तु 'शेखर' का ध्यान पढ़ाई में नहीं है। शिक्षक आकर देखता है कि उसका शिष्य कुर्सी की पीठ पकड़े अपना सिर उस पर लगातार पटक रहा है। पूछने पर वह जवाब देता है कि वह अपने सिर को पक्का कर रहा है। चार वर्ष की उम्र में ही 'शेखर' अनुभव करता है कि वह अकेला है और अकेलापन अनुभव कर रहा है, साथ ही यह भी कि वह औरों से भिन्न है, शायद बुरा है। अकेलेपन ने बाल्यकाल में ही शेखर को अत्यंत संवेदनशील बना दिया है। विश्लेषण के द्वारा वह यह भी जान लेता है कि मनुष्य को सबसे अधिक प्रभावित करने वाले तथ्य हैं अहन्ता, भय और सेक्स।

बाल्यकालीन परिवेश का दूसरा रूप था पिता के बार-बार स्थानान्तरण के कारण एक ऐसे अवसर का अनायास मिलते रहना जिससे अज्ञेय विभिन्न जगहों के अनुभव से परिचित हो सके। इस परिस्थिति ने अज्ञेय में यायावरी वृत्ति को जन्म दिया और यायावरी वृत्ति ने अनासक्ति को। एक जगह जाना, कुछ दिनों-महीनों तक रहना, फिर वहाँ से बोरिया-बिस्तर बाँध कर कूच कर देना, ऐसे में भला किसी स्थान के प्रति आसक्ति पनप ही कैसे सकती है।

कॉलेज-जीवन में अज्ञेय का परिवेश विस्तृत हो गया। उनका संबंध व्यापक समाज से जुड़ गया। इन्हीं दिनों उनका परिचय देश में हो रही उथल-पुथल से हुआ और क्रान्तिकारियों से उनका सम्पर्क बढ़ा। इस परिवेश ने उन्हें अन्ततः क्रान्ति का सहभोक्ता बनाने के लिए अपनी धारा में खींच लिया।

क्रान्तिकारी जीवन :

जब अभी अज्ञेय छात्र ही थे भारतवर्ष में आजादी के लिए संघर्ष तीव्र हो उठा था। सन् 1927 में भगत सिंह, चन्द्र शेखर आजाद आदि के नेतृत्व में क्रांतिकारी नौजवानों ने सशस्त्र क्रांति का आह्वान कर दिया था। 'हिन्दुस्तान समाजवादी प्रजातन्त्र सेना' का गठन हो चुका था, और इसके नौजवान सदस्य स्वतंत्रता के साथ-साथ सर्वहारा वर्ग तथा किसान समुदाय के लिए सच्ची आर्थिक आजादी का लक्ष्य लेकर संघर्षरत हो गए थे। युवक अज्ञेय इस ओर आकर्षित हुए। उनके राजनीतिक परिचय का क्षेत्र बढ़ा। धीरे-धीरे उनका परिचय चन्द्रशेखर आजाद, सुखदेव, भगवती चरण, वोहरा आदि क्रांतिकारियों से हुआ। जलियाँवाला कांड की घटना के आस पास वे पंजाब की यात्रा पर गए फलस्वरूप उनमें अंग्रेजी साम्राज्यवाद के विरुद्ध विद्रोह की भावना प्रबल रूप से उत्पन्न हो गई।

यों तो अज्ञेय सन् 1927 में ही क्रांतिकारियों के गहरे संपर्क में आ गए थे किन्तु उनका वास्तविक क्रांतिकारी जीवन सन् 1930 से शुरू होता है। इसी वर्ष कुछ क्रांतिकारियों ने मिल कर भगत सिंह को छुड़ाने की योजना बनाई, जिसमें अज्ञेय भी शामिल थे। यही इनका और उनके साथियों का पहला क्रांतिकारी कार्यक्रम था। इसके बाद इसी वर्ष दिल्ली में कुछ विद्रोही साथियों के साथ बम बनाने की योजना बनाई गई। ऊपरी तौर पर ये लोग 'दिल्ली हिमालयन-टॉयलेट्स फैक्ट्री' बनाने की योजना को साकार रूप दे रहे थे, किंतु भीतरी तौर पर छिपकर बम बनाने की योजना चल रही थी। इसमें अज्ञेय फैक्ट्री के वैज्ञानिक सलाहकार के तौर पर नियुक्त किए गए थे। इसी कार्यक्रम को अमृतसर में शुरू करने की योजना भी तैयार हो चुकी थी किन्तु ये योजनाएँ सफल नहीं हो सकी और अज्ञेय 15 नवम्बर सन् 1930 को गिरफ्तार हो गए। इसके बाद जेल में बंद होने और छूटने का सिलसिला शुरू हुआ। उन दिनों के संबंध में विद्यानिवास मिश्र ने लिखा है – "गिरफ्तारी के बाद एक महीने लाहौर के किले में, फिर अमृतसर की हवालात में। यहीं से यातना शुरू हुई। आर्म्स एक्ट वाले मुकदमे में ये छूटे, पर दिल्ली में 1930 में नया मुकदमा शुरू किया गया। यह मुकदमा 1933 तक चलता रहा। दिल्ली जेल में ही काल कोठरी में बन्द रहे....1934 की फरवरी में छूटे। फिर लाहौर में दूसरे कानून के अन्तर्गत नजरबंद किए गए....1934 के मध्य में घर के अन्दर नजरबंदी हो गई......नजरबंदी हटने तक ये डलहौजी और लाहौर रहे।" इस प्रकार उन्हें कई वर्षों तक यातनापूर्ण जिन्दगी जीनी पड़ी। इन्हीं दिनों इनके छोटे भाई और माता की मृत्यु हो गई तथा पिता नौकरी से निवृत्त हो गए।

सन् 1929 से 1936 तक का काल अज्ञेय के लिए अत्यन्त ही संघर्षमय और कष्टपूर्ण रहा। उन्होंने लगभग सात वर्षों तक क्रांतिकारी जीवन जीया। इन्हीं दिनों रावी के पुल से छलांग लगाने के कारण घुटने की टोपी उतर गई जिसका दर्द आज भी कभी-कभी लौट आता है। अज्ञेय के क्रांतिकारी जीवन के इस हिस्से ने पूरे अज्ञेय को आन्दोलित कर दिया। जेल के दिनों का अधिकांश समय उन्होंने अध्ययन, चिंतन और मनन में बिताया था।

'चिंता' और 'शेखर' की रचना दिल्ली जेल में हुई। 'कोठरी की बात' तथा 'एकायन' की रचना इन्होंने लाहौर में नजरबंदी के दिनों में की। बाहर आ कर वे और भी गंभीर हो गए। उनके आत्म-मंथन ने स्वप्न-भंग को जन्म दिया और स्वप्न-भंग ने पीड़ा को। वे अधिकतर मौन और एकाकी रहने लगे। किन्तु जेल में रहते हुए शारीरिक और मानसिक यातना के जिस दौर से वे गुजरे वह बेकार नहीं गया। आत्म-मंथन ने जहाँ उन्हें स्वप्न-भंग की पीड़ा दी वहीं एक आत्मबोध भी उनमें जागा। दुःख सबको माँजता है, इस सत्य को भी उन्होंने करीब से जाना और यह भी कि दुःख चाहे स्वयं सबको मुक्ति देना नहीं जानता किन्तु जिनको माँजता है, उन्हें सीख देता है कि सब को मुक्त रखे।[1]

क्रांति की जो चिनगारी सन् 1926 में उनके हृदय में पूरे आवेग के साथ फूट पड़ी थी वह उनके स्वभाव में अपना अमिट प्रभाव छोड़ गई। उनकी अनेक कविताओं में जो विद्रोह की भावना मिलती है उसका श्रेय उनके क्रांतिकारी जीवन और स्वभाव को जाता है। शुरू-शुरू में उनका विद्रोह विदेशियों के प्रति था किन्तु बाद में वह अपने ही देश के शोषकों के प्रति हो गया। 'इत्यलम' में एक जगह उनके इस बदले हुए विद्रोह की भावना को हम देखते हैं–

तुम जो महलों में बैठे दे सकते हो आदेश–
'मरने दो बच्चे, ले आओ खींच पकड़ कर केश।'
नहीं देख सकते निर्धन के घर दो मुट्ठी धान–
सुनो, तुम्हें ललकार रहा हूँ, सुनो घृणा का गान।

कर्मक्षेत्र : जुड़ने और टूटने का एक निर्बंध क्रम :

सन् 1936 में अज्ञेय के जीवन में एक नया मोड़ आया। अब उन्हें कर्मक्षेत्र में उतरना था। कुछ ऐसा काम करना था, जिससे जीविका के लिए उपार्जन हो सके। इस दृष्टि से पहला काम संपादन का है। इसी वर्ष वे 'सैनिक' पत्रिका के संपादक-मंडल में शामिल हुए किंतु साल भर से अधिक टिक न सके। कुछ दिनों तक किसान आंदोलन में काम किया फिर वह भी बंद। सन् 1936 में पंडित बनारसी दास चतुर्वेदी के आग्रह पर 'विशाल भारत' के संपादकीय विभाग में काम करने कलकत्ता पहुँचे किन्तु डेढ़ वर्ष से ज्यादा वहाँ रहना संभव नहीं हुआ। कुछ दिनों तक पिता के पास बड़ौदा में रहे फिर सन् 1939 में रेडियो में नौकरी कर ली। यह नौकरी भी छोड़ी और 1943 में वे सेना में भरती हुए। असम-वर्मा फ्रंट पर सैनिक रूप में उनकी नियुक्ति हुई थी किन्तु यहाँ भी उन्हें व्यक्तिगत कारणों से नौकरी से मुक्ति के लिए आवेदन देना पड़ा और 1946 में वे इस नौकरी से मुक्त हो गए। 1947 से वे 'प्रतीक' के प्रकाशन से जुड़ गये। 'प्रतीक' में अज्ञेय को बहुत अधिक आर्थिक हानि उठानी पड़ी फलस्वरूप क्षतिपूर्ति के लिए 1950 में फिर से वे रेडियो की नौकरी में आ गये।

1. 'हरी घास पर क्षण भर' -55

सन् 1952 से 1965 की जनवरी तक उनके निवास-स्थान कई बार बदले। इस बीच उन्होंने अनेक यात्राएँ कीं। 1952-55 तक उन्होंने भारत के कलातीर्थों की कई बार यात्रा की। 1955 में पहली बार 'यूनेस्को' के निमंत्रण पर पश्चिमी यूरोप की यात्रा पर गये। वहाँ वे अनेक कवियों, लेखकों और चिंतकों से मिले। 1955 में उन्हें जापान और फिलीपीन की यात्रा का अवसर मिला। वहाँ उनका परिचय जापानी कविता की प्रवृत्तियों से हुआ। 1960 में तीन-चार महीने के लिए दोबारा यूरोप-यात्रा पर गये। 1960 में ही कैलिफोर्निया विश्वविद्यालय में भारतीय संस्कृति एवं साहित्य पढ़ाने के लिए अध्यापक नियुक्त हुए। इस बार उन्हें अमेरिका-भ्रमण का अवसर मिला। 1966 में उन्हें रूमानियाँ, युगोस्लाविया, रूस तथा मंगोलिया की यात्रा का अवसर मिला। 1967 में एक सेमिनार में हिस्सा लेने आस्ट्रेलिया गये। भारत में भी समय-समय पर उनका निवास वदलता रहा। 1947-50 के बीच निवास इलाहाबाद रहा। 1950 से 55 तक दिल्ली रहे। 1957-58 में पुनः निवासस्थल इलाहाबाद हो गया। 1958-60 में निवास फिर बदलकर दिल्ली हो गया।

फरवरी 1965 में अज्ञेय 'दिनमान' साप्ताहिक के संपादक बने। काफी अरसे तक दिल्ली रहने के बाद 'दिनमान' की संपादकी छोड़कर जोधपुर विश्वविद्यालय में भाषा विभाग के निदेशक नियुक्त हुए और वहीं रहने लगे। वहाँ भी टिकना उनहोंने स्वीकार नहीं किया। उसके उपरान्त वे दिल्ली आ गये। 1973 में 'प्रतीक' को नये रूप में जीवित कर उसे फिर से प्रकाशित करने लगे। इसमें घाटा होने लगा तब आत्मीय जनों के आग्रह पर इसे बंद करना पड़ा। 1977 में उन्होंने 'नवभारत टाइम्स' के सम्पादन का भार सँभाला किन्तु अगस्त 1975 में इससे अलग हो गये।

सन् 1979 का वर्ष एक अन्य कारण से भी उल्लेखनीय है। इसी वर्ष 'कितनी नावों में कितनी बार' कविता-संकलन के लिए अज्ञेय को 'भारतीय ज्ञानपीठ' पुरस्कार मिला। 'भारतीय ज्ञान पीठ' से जो राशि मिली उसमें उतनी ही राशि जोड़कर उन्होंने एक निधि बनाने का संकल्प लिया। इस निधि की विधिवत् स्थापना 1980 में 'वत्सल-निधि' के रूप में हुई।' 1980 से 1987 तक वे इस निधि का संरक्षण करते रहे। विभिन्न प्रकार की साहित्यिक गतिविधियों में हिस्सा लेने और लेखन के बाद जो समय बचता था उसे वे 'वत्सल-निधि' के लिए आयोजनों की तैयारी में ही बिताते थे।

'नवभारत टाइम्स' छोड़ने के कुछ दिन बाद से ही वे रहने के लिए सरदार पटेल मार्ग के पीछे केवेन्टर्स लेन आ गये थे। 1983 में उन्हों एक और उल्लेखनीय सम्मान मिला। यह था 'अन्तर्राष्ट्रीय कविता सम्मान' जो 'द गोल्डन रीथ' (स्वर्णमाल) के नाम से प्रसिद्ध है। यह सम्मान युगोस्लाविया के स्त्रुगा महोत्सव में मिला था। कवि के रूप में वे प्रमुख अन्तर्राष्ट्रीय उत्सवों में भी सम्मिलित होते रहते थे। 1984 में वे 'पोयट्री इन्टरनेशनल राइटरडम' (हॉलैंड) गये थे। 1985 में साहित्य अकादेमी के शिष्ट मंडल में चीन गये। 1986 में वे भारत को केन्द्र में रखकर आयोजित पुस्तक मेले में 'निरंतरता में परिवर्तन' विषयक संगोष्ठी में सम्मिलित हुए।

देहावसान से पूर्व

अज्ञेय के देहावसान से पूर्व के कुछ दिनों की चर्चा करते हुए विद्यानिवास मिश्र लिखते हैं– "1987 के प्रारंभ में बांग्ला देश में ढाका में आयोजित एशियाई काव्य-समारोह में निमंत्रित होकर गये, और 'एशियाई कविता संगठन' के गठन की रूपरेखा तैयार की थी। और निधन के पाँच दिन पूर्व भोपाल के भारतीय काव्य-समारोह में भारत भवन के राष्ट्रीय काव्य पुरस्कार के सबसे प्रथम अर्पयिता के रूप में उपस्थित हुए थे। इन सब समारोहों में उन्होंने भारतीय कवि और विशेषतः द्रष्टा कवि की गहरी अविस्मरणीय छाप छोड़ी है।"[1]

"भोपाल से लौटे तो बहुत थके हुए थे, तब भी पं. जसराज को सुनने समारोह में गये और उन्हें दूसरे दिन अपने घर बुलाया। जिस रात जसराज जी उनके घर आये थे, उस रात वे भीतर से बहुत उल्लसित थे। शरीर इस उल्लास को सह नहीं पा रहा था और बातचीत के बीच में ही उन्हें जाना पड़ा। वह रात कर्म के उल्लास की शृंखलाओं से गुजरते हुए व्यतीत की अंतिम रात थी।"[2]

देहावसान

चार अप्रैल, 1987 को करीब साढ़े सात बजे सुबह अज्ञेय ने छाती में दर्द का अनुभव किया। उन्हें अविलंब राम मनोहर लोहिया अस्पताल ले जाया गया। उन्हें बचाने के सारे प्रयास निष्फल रहे। साढ़े आठ के करीब उनका देहावसान हो गया।[3]

'धर्मयुग' में छपी एक खबर के अनुसार चार अप्रैल को ही चार बजे सायं अज्ञेय बच्चों के आग्रह से नीम के पेड़ पर बने 'हवामहल' का उद्‌घाटन करने वाले थे।[4] यह 'हवामहल' अथवा 'नीड़' वस्तुतः एक अध्ययन कक्ष था, जिसे जमीन से बीस फुट की ऊँचाई पर, नीम के पेड़ पर बनाया गया था। उनकी यह इच्छा पूरी नहीं हुई। 'हवामहल' के उद्‌घाटन के अवसर पर अज्ञेय अपनी एक स्वरचित कविता का पाठ करना चाहते थे। कविता की कुछ पंक्तियाँ हैं –

बालू के घरौंदे बनाये हैं, तीन बालकों ने
उन्हें नहीं पता है कि किसी बालुका में वे कण हैं
जिनके विकिरण से आरंभ होती है प्रक्रिया
संसार के सभी घरौंदों के विनाश की
बालुका से खेलते हुए तान बालक[5]

1. अज्ञेय काव्य-स्तबक (सं) विद्यानिवास मिश्र, रमेशचंद्र शाह -51
2. अज्ञेय काव्य-स्तबक (सं) विद्यानिवास मिश्र, रमेशचंद्र शाह -51
3. नवभारत टाइम्स, 5 अप्रैल, 1987
4. धर्मयुग, 19 अप्रैल, 1987 -1
5.. अमृत प्रभात, 5 अप्रैल, 1987 -1

5 अप्रैल सन् 1987 के अपराह्न चार बजे अज्ञेय का अंतिम संस्कार 'निगम बोध घाट' पर कर दिया गया। उनके निधन पर अनेक पत्र-पत्रिकाओं, कवि-लेखकों ने उनका आदरपूर्वक स्मरण किया। 'सारिका' ने लिखा – "अज्ञेय अपने आप में एक स्कूल थे, एक संस्था थे, उनके निधन से वह संस्था बिखर गयी-सी लगती है। भरे-पूरे अकेलेपन और मौन को जीने वाले कवि-कथाकार के निधन ने एकाएक एक ऐसी रिक्ति पैदा कर दी है, जिसकी पूर्ति निकट भविष्य में संभव नहीं दिखती।"[1] धर्मयुग में विष्णु प्रभाकर ने लिखा – "अज्ञेय जीवन भर यायावर रहे। अब भी बस एक और यात्रा पर चले गये हैं।"[2]

अज्ञेय को याद करते हुए रघुवीर सहाय लिखते हैं – "कविता के विकास के हर दौर में वह नयी प्रतिभा को पहचानते और स्वीकृति देते रहे। प्रत्येक कवि जिसे वात्स्यायन जी ने स्वतंत्र भारत के काव्य-जगत् में संवेदना के बढ़ते हुए संसार में सहयोगी माना, जानता है कि उनकी रचना में कुछ ऐसा था जिसे वात्स्यायन ही पहचानते थे।" अपने संदर्भ में सहाय लिखते हैं– "1948 से 1987 तक के लंबे दौर में सीखते हुए मेरे लिए अज्ञेय के साथ प्रत्येक बातचीत में रचना के धर्म का एक न एक नया भेद खुलता था।"[3] चंद्रकांत देवताले ने लिखा – "अज्ञेय अपनी कविताओं और विचाराभिव्यक्तियों के दौरान न तो कभी 'नदी के द्वीप' लगे न 'गर्व भरे मदमाते अकेले दीपक।' इसके विपरीत हिन्दी, भारतीयता, अपनी जमीन और परिवेश के प्रति उनकी गहरी चिंता भारतीय लेखक की अस्मिता को तलाशती-कुरेदती लगती रही।"[4]

व्यक्तित्व :

अज्ञेय अपने जीवन में बहुत अधिक सक्रिय रहे हैं। इसमें कोई संदेह नहीं कि नये कवियों में सबसे प्रखर व्यक्तित्व के धनी वे ही हैं। यद्यपि किसी भी व्यक्ति के व्यक्तित्व का पूर्णतः विश्लेषण संभव नहीं है फिर भी अज्ञेय के व्यक्तित्व की कुछ आधारभूत विशेषताएँ निरूपित की जा सकती हैं।

ऐसी विशेषताओं में प्रथम विशेषता उनकी यायावरी वृत्ति को ही मानना चाहिए। जन्म-स्थल का संकेत करते हुए स्वयं अज्ञेय ने अपने आपको जन्मजात यायावर माना है। दूसरी प्रवृत्ति है, उनका विद्रोही स्वभाव। इसके लक्षण भी उनमें बाल्यकाल से ही दृष्टिगोचर होने लगते हैं। बाद में विद्रोह की भावना ने अनेक रूप लिये। परम्परा-विद्रोह, परतंत्रता के खिलाफ क्रांतिकारी योजनाएँ, शोषकों के खिलाफ लड़ाई आदि को उनकी विद्रोह-भावना के ही विविध रूप कहे जा सकते हैं। आत्मचिंतन और आत्म-विश्लेषण की

1. सारिका, मई 87 -1
2. धर्मयुग, 19 अप्रैल -15
3. अज्ञेय का काव्य-संसार : शब्द और सत्य (अज्ञेय के साथ अंतिम दिन' - रघुवीर सहाय) सं. अशोक वाजपेयी -127, 128
4. अज्ञेय का काव्य-संसार : शब्द और सत्य -32

प्रवृत्ति भी अज्ञेय के व्यक्तित्व की एक महत्त्वपूर्ण विशेषता है। बाल्यकाल की जिज्ञासाओं में उसका आरम्भिक रूप मिलता है। बाद में, लेखन में सन्नद्ध होने पर तो अपने चिन्तक होने के अज्ञेय ने अनेक प्रमाण प्रस्तुत किये। आत्मान्वेषण की प्रवृत्ति से जुड़ी हुई सत्यान्वेषण प्रवृत्ति का यहाँ उल्लेख किया जा सकता है, जिसका संबंध मुख्यतः व्यक्ति अज्ञेय से है।

आत्म-मंथन की परिस्थितियों ने और उनके स्वभाव ने उन्हें जीवन जीने का एक अपना दर्शन दिया है। दुःख के प्रति उनकी एक प्रकार की आस्था है और वे दुःख को माँजने वाला—व्यक्तित्व को निखारने वाला मानते हैं। इन सभी प्रवृत्तियों से बढ़कर उनमें एक व्यापक कला-चेतना है। वे स्वभावतः कलाकार हैं। वे एक साथ लेखक, आलोचक, कहानीकार, उपन्यासकार और कवि ही नहीं हैं बल्कि फोटोग्राफी, प्रतिमा-लेखन, चर्म-शिल्प, मृत्त-शिल्प, बागवानी, पर्वतारोहण, सिलाई-कला आदि में भी उनकी व्यावहारिक रुचि रही है। सेना में नौकरी, संपादन और काव्य-लेखन आपस में निकट के कार्य-व्यापार नहीं हैं, किन्तु अज्ञेय ने सबको एक साथ साधा है। वे अपने व्यक्तित्व को विभाजित करके देखने तथा अपने भीतर के विभिन्न रूपों में सामंजस्य बिठाने की क्षमता से युक्त हैं। कवि ने स्वयं 'सच्चिदानंद वात्स्यायन' एवं 'अज्ञेय' में अंतर स्वीकार किया है। पत्रिका या अखबार के संपादक के रूप में हम 'सच्चिदानंद वात्स्यायन' को जानते हैं 'अज्ञेय' को नहीं। तथापि अज्ञेय सब कुछ हैं, सबके हैं। वस्तुतः विभिन्न रूपों में संपृक्त जो व्यक्तित्व है वह 'अज्ञेय' का ही है।

अज्ञेय को संभवतः जीने की कला आती थी। वे जगह बदल-बदल कर जीते रहे, तरह-तरह से जीते रहे। उन्होंने कुछ इस तरह से जिन्दगी जी, जिसके लिए उन्होंने खुद एक कविता 'जन्म-दिवस' में स्पष्टीकरण दिया है—

मैं मरूँगा सुखी
क्योंकि तुमने जो जीवन दिया था
उससे मैं निर्विकल्प खेला हूँ—
खुले हाथों मैंने उसे वारा है—
मैं मरूँगा सुखी
मैंने जीवन की धज्जियाँ उड़ाई हैं। **('इत्यलम्' से)**

अज्ञेय को सचमुच ऐसा कहने का हक़ था क्योंकि वास्तव में उन्होंने ऐसा ही किया है। जीवन की धज्जियाँ उड़ाना भी उनके स्वभाव का ही एक गुण था और स्वभाव की विशेषता कहीं न कहीं व्यक्तित्व से भी अवश्य ही जुड़ जाती है।

कृतियों का परिचय

'है, अभी कुछ और है जो कहा नहीं गया,
. . . .
उस विशाल में मुझसे
बहा नहीं गया।
इसलिए जो और रहा, वह
कहा नहीं गया।'

(बावरा अहेरी)

कृतियों का परिचय

काव्य का उन्मेष :

अज्ञेय की काव्य-प्रतिभा का उन्मेष 'भूमीरी' नचाते हुए चार वर्ष की अवस्था में ही हो गया। एक दिन भँवरी नचाकर जब वे 'नाचत है भूमि री' कहकर ताली पीट रहे थे तभी उन्होंने चौंक कर जाना कि जो कुछ वे कह रहे हैं वास्तव में उसका अर्थ उससे अधिक है। ''मेरी भूमीरी नाचती है, सो तो ठीक, लेकिन अरी, भूमि भी तो नाचती है —नाचत है भूमि री।... इससे आगे शब्द नहीं मिले, पर उसी समय मैंने जाना कि मेरी भँवरी नहीं, भूमी भी नाचती है —सारा विश्व ब्रह्माण्ड नाच रहा है।''[1] तब उन्हें लगा कि उन्होंने शब्द-शक्ति को स्वायत्त कर लिया है, वह आविष्कारक है, स्रष्टा है।

इसके बाद चिढ़ाने के निमित्त वे तुकबन्दी बना लेते थे। लगभग ग्यारहवें वर्ष में गंगा पर एक स्तुति लिखी जो गंगा को ही भेंट चढ़ गयी। यह कविता अंग्रेजी में थी। इसकी भाषा पर वे शैले, टेनीसन आदि की गहरी छाप मानते हैं। बाद में गुप्तजी, मुकुटधर पाण्डेय, श्रीधर पाठक, हरिऔध आदि कवियों की रचनाओं से परिचय हुआ। हरिऔध जी की यशोदा का विलाप पढ़कर उन्होंने मालिनी छन्द में कई एक विलाप लिखा था—राधा का, प्रवत्स्यत्पतिका वीर वधू का आदि। आनन्दबंधु[2] पत्रिका में छपी एक कविता पर पिताजी के बन्धु रायबहादुर हीरालाल से पुरस्कार मिलने एवं उनके मित्रों एवं सहयोगियों की समालोचनाओं से उन्हें बड़ी सहायता मिली। इन्हीं दिनों गीतांजली से प्रभावित कुछ रहस्यवादी गद्यगीत भी उन्होंने लिखे जो नष्ट हो गये। उनकी पहली कविता लाहौर में कॉलेज पत्रिका में छपी थी जो अब चिन्ता में संकलित है।

अज्ञेय का आरम्भिक जीवन इस बात को भी सूचित करता है कि उनकी प्रतिभा कई रूपों में विकसित होगी। चित्र-संग्रह, कहानी, उपन्यास-लेखन, सम्पादन आदि के प्रति आकर्षण उनमें बचपन में ही जग गया था। यहाँ संक्षेप में उनकी कृतियों का परिचय दिया जा रहा है।

भग्नदूत

इसका प्रकाशन सन् 1933 में हुआ। 'इत्यलम्' की भूमिका में अज्ञेय ने 'भग्नदूत' के स्वतन्त्र अस्तित्व को बाधित कर दिया है। 'इत्यलम्' के प्रथम खण्ड 'भग्नदूत' में उस

---

1. आत्मनेपद -20
2. हस्तलिखित पत्रिका - (अज्ञेय द्वारा अपने बचपन में सम्पादित) -''एक दिन सहसा पाया कि मैंने एक हस्तलिखित पत्रिका निकाल दी है'' -आनन्दबंधु, आत्मनेपद -22

नाम की पुस्तक की चुनी हुई कविताएँ हैं। लेखक का अनुरोध है कि "जो कविताएँ इस चुनाव में नहीं आईं, उनका अस्तित्व नहीं है, ऐसा मान लिया जाय।"[1] 'भग्नदूत' कवि के किशोर मन पर पड़े गम्भीर आघात का द्योतक है। बहुत बड़े उद्देश्य की प्राप्ति को किशोर जितना सरल समझता है वह उतना सरल नहीं होता। संघर्ष के सामने आने पर वह अपने को 'भग्नदूत' मान लेता है। फिर भी कवि का धैर्य टूटता नहीं है, इसलिए एक विश्वास का भाव भी उसके मन में हैं। "यदि वीणा टूट भी गई तो उनके प्राण झनक उठेंगे, इस प्रकार उनकी वाणी मूक नहीं होगी।"[2] संघर्ष से पीड़ा उत्पन्न हुई है किन्तु पीड़ा के प्रति मोह भी है। अपने को कवि एक महान उद्देश्य में संलग्न पाता है, "मैं अखिल विश्व की पीड़ा संचित कर रहा हूँ —क्योंकि मैं जीवन का कवि हूँ।"[3] उसकी पीड़ा का एक गम्भीर छोर 'असीम प्रणय की तृष्णा' से जा मिलता है। इस तृष्णा की परिणति 'तुम ही तन में तुम ही मन में' के रूप में हुई। यह उसके प्रणय की तीव्रता को द्योतित करता है। साथ ही ऐसा अनुभव करते-करते कवि को अपनी तुच्छता का ज्ञान भी होने लगता है। वह प्रेम में सफल नहीं हो पाता है। वह विफल प्रेम को विश्व-क्षेत्र में खो जाने, विस्मृत हो जाने का उपदेश देता हुआ प्रेम को 'घनीभूत इच्छाओं की ज्वाला' आदि मानने लगता है। यहाँ शृंगार भावना और कर्तव्य भावना का द्वन्द्व भी मिलता है। एक ओर 'नूपुर की झंकार' है 'किन्तु उस पार अंधेरे में चिताएँ हैं।' जाना बहुत दूर है, पागल सी जलधार घहराती है, प्रभंजन भय का संचार कर रहा है। इस समय कवि जीवन की आश छोड़कर उस पार पहुँचने की आशा करता है। 'प्रस्थान' शीर्षक कविता में रणक्षेत्र जाने से पहले सैनिक को जी भर रो लेने का उपदेश है। जी भर रोने का उद्देश्य प्रेम की पीड़ा को बहा देना भर है, अन्तिम जीत तो कर्तव्य की ही होगी।

'भग्नदूत' में अभिव्यक्ति का स्वरूप लगभग छायावादी है। अनुभूति में तो रोमानीपन है ही, भाषा में बनावट अधिक है। कविताओं में 'तुक' का आग्रह अधिक है।

चिन्ता

इस काव्य-संकलन का प्रकाशन सन् 1942 में हुआ। चिन्ता की भूमिका में अज्ञेय ने इसको काव्य की तकनीक से पृथक् और क्षेत्र-विशेष में मानव के अन्तर्भावों के चित्रण से युक्त बताया है। यह विशेष क्षेत्र स्त्री-पुरुष के चिरंतन प्रेम का है। 'विश्वप्रिया' और 'एकायन' दो खण्डों में नर-नारी के बीच आकर्षण के चिरंतन संघर्ष का निरूपण है। "इसमें अज्ञेय पुरुष और स्त्री के परस्पर यौन-सम्बन्ध को पति और पत्नी के सामाजिक सम्बन्ध तक सीमित न कर चिरंतन पुरुष और चिरंतन नारी में 'गतिशील' सम्बन्ध को स्वीकार करने के पक्ष में हैं।"[4] चिन्ता का मूल विषय लारेंस की कविताओं तथा उपन्यास कृतियों से प्रभावित है।

1. इत्यलम्—भूमिका
2. इत्यलम्, अनुरोध -45
3. इत्यलम् -46
4. अज्ञेय का रचना-संसार, –16

'विश्वप्रिया' खण्ड में अज्ञेय का 'पुरुष' असामान्य तत्त्वों से निर्मित हुआ है। 'एकायन' खण्ड में नारी का स्वरूप अंकित किया गया है। इसकी कथा गद्य-पद्यमय है। पुरुष पहले नारी के सौन्दर्य से आकृष्ट होकर सोचता है कि क्या इसके हृदय भी है या सिर्फ रूप ही रूप है। निकट आने पर पता चलता है कि जिसे वह मात्र रूप समझ बैठा था, उसके हृदय है। तब उसका अहं गलकर बह जाता है और उसे 'विश्वप्रिया' मिलती है।[1] 'एकायन' खण्ड में नारी पुरुष को अपना स्वरूप बताती हुई कहती है कि वह सिर्फ रूप नहीं है, उसमें उत्ताप है, दीप्ति है। केवल प्रणयिनी होने के कारण ही वह कोमल अथवा विनम्र है।[2] 'एकायन' की नारी 'पुजापा' -सी प्रतीत होती है। इस कृति में पुरुष के रूप में अज्ञेय बार-बार आत्मविश्लेषण में लीन दिखते हैं। डा. शिवकुमार मिश्र का कहना है —'भग्नदूत' और 'चिन्ता' का महत्त्व केवल इतना ही है कि "उनमें अज्ञेय के छायावादी संस्कार निहित हैं जो आज भी किसी न किसी रूप में उनके कवि-व्यक्तित्व का अंग हैं।"[3]

तार सप्तक

अज्ञेय की जो कविताएँ इस संग्रह में प्रकाशित हुई हैं वे 'इत्यलम्' में संकलित हैं। इसके द्वितीय संस्करण में सम्मिलित की हुई तीन कविताएँ क्रमशः 'बावरा अहेरी', 'इन्द्रधनु रौंदे हुए ये' एवं 'कितनी नावों में कितनी बार' से ली गई हैं। प्रयोगवाद या नयी कविता का अध्ययन करते समय 'तार सप्तक' में दिए गए कवि के वक्तव्य का ऐतिहासिक मूल्य हो गया है। अज्ञेय कविता को ही परम वक्तव्य मानते हैं। आज के कवि की समस्याएँ हैं—काव्य-विषय की, सामाजिक उत्तरदायित्व की, संवेदना के पुनः संस्कार की। प्रयोग सभी काल के कवियों ने किए हैं। अतः लेखक अज्ञेय यहाँ प्रयोग की दुहाई देते हुए यह स्पष्ट रूप से स्वीकार करते हैं कि ये सभी एक स्कूल के नहीं हैं। उनका मार्ग भी एक नहीं है और न ही वे अभी तक किसी मंजिल पर पहुँचे हुए हैं। काव्य किसके लिए, इसके सम्बन्ध में अज्ञेय लिखते हैं—"मैं स्वान्तः सुखाय नहीं लिखता। कोई भी कवि केवल मात्र 'स्वांतः सुखाय' लिखिता है या लिख सकता है यह स्वीकार करने में मैंने अपने को सदा असमर्थ पाया है।"[4] कवि ने यहाँ यह भी स्वीकार किया है कि किस प्रकार आज के साधारण व्यक्ति का मन यौन-वर्जनाओं का पुंज है अतः स्वाभाविक है कि आज के काव्य में उसकी अभिव्यक्ति हो।

इत्यलम्

इसमें 'भग्नदूत' की चुनी हुई कविताओं के अतिरिक्त शेष चार भागों में 'बंदी-स्वप्न', 'हियहारिल', 'वंचना के दुर्ग', 'मिट्टी की ईहा' शीर्षक के अन्तर्गत समय-समय पर विभिन्न पत्रिकाओं में प्रकाशित होने वाली कविताएँ संगृहित हैं। इसे अज्ञेय का प्रथम समस्त फुटकर कविताओं का संग्रह मान सकते हैं।

1. चिन्ता -15
2. चिन्ता -60
3. अज्ञेय का रचना-सांसर -16
4. तार सप्तक-द्वि. सं, भूमिका -177

'बंदी-स्वप्न' खण्ड में बंदी कवि की आत्मा का रुदन और हाहाकार व्यक्त हुआ है। किन्तु इसका एक दूसरा छोर भी मिलता है जहाँ वह घृणा का गान गाता है।[1] कभी गर्वोक्ति, कभी पराजय का भाव मुखर हो गया है। 'अखण्ड-ज्योति', 'रक्तस्नात वह मेरा साकी' आदि कविताओं में सामाजिक अनुभूति व्यक्त हुई है। पराजय और सफलता में कवि को क्या मिला, यह निश्चय वह नहीं कर पाता।[2] विश्वास का भाव भी जागता है और वह अनुभव करता है कि यद्यपि वह अकेला है, किन्तु वह लहरों का आरोही है, वह बढ़ता ही जाएगा।[3]

'हियहारिल' खण्ड में कवि ने सर्वप्रथम अपने विशिष्ट 'रहस्यवाद' का परिचय दिया है। वह नया इसलिए है कि वह ईश्वर की ओर उन्मुख नहीं है। 'कीर' कविता में अकेले साधक की तरह बढ़ने का भाव व्यक्त हुआ है। 'सूर्यास्त,' 'अन्तिम आलोक,' आदि प्रकृतिपरक कविताएँ हैं। 'प्राण तुम्हारी पदरज फूली,' 'मैं तुम्हारे ध्यान में हूँ' आदि पंक्तियों में प्रेमानुभूति व्यक्त हुई है। प्रेमानूभूति की एक प्रसिद्ध कविता है 'नाम तेरा।' यहाँ प्रेम के सम्बन्ध में कवि का विचार है कि प्रेम में चिर ऐक्य तो कोई मूढ़ ही कहेगा। विरह की पीड़ा के बिना प्रेम जीता नहीं रह सकता।[4] 'मौन', जो कवि के परवर्ती काव्य में एक उपलब्धि के रूप में प्राप्त होता है उसका बीज यहाँ मिल जाता है। वह कहता है, "आज चाहता हूँ कि मौन ही रहे निवेदन मेरा।"[5] 'आज थका हियहारिल मेरा' में हारिल कवि का आत्म-प्रतीक बनता है।

'वंचना के दुर्ग' खण्ड में कवि की यौन-कुंठाओं का प्रभाव प्रकृति पर पड़ता प्रतीत होता है। पृथ्वी यहाँ वासना के पंक-सी फैली हुई निर्लज्ज एवं नंगी रूप में चित्रित हुई है।[6] कवि के क्रुद्ध वीर्य की पुकार 'आततायी' का 'आह्वान' बन जाती है। कवि नूतन प्रचण्ड स्वर से उसे ललकार रहा है। कवि का अहं स्वीकार का क्षण प्राप्त कर यह सोचने लगता है कि "वह पदाक्रांत रिरियाता कुत्ता है, मीनारशिखर का प्रार्थी मुल्ला और छप्पर तल का अहंलीन शिशु-भिक्षुक वही है।"[7] जीवन के कटु यथार्थ ने कवि को यह अनुभव करने के लिए विवश कर दिया है कि 'चांदनी सित वंचना है। सत्य तो टुंडे, नग्न, बुच्चे दईमारे पेड़ हैं।' कवि यहाँ जमकर भदेस चित्रण में व्यस्त होता है। 'वर्ग भावना-सटीक' लिखते हुए कवि को यह लगता है कि "हम लोगों का एकमात्र श्रम है—सुरति श्रम, और उस अन्त्यज का एकमात्र सुख है —मैथुन सुख।" 'भादों की उमस' में प्रकृति का बहुत ही सशक्त चित्रण हुआ है —"सहम कर बुलबुल के बोल थम गए हैं और पाटल के नेत्र मुग्ध अनझिप रह गए हैं।"[8]

1. तुम सत्ताधारी मानवता के शव पर आसीन
आज तुम्हें ललकार रहा हूँ, सुनो घृणा का गान-इत्यलम् -53
2. मैं वह धनु हूँ, इत्यलम् -84
3. जीवन सागर हहर हहर कर, उसे लीलने आता दुर्धर
पर वह बढ़ता ही जाएगा लहरों पर आरोही।
4. इत्यलम् -117
5. इत्यलम् -128
6. वही -155
7-8. वही -165, 179

''मिट्टी की ईहा' खण्ड में कवि की चेतना उसके शीर्षक के अनुरूप ही गूढ़ भाव ग्रहण कर लेती है। कुंठा और घुटन यहाँ भी कवि के व्यक्तित्व का अंग हैं तथा अनास्था और अविश्वास भी, परन्तु अब वह अपनी बात स्पष्टतः नहीं कह कर सूत्रों में व्यक्त करता है।[1] सत्य एक है क्योंकि वह एक ग्रंथि है जिसके सब सूत्र खो गए हैं —ऐसा वह मानने लगता है। लोकगीत की धुन पर 'पानी बरसा' एक सधा हुआ गीत है। 'माघ फागुन चैत' को ऋतु-गीत माना जा सकता है। 'जन्मदिवस' कविता में कवि निश्चयात्मक रूप से यह कहता हुआ मिलता है कि वह सुखी मरेगा क्योंकि उसने जीवन की धज्जियाँ उड़ाई हैं। अपना समाधिलेख स्वयं लिखने वाला कवि अपना आत्मपरिचय इस प्रकार देता है—

'रहा अज्ञ, निज को कहा अज्ञेय,
हुआ विज्ञ, सो यह रहा अज्ञेय।'

यह खण्ड निश्चय ही 'वंचना के दुर्ग' के बाद कवि की विकसित चेतना को रेखांकित करता है।

समग्ररूप से देखने पर 'इत्यलम्' में अहं और कुंठा, बौद्धिकता, शंका, नियति एवं क्षणवादी दर्शन की वकालत से युक्त भावनाएँ मिलती हैं। उनकी शृंगार भावना और सौन्दर्यानुभूति के सुष्ठु एवं भदेस दोनों ही रूप यहाँ मिल जाते हैं। बाद में इसी का विकास 'हरी घास पर क्षण भर' में पुष्ट रूप से हुआ।

हरी घास पर क्षण भर

यह कविता-संकलन सन् 1947 में प्रकाश में आया। इस संग्रह का अज्ञेय के काव्य-जीवन में महत्त्वपूर्ण स्थान है। वस्तुतः यहीं से वे हिन्दी-संसार में नये काव्य-प्रवर्तक के रूप में विशेष रूप से जमे। उनकी कला पहले की अपेक्षा काफी निखर कर सामने आई। 'हरी घास पर क्षण भर,' 'कलगी बाजरे की,' 'नदी के द्वीप,' आदि इस संग्रह की अत्यन्त महत्त्वपूर्ण रचनाएँ हैं। कवि यहाँ घिसीघिसायी अलंकार-योजना का कायल नहीं रहा। यहाँ 'इम्प्रेशनिस्ट' चित्रकारों-सा क्षण-चित्रण मिलता है। प्रभाकर माचवे लिखते हैं, ''इस संग्रह में आकर उनकी कविता हरी घास पर क्षण भर रुक गई है —शबनम की तरह नहीं कि जो दूसरे क्षण में ढुलक जायेगी, बल्कि 'अतीत के शरणार्थी' की भाँति 'जीवन के अनुभव का प्रत्यवलोकन' करने, आत्ममंथन-रत होकर।... कुल मिला कर यह संग्रह स्मृतियों का एक अलबम-सा है, जिसमें के कुछ चित्रों पर के रंग उड़ गए हैं, कुछ चित्र फीके पड़ गए हैं, कुछ खण्डित हो गए हैं।''[2]

इस संग्रह में कई आत्मान्वेषणमूलक, प्रकृति सम्बन्धी एवं प्रणयानुभूति सम्बन्धी अच्छी कविताएँ हैं। कई कविताओं में काव्य वैशिष्ट्य का निवेदन हुआ है। ये कविताएँ हैं —'कलगी बाजरे की,' 'कवि क्या हुआ फिर,' 'छंद है यह फूल' आदि। 'कितनी शांति,'

1. अज्ञेय का रचना-संसार -18   2. विवेक के रंग –3-4

'पावस प्रात, शिलङ्' आदि बहुचर्चित कविताएँ इसी संग्रह की हैं। कवि के बिम्ब एवं प्रतीकों में नयी ताजगी आ गई है। 'हरी घास' स्वयं मुक्त जीवन के आमंत्रण की प्रतीक है। छंदों का सधा हुआ प्रयोग मिलता है। प्रकृति के साथ यौनभावना का समन्वय भी यहाँ द्रष्टव्य है।[1]

बावरा अहेरी

इसमें कवि की 1950 से 1953 तक की कविताएँ संकलित हैं। इसका प्रकाशन सन् 1954 में हुआ। 'बावरा अहेरी' नाम की एक कविता के आधार पर इसका नामकरण हुआ है। बावरा अहेरी 'हन्टर आफ द ईस्ट' अर्थात् सूर्य का प्रतीक है। कवि उससे प्रार्थना करता है कि वह उसके दिल की कलौंस को माँज जाए। इस प्रकार "प्रयोगकाल के यौन प्रतीकान्वेषी और विद्रूपकार अज्ञेय की यह संत-परिणति निश्चित ही उनके काव्य और जीवन की सबसे महत्त्वपूर्ण घटना है।"[2] किन्तु किसी भी प्रकार इसे कवि की पराजय नहीं स्वीकार किया जा सकता। कारण यह है कि यह अपने पर विजय पाने की अदम्य लालसा का ही प्रतिरूप है। आज उनकी स्थिति यौन कुंठाओं से ग्रस्त व्यक्ति की न होकर एक स्वस्थ दृष्टि-सम्पन्न, प्रौढ़ भावक एवं आत्मान्वेषी की है। इस काव्यसंग्रह में भी प्रेमानुभूति, प्रकृति-सम्बन्धी एवं व्यंग्यात्मक रचनाएँ हैं किन्तु यहाँ कवि की कला में निखार उत्पन्न हो गया है। अनुभूति में एक नवीन आत्म-केन्द्रीकरण की प्रवृत्ति बढ़ने लगी है। कवि 'मौन' के समीप आता जा रहा है क्योंकि वह अनुभूति को अभिव्यक्ति के द्वारा हल्का नहीं होने देना चाहता। 'आज तुम शब्द न दो,' 'बावरा अहेरी,' 'नखशिख,' 'देहवल्ली,' 'वहाँ रात,' 'चांदनी जी लो' आदि अनेक प्रभावशाली कविताएँ इस संग्रह में हैं। 'शोषक भैया' में कवि का 'उद्धत विद्रोही' एक नवीन रूप में उपस्थित हुआ है। कला की निखार का एक नमूना देखिए–

'उठी एक किरण, धायी, क्षितिज को नाप गयी,
सुख की स्मित कसक भरी, निर्धन की नैन-कोरों में काँप गयी'[3]

कवि में एक नवीन आस्था का उदय हो रहा है। 'यह दीप अकेला' में कवि अपने इस एकान्त विश्वास को प्रकट करता है कि यह दीप अकेला ही गर्व भरा जलता रहेगा। 'कांगड़े की छोरियाँ' लोकगीत की धुन पर एक सफल प्रयोग है। 'झरने के लिए', 'विज्ञप्ति' आदि कविताओं में एक जीवन-दर्शन प्रस्तुत किया गया है। इस काव्य-संग्रह की अधिकांश कविताएँ मार्मिक एवं प्रभावशाली हैं।

इन्द्रधनु रौंदे हुए ये

इस संकलन में सन् 1954 से 1955 तक की अज्ञेय की 58 कविताएँ संकलित हैं। इसका प्रकाशन सन् 1957 में हुआ।

1. आ. लो. हि. क. अज्ञेय -42
2. अज्ञेय का काव्य -113
3. बावरा अहेरी -64

विद्यानिवास मिश्र के अनुसार अज्ञेय के काव्य विकास में इस काव्य-संग्रह को दूसरे चरण में ही रखा जाना चाहिए। "पहले चरण में कविताएँ हैं, 'चिंता,' 'एकायन' और 'इत्यलम्'। दूसरे चरण में आती हैं, 'हरी घास पर क्षण भर,' 'बावरा अहेरी' और 'इन्द्रधनु रौंदे हुए ये' की कविताएँ और तीसरे में, 'अरी ओ करुणा प्रभामय' तथा 'आँगन के पार द्वार' की कविताएँ।"[1] सुमन झा ने 'अज्ञेय का काव्य' में इस काव्य-संग्रह को तीसरे चरण का काव्य माना है। इस विवाद को यदि छोड़ भी दें तब भी 'बावरा अहेरी' के बाद इसमें कोई विशेष नवीनता पाठक को नहीं मिलती है। भाव-बोध में कोई विशेष अन्तर नहीं दिखायी पड़ता। विषय की विविधता के नाम पर इतना ही कहा जा सकता है कि इस संग्रह में 'इतिहास-चेतना' सम्बन्धी कविताएँ–'इतिहास का न्याय,' 'इतिहास की हवा,' आदि संकलित हैं। यह बात और है कि पूर्वपरिचित विषयों के ही यहाँ सशक्त चित्र मिलते हैं। उदाहरण के लिए कवि की सामाजिक अनुभूति को अत्यन्त ही सुस्पष्ट एवं प्रभावशाली रूप में 'मैं वहाँ हूँ' कविता में देखा जा सकता है। 'टेसू' में कवि की आस्था कुछ अधिक दम के साथ अभिव्यक्त हुई है। 'दीप अकेला' (बावरा अहेरी) और 'टेसू' में अन्तर इतना ही है कि यहाँ कवि 'इसको भी पंक्ति को दे दो' का केवल प्रस्ताव नहीं रखता बल्कि बड़े ही ठसक के साथ कहता है-

"ग्रीष्म तो न जाने कब आएगा
तब तक मैं उसका एक अकिंचन अग्रदूत
अपनी अखण्ड आस्था के साक्ष्य रूप
मशाल जला दूँ–
न सही क्षयग्रस्त नगर में–
इस वनखण्डी में आग लगा दूँ।"[2]

'हरी घास पर क्षण भर' की 'पावस-प्रात, शिलङ्' कविता और 'वैशाख की आँधी' की यदि तुलना की जाय तो शायद प्रथम को ही अधिक प्रभवशाली माना जायगा। वैसे यहाँ वैशाख की आँधी का बहुत ही सशक्त चित्र प्रस्तुत किया गया है। 'महानगर : रात,' 'हवाई यात्रा ऊँची : उड़ान' आदि आधुनिक बोध की कविताएँ अच्छी बन पड़ी हैं। 'दूर्वाचल' और 'सूर्यास्त' सशक्त प्रकृति चित्र हैं। 'हमने पौधे से कहा,' 'मेरे विचार हैं दीप' आदि कविताओं में काव्य-वैशिष्ट्य-निवेदन है। 'रेंक' नामक एक व्यंग्य कविता अन्योक्तिपरक है। फिर भी 'रूप की प्यास' तो वही है किन्तु कवि रूप के सामने हारेगा नहीं।

अरी ओ करुणा प्रभामय

1956 में प्रकाशित इस काव्य-संग्रह को चार खण्डों में (रोपयित्री, रूप केकी, एक चीड़ का खाका और द्वारहीन द्वार) विभाजित किया गया है। इसमें कवि प्रयोग की नयी दिशा

1. आ. लो. हि. क. 'अज्ञेय'-भूमिका -33
2. इन्द्रधनु. -25

में बढ़ता हुआ स्पष्ट रूप से दिख जाता है। 'रोपयित्री' खण्ड में वह विभिन्न प्रकार के अपने आत्मानुभव व्यक्त करता है। नये कवि के नाम पर 'आत्मस्वीकार' किया गया है कि सत्य तो किसी और का था कवि ने उसमें नया सन्दर्भ जोड़ दिया है। मधु-कोष कोई और काट कर लाया था, किन्तु कवि ने उसे अपने लिए निचोड़ लिया, इस प्रकार कवि अपने को आधुनिक मानता है।[1] नए कवि को उपदेश भी दिया गया है कि 'वह गैर को न कोंचे। कूदना हो तो वह कूदे जरूर किंतु आँखें मूँद कर नहीं।' नये कवियों की गतानुगतिकता की निन्दा भी की गई है। कवि खंडित सत्य को सुघर नीरंध्र मृषा से अच्छा समझता है। यहाँ तक कि ठाठ फकीरी अच्छी किन्तु साँचा ढला समाज नहीं। सामाजिक विडम्बना का चित्र 'हरा भरा है देश' में चित्रित हुआ है। 'देश तो हरा भरा है किन्तु खलिहान खाली हैं।' 'औद्योगिक बस्ती' वैज्ञानिक युग का परिचय देने वाली कविता है।

'रूप केकी' खंड में अधिकांश कविताएँ प्राकृतिक रूपांकन की हैं। अधिकांश कविताएँ छोटे आकार की एवं भावाभिव्यंजित करने वाली हैं। 'मछलियाँ' और 'रश्मि बाण' जैसी प्रतीकात्मक कविताएँ इसी संग्रह में हैं। 'एक चीड़ का खाका' जापानी कविताओं का अनुवाद है। ये कविताएँ विभिन्न जापानी लेखकों की हैं। अनुवाद की सफलता के सम्बन्ध में कुछ भी नहीं कहा जा सकता क्योंकि इसके लिए उन कवियों की मूल रचनाओं से परिचय होना आवश्यक है। हाँ, इनकी भाषा भावाभिव्यंजक और सांकेतिक प्रतीत होती है। 'द्वारहीन द्वार' खण्ड में कवि का एक नवीन रहस्यवाद मुखर हुआ है। कवि अब आत्मान्वेषी अधिक हो गया है। 'सागर के झाग से उछली हुई एक 'बूँद' में कवि तत्त्व-दर्शन करना चाहता है। सागर से सम्बन्धित कई प्रकृतिपरक कविताएँ अपने व्यापक परिवेश एवं तत्त्व बोधकत्व की अन्विति से मंडित हैं। संक्षेप में यह संग्रह कई प्रकार के नये प्रयोगों के साथ कवि की बढ़ती हुई रहस्योन्मुखता को रेखांकित करता है।

आँगन के पार द्वार

इस संकलन में अज्ञेय की सन् 1956 से 1961 तक की रचनाएँ संकलित हैं। इसका प्रकाशन सन् 1961 में हुआ। कवि की इस कृति पर 1964 में साहित्य-अकादमी का पुरस्कार मिला। कुँवर नारायण के अनुसार 'आँगन के पार द्वार' में एक वृहत्तर माध्यम की खोज की गई है। वे यह भी मानते हैं कि ''हरी घास पर क्षण भर' से लेकर 'आँगन के पार द्वार' तक की कविताओं में यद्यपि विकासक्रम अवश्य विद्यमान है किन्तु भिन्नता अधिक नहीं है। 'आँगन के पार द्वार' की मुख्य काव्यावस्थाओं का आदि साँचा 'हरी घास पर क्षण भर' से निकाला जा सकता है,''[2] 'आँगन के पार द्वार' का पहला खण्ड है 'अन्तः सलिला।' इसमें 'भीतर जागा दाता,' 'बना दे चितेरे' आदि कविताओं में मौन में सत्य की अनुभूति का चित्र है। 'चक्रांत शिला' खण्ड में सत्ताइस कविताएँ हैं। सभी का विषय लगभग एक-सा ही है। गहन आत्म-चिंतन के फलस्वरूप कवि यहाँ प्रत्येक चित्र में तत्त्वदर्शन करने लगा है। बौद्ध दर्शन का प्रभाव भी लक्षित किया जा सकता है–

1. अरी ओ करुणा प्रभामय –20-21
2. विवेक के रंग -156

"यह महाशून्य का शिविर
असीम छा रहा ऊपर–
नीचे यह महामौन की सरिता
दिग्विहीन बहती है।"

शून्य और मौन के अतिरिक्त यहाँ एक 'चक्रांत शिला' है, जिस पर वह रहस्य पुरुष काक-चोंच से अविराम पल-छिन, दिन-युग लिखता जाता है। इधर एक धवल शिला पर ईश्वर योगी बैठा है, जो अक्लांत, शांत एवं भव्य है। यहाँ आँगन के पार द्वार है, द्वार के पार आँगन, उसी में कहीं भवन खो जाता है। डॉ. कृष्णकुमार शर्मा ने अपने एक निबन्ध (कवि अज्ञेय पर ध्यान सम्प्रदाय का प्रभाव) में साग्रह यह सिद्ध किया है कि मौन, द्वारहीन द्वार, शून्य आदि का सम्बन्ध ध्यान सम्प्रदाय से है।[1]

इस काव्य की सबसे महत्त्वपूर्ण रचना है –'असाध्य वीणा'। 'हरी घास पर क्षण भर' में कवि ने मौन में कहानी कहने की बात की थी। 'असाध्य वीणा' से निकले विभिन्न स्वर 'मौन' से ही निकल सकते हैं। दर्शक यह समझते हैं कि प्रियंवद (साधक) वीणा पर ही सो गया है, वस्तुतः वह सोया नहीं है, वह अपनी सत्ता को उसमें लीन कर देता है। इस प्रकार 'असाध्य वीणा' महामौन का शब्दहीन गान बन जाती है।

कवि के रहस्यलोक में संचरण का हिंदी में भिन्न प्रकार की प्रतिक्रियाएँ हुई हैं। कुछ उन्हें सधुक्कड़ी करुणावादी मानकर उपहास करते हैं। आधुनिक बोध को इसमें खोजना वृथा है। कुछ भी हो, कवि के लिए तो यह व्यक्तिगत उपलब्धि है ही। विद्यानिवास मिश्र का कहना है –"आँगन के पार द्वार' अज्ञेय के कृतित्व का चरम उत्कर्ष नहीं है, पर चरम उत्कर्ष की सबसे ज्वलन्त सम्भावना तो जरूर ही है। 'असाध्य वीणा' को शब्दशिल्प कहकर टाल देना या 'महाशून्य का शिविर' को मसीही जीवन-दर्शन की उतरन कहकर उपेक्षणीय बतला देना उतना मुश्किल नहीं है जितना कि एक अत्यन्त कर्मठ और संवेदनशील व्यक्तित्व के द्वारा भीतरी गहराई के अन्वेषण को छूना। अज्ञेय का विशाल के साथ एकाकारना नरेन्द्रनाथ के विवेकानन्द के रूप में परिवर्तित हो जाने जैसी स्थिति है।"[2] इस कथन में थोड़ी-सी अत्युक्ति हो सकती है किन्तु यह सर्वथा निस्सार नहीं है। आरम्भ से इस काव्य-संग्रह तक की कविताओं का निष्पक्ष मूल्यांकन किया जाय तो "अज्ञेय की समूची काव्य-यात्रा प्रमुखतः उस आध्यात्मिक संवेदना-प्रज्ञा की तलाश से प्रेरित हुई जान पड़ती है, जिसके और मात्र जिसके संदर्भ में ही व्यक्तित्व और विचार, ज्ञान और भावना, आत्मा और सृष्टि की सत्ता या वास्तविकता परिभाषित हो सकती है।"[3] इस संग्रह की कविताओं के माध्यम से कवि निश्चय ही 'आँगन के पार द्वार' तक पहुँचने का प्रयत्न करता दिखता है।

---

1. अध्ययन और अन्वेषण –63-72
2. आज के लोकप्रिय हिन्दी कवि : 'अज्ञेय' -31   3. क. ख. ग.-जनवरी 1967 –85-86

कितनी नावों में कितनी बार

इसमें 1962 से लेकर 1966 तक की कविताएँ सम्मिलित की गयी हैं। इस संग्रह के सम्बन्ध में इस पुस्तक के फ्लैप पर यह टिप्पणी दी गई है—" 'कितनी नावों में कितनी बार' में अज्ञेय ने मनुष्य के प्रति अपनी गहरी संवेदना को एक नया संस्कार दिया है, यह कहना कवि को अपना धर्म निबाहने का श्रेय देने के बराबर होगा। अधिक अर्थवान होगा यह कहना कि कवि ने एक बार फिर अपनी अखण्ड मानव आस्था को भारतीयता के नाम से प्रचलित अवाक् रहस्यवादिता से वैसे ही दूर रखा है जैसे प्रगल्भ आधुनिक अनास्था के साँचे से वह उसे हमेशा रखता रहा है। वह, यही कह सकता है कि मैं 'धीर, आश्वस्त, अक्लान्त' अपने 'अनबुझे सत्य' के प्रभामण्डल की ओर कितनी ही नावों में कितनी ही बार आया हूँ।' 'संध्या संकल्प,' 'ओ निस्संग ममेतर', 'ओ एक ही कली की', आदि कई कविताएँ 'सुनहले शैवाल' में भी संकलित हैं। इस संग्रह में एक युद्ध-सम्बन्धी कविता भी मिलती है, जो पिछले संकलनों में नहीं है। 'यह इतनी बड़ी अजानी दुनिया' में व्यक्ति के भीड़ में मिट जाने का, काल के प्रवाह में व्यक्ति के ज्ञात एक क्षण का चित्रण है। 'महानगर : कुहरा' में नगरीय बोध व्यक्त हुआ है। "सड़कों पर ठिलती हुई अंगार-नैन गाड़ियाँ, आवर्त-विवर्त बनाती हुई अधर-टंके सब संसारों को एक कुण्डली में बाँध रही हैं।'[1] 'पेरियार' 'फोकिस में ओदि पौस', 'काले मेग्दान' आदि विशिष्ट कविताएँ इसमें संकलित हैं। मछली का प्रतीक पुनः 'काँच के पीछे मछलियाँ में उभर कर सामने आया है। अधिकांश कविताएँ परिचित भावभूमि की ही हैं। कहीं-कहीं गम्भीरता की मात्रा बढ़ी हुई दिखती है। प्रकृति-चित्रण सम्बन्धी कुछ पंक्तियाँ बहुत ही अच्छी बन पड़ी हैं। एक उदाहरण द्रष्टव्य है—

यह सूरज का जपा-फूल
नैवेद्य चढ़ा चला
सागर-हाथों
अम्बा तिमिरमयी को :
रुको साँस भर
फिर मैं यह पूजा क्षण
तुमको दे दूँगा।[2]

इस संकलन की इसी नाम की कविता में कवि ने यह भाव व्यक्त किया है कि वह अनेक बार कितनी ही दूरियों से कितनी ही डगमग नावों में बैठकर अपने भीतर की छोटी-सी ज्योति तक आने का प्रयास करता रहा है। कितनी ही बार जगमगाते हुए जहाज उसे खींच कर पराये देश की बेदर्द हवाओं में ले गये हैं। उन देशों में उसे सत्य के दर्शन

1. कितनी नावों मे कितनी बार -60
2. कितनी नावों में कितनी बार ('संध्या-संकल्प' कविता) -4

नहीं हुए, सिर्फ तथ्य ही तथ्य मिले। वहाँ एक तरह का प्रकाश तो है किंतु वह प्रकाश व्यक्ति के भीतर के नंगे-अंधकार को और भी नंगा करके रख देता है। परिणामस्वरूप ये यात्राएँ कवि को खिन्न, विकल और संत्रस्त कर देती हैं। 'कितनी नावों में कितनी बार' की यात्राएँ सिर्फ बाहरी यात्राएँ नहीं हैं। उनका संबंध कवि की अन्तर्यात्रा से रहा है। जिन अनुभूतियों एवं भावों के डगमग नावों पर आरूढ़ होकर कवि अपने भीतर ज्योति (आस्था एवं सत्य) की तलाश में निकलता है वे उसे उसके करीब तक ले जाते हैं किन्तु पूर्ण साक्षात्कार नहीं होता। ज्योति कुहासे से आच्छन्न है इसलिए दिखलाई नहीं पड़ती किन्तु उसी कुहासे की छोटी-सी रुपहली झलमल में कवि उस प्रभामंडल को पहचान लेता है। दूसरी ओर जहाज पर की यात्राएँ (समूह के साथ की यात्राएँ) उन्हें सिर्फ तथ्यों तक ले जाती हैं, सत्य तक नहीं।

क्योंकि मैं उसे जानता हूँ

इस संकलन में 1965 से 1968 तक की 54 कविताएँ संकलित हैं। इस संकलन की सात कविताओं को छोड़कर शेष कविताओं को दो उपशीर्षकों में बाँट दिया गया है—'गूँजेगी आवाज' और 'प्रार्थना का एक प्रकार।' 'गूँजेगी आवाज' खण्ड में 8वीं से 24वीं तक की कविताएँ संकलित हैं। 25वीं से 54वीं तक की कविताओं को 'प्रार्थना का एक प्रकार' उपशीर्षक के अंतर्गत रखा गया है। इस संकलन की कविताओं को कई वर्गों में विभाजित किया जा सकता है। सत्यबोध परक कविताएँ, सामाजिक चेतना को अभिव्यक्ति देने वाली कविताएँ, प्रणयानुभूति से सम्बन्धित कविताएँ तथा आत्म-परिचयात्मक कविताएँ इत्यादि। इस संकलन के शीर्षक से ही प्रतीत होता है कि कवि ने यहाँ अपने तेवर बदल दिए हैं। उसने अपने अनुभवों को 'मैं उसे जानता हूँ' कहकर अधिक विश्वसनीय और प्रौढ़ बनाना चाहा है। संत कबीर लोगों से कहा करते थे, 'तू कहता कागद की लेखी, मैं कहता आँखिन देखी' अब कवि अज्ञेय भी 'आँखिन देखी' अथवा 'मन से गुनी' सत्यों को अनुभव-प्रमाण मानकर उसे प्रस्तुत करते हुए दिखलाई पड़ते हैं। जिन सत्यों की खोज में वे सतत् प्रयत्नशील रहे हैं, लगता है वे सत्य उन्हें अब मिल गये हैं। 'होते हैं क्षण', 'मोड़ पर का गीत', 'एक दिन', 'घेरे', 'पत्थर का घोड़ा', आदि कविताओं में कवि ने किसी न किसी दार्शनिक सत्य को वाणी दी है किंतु यह दार्शनिक सत्य आरोपित नहीं, उनके अपने जानने से सम्बन्धित है। 'होते हैं क्षण' और 'मोड़ पर का गीत' इस संकलन की आरम्भिक पहली-दूसरी कविताएँ हैं। इनमें कवि ने क्षण के महत्त्व को स्पष्ट किया है। कवि के अनुसार कुछ ऐसे क्षण भी होते हैं जो देश और काल के बंधन से मुक्त हो जाते हैं। काव्य-रचना ऐसे ही अमर क्षणों की देन होती है—

होते हैं क्षण : जो देश-काल-मुक्त हो जाते हैं।
होते हैं : पर ऐसे क्षण हम कब दुहराते हैं।
या क्या हम लाते हैं ?

उनका होना, जीना, भोगा जाना
है स्वैर सिद्ध, सब स्वतः पूर्त

('होते हैं क्षण' कविता -1)

संकलन की अनेक कविताओं में कवि की गहरी सामाजिक अनुभूति व्यक्त हुई है। अनेक अवसरों पर ऐसी कविताएँ व्यंग्यात्मक भी हो गयी हैं। 'अहं राष्ट्री संगमनी जनानाम्,' 'दास व्यापारी,' 'क्योंकि मैं,' 'जनपथ×राजपथ,' 'देश की कहानी : दादी की जबानी' आदि कविताएँ कवि की सामाजिक-चेतना को स्पष्ट करती हैं। 'अहं राष्ट्री संगमनी जनानाम्' कविता में कवि ने देश के भाग्य पर दुःख व्यक्त किया है। कवि के अनुसार इस देश के सिर पर अलगाव का कोल्हू है। इस भार को वह नहीं ढो सकेगा क्योंकि ब्राह्मण, जाट, कायस्थ, बनिये, तेली, खत्री, मौलवी, सरदार, भूमिहार, अहीर आदि इस देश की नींव को धर्म, सम्प्रदाय और जाति के नाम पर खोखला कर रहे हैं। भारत आज भी विभिन्न जातियों का अजायबघर बना हुआ है। हर क्षेत्र में, चाहे राजनीति का ही क्षेत्र क्यों न हो सफलता के लिए आज भी जाति, धर्म और सम्प्रदाय आदि का सहारा लेना पड़ता है। 'क्योंकि मैं' कविता में सामाजिक विषमता की भर्त्सना की गई है तथा शोषितों के प्रति कवि के हृदय का उद्वेलन व्यक्त हुआ है। कवि ने जीवन में प्रताड़ना पाने वाले व्यक्तियों से अपना सम्बन्ध जोड़ते हुए उसे अपना भाई बना लिया है। कवि कहता है–

क्योंकि जिसने कोड़ा खाया है
वह मेरा भाई है
क्योंकि यों मैं उसकी मार से तिलमिला उठा हूँ,
इसलिए मैं उसके साथ नहीं चीखा-चिल्लाया हूँ,
मैं उस कोड़े को छीन कर तोड़ दूँगा।
मैं इनसान हूँ और इनसान वह अपमान नहीं सहता

('क्योंकि मैं' कविता -26)

'जनपथ×राजपथ' कविता में भारतीयों के पाश्चात्य प्रेम पर व्यंग्य किया गया है तथा 'देश की कहानी : दादी की जबानी' कविता में कवि ने देश में जगह-जगह स्मारक बनाने की परंपरा पर व्यंग्य किया है। देश की सुन्दर जगहों पर धर्म-निरपेक्ष तथा जाति-निरपेक्ष स्वतन्त्र भारतवासी स्मारक और संग्रहालय बनाते जा रहे हैं और इस तरह संपूर्ण देश ही उसके लिए अजायबघर बनता जा रहा है। कवि की दृष्टि में यह स्थिति अनेक सुन्दर जगहों से उसका प्राकृतिक सौंदर्य छीन लेती है, जो कि अच्छी बात नहीं है।

इस संकलन की 'कहाँ से उठे प्यार की बात', 'दिति कन्या को', 'चितवन', 'प्यार', 'देखा है कभी' आदि कविताओं में कवि की प्रेमानुभूति अंकित है। 'कहाँ से उठे प्यार

की बात' कविता में कवि ने इच्छा व्यक्त की है कि वह क्षितिज रेखा पर धुंधलके के समुद्र से उछाले गये तारे के समान रोमांचित, तर्क से परे संशयहीन, कारणरहित निराधार तथा भयरहित बनकर एक निःशब्द आशीर्वाद बन जाय। यहाँ द्विविधाग्रस्त जीवन में प्रेम की बात को संशयहीन आशीर्वाद तक पहुँचाने की इच्छा व्यक्त कर अज्ञेय ने उसके आदर्श एवं अधिक परिष्कृत रूप को अभिव्यक्ति दी है। 'दिति कन्या को' कविता में दिति कन्या का मिथ प्रयुक्त हुआ है। दिति असुर की माँ थी। कवि के मन का असुर छटपटाता है तो उसे लगता है कि शायद उसकी वासना का सम्बन्ध आदिम दिति कन्या के धधकते हृदय से है। दिति कन्या को सम्बोधित कर कवि ने उससे कुछ प्रश्न पूछे हैं। 'बिजली की चमक में कवि ने पहचाना कि उसके भीतर वासना का असुर है, जो यद्यपि अवरुद्ध है, छटपटाता है किंतु साथ ही जो प्रबल और भोला भी है।' कवि दितिकन्या से पूछता है कि क्या ठीक उसी क्षण उसने अपने मन की धधकती गुफा का द्वार खोला था, क्या उसने प्रेम-जनित वासना की आग से जलते हुए अपने हृदय में झाँककर स्वयं को स्वीकारा था। 'चितवन' कविता 'प्रिय' को सम्बोधित कर लिखी गई है। कवि अपनी प्रेयसी से जानना चाहता है कि उसकी चितवन ने क्या कहा था जिसमें संसार डूब गया था और वह सुध-बुध खोकर अपने आपको बुरी तरह भूल गया था। 'प्यार' कविता में प्यार को अनुभूति के संदर्भ में देखने की चेष्टा दिखलाई पड़ती है। प्यार में बलि चढ़ जाने एवं बिंध जाने की बात का उल्लेख करता हुआ कवि कहता है–

'प्यार
एक यज्ञ का चरण
जिसमें मैं मेध्य हूँ
प्यार
एक अचूक वरण
कि जिसके द्वारा
मैं मर्म में वेध्य हूँ।' **(क्योंकि. -71)**

'दिया हुआ, न पाया हुआ' कविता में कवि ने अपने व्यक्तित्व को व्यंग्यपूर्ण ढंग से अभिव्यक्ति किया है। कवि कहता है : ''मैं ऐसा इंसान बना जिसकी नाक, मुँह, कान, आँख है, कलेजा है और सबसे विलक्षण बात तो यह है कि खोपड़ी में भेजा (दिमाग) है। अब मैं चाहूँ तो बैठकर अपनी देह के ददोरे सहला सकता हूँ या कुढ़कर, किसी को कोसकर, पकड़कर झंझोड़ भी सकता हूँ, नारे लगा सकता हूँ, इसके अतिरिक्त कवि को भय है कि एक दिन वह भारी मार खायेगा और मारा जायेगा किंतु वह अपनी मृत्यु के उपलक्ष्य में न तो मेले जुड़वायेगा और न ही स्मारक बनवाने के लिए चंदे उगाहेगा।' यहाँ व्यंग्य चंदा उगाहने और स्मारक बनवाने पर है।

'प्रार्थना का एक प्रकार' खण्ड की 'देखा है कभी', 'एक दिन' आदि कविताओं में कवि की अनुभूति प्रकृति की पृष्ठभूमि में चित्रित हूई है। इन कविताओं में प्रकृति-चित्रण का संश्लिष्ट रूप विद्यमान है। 'एक दिन' कविता में 'नभ के समुद्र में मेघों की मंडलियों के किलोलने' का चित्र तथा 'मेंहदी की गंध लहरें पथरीले मन-कगारों की दरारें टटोलती हैं' आदि प्रयोग सुष्ठु हैं। कुल मिला कर यही कहा जा सकता है कि इस संकलन में भी अन्य संकलनों की तरह अनुभूति की विविधताएँ दृष्टिगोचर होती हैं। अनेक रचनाएँ कवि की गहन अनुभूतियों को व्यक्त करती हैं तथा कवि की प्रौढ़ता इन रचनाओं में बढ़ी हुई-सी लगती है। विभिन्न जीवनानुभव से जो सत्य उन्हें उपलब्ध हुए हैं उन्हें शब्दों में टाँकने में वे पटु हो गये हैं। थोड़े से चुने हुए शब्दों में कवि भाव-गरिमा भर देने में कुशल हैं।

सागर-मुद्रा

इस संकलन में अज्ञेय की सन् 1967 से 1969 तक की 78 कविताएँ संकलित की गई हैं। इस पुस्तक के उत्तर-खंड में 'देलोस से एक नाव' उपशीर्षक के अन्तर्गत सोलह कविताएँ संकलित हैं। इस संकलन की कविताएँ संवेदना और शिल्प की दृष्टि से कवि की प्रौढ़ता को व्यंजित करती हैं। विषय की दृष्टि से इस संकलन की अनेक रचनाओं में काल की अवधारणा व्यक्त हुई है। कई रचनाओं में कवि की प्रेमानुभूति को वाणी मिली है तथा कवि का विशिष्ट रहस्यवाद व्यंजित हुआ है। प्रकृति के अंकन में कवि जीवनानुभव को टाँकने में कुशल है। इस पुस्तक की अनेक प्रकृति-परक रचनाएँ अनुभव के किसी न किसी संदर्भ से जुड़कर विशेष अर्थगर्भित हो गई हैं। 'काल की गदा', 'बालू घड़ी', 'नदी का बहना', 'गाड़ी चल पड़ी', 'गजर', 'कालस्थिति : 1', 'कालस्थिति : 2' आदि कविताओं में कवि की चेतना काल के अस्तित्व से प्रभावित होकर जीवन-मर्म ढूँढ़ने की चेष्टा करती-सी प्रतीत होती है। 'काल की गदा' कविता में काल की अवधारणा प्रहारक के रूप में अथवा मृत्यु के रूप में की गई है। 'काल की गदा अवश्य ही एक न एक दिन कवि के ऊपर पड़ेगी चाहे वह उसे भाये या न भाये।' यह बोध काल के क्रूर रूप को स्पष्ट करता है किंतु इस कविता की अन्तिम पंक्ति में कवि कहता है कि इस प्रहार की ध्वनि स्वयं काल को भी अच्छी नहीं लगेगी। 'गाड़ी चल पड़ी' कविता में कवि ने काल की अबूझता को व्यक्त करते हुए लिखा है–

काल के सवालों का
नहीं है मेरे पास कोई जवाब,
जो उसे–या किसी को–दे सकूँ
इतना ही कि ऐसी अतर्कित चुप्पियों में
मिल जाती हैं जब-तब छोटी-छोटी अमरताएँ
जिनमें साँस ले सकूँ।

'कालस्थिति : 1', में कवि ने तीनों कालों के परिप्रेक्ष्य में व्यक्ति-चेतना की स्थिति को निरूपित किया है। व्यक्ति के लिए वह अतीत महत्त्वहीन है, जो भुलाया जा चुका है तथा वह भविष्य भी जिससे उसे कोई अपेक्षा नहीं। व्यक्ति वर्तमान में जी रहा होता है। अतीत वर्तमान नहीं हो सकता और न ही भविष्य वर्तमान। ऐसे भुलाए हुए अतीत और अपेक्षाहीन भविष्य से युक्त वर्तमान भी अपना महत्त्व खो देता है। इस प्रकार काल प्रतिभास मात्र रह जाता है, वह गहरा कुछ व्यक्ति को दे नहीं पाता। 'कालस्थिति : 2', में इसी तथ्य को कवि ने दूसरे रूप में अभिव्यक्त किया है। 'हम लोग जिनकी अपेक्षाएँ अतीत पर केन्द्रित हो गई हैं अथवा जो अतीतजीवी हैं, तथा भविष्य ही जिनकी मुख्य स्मृति है अथवा जो न जाने कब से भविष्य के सपनों में जीते हैं उनके लिए वर्तमान क्या है? उनके लिए शायद वही वर्तमान है, जो नहीं है।' इस प्रकार काल की दोनों ही स्थितियाँ व्यक्ति के पल्ले कुछ पड़ने नहीं देती और वह अतीत और भविष्य के बीच खाली हाथ खड़ा रह जाता है।

'प्रेमोपनिषद्', 'छातियों के बीच', 'मरण के द्वार पर', आदि कविताओं में कवि की प्रेमानुभूति एक नवीन गहनता से युक्त होकर अभिव्यक्त हुई है। 'प्रेमोपनिषद्', कविता में प्रेम से मुक्ति की बात कही गई है। इसमें कवि ने उपनिषद् के उन दो पक्षियों के सन्दर्भ में प्रेम को देखा है जिनमें से एक सिर्फ पेड़ पर बैठता है किन्तु दूसरा फल खा लेता है। कवि कहता है, 'सिर्फ बैठने और ताकने वाला पक्षी जब होता था तब होता था। वह तो ऐसा पक्षी है, जो फल को खाता है किंतु इसके बावजूद उसके भीतर कोई जागरूक पहरेदार जागता रहता है जो द्रष्टा का काम भी करता है।' इस प्रकार कवि का प्यार मुक्तिदाता बन जायेगा। 'छातियों के बीच' कविता में प्रेम की मांसल अभिव्यक्ति भी हुई है—

उसने वहाँ अपनी नाक गड़ाते हुए
हुमक कर कहा...
'हाँ, यहाँ, तुम्हारी छातियों के बीच
मेरा घर है ! यहाँ ! यहाँ !
और चेहरे से उन्हें धीरे-धीरे सहलाता रहा।'

'मरण के द्वार पर' कविता में कवि ने प्यार को सत् से जोड़कर उसे अनश्वर बना दिया है। 'जो ज्योति के भीतर ज्योति है और उसके भी भीतर जो ज्योति है, वही प्यार है, वही सत् है और प्रेम का आलंबन ही तत् है।' मरण के द्वार पर खड़ा कवि सिर्फ इतने को ही सच पाता है।

'सोया नींद में को, जागा सपने में को' में कवि ने अपनी चेतना की विभिन्न स्थितियों का निरूपण किया है। कवि कहता है 'मैं नींद में सोया था कि एकाएक स्वप्न में जाग गया फिर फिसलता हुआ धीरे-धीरे जागने में गिर गया। जब वह स्वप्न में जगा था तो उसने आग को—समाधि की विभोर आग को महसूस किया था।'

इस संकलन की 'सागर-मुद्रा' नाम की कविता के ग्यारह खंडों में सागर की उपस्थिति विद्यमान है। कवि ने इन कविताओं में सागर और सागर तट के माध्यम से अनेक अर्थ-छवियों का अंकन किया है। इन कविताओं में सागर कहीं तो ब्रह्म का, कहीं चेतना के समुद्र का, कहीं महाकाल का, कहीं विराट् आत्मा का और कहीं विशालता का प्रतीक जान पड़ता है। कवि की रहस्यवादी चेतना भी इन कविताओं के माध्यम से व्यक्त हुई है। 'सागर मुद्रा-2' में, कोई सागर की लहरों के बीच से बाँहें बढ़ाती हुई, दौड़ती हुई कवि के पास आती है और पुकार कर कहती है, 'तुम सागर क्यों नहीं हो ?' फिर वह अपने में सिमटती हुई कहती है –'देखो न, सागर बड़ा है, चौड़ा है, जहाँ तक दृष्टि जाती है वहाँ तक फैला हुआ है। वह मुझे घेरता है, धरता है, दुलारता है, झुमाता है और फिर निर्बंध मुक्त रखता है, मुक्त करता है।' कवि कुछ जवाब दे सके इससे पहले ही वह 'हँसती हुई और डोलती हुई सागर की लहरों के बीच पहुँच जाती है।' कविता की इन पंक्तियों से ऐसा प्रतीत होता है मानो व्यक्ति के भीतर की ही कोई चेतना उसे समुद्र जैसा विराट् बन जाने को प्रेरित कर रही है। समुद्र अपनी विराटता से यदि घेरता है तो वह मुक्त भी करता है, यदि वह धरता है तो झुमाता भी है। व्यक्ति की चेतना जो सतत् प्रवहमान है अपना सम्बन्ध विराट् चेतना से जोड़कर अपने को भी समुद्र-जैसा बना ले सकता है। यहाँ समुद्र विराट्-चेतना का प्रतीक जान पड़ता है।

'सागर-मुद्रा-3' में सागर और रेती के माध्यम से आधुनिक जीवन की कहानी कही गई है। लोग आते हैं और सागर की रेती पर बार-बार अपने सुख-चैन की कहानी लिख जाते हैं। खाली बोतलें, रोटी और पनीर के टुकड़े, कागज के कुचले हुए ग्लास आदि जो कि मनुष्य द्वारा रेती में छोड़ दिये गये हैं मनुष्य के नानाविध उत्सवों, दोस्तियों-यारियों, फुरसत की किलकारियों को व्यक्त करते हैं। बार-बार रेती में हम अपना कचरा मिला देते हैं और बार-बार समुद्र उसे धो देता है। यहाँ यदि रेती को संसार का प्रतीक मान लें तो अर्थ यह होगा कि हम लोग ऐसे संसार में ये कृत्य करते हैं जो सागर की रेती के समान है। महाकाल रूपी समुद्र उसे धोता रहता है ताकि जीवन कचरे का ढेर न हो जाय। 'सागर-मुद्रा-7' में कवि ने सागर को न हारने वाले उद्यमी के रूप में चित्रित किया है। सागर उमड़कर चट्टान से टकरा जाता है और बार-बार पछाड़ खाकर लौट जाता है किंतु हार नहीं मानता, नया ज्वार भर कर फिर से आता है। व्यक्ति के भीतर की स्वस्थ चेतना भी इसी तरह प्रत्येक व्यवधान के विरुद्ध उमड़ती रहती है। इसी प्रकार 'सागर-मुद्रा' शीर्षक की ग्यारह कविताएँ अलग-अलग बिम्ब देकर भिन्न अर्थ-प्रभाव छोड़ती हैं।

'देलोस से एक नाव' खण्ड की कविताओं के लिए इस संकलन की भूमिका में कवि ने स्वयं स्पष्टीकरण दिया है। देलोस एजियन सागर (पूर्वी भूमध्य सागर) का, साइक्लैडीज दीप-समूह का सबसे छोटा द्वीप है। ग्रीक माइथॉलाजी के अपोलो का जन्म यहीं हुआ था और यही स्थान उसकी पूजा का प्रधान केन्द्र भी था। 'देलोस से एक नाव' खण्ड की कविताएँ ग्रीक भाषा की एक पुरानी, फटी हुइ पुस्तक की कविताओं का हिन्दी रूपांतरण

हैं। अनुवाद स्वयं अज्ञेय ने किया है। यह अनुवाद कैसे संभव हुआ, इसके उत्तर में कवि ने स्पष्ट किया है कि ग्रीस वे कई बार गये हैं। एक बार जब वे ग्रीस गये तो कुछ और जानने की धुन में देल्फी गये। वहाँ के पास-पास के प्रदेशों में दूर-दूर तक घूमते हुए पर्नासस की बीहड़ पहाड़ियों में भटक गये। घनी रात में भटकते हुए वे एक गृहस्थ के घर पहुँचे जहाँ उन्हें रात भर के लिए आश्रय मिल गया। वहीं उन्हें उपर्युक्त ग्रीक पुस्तक मिली। कवि का कहना है कि यद्यपि वे ग्रीक भाषा बहुत अच्छी तरह नहीं जानते हैं तब भी उस पुस्तक की कविताएँ उन्हें बहुत पसंद आयीं और उस पुस्तक में लातीनी भाषा में टीका भी थी, उसकी मदद से उन्होंने भावार्थ अपनी कापी में उतार लिये। उनके अनुसार 'यही इन अनुवादों का रहस्य' है।

पहले मैं सन्नाटा बुनता हूँ

इस संकलन में अज्ञेय की 1970 से 1973 तक की रचनाएँ संकलित हैं। इस संकलन की कविताओं को तीन उपशीर्षकों के अन्तर्गत बाँट दिया गया है। पहला उपशीर्षक है, —'वन झरने की धार'। इसके अन्तर्गत 15 कविताएँ संकलित हैं। दूसरा उपशीर्षक है, —'खुले में खड़ा पेड़', इसके अन्तर्गत 18 कविताएँ संकलित हैं। तीसरा उपशीर्षक है —'नंदा देवी'। नंदा देवी से संबंधित 15 कविताएँ इसमें संकलित हैं। इस संकलन की कविताओं में कवि की दार्शनिकता विशेष रूप से उभरी है। कवि के भीतर का सत्यान्वेषी वस्तु और घटनाओं के पीछे देखने की प्रवृत्ति से संपन्न रहा है। इस संकलन में उसके सत्यान्वेषण की प्रवृत्ति और भी तीव्र हुई-सी प्रतीत होती है। अनेक कविताओं में अस्तित्वबोध, चेतना की विभिन्न स्थितियाँ, देश, काल, जीवन और मृत्यु आदि के संदर्भ में कवि की अनुभूति प्रकट हुई है।

इस संकलन की पहली कविता 'एक सन्नाटा बुनता हूँ' में कवि ने अपने ऊपर एक बुनकर का आरोप किया है। वह कहता है कि उसका स्वर ही तार है, जिससे वह सन्नाटे का जाल बुनता है। सन्नाटा बुनने के लिए वह एक 'गाढ़े का तार' उठाता है और पाता है कि उसका मन ही गिर्री है और डोरा है। 'इधर से उधर, उधर से इधर' उसका मन नाचता रहता है और हाथ काम करता रहता है फलतः एक सन्नाटे का जाल-सा बुन जाता है। कवि यह भी अनुभव करता है कि 'इस सन्नाटे के जाल में उसके भीतर का कुछ घिर जाता है किन्तु वह उस जाल में फँसता नहीं। जब वह अपने को पहचानता है तो अपने आप को उस जाल के बाहर पाता है।' यह कविता अज्ञेय के रहस्यवादी चिंतन का एक अच्छा उदाहरण है। वस्त्र बुनने एवं 'ताना' और 'भरनी' का प्रयोग कबीर ने भी अपनी रहस्यवादी भावनाओं को व्यक्त करने के लिए किया था। अज्ञेय ने कबीर के मूर्त बिंब की जगह अमूर्तामूर्त विधान के द्वारा अपनी अनुभूति को प्रकट किया है। स्वर के तारों से मन द्वारा सन्नाटे का जाल बुनना, उसके भीतर की किसी चीज का उसमें बँध जाना और तब भी अपने को जाल से बाहर पहचान लेना चेतना की उन्नत अवस्था का द्योतक है। भोक्ता (बंधनग्रस्त) से द्रष्टा को अलग देख लेने की शक्ति के विकास के

साथ ही आत्मान्वेषण संभव हो पाता है, इस दृष्टि से कवि की यह अवस्था उसके आत्मबोध के गहन क्षेत्र में प्रवेश को सूचित करती है। यहाँ दूसरा अभिप्राय भी संकेतित है। स्वरों से बुना हुआ सन्नाटा उनकी रचनाओं का प्रतीक हो सकता है। स्वर 'ताना' है और छंद 'बाना' है। इस ताने-बाने में कुछ बँधता है, जिसका संबंध कवि के भीतर के 'कुछ' से है। उस 'कुछ' के बँध जाने पर भी कवि नहीं बँधता क्योंकि वह तो द्रष्टा है और द्रष्टा अपने भोक्ता से जितना पृथक् होगा उतना ही वह सफल स्रष्टा हो सकेगा। कवि की रचनाएँ, जो सन्नाटे से उत्पन्न होती हैं, अपना अलग महत्त्व रखती हैं इसलिए कवि कहता है कि मरण से बँधे हुए होने पर भी इन स्वर-तारों के माध्यम से वह अपने को काल के बाहर पाता है।

इस संकलन की दूसरी कविता 'हरा अन्धकार' में कवि ने अंधकार को 'चरम रूपाकार' का प्रतीक माना है। अंधकार सत्य और यथार्थ का ही विस्तार है। 'जो कुछ प्रकाश दिखलाई पड़ता है वह परम्परा एवं अग्रजों का है। कवि के पास तो सिर्फ अपना कच्चा एवं हरा अंधकार ही है।' इस कविता में जिस अंधकार की बात कही गई है, उससे हर प्रयोगकर्त्ता एवं अनुसंधाता का सामना होता है। परम्परा और अग्रजों के प्रकाश या अनुभव से लाभ उठाकर नया मार्ग अनुसंधीत नहीं किया जा सकता। सच्चा कवि प्रयोग के लिए ऐसा क्षेत्र चुनता है, जिसमें अभी तक किसी का प्रवेश नहीं है, जो अभी तक अंधकाराच्छन्न है। इसी तरह आत्मानुसंधान करने वाले साधकों को भी अकेले एक ऐसे क्षेत्र में चलना पड़ता है जहाँ उसका अपना अज्ञानरूपी अन्धकार विद्यमान है। अपने अन्धकार को स्वयं दूर करना पड़ता है।

'सागर-मुद्रा' कविता-पुस्तक में इस नाम की ग्यारह कविताएँ हैं। इस संकलन में कवि ने 'सागर-मुद्रा' नाम की तीन कविताएँ और जोड़ दी हैं, जिनके शीर्षक 'सागर-मुद्रा'-12, 13 एवं 14 दिये गये हैं। 'सागर-मुद्रा-12' में सागर की पहचान बताकर भी कवि उसकी पहचान को तलाशता हुआ प्रतीत होता है–

सागर
देश और देश और देश, लहराता देश;
काल और काल और काल, उमड़ता कालः
कहाँ है तुम्हारी पहचान, सागर, कहाँ ?

'सागर-मुद्रा-13' में कवि ने सागर को अपनी 'धमनियों की आग', लहू में 'स्पंदित राज-रोग', 'महाकाल, मेघ, ज्वार, बीज, दिग्विहीन, निदाघ, कीट-दंश' आदि कहा है। एक सागर बाहर है, एक भीतर। भीतर का–चेतना का सागर भी उतना ही दिग्विहीन है जितना बाहर का। सागर निरंतर आन्दोलित रहता है, उसी तरह भीतर का सागर भी व्यक्ति को निरन्तर उद्वेलित रखता है किंतु कवि ने इसे राज-रोग, बीज और कीट-दंश आदि कहकर इसका सम्बन्ध व्यक्ति की अन्तहीन वासना से भी जोड़ दिया है। राज-रोग की तरह यह

वासना व्यक्ति का पीछा नहीं छोड़ती है और उसे निरन्तर कीट-दंश की अनुभूति देती रहती है। 'सागर-मुद्रा' सम्बंधी अन्तिम कविता में कवि ने सागर को मरण का भी मरण, मृत्यु का भी काल, बीज का भी बीज आदि माना है। सागर आदिम रस है, जीव-द्रव है तथा आलोक-कमल है। यहाँ भी सागर विराट् चेतना का प्रतीक है। ब्रह्म को चेतना का समुद्र कहा जाता है। ब्रह्म ही बीज का भी बीज और मृत्यु का भी काल है। उसी प्रकार यह सागर जो वस्तुतः चेतना के सागर का प्रतीक है सर्वशक्तिमान आदिम तत्त्व है, जो सबका कारण होते हुए भी सबसे परे है। इस प्रकार इस संकलन की 'सागर-मुद्रा' सम्बंधी कविताओं में भी कबि ने अपनी रहस्यानुभूति को अभिव्यक्त किया है।

इस संकलन के 'खुले में खड़ा पेड़' खण्ड की अनेक कविताओं में आधुनिक मूल्यों एवं विसंगतियों पर तीक्ष्ण व्यंग्य किया गया है। 'हीरो', 'जो पुल बनायेंगे', 'बाबू ने कहा', 'हम घूम आये शहर' आदि में व्यंग्य की स्थिति देखी जा सकती है। 'जो पुल बनायेंगे' में पुल बनाने वालों की नियति पर कवि ने प्रकाश डाला है। सेतु का निर्माण करना बहुत ही श्रेयस्कर कार्य है किंतु जो लोग सेतु के निर्माण में लग जाते हैं वे जीवन की दौड़ में पीछे छूट जाते हैं। इसी भाव को व्यक्त करता हुआ कवि कहता है –'जो पुल बनायेंगे वे अनिवार्यतः पीछे रह जायेंगे। सेनाएँ पार हो जायेंगी, रावण मारे जायेंगे, राम जयी होंगे किंतु जो सेतु के निर्माता हैं, वे लोग बन्दर कहलायेंगे।' इतिहास की यह विडंबना हर युग के सेतु-निर्माताओं के साथ घटित होती है। रास्ता और पुल बनाने वाले अत्यधिक संघर्ष करते हैं किंतु लोग उन्हें भूल जाते हैं।

इस संकलन में अस्तित्वबोध को लेकर भी कुछ कविताएँ लिखी गई हैं। 'कोई हैं जो' कविता में अस्तित्वबोध का प्रश्न काल के संदर्भ में उठाया गया है। कवि के अनुसार 'जो लोग अतीत में जीते हैं वे भाग्यवान हैं क्योंकि उन्हें कभी कुछ नहीं होगा। जो भविष्य में जीते हैं वे भी भाग्यवान हैं क्योंकि भविष्य में देखते-देखते उनकी जिन्दगी कट जायेगी; किन्तु कुछ लोग इस प्रतीक्षा में रहते हैं कि वे वर्तमान हो जायें।' इन तीन प्रकार से जीने वालों में जो वर्तमान में जीने की कोशिश करता है या वर्तमान हो जाना चाहता है वास्तव में अपने अस्तित्व से वही जूझ रहा है किंतु कवि का प्रश्न है कि क्या वर्तमान में जीने वाला व्यक्ति अपने को पा लेता है अथवा वह वर्तमान के साथ सरकता ही जाता है। तीनों कालों में कोई भी तो ऐसा माध्यम नहीं दिखलाई पड़ता जिसको पकड़ कर आदमी 'अस्ति' को पकड़ ले। 'मृत्युर्धावति पंचमः' कविता में अस्तित्वबोध को मृत्यु के संदर्भ में देखने का प्रयास है। मृत्यु के भय से सभी अपने को अशरण और बेसहारा मानते हैं। कवि के मन में जिज्ञासा उठती है कि क्या कोई ऐसा दरवाजा नहीं है जिससे व्यक्ति मृत्यु से बाहर हो जाय। कवि को लगता है कि शायद यह भय ही वह दरवाजा है जो उसे परम सत्ता तक पहुँचाता है।

'नंदादेवी' नामक खण्ड में पन्द्रह कविताएँ संकलित हैं। सबका सम्बन्ध नंदादेवी से है। कई कविताओं में 'नंदा' सम्बोधन भी मिलता है। नंदादेवी हिमालय की एक चोटी का

नाम है, जिसकी ऊँचाई पचीस हजार फुट से भी अधिक है। 'नंदा' दुर्गा के एक विग्रह को भी कहते हैं। इन कविताओं में नंदादेवी का प्राकृतिक सौन्दर्य तो अभिव्यक्त हुआ ही है साथ ही इनके माध्यम से कवि ने अपनी विभिन्न प्रकार की अनुभूतियों को वाणी दी है। 'नंदादेवी पर्वत चोटी के नीचे तरु-रेखा से युक्त हरियाली पर रेवड़ बिखरे हुए हैं। गड़ेरिये की बाँसुरी की तान उन रेवड़ों को दुलार से टेरती रहती है। नीचे भट्टी से उठते हुए धुएँ का फंदा है और आदमी के अनेक गोरख-धन्धे हैं। नंदादेवी इन सब गोरख-धंधों और धुएँ के फंदों से बहुत ऊपर है। इस खंड की दूसरी कविता के द्वारा कवि ने अपनी सामाजिक-चेतना को वाणी दी है तथा छठी कविता में आधुनिक वैज्ञानिक प्रगति से भावी ध्वंस की ओर संकेत किया गया है। इस खंड की छठी कविता में कवि कहता है—

नंदा,
बीस-तीस-पचास वर्षों में
तुम्हारी वन-राजियों की लुगदी बनाकर
हम उस पर
अखबार छाप चुके होंगे;
तुम्हारे सन्नाटे को चींथ रहे होंगे
हमारे धुंधुआते शक्तिमान् ट्रक, **(पृष्ठ 65)**

और इस तरह आधुनिक सभ्यता निर्व्याज प्राकृतिक सौन्दर्य को नष्ट कर देगी। कवि को लगता है कि बीस-तीस-पचास वर्षों में नंदादेवी मरुस्थल बन चुकेगी और उसके 'नदी-धौत सीढ़ी वाले मंदिर में एक मरुदीप जला करेगा।'

महावृक्ष के नीचे

इस कविता-संग्रह का प्रथम संस्करण 1977 में प्रकाशित हुआ। इसमें 1974 से 1976 के बीच रची गयी कविताओं को संकलित किया गया है। कविता-संग्रह के आरंभ में क्रम-सूची से पहले लेखक द्वारा दी गई एक टिप्पणी इस संग्रह की कुछ बातों की ओर संकेत देती है। लेखक की टिप्पणी है—'जिस अवधि की ये रचनाएँ हैं, उसके बीच लेखक आठ-एक महीने विदेश में रहा। स्वभावतः कुछ कविताएँ विदेशी संदर्भ की हैं। कुछ में प्रस्तुत ऋतु-चित्र या परिदृश्य भी विदेशी हैं।' इसके अतिरिक्त पुस्तक के फ्लैप पर संग्रह के विषय में कुछ संकेत हैं —'इस नवीनतम संग्रह में उनके पिछले दो-तीन वर्षों में लिखी ताजी कविताएँ संकलित हैं। इनमें जहाँ एक ओर परिपक्वता और गहराई बढ़ती जा रही है, सरलता भी उसी अनुपात में बढ़ रही है। मोती की तरह इसकी नैसर्गिक चमक और सुघड़ता देखते ही बनती है, जो हिन्दी कविता की अपनी महत्त्वपूर्ण उपलब्धि है।' प्रकाशक की एक टिप्पणी यह भी है कि इस संकलन की कुछ कविताएँ आपात् स्थिति से भी संबंधित हैं।'

इस सकंलन की 'साल दर साल'', 'शरद तो आया', ' जाड़ों में', 'वसंत आया तो है', 'पिछले वसंत के फूल', 'शरद विलायती' आदि ऋतु-चित्र प्रस्तुत करने वाली कविताएँ हैं। 'शरद विलायती' विदेशी परिदृश्य उपस्थित करती है। 'उत्सव पिंगला', 'होमो हाइडेल बर्गेसिस', 'सीमांत पर', 'तीसरा चरण', 'कलाइस्ट की समाधि पर' आदि कविताएँ विदेशी संदर्भ की हैं। 'उत्सव पिंगला' कविता विदेशी पिंगलवेशी युवती को निमित्त बनाकर लिखी गई है। इस उत्सव में यूरोप और अमेरिका के कैथोलिक वसंत कालीन उपवास से पहले एक उत्सव मनाते हैं। उस उत्सव में लोग चेहरे पहन कर या यों ही सजधज कर जुलूस निकालते एवं रंगरलियाँ मनाते हैं।

'होमो हाइडेल बर्गेसिस' कविता का आधार हाइडेल वर्ग के निकट पायी गयी प्राक्कालीन मानव की खोपड़ी है। 'सीमांत' कविता का संबंध पूर्वी और पश्चिमी बर्लिन को अलग करने वाले अस्त्र-सज्जित सीमांत से है। 'तीसरा चरण' कविता जर्मन कवि ह्योए एल्डर्लिन के प्रति संबोधित है। 'कलाइस्ट की समाधि पर' कविता कलाइस्ट के दुःखमय जीवन और उसकी आत्महत्या के प्रसंगों को संकेतित करती है। यह समाधि बर्लिन के एक उद्यान में है। 'बौद्धिक बुलाये गये' और 'हट जाओ' कविता का संबंध आपात-स्थिति से जोड़ा जा सकता है।

इस संकलन में 'महावृक्ष के नीचे' शीर्षक से छपी कविता के दो वाचन प्रस्तुत किये गये हैं—'पहला वाचन' और 'दूसरा वाचन'। 'महावृक्ष और अज्ञेय एक पूर्वोत्तर मीमांसा' नामक लेख में रमेशचंद्र शाह लिखते हैं—''महावृक्ष के नीचे, अज्ञेय को जो अनुभूति हुई है, वह 'अरी ओ करुणा प्रभामय' वाली अनुभूति के ही विकास-क्रम में समझी जा सकती है। 'महारूख' न केवल मनुष्य की 'नाप' ले लेता है, बल्कि उस नाप को उसके मन पर 'छाप' भी देता है। यह छाप मूल्यवान है पर कवि उसी पर नहीं रुक जाता। वह आगे कहता है : 'चलो चलते रहो/ महारूख के साथ अपना नाता बदलते रहो/ उसका आयाम/ उसका है, बहुत बड़ा है/ पर वह वहाँ खड़ा है/ और तुम चलते हुए ही भले हो।/ वह महारूख है/ अकेला है, वन में है/ तुम महारूख के नीचे अकेले हो, वन तुममें है।...' इस तरह महावृक्ष सिर्फ महावृक्ष ही नहीं है, एक तरह का बोधिवृक्ष भी कवि के लिए साबित हुआ है।''[1]

नदी की बाँक पर छाया

इस संकलन का प्रकाशन 1981 में हुआ। सन् 1977 से 1981 तक रची गई अज्ञेय की 58 कविताएँ इसमें संकलित हैं। प्रकाशक के अनुसार 'इन पाँच वर्षों में उनकी अनुभूति और अभिव्यक्ति को एक नया झुकाव और आयाम प्राप्त हुआ है और गहराई बढ़ी है। वय के निरंतर विस्तृत हो रहे आँगन से गुजरते हुए वे अनुभूतियों के नये-नये द्वार खोलते प्रतीत होते होते हैं, जहाँ उनकी प्रतिक्रियाएँ दर्शनीय हैं।'

1. अज्ञेय का संसार : शब्द और सत्य –167

इस संकलन की इसी शीर्षक की कविता में 'नदी' एक बार फिर उपस्थित है। 'हरी घास पर क्षण भर' संकलन में एक कविता है–''नदी के द्वीप' और 'महावृक्ष के नीचे' की एक कविता है–'चुपचाप नदी।' 'नदी की बाँक पर छाया' में भी 'नदी' है। अज्ञेय की कविता में नदी एक प्रतीक के रूप में प्रस्तुत होता है। एक अध्येता के अनुसार 'नदी' अज्ञेय की कविताओं में एक प्रवाह के प्रतीक के रूप में आती है। यह प्रवाह या तो समाज का है या परंपरा का। व्यक्ति को दोनों प्रकार के प्रवाह से टकराना पड़ता है। समाज में रहकर भी व्यक्ति को अपनी इयत्ता को बरकरार रखने के लिए जद्दोजहद करनी पड़ती है और समाज को दिशा देने के लिए व्यक्ति को सबसे पहले समाज के विरोध का ही सामना करना पड़ता है।'[1]

'नदी के द्वीप' कविता में 'नदी' को समाज या परंपरा के प्रवाह के रूप में लिया जा सकता है। 'द्वीप' वहाँ व्यक्ति है। 'चुपचाप नदी' में नदी कवि की स्मृतियों से निर्मित हुई है। यह नदी निरंतर कवि की 'दुरंत वासनाओं की चट्टानों' से टकराती है। इस टकराहट में कोई शब्द नहीं होता, उसके प्रवाह में कवि अपने को 'बरफ की लड़ी की छाया-सा' 'लटका हुआ अनुभव करता है।' चुपचाप नदी में 'स्मृति की नदी' कवि की वासना से टकराती है[2], वहाँ टकराने का दर्द है। 'नदी की बाँक पर छाया' में नदी की बाँकी छाया की पृष्ठभूमि में 'सरकती है/ कहीं भीतर/ पुरानी भीत धीरज की।'[3] और कवि अपने को 'वध्य' अनुभव करता है।

इस संकलन की 'परती का गीत', 'मेरे देश की आँखें', 'परती तोड़ने वालों का गीत', 'खून', 'पंडिज्जी' आदि कविताओं में कवि की चेतना परिचित विषयों को नये संदर्भ में देख रही है। कवि परंपरा से निरंतर टकराता रहा है। 'परती का गीत' कविता में एक बार नये सिरे से कवि लीक तोड़ने की कोशिश कर रहा है। कवि कहता है–''सब खेतों में/ लीकें पड़ी हुई हैं/ (डाल गये हैं लोग)! जिन्हें गोड़ता है समाजः/ उन लीकों की पूजा होती है!/ मैं अनदेखा/ सहज! अनुपजी परती तोड़ रहा हूँ।''[4]

'मेरे देश की आँखे' कविता में कवि 'पुते गालों', 'नकली भावों' से युक्त 'प्यार के छलावे बिछाती' आँखों को देखकर कह उठता है–'नहीं, ये मेरे देश की आँखें नहीं हैं।''[5] जिन लोगों ने परती तोड़ने का काम किया, उसे अपने लहू से सींचा उन्हें भी न्याय नहीं मिला। 'परती तोड़ने वालों का गीत' में कवि ने इसी को लक्षित किया है–'न हमें पशुओं-सा मरना मिला,/ न हमें प्रभुओं-सा जीना',[6]। वे पड़ती तोड़ते हुए भी साधारण ही रहे। 'खून' कविता में खून चूसने की परंपरा की ओर संकेत है–'उसके बाप का खून/ तुम्हारे बाप ने चूसा है/ उसके बाप के बाप का/ तुम्हारे बाप के बाप ने।'[7]

1. अज्ञेय की कविता : परंपरा और प्रयोग -244
2. ''एक मेरे भीतर नदी है स्मृतियों की/ जो निरंतर टकराती है मेरी दुरंत वासनाओं की/ चट्टानों से'' महावृक्ष के नीचे -13
3. नदी की बाँक पर छाया -36
4. नदी की बाँक पर छाया -9
5. वही -11
6. वही -19
7. वही -28

'पंडिज्जी' कविता में उसकी नयी स्थिति का अंकन है—'भैया, इस समय/ पंडिज्जी/ फकत आदमी हैं।' अब उन्हें, पोथी बंद कर देनी पड़ी है, उन्हें चुप हो जाना पड़ा है। 'जरा-व्याध', 'वासुदेव प्याला', 'कदम्ब-कालिंदी' आदि कविताओं में परिचित मिथकों के संदर्भ में नयी अनुभूतियाँ हैं। 'धुंधली चांदनी', 'मेघ एक भटका-सा', 'धूसर वसंतः राजस्थानी शैली', 'रात सावन की', 'भोर : लाली', आदि कविताओं में प्रकृति विशिष्ट छवि में उपस्थित है। कहीं वह मानव संदर्भों से रंगी हुई है, कहीं उसके नये रूप को कवि ने पकड़ने की चेष्टा की है।

सदानीरा (1986)

यह संकलन दो भागों में प्रकाशित हुई है। प्रयास यह किया गया है कि दोनों भागों में अज्ञेय की 1929 से 1980 तक की समस्त कविताएँ एक साथ संकलित हो जाएँ। प्रथम भाग में 1929 से 1956 तक की तथा द्वितीय भाग में 1956 से 1980 तक की कविताएँ संकलित हैं। यद्यपि प्रथम एवं द्वितीय भाग में काल-खण्ड का स्पष्टतः निर्देश कर दिया गया है फिर भी कुछ कविताएँ 1981 तक की आ गई हैं। 'भूमिका' में संकेत है—'मेरा पिछला कविता-संग्रह 'नदी की बाँक पर छाया' 1981 में छपा था। उनके बाद भी कुछ रचनाएँ जो अभी किसी संग्रह में नहीं आई हैं—'सदानीरा' में जोड़ दी गई हैं।'

इस संकलन से उन अध्येताओं को सुविधा होगी, जो उनकी 1981 तक की समग्र कविताओं को एक साथ देखना चाहते हैं। उपर्युक्त संकलनों के अतिरिक्त उनके दो संकलन और आ गये हैं—**'ऐसा कोई घर आपने देखा है'** (1986) तथा **'मरुथल'** (अज्ञेय की अंतिम कविताएँ, 1995)

प्रतिनिधि रचनाओं का संग्रह

पूर्वा

यह एक वृहत् काव्य-संकलन है। इसका प्रकाशन 1965 में हुआ। इसमें अज्ञेय की प्रारम्भ से लेकर सन् 1950 तक की कविताएँ संकलित हैं। इस संकलन में छः कविता-संग्रह सम्मिलित किये गये हैं—1. भग्नदूत, 2. बन्दी स्वप्न, 3. हिय-हारिल, 4. वंचना के दुर्ग, 5. मिट्टी की ईहा तथा 6. हरी घास पर क्षण भर। 'पूर्वा' कवि की काव्य-यात्रा के एक काल-खंड को ध्वनित करता है। 'पूर्वा' की रचनाओं के बाद कवि की काव्य-यात्रा प्रौढ़ता के घेरे में प्रविष्ट होती है। इस संकलन का 'भग्नदूत', 'इत्यलम्' काव्य-संकलन के प्रथम खंड में संकलित है। 'भग्नदूत' की रचनाओं में कवि के किशोर मन पर पड़े आघातों का चित्रण है। कवि प्रेम में सफल नहीं हो पाता फलतः प्रेम को 'घनीभूत इच्छाओं की ज्वाला' मानने लगता है। 'बंदी-स्वप्न', 'हियहारिल', 'वंचना के दुर्ग' और 'मिट्टी की ईहा' भी इत्यलम् में संकलित हैं। इस संकलन में 'हरी घास पर क्षण भर' को जोड़कर इसे नये काव्य-संकलन की संज्ञा दे दी गई है। 'बंदी-स्वप्न' में बंदी कवि की आत्मा का

रुदन और हाहाकार व्यक्त हुआ है। 'हियहारिल' में कवि ने अपने विशिष्ट रहस्यवाद का पहली बार परिचय दिया है।' 'वंचना के दुर्ग' खंड में पहली बार यौन-कुंठाओं को प्रकृति के माध्यम से अभिव्यक्ति मिली है। 'मिट्टी की ईहा' खंड में कवि की प्रौढ़ता बढ़ी हुई लगती है। 'हरी घास पर क्षण भर' से कवि हिन्दी काव्य-संसार में नये कवि के रूप में प्रतिष्ठित हुए। इस संकलन की कई कविताएँ बहुत प्रसिद्ध हुईं। 'पूर्वा' संकलन में इन सारी आरम्भिक रचनाओं को एक साथ रख कर कवि ने अपनी संपूर्ण काव्य-यात्रा को पूर्वा और उत्तरा खंड में बाट लिया है।

सुनहले शैवाल

इस संकलन का प्रकाशन सन् 1966 में हुआ। यह एक विशिष्ट प्रकार का संकलन है। विशिष्टता रचनाओं के साथ दिये गये चित्रों (फोटोग्राफ्स) से उत्पन्न की गई है। इसमें चित्रों सहित 44 कविताए संकलित हैं जो 'वंचना के दुर्ग', 'मिट्टी की ईहा', 'चिन्ता', 'हिय-हारिल', 'हरी घास पर क्षण भर', 'बावरा अहेरी', 'इन्द्रधनु रौंदे हुए ये', 'अरी ओ करुणा प्रभामय', 'आँगन के पार द्वार' और 'कितनी नावों में कितनी बार' काव्य-संकलनों से चुनकर ली गई हैं। इस संकलन की 'नृत्य-स्मृति', 'निवेदन के द्वीप' और 'भोरः आशीः' कविताए नयी हैं। चित्रों के कारण संभवतः यह संकलन पाठकों के लिए अधिक ग्राह्य हो। रचनाओं को पढ़ते समय ये चित्र पाठक की कल्पना-शक्ति को जाग्रत कर उसकी मनोभूमि को एक विशेष संदर्भ दे देंगे ताकि कविताएँ अपना विशिष्ट प्रभाव छोड़ सकें। यह संकलन 'पूर्वा' संकलन की कुछ रचनाओं को भी अपने में स्थान देता है तथा उसके बाद के कविता-संग्रहों से चुनी हुई कविताओं को भी। इस प्रकार 'सुनहले शैवाल' कवि की काव्य-यात्रा के दूसरे काल-खण्ड को भी ध्वनित करता है। इस संकलन की अनेक रचनाओं का संबंध कवि के काव्य-जीवन के मध्य-काल से जोड़ा जा सकता है। इसका संबंध कवि के आरंभिक काव्य-जीवन से भी जुड़ता है तथा प्रौढ़ावस्था के जीवन से भी। इस तरह यह संकलन तीनों वयों के संधिस्थलों को भी स्पष्ट करता है।

इस संकलन की नयी कविता 'नृत्य-स्मृति' में अलौकिक प्रिया द्वारा किये गये अलौकिक नृत्य का स्मृतिजन्य अंकन है। कवि कहता है, 'मुझे बिना वाद्य का तुम्हारा वह नृत्य याद है जो तुमने खंडहर बनी रंगशाला की मुंडेर पर किया था। उस नृत्य में चांदनी के तार गुंजरित हो उठे थे तथा पवनों की बाँसुरियाँ बज उठी थी। बुध और शुक्र किंकिणी की भाँति बजने लगे थे और हृदय मृदंग की तरह ताल पर गमक उठा था।' 'निवेदन के द्वीप' में समर्पण भाव का सुन्दर चित्रण हुआ है। कवि कहता है—'तुम इस रात में जागो अथवा न जागो, मेरे स्नेह का सागर जो तुम्हारी ओर उमड़ रहा है उसे जानो अथवा न जानो, अब, अब के बाद, फिर निरन्तर, रात में—सभी रातों में, दिन में—सभी दिनों में, संध्या में—सभी संध्याओं में, काल की गति में और मेरे बोध में वह निरंतर उमड़ता रहेगा।' 'भोरः आशीः' बहुत छोटी परन्तु बहुत सुन्दर कविता है। इसमें भोर से संबंधित समस्त उल्लास को अनभिव्यक्त छोड़ दिया गया है। 'भोर' कवि की मनःस्थिति को प्रसादित कर

उसे 'आशीः' की स्थिति तक ले आता है। उसके मन से निराशा छँट जाती है और वह अकृत्रिम सौन्दर्य से युक्त भोर को देखकर 'जीवन है' की अस्ति भावना से भर उठता है।

आज के लोकप्रिय हिन्दी कवि : 'अज्ञेय'

'आज के लोकप्रिय कविमाला' के क्रम में प्रकाशित इस संग्रह में 'इत्यलम्' से लेकर 'आँगन के पार द्वार' तक की उन प्रमुख रचनाओं को स्थान दिया गया है, जो कवि की मुख्य प्रवृत्तियों को रेखांकित करती हैं। संकलन-कर्ता हैं—विद्यानिवास मिश्र। इस संग्रह की कविताओं के लिए मिश्रजी ने छः उपशीर्षक भी दिये हैं। 'आसाढ़ की निसानी' उपशीर्षक के अन्तर्गत 'पानी बरसा', 'शरद', 'वहाँ-रात', 'हमने पौधे से कहा', 'टेसू', 'ऋतुराज', 'मैंने देखा, एक बूँद' आदि कविताएँ संकलित हैं। 'प्रस्फुटन के दो क्षणों का मोल' के अन्तर्गत', 'रात होते-प्रात होते', 'सो रहा है झोंप', 'ऊगा तारा,' 'सूर्यास्त', 'धूप' आदि कविताएँ; 'भीतर दाता खिल आया' के अन्तर्गत 'मुक्त है आकाश', 'साम्राज्ञी का नैवेद्य दान', 'दाता और भिखारी'; 'पहाड़ी यात्रा', 'भीतर जागा दाता' आदि कविताएँ; 'व्यष्टि का अभिमान' के अन्तर्गत 'आज थका हियहारिल मेरा', 'पावस प्रात, शिलङ्', 'आज तुम शब्द न दो', 'शब्द और सत्य', 'महाशून्य का शिविर' आदि कविताएँ तथा 'उस विशाल में मुझसे बहा न गया' के अन्तर्गत 'जो कहा नहीं गया', 'सोन मछली', 'द्वारहीन द्वार', 'हिरोशिमा', 'असाध्य वीणा' आदि प्रसिद्ध रचनाएँ संकलित कर दी गई हैं। इस संकलन में विद्यानिवास मिश्र ने 25 पृष्ठों की एक परिचयात्मक भूमिका लिखी है जो अज्ञेय के काव्यानुशीलन में सहायक है। वे अज्ञेय के अंतरंग मित्र भी हैं अतः कवि के जीवन और व्यक्तित्व पर दिये गये विस्तृत परिचय को प्रामाणिक माना जा सकता है।

सर्जना के क्षण

इसका प्रथम संस्करण 1979 में प्रकाशित हुआ। अनेक संकलनों से कविताओं को चुनकर इसमें स्थान दिया गया है। 'भूमिका' में चयन-दृष्टि का स्पष्टीकरण इस प्रकार है—'यह चयन केवल 'श्रेष्ठ' अथवा 'प्रतिनिधि' रचनाएँ जुटाने की दृष्टि से नहीं किया गया। प्रयत्न यही था कि अज्ञेय के कवि-व्यक्तित्व की निर्माण-यात्रा का चित्र प्रस्तुत किया जा सके। पहली चयन-प्रक्रिया के बाद यह देखा गया कि कुछ कविताएँ कवि के नाम के साथ ऐसी जुड़ी हुई हैं कि उन्हें किसी तरह नहीं छोड़ा जा सकता, चाहे कोई एक पक्ष भारी ही क्यों न होने लगे, इसलिए ऐसी रचनाएँ जोड़ दी गईं और उनका स्थान बनाने के लिए अन्य कुछ छोड़ दी गईं। लंबी कविताएँ लंबाई के कारण नहीं ली गईं।[1]

इस संकलन में कुल 51 कविताएँ संकलित हैं। इस संकलन की पहली रचना 'मैं वह धनु हूँ' इत्यलम् संकलन की है और अंतिम रचना 'सर्जना के क्षण', 'इन्द्रधनु रौंदे हुए ये' से ली गयी है। बीच में अनेक काव्य-संकलनों से चुनी हुई कविताएँ हैं। इस संकलन की कुछ महत्त्वपूर्ण कविताएँ हैं—'पहला दौंगरा', 'हरा-भरा है देश', 'जनवरी छब्बीस', 'मैं

1. सर्जना के क्षण : प्रथम सं., भूमिका -14

वहाँ हूँ', 'साँप', 'कलगी बाजरे की', 'जितना तुम्हारा सच है', 'यह दीप अकेला', 'नदी के द्वीप', 'साम्राज्ञी का नैवेद्य-दान', 'आज तुम शब्द न दो', 'मैंने देखा, एक बूँद', 'चिड़िया ने ही कहा', 'उन्होंने घर बनाये', 'उधार' और 'सर्जना के क्षण।'

इस संकलन की 'भूमिका' में अज्ञेय ने आज के समाज में कवि-कर्म की समस्या पर विचार किया है। अज्ञेय मानते हैं कि कवि-कर्म का संबंध 'अभिव्यक्ति' से भी अधिक 'संप्रेषण' से है और ''संप्रेषण की स्थितियों को समझे बिना काव्य का मूल्यांकन तो दूर, सही अर्थ-ग्रहण भी नहीं हो सकता। उसका कथ्य भी ठीक-ठीक नहीं पहचाना जा सकता।'' प्रशन उठता है, संप्रेषण की नयी परिस्थिति क्या है? अज्ञेय की दृष्टि में वह कविता का पठ्य हो उठना है। 'हमारे देश में काव्य की वाचिक परंपरा रही है। कविता की छपायी ने यह सब बदल दिया। प्रत्यक्ष श्रोता का स्थान अप्रत्यक्ष पाठक ने ले लिया। सुनने वाले 'समाज' के बदले पढ़ने वाली पब्लिक आ गयी; प्रत्येक प्रभाव महत्त्वपूर्ण हो गया। आस्वाद प्रतिक्रिया के बदले आलोचकीय मूल्यांकन की प्रतीक्षा होने लगी।'[1]

कविता की वाचिक परंपरा में कवि के समक्ष प्रत्यक्ष रूप में श्रोता होते थे। कवि अपनी कविता का वाचन उनके समक्ष करता था। श्रोताओं की प्रतिक्रिया उसे अविलंब मिल जाती थी। यदि कवि को लगता था कि संप्रेषण में कहीं कोई कठिनाई है तो वह अपनी टिप्पणियों से उसका निराकरण कर लिया करता था। यदि श्रोता को कहीं कठिनाई का अनुभव होता था तो वह स्वयं पूछ ले सकता था किंतु कविता की 'पठ्य परंपरा' में कवि कहीं अलग पड़ा है। उसे यह भी मालूम नहीं है कि उसका पाठक कौन है। यही कारण है कि आज पाठक कविता पढ़ने से पहले कवि के विषय में जानना चाहता है, आलोचकीय टिप्पणी उसमें मददगार हो सकती है।

अज्ञेय की कविता में 'पहले पहल नयी संप्रेषण स्थिति का स्वीकार है।' नयी संप्रेषण स्थिति को स्वीकार लेने के कारण संप्रेषण की चुनौतियों का उन्होंने किस तरह सामना किया यह अध्ययन का एक स्वतंत्र विषय है। कविता के वाचन से अज्ञेय प्रायः दूर ही रहे। उनकी कविताएँ पठ्य ही हैं। उनके पाठक कौन हैं, इसके विषय में वे नहीं जानते। उनकी कविताओं का संप्रेषण हो सके, इसके लिए एक काम उन्होंने यह किया है कि अपनी डायरी के नोट्स **भवन्ती, अन्तरा** और **शाश्वती** के रूप में प्रकाशित कर दिये। इन पुस्तकों में डायरी के जिन अंशों को प्रकाशित किया गया है उनकी मदद से अज्ञेय की काव्य-यात्रा को, कविता-रचना की अन्तः प्रक्रियाओं को समझा जा सकता है। इन अंतः प्रक्रियाओं का प्रकाशन संप्रेषण की समस्या का कुछ समाधान कर सकेगा, इसमें संदेह नहीं।

अज्ञेय के निबंध-संकलनों में भी जगह-जगह ऐसे संकेत हैं, जिनसे उनकी कविता की भावभूमि पर प्रकाश पड़ता है। उनकी मान्यता है कि 'कविता भाषा में नहीं होती, कविता शब्दों के बीच की नीरवताओं में होती है।' उनका सुधी पाठक उस अंतराल को पढ़ सकेगा, मौन से अभिव्यंजना हो सकेगी, वे इसकी आशा करते हैं।

1. सर्जना के क्षण, प्रथम सं. -7, 9

अज्ञेय : काव्य-स्तबक

विद्यानिवास मिश्र और रमेशचन्द्र शाह ने मिलकर, साहित्य अकादेमी के आग्रह पर, अज्ञेय की रचनाओं का यह 'स्तबक' तैयार किया है। इसका प्रथम संस्करण 1995 में प्रकाशित हुआ। इसमें 134 कविताएँ संकलित हैं। संपादकों ने प्रत्येक कविता के अंत में रचना-काल का स्पष्ट निर्देश कर दिया है। रचना-प्रकाशन का क्रम भी परिशिष्ट में दे दिया गया है। इस संकलन में उनकी कुछ ऐसी कविताएँ भी रखी गयी हैं, जो अब तक कहीं और प्रकाशित नहीं हुई थीं। उदाहरण के लिए–'गाँव से शहर की ओर', 'वसीयत', 'दन्तकथा' आदि। संकलन की भूमिका के रूप में दो लेख आरंभ में दिये गये हैं। 'अज्ञेय की जीवन-यात्रा' पर विद्यानिवास मिश्र का लेख है। इसमें अज्ञेय के जीवन पर कुछ नयी सामग्री उपलब्ध है। अज्ञेय के निधन के पूर्व तक की उनकी साहित्यिक गतिविधियों एवं कार्यकलापों का अंतरंग विवरण निश्चय ही पाठक का ध्यान आकृष्ट करेगा। रमेशचन्द्र शाह ने अज्ञेय की कविता का मूल्यांकन अपने ढंग से प्रस्तुत किया है। उनके द्वारा प्रस्तुत निबंध का शीर्षक है–'अज्ञेय का कवि-कर्म।'

निबंध-संग्रह (गद्य संकलन)

अज्ञेय के अब तक अनेक निबंध-संग्रह प्रकाशित हो चुके हैं। उनका प्रथम निबंध-संग्रह **'त्रिशंकु'** सन् 1943 में प्रकाशित हुआ। आरंभिक निबंध-संग्रह होने के कारण इसमें इतनी प्रौढ़ता नहीं है। इस निबंध-संकलन के कई निबंधों पर टी. एस. इलियट का प्रभाव लक्षित किया जा सकता है। इनके दूसरे निबंध संग्रह **'आत्मनेपद'** का प्रकाशन सन् 1960 में हुआ। इस संकलन से अज्ञेय की प्रौढ़ता बढ़ गई है। उपर्युक्त दोनों संग्रहों में साहित्य और संस्कृति तथा साहित्य संबंधी विभिन्न विचारधाराओं को व्यक्त किया गया है। अज्ञेय के आरंभिक काव्यों के शिल्प को समझने के लिए इन दोनों निबंध-संग्रहों का अनुशीलन आवश्यक है।

हिन्दी साहित्य : एक आधुनिक परिदृश्य, सब रंग और कुछ राग, लिखि कागद कोरे, जोग लिखी, अद्यतन, आल वाल तथा **संवत्सर** अज्ञेय के 1975 तक के प्रकाशित निबंध-संग्रह हैं। **'हिन्दी साहित्य : एक आधुनिक परिदृश्य'** उनके आलोचनात्मक निबंधों का संग्रह है।

'लिखि कागद कोरे' अज्ञेय के 'निजी निबंधों' का संग्रह है। इसका दूसरा संस्करण 1973 में प्रकाश में आया। 'कोरे कागद' पर लिखने का स्पष्टीकरण देते हुए अज्ञेय ने इस पुस्तक के 'सांचि कहऊँ ? शीर्षक के अन्तर्गत लिखा है–''कोरे कागद का इससे अच्छा उपयोग न जानता होऊँ सो बात नहीं। बल्कि यह भी मानना चाहता हूँ कि प्रायः तो इससे अच्छे ही काम में उसे लगाता हूँ। और सुलझा हुआ पाठक तो यह भी पहचानेगा कि ये लेख वास्तव में वैसा सत्य नहीं है जिसके लिए पारम्परिक 'कोरे कागद' का व्यवहार सम्मत रहा। सत्य भी खंड-सत्य है, और कागद भी ओप-चढ़ा है इसलिए सीमित अर्थ में

ही कोरेपन का दावेदार हो सकता है।" **सपने मैंने भी देखे हैं, अज्ञेय : अपनी निगाह में, कुट्टिजात विनोदेन** आदि निबंधों में अज्ञेय ने स्वयं अपने बारे में अपने विचार व्यक्त किये हैं। **हौआ प्रकरण-1** और **हौआ प्रकरण-2** में अज्ञेय के नारी सम्बन्धी विचार द्रष्टव्य हैं। कुछ निबंधों में विभिन्न विद्वानों द्वारा पूछे गये प्रश्नों के उत्तर दिये गये हैं।

'आल वाल' निबंध-संग्रह का द्वितीय संस्करण 1977 में प्रकाशित हुआ। 'आल वाल' के निबंधों के विषय विविध हैं। कुछ निबंधों के विषय तो वह हैं, जिनसे कवि जीवन-भर उलझते रहे हैं तथा कुछ ऐसे भी हैं, जिनके द्वारा उन्होंने समकालीन लेखन पर अपने मत व्यक्त किये हैं। 'शब्द, मौन और अस्तित्व', 'लेखक और परिवेश', 'लेखक की स्थिति' आदि निबंधों में लेखक से सम्बन्धित उन्हीं समस्याओं को उठाया गया है। जिनसे कवि-लेखक को प्रायः जीवन-भर उलझना पड़ता है। इस संकलन के **उपन्यास की भारतीय विधा, नयी कविता के गीत, कविता : श्रव्य से पठ्य तक** आदि निबंधों को आलोचनात्मक निबंधों की श्रेणी में रखा जा सकता है। इस संकलन का अन्तिम निबंध 'काल का डमरू-नाद' अज्ञेय की काल-सम्बन्धी मान्यताओं एवं धारणाओं को स्पष्ट करता है। उनकी अनेक परवर्ती रचनाओं में जो काल-सम्बन्धी चिंतन व्यक्त हुआ है उसको समझने के सूत्र यहाँ मिल सकते हैं।

'जोग लिखी' अज्ञेय के स्फुट-निबंधों का संकलन है। इसमें प्रश्नोत्तरियाँ भी दी गई हैं। इसका प्रकाशन 1977 में हुआ। इस संकलन के **आँखों देखी और कागद लेखी, सर्जनात्मक अनवधान, अतीत के दर्पण में —एक लौ,** आदि निबंधों में लेखक की अन्तः प्रक्रिया अभिव्यक्ति हुई है। इसके साथ ही इस संग्रह में डॉ. केदारनाथ सिंह आदि विद्वानों द्वारा पूछे गये विविध प्रश्नों के उत्तर दिये गये हैं। ये प्रश्नोत्तरियाँ अज्ञेय की काव्य-प्रक्रिया तथा समकालीन-लेखन से सम्बन्धित हैं।

'अद्यतन' का प्रकाशन भी 1977 में हुआ। इसमें अज्ञेय के 11 विचारोत्तेजक निबंध संकलित हैं। इन निबंधों के द्वारा लेखक ने हिन्दी के वर्तमान और भविष्य की भाषा, साहित्य-सृजन तथा सर्जक की समस्याओं पर प्रकाश डाला है। **भाषा और अस्मिता, हिन्दी में शोध कार्य : अपेक्षाएँ, भारतीय साहित्य : तुलनात्मक दृष्टि, शिक्षा : जोड़ने वाली या तोड़ने वाली** आदि निबंध विशेष रूप से ध्यानाकर्षक हैं।

'संवत्सर' निबंध-संग्रह का प्रकाशन 1978 में हुआ। इस पुस्तक की भूमिका में अज्ञेय लिखते हैं—'यह पुस्तक लम्बी प्रतीक्षा के बाद प्रकाशित हो रही है—कदाचित्, इसकी सबसे लम्बी प्रतीक्षा लेखक ने ही की होगी !' इस पुस्तक के दो खंड हैं : पहले खंड का शीर्षक है—**क्रमातीत-भूमिकाएँ**। इसके अन्तर्गत **दिग्विहीन, वर्गवृत्त, संवत्सर** तथा **कालमृगया** नामक निबंध संकलित हैं। दूसरे खंड का शीर्षक है —**'काल; अवधारणा, अनुभव और प्रतीति**।' इसके अन्तर्गत 'शाश्वत काल : इतिहास का क्रम', 'मानवीय काल : अनुभव का क्रम', 'साहित्यिक काल : यथार्थ का क्रम' और 'संप्रेषण का काल : भाषा का क्रम' निबंध संकलित हैं। अज्ञेय ने इन निबंधों के संबंध में भूमिका में यह स्पष्टीकरण दिया

है—'यों तो काल और उसकी प्रतीति की समस्या तत्त्व-चिन्तन और तर्क की सनातन समस्या रही है। मैं न तत्त्व-चिन्तक हूँ, न तार्किक, यद्यपि दोनों क्षेत्रों में मेरी रुचि बराबर रही है, और इस विषय को मैं ने न उठाया होता अगर वर्षों से इस बात का तीव्र बोध मुझे न होता कि आज का साहित्य इस समस्या से विकट रूप से आक्रांत है।' यह निबंध संग्रह अज्ञेय के गंभीर और सर्जनात्मक चिंतन का परिणाम है। काल-प्रतीति से संबद्ध जो विचार इन निबंधों में व्यक्त हुए हैं अज्ञेय के अनुसार वे पाठक, लेखक, कवि, उपन्यासकार, आलोचक और अध्यापक—साहित्य से सम्बन्ध रखने वाले सभी वर्गों के काम के हैं।

अपरोक्ष, व्यक्ति और व्यवस्था, युग संधियों पर, धार और किनारे, स्मृति लेखा, कहाँ है द्वारका, छाया का जंगल, अ सेंस ऑफ टाइम, स्मृति छंदा, आत्मपरक, केन्द्र और परिधि अज्ञेय के 1979 से 1984 तक के प्रकाशित निबंध अथवा गद्य संकलन हैं।

अपरोक्ष (1979) में 'अज्ञेय से सात संवाद' प्रकाशित हैं। साहित्य से जुड़े व्यक्तियों ने साक्षात्कार के माध्यम से अज्ञेय और उनके साहित्य को जानना चाहा है। अपरोक्ष उन्हीं साक्षात्कारों का परिणाम है। संकलन में सात प्रश्नकर्ता हैं। अज्ञेय ने प्रश्नकर्ताओं के उत्तर दिये हैं। अपरोक्ष में प्रश्नोत्तरों के माध्यम से अज्ञेय का चिंतक व्यक्तित्व सामने आता है। अज्ञेय के अनुसार इस पुस्तक के प्रश्नोत्तर साहित्य, समाज, संस्कृति, भाषा, अस्मिता और मानवीयता के कई पक्षों पर प्रकाश डालते हैं।

युग संधियों पर (1981) में शासन, संस्कृति, धर्म-निरपेक्षता, देशीयता और मौलिकता, साहित्यकार का समाज, हमारे समाज में नारी, कला की समस्या आदि विषयों पर अज्ञेय के विचार प्रस्तुत हुए हैं। इस संकलन में छपे सभी लेख 'साप्ताहिक हिन्दुस्तान' में एक-एक पखवाड़े के अंतराल से प्रकाशित हुए थे। 'पुरोवाक्' में कहा गया है कि 'इन लेखों को ठीक समकालीन टिप्पणियाँ तो नहीं कहा जा सकता, पर वे अपने समय के कुछ जीवंत प्रश्नों पर एक लेखक के विचारों, चिंताओं और मन्तव्यों को अवश्य प्रकट करते हैं।

धार और किनारे (1982) में 'मानव' प्रतीक स्रष्टा प्राणी', 'भारतीय संस्कृति और विश्व संस्कृति' आदि निबंध 'आल वाल' संकलन का है, 'साम्प्रदायिक और नैतिक शिक्षा' **'जोग लिखी'** संकलन का हैं। इस संकलन में कुछ नये निबंध हैं—'खिलौनों का समाज शास्त्र,' 'संस्कृति की चेतना', 'शिक्षा : संस्कृतिक संदर्भ', 'विराट का संस्पर्श' आदि।

आत्मपरक **(1983)** वास्तव में अज्ञेय के दो निबंध-संग्रहों—'आत्मनेपद' और 'लिखि कागद कोरे' का पुनर्मुद्रण है।

केन्द्र और परिधि **(1984)** पूर्व प्रकाशित 'स्रोत और सेतु,' 'आलवाल,' 'अद्यतन,' 'जोग लिखी,' 'युग संधियों पर' और 'धार और किनारे' से लिये गये निबंधों का संकलन है।

अन्तः प्रक्रियाएँ (भवन्ती, अंतरा, शाश्वती)

भवन्ती, अन्तरा और शाश्वती गद्य की पुस्तकें हैं किंतु इन्हें उनका निबंध-संग्रह नहीं कहा जा सकता। इन पुस्तकों में प्रस्तुत सामग्री के लिए अज्ञेय ने शीर्षक दिया है–'अंतः प्रक्रियाएँ।' 'भवन्ती' में प्रकाशित अंश 1964 से 1970 तक की, 'अंतरा' में संकलित अंश 1970 से 1978 तक की तथा 'शाश्वती' में प्रकाशित अंश 1975 से 1995 तक की अन्तः प्रक्रियाओं का संकेत देती हैं।

भवन्ती के 'निवेदन' के अनुसार ''यह पुस्तक रची नहीं गयी है –बल्कि जुड़ गयी है। जिन छोटे-छोटे प्रकरणों को जोड़कर यह पुस्तक बनी है, वे प्रायः सभी छोटे-छोटे युद्धों के इतिहास हैं : प्रत्येक के पीछे यंत्रणा की प्रक्रिया रही है। इतना ही है कि समूची पुस्तक में एक ही रचना की प्रक्रिया में पायी हुई यंत्रणा से मिलने वाली संहति नहीं है, वह फुटकर, विविध और वैचित्र्यमयी यंत्रणाएँ रही हैं। संहति उसमें है तो रचना के माध्यम से नहीं, रचयिता के जीवनानुभव के माध्यम से।'' यह स्पष्ट है कि 'भवन्ती' में कवि की रचना-प्रक्रिया तथा काव्य-यात्रा के विभिन्न अनुभव-खंड संकलित हैं। इसका प्रथम संस्करण 1982 में प्रकाशित हुआ। अज्ञेय की रचनाओं को समझने के लिए इस पुस्तक का अध्ययन आवश्यक है। अज्ञेय के अनुसर 'भवन्ती' 'उस यात्रा की लाग बुक' है जिसके आधार पर यात्रा के पथ-चिह्न, अनुकूल और प्रतिकूल स्थितियों तथा धाराएँ, जोखम, भटकन, प्रत्युत्पन्न सूझ आदि का ब्यौरा मिलता रहे।

अंतः प्रक्रियाओं का संकेत देने वाली दूसरी पुस्तक है –**अंतरा**। यह पुस्तक 'भवन्ती' के आगे की कड़ी है। 'भवन्ती' के दूसरे संस्करण की भूमिका में अज्ञेय ने पाठकों को यह सलाह दी है कि 'भवन्ती' का पाठक 'अंतरा' को भी पढ़े क्योंकि सर्जनात्मक अन्तःप्रक्रिया एक सतत प्रक्रिया है। उसमें निरंतरता का भी उतना ही महत्त्व है जितना पूर्वापरता का। अज्ञेय को आशा है कि उनकी अन्तःप्रक्रियाओं का पाठक उनका सहयात्री बन सकेगा। इस संबंध में अपनी स्थिति को स्पष्ट करते हुए अज्ञेय लिखते हैं –'उस सतत् प्रक्रिया (सर्जनात्मक अन्तः प्रक्रिया) में पाठक को सहयात्री के रूप में पा सकना या पाने का भरोसा बनाये रखना वह संबल है जो सर्जक को यात्रांत तक ले जाता है। इसके बदले में पाठक को यही आश्वासन दे सकता हूँ कि मैं भी भरसक इस अन्तःप्रक्रिया में उसकी दिलचस्पी कम नहीं होने दूँगा –कि सहयात्रा उसके लिए रोचक और स्फूर्तिदायक बनी रहेगी।'

'भवन्ती' और 'अंतरा' के क्रम में **शाश्वती** उनकी अन्तः प्रक्रियाओं का तीसरा संकलन है। 'शाश्वती' की भूमिका में स्पष्टीकरण है–''अपनी मानस-यात्राओं में अपने पाठक को सहयात्री के रूप में पाना और बनाये रखना अपने लिए आवश्यक मानता हूँ, अपने लिए ही नहीं, सभी लेखकों के लिए। इस दृष्टि से 'शाश्वती' भी एक शाश्वत आमंत्रण है। पहले इसका नाम 'शेषा' सोचा गया था और बहुत ऊहापोह के बाद ही पांडुलिपि प्रकाशक को देते समय उस पर दूसरा नाम लिख दिया। लेकिन एक स्थल ऐसा

भी है जहाँ दोनों नाम एक हो जाते हैं। जो शेष है वही शाश्वत है, जो शाश्वत है वही शेष है।' 'लगातार पचास वर्ष तक लिखते रहने के बाद भी जो बचा रह जाता है –प्रश्न, चिंताएँ, संदेह, आस्थाएँ, व्याकुलताएँ, आनन्द और प्रतीति की संभावनाएँ– उन सबके संकेत लेकर ही मैं पाठकों के सामने आया हूँ।''

यह स्पष्ट है कि अज्ञेय की कविता के पाठकों के लिए इन तीनों पुस्तकों का अध्ययन आवश्यक है। यह निश्चित रूप से कहा जा सकता है कि इनमें प्रकाशित अन्तः प्रक्रियाओं से परिचित हो लेने पर पाठक उन संदर्भों, सूत्रों, संकेतों, मनोभावों आदि को जान सकेगा, जिन्हें जानना उनकी कविता को समझने के लिए आवश्यक है।

कहानी-संग्रह

अब तक अज्ञेय की कहानियों के अनेक संकलन प्रकाशित हो चुके हैं। उनका प्रथम कहानी संग्रह 'विपथगा' है जिसका प्रकाशन सन् 1937 में हुआ। 'परंपरा' नामक कहानी-संग्रह सन् 1944 में प्रकाश में आया। लाहौर जेल में नजरबंदी के दिनों में उन्होंने 'कोठरी की बात' की रचना की थी। यह संकलन 1945 में प्रकाशित हुआ। सन् 1949 में 'शरणार्थी' प्रकाशित हुआ। इस संकलन की कहानियाँ राष्ट्र के विभाजन के समय होने वाले दंगों और रक्तपात पर आधृत हैं। 'जयदोल' (1951) तथा 'ये तेरे रूप प्रतिरूप' (सन् 1961) में अज्ञेय का कहानीकार नवीन शिल्प और शक्ति की दृष्टि से प्रौढ़ता को प्राप्त हो चुका है। 'अज्ञेय की कहानियाँ' शीर्षक संकलन तीन भागों में प्रकाशित हुए हैं। इन संकलनों में आरंभिक पाँच संग्रहों की कहानियाँ ही सम्मिलित हैं। प्रेम, विद्रोह, बंदी जीवन, अन्योक्ति, दार्शनिक-निष्पत्ति, मनोवैज्ञानिक प्रतीक आदि इनकी कहानियों के मुख्य तत्त्व रहे हैं। इन संकलनों की अनेक कहानियों पर 'कवि' एवं 'चिंतक' अज्ञेय का व्यक्तित्व हावी है। अज्ञेय की अनेक कहानियाँ न तो चरित्र-प्रधान हैं, न घटना-प्रधान बल्कि वे आत्म-बोध, सत्यान्वेषण, मनोवैज्ञानिक तथ्य आदि को व्यंजित करती हैं। विचार एवं विश्लेषण की प्रधानता होने के कारण अनेक कहानियाँ बोझिल हो गई हैं। उनके अधिकतर पात्र अपने व्यक्तित्व की विशिष्टता के कारण अलग दिखलाई पड़ते हैं। पात्र भी प्रायः अज्ञेय की ही भाँति चिन्तनशील एवं जिज्ञासु प्रतीत होते हैं।

राजनीतिक एवं बंदी जीवन से सम्बन्धित कहानियों में अज्ञेय ने शोषण, वैषम्य और अन्धविश्वास के खिलाफ आवाज उठायी है। उन्होंने कहानी के क्षेत्र में शिल्प की दृष्टि से नये-नये प्रयोग किये। अनेक कहनियों में व्यक्ति के अन्तर्मन को उघार कर रखने की चेष्टा दिखलाई पड़ती है। कविता की तरह ही उनकी कहानियों में सत्यान्वेषण की प्रवृत्ति लक्षित की जा सकती है।

उपन्यास

'शेखर : एक जीवनी' दो भागों में प्रकाशित हुआ है। पहला सन् 1941 में, दूसरा सन् 1944 में। इसके अतिरिक्त अज्ञेय के दो और उपन्यास प्रकाशित हुए हैं –'नदी के

द्वीप' (1952) और 'अपने-अपने अजनबी' (1961)। वस्तुतः पहले-पहल आलोचकों ने अज्ञेय को 'शेखर : एक जीवनी' के कृतिकार के रूप में ही पहचाना। इस उपन्यास में शेखर और शशि की मार्मिक कहानी है। शेखर जन्मजात विद्रोही है किन्तु अन्ततः उसका विद्रोह किसी सिद्धि तक पहुँचता प्रतीत नहीं होता। उपन्यास के दूसरे भाग में शशि की कहानी ही प्रमुख हो जाती है। शेखर के आरंभिक जीवन की घटनाओं में कवि के व्यक्तिगत जीवन से सम्बन्धित घटनाओं को भी स्थान मिला है। उन्होंने खुद स्वीकारा है—"शेखर में मेरापन कुछ अधिक है।"[1] आलोचक-गण इस उपन्यास के सम्बन्ध में कभी एक मत नहीं रहे। किसी ने इसके कथानक की निंदा करते हुए उसे विशृंखलित तथा असंबद्ध बताया, किसी ने इसके शेखर को निरुद्देश्य क्रांतिकारी ठहराया। किसी को इस उपन्यास के चरित्र में उच्छृंखलता, अहं तथा सेक्सविकृति के दर्शन हुए। कुछ लोगों ने 'शेखर : एक जीवनी' के विषय को ही लेकर आपत्ति की है किंतु इन आपत्तियों के बावजूद अधिकांश आलोचकों ने इसकी सराहना की है। कई विद्वान इसे 'गोदान' के बाद दूसरा सर्वश्रेष्ठ उपन्यास मानते हैं। अज्ञेय ने इस उपन्यास की भूमिका में यह संकेत दिया था कि इसके तीन भाग प्रकाशित होंगे किंतु तीसरा भाग अभी तक प्रकाशित नहीं हो सका। डॉ. रणवीर रांग्रा ने एक साक्षात्कार में जब अज्ञेय से पूछा कि 'शेखर : एक जीवनी' के तीसरे भाग के लिए वे अपने पाठकों को कब तक तरसाते रहेंगे तो अज्ञेय ने तीसरे खण्ड के बारे में यह स्पष्टीकरण दिया—'तीसरा भाग एक बार लिखा गया था; तभी छप गया होता तो छप गया होता। अब वह संशोधन माँगता जान पड़ता है और मैं भरसक कोई चीज ऐसी अवस्था में छपने नहीं भेजता हूँ जबकि वह मुझे अधूरी जान पड़ रही हो।'[2]

'नदी के द्वीप' में भुवन और रेखा की कहानी को अंकित किया गया है। इस उपन्यास में प्रेम, यौन-तृप्ति और विवाह की समस्या उठायी गई है। उपन्यास के पात्रों—भुवन, रेखा, चन्द्रमाधव तथा गौरा के द्वारा इस समस्या पर ही विभिन्न कोणों से प्रकाश डाला गया है। चन्द्रमाधव भुवन का सहपाठी मित्र है और पत्रकार है। वह विवाहित है किन्तु अपनी मैट्रिक पास साधारण सुन्दर पत्नी से वह सदैव संतुष्ट नहीं रह पाता। वह रेखा के प्रति आकर्षित होता है, उसकी सहायता कर उसे पाना चाहता है किंतु वह इसमें असफल होता है। इसके बाद वह गौरा के प्रति आकर्षित होता है किंतु यहाँ भी वह सफल नहीं होता। अन्त में वह बम्बई की एक अभिनेत्री से दूसरा विवाह कर लेता है। इस प्रकार चन्द्रमाधव के माध्यम से लेखक ने असंतुष्ट दाम्पत्य-जीवन तथा विवाहित पुरुष की यौन-अतृप्ति का चित्रण किया है। इसके विपरीत उपन्यास का नायक भुवन गंभीर, चिंतनशील, संकोची, आत्मलीन तथा परिष्कृत रुचियों का व्यक्ति है। नारी के प्रति आकर्षण भुवन में भी है किन्तु संस्कारजन्य भय के कारण वह पहल नहीं कर पाता। गौरा उसकी शिष्या एवं अनन्य प्रेमिका है। उसके प्रति भुवन स्नेह का भाव रखता है किंतु अपनी ओर से इसे कभी प्रकट नहीं होने देता। उपन्यास की नायिका रेखा अपने पति हेमेन्द्र से अलग रहने वाली

1. शेखर : एक जीवनी-भाग एक, -8 2. जोग लिखी (1977)-115

स्वाभिमानी स्त्री है। 'वह अत्यंत रूपवती है। और उसका रूप एक सप्राण तेजोमय पर्सनैलिटी के प्रकाश से भीतर से दीप्त है' तथापि विवाह के बाद भी उसके नारीत्व को अभिव्यक्ति का पूर्ण अवसर नहीं मिलता है। अतृप्ति की एक आग में वह जलती रहती है। अपनी भूख को लिये हुए वह भटक रही है। संयोग से उसे भुवन जैसा सहृदय व्यक्ति मिलता है। वह उसकी तरफ आकृष्ट होती है और नौकुछिया ताल पर उसके प्रति आत्मसमर्पण कर देती है। यद्यपि वहाँ उसकी इच्छा पूरी नहीं होती किन्तु वह भुवन के पीछे पड़ी रहती है और एक दिन तुलियन झील पर उसकी इच्छा पूरी हो जाती है। वह संतुष्टि का अनुभव करती हुई भुवन से कहती है–'आइ एम फुलफिल्ड'। उपन्यास में घटनाओं के चक्र में भुवन रेखा का पति नहीं बन पाता। अंत में वह गौरा के समक्ष विवाह का प्रस्ताव रखता है। इस प्रकार इस उपन्यास में विशेष रूप से विवाहित पुरुष एवं विवाहित स्त्री की यौन-अतृप्तियों, एवं उनके 'फुलफिलमेंट' का चित्रण है। इस उपन्यास के सम्बन्ध में भी समीक्षकों में मत-भिन्नता मिलती है। 'शेखर : एक जीवनी' के बाद इसे पढ़ने पर पाठकों को इसमें शिल्प की दृष्टि से कृत्रिम नवीनता ही मिलती है। उपन्यास के अन्त में पात्रों के द्वारा यह स्पष्ट किया गया है कि हम सभी जीवन की नदी के अलग-अलग द्वीप हैं–ऐसे द्वीप जो स्थिर नहीं होते, नदी निरंतर उनका भाग्य अलग-अलग गढ़ती चलती है और ये द्वीप एक जगह से टूट कर दूसरी जगह बनते रहते हैं।

'अपने-अपने अजनबी' एक विशिष्ट प्रकार का प्रयोग है। इसमें 'नियति' से बदला लेने की भावना को चित्रित किया गया है। बर्फ से ढँके घर के भीतर ही अधिकांश स्थितियाँ घटित होती हैं। 'वरण और नियति' के प्रश्न पर इस उपन्यास का कथानक आधृत है। 'नदी के द्वीप' के प्रकाशित होने के लगभग नौ वर्ष बाद यह उपन्यास प्रकाश में आया। इसके पात्र विदेशी हैं। अज्ञेय के ही शब्दों में इस उपन्यास का "वस्तु है मृत्यु से साक्षात्कार। किस प्रकार मृत्यु से साक्षात् अपनों को अजनबी कर देता है और अजनबियों को अपना, किस प्रकार मृत्यु स्वयं कुछ के लिए अपनी होती है औ कुछ के लिए अजनबी, यही उपन्यास की वस्तु है।"[1] इस उपन्यास को हिन्दी का सर्वप्रथम अस्तित्ववादी उपन्यास कहा जा सकता है।

उपर्युक्त उपन्यासों के अतिरिक्त **बारह खंभा** नामक एक संयुक्त औपन्यासिक कृति प्रकाशित हुई है। यह रचना दस अन्य लेखकों के साथ एक प्रयोग है।

यात्रा-वृत्तांत

अज्ञेय अपने को जन्मजात यायावर मानते हैं। उन्होंने अपनी घुमक्करी के जिन अनुभव-खण्डों को लिख डाला है उन्हें ही 'अरे यायावर रहेगा याद' (1953) तथा 'एक बूँद सहसा उछली' (1960) में संकलित कर प्रकाशित किया गया है। पहली पुस्तक में भारत के विभिन्न स्थलों की यात्राओं के अनुभवखंड चित्रित हैं। 1952 में भारत के

1. जोग लिखी- डॉ. रणवीर रांग्रा द्वारा पूछे गये प्रश्न का उत्तर : -115

कला-तीर्थों की इन्होंने यात्राएँ की थीं तथा सैनिक-जीवन में भारत-यात्रा के अनेक अवसर आये थे। आसाम, पंजाब, कश्मीर, एलोरा, दक्षिण के मंदिर, नीलगिरि के दृश्य आदि की झाँकी इसमें मिलती है। दूसरी पुस्तक में अज्ञेय की विदेश-यात्रा के अनुभव-खंड चित्रित हैं। 1955-1956 में इन्हें यूनेस्को के निमंत्रण पर यूरोप-भ्रमण का अवसर मिला था। 1957-58 में जापान तथा 1960 में पुनः यूरोप-भ्रमण का अवसर आया था। जब भी उन्हें विदेश जाने का अवसर मिला उन्होंने वहाँ के विभिन्न स्थलों का भ्रमण किया तथा वहाँ के प्रसिद्ध साहित्यिकों से वे मिले। 'एक बूँद सहसा उछली' में अनेक यात्रा-वृत्त तथा संस्मरण संकलित हैं। अज्ञेय के यात्रा-वृत्तांत आम यात्रा-वृत्तांत नहीं हैं। इसमें साहित्यिकता की मात्रा अधिक है। यात्रा-वृत्त के नाम पर स्थूल-दृश्य चित्रण की अपेक्षा अज्ञेय ने स्थान-विशेष की कला एवं संस्कृति तथा उसके अपने विशिष्ट-प्रभाव को चित्रित किया है। उनकी ये यात्राएँ एक साधारण पर्यटक की यात्राएँ न होकर एक साहित्यिक की सत्य तथा आत्मबोध के अन्वेषण की यात्राएँ हैं। बीच-बीच में जहाँ भी अवसर मिला वे चिंतकों से मिलकर अपनी दार्शनिक एवं साहित्यिक जिज्ञासाओं का उत्तर पाने की चेष्टा करते रहे। यही कारण है कि अज्ञेय के काव्य को समझने में ये यात्रा-वृत्तांत भी सहयोगी बन जाते हैं।

गीतिनाट्य

'उत्तर-प्रियदर्शी' नामक गीतिनाट्य 1967 में प्रकाशित हुआ। इसमें अशोक का अपने ही भीतर के नरक को भोगने तथा बाहरी और भीतरी नरक से ऊपर उठने का वर्णन है। 'उत्तर-प्रियदर्शी' का पहला मंचन नयी दिल्ली में त्रिवेणी कला संगम के खुले रंगमंच पर 6 मई 1967 को निष्पन्न हुआ। इस पुस्तक में 'प्रेरणा' शीर्षक के अनतर्गत इसके कथानक के आधार पर प्रकाश डाला गया है। 'अशोक पहले प्रचण्ड स्वभाव का और क्रूर शासक था। उसने एक परम नृशंस व्यक्ति को खोज कर एक नरक बनवाया; इस नरकाधिपति को उसने आश्वासन दिया कि नरक-सीमा में उसकी सत्ता सर्वोपरी होगी—यहाँ तक कि स्वयं राजा भी उसके भीतर आ जाये तो उसके नियम से अनुशासित होगा। घटना-चक्र में राजा को 'राज-मर्यादा' की रक्षा के लिए वहाँ आना पड़ा।' इस गीति-नाट्य में अशोक अपनी ही आज्ञा से बनवाये गये नरक में आता है और नरक की यंत्रणााएँ सहता हुआ कराहता है किंतु वहीं एक भिक्षु शांत भाव से खड़ा है। नरक की ज्वालाएँ उसे नहीं छूतीं। प्रियदर्शी नरक की पीड़ा सहता हुआ उससे पूछता है—

क्यों ज्वालाएँ नही छू रहीं तुमको ? नही सालते
कशाघात यम के ? क्यों एक सुगन्धित शीतल
दुलराती-सी साँस
तुम्हारे चारों ओर बह रही है
जीवन्त कवच-सी ? (पृ. 60)

भिक्षु प्रियदर्शी अशोक के इन प्रश्नों को सुनकर उसके प्रति कहता है कि नरक उसके ही भीतर है। यदि उससे मुक्त होना है तो पहले अपने भीतर के नरक से निकलना होगा। वह नरक के बनने और मिट जाने का कारण बताता हुआ कहता है–

नरक ! तुम्हारे भीतर है वह !...
एक अहंता जहाँ जगी–भवपाश बिछे, साम्राज्य बने–
प्राचीर नरक के वहीं खिंच गये :
जागी करुणा–मिटा नरक,
साम्राज्य ढहे कट गये बंध,
आप्लवित ज्योति के कमल-कोश में
मानव-मुक्त हुआ! **(पृ. 64-65)**

और भिक्षु के इस रहस्योद्घाटन के साथ ही अशोक उसके चरणों में प्रणत होता है। भिक्षु उसे अपने भीतर के पद्म-कोष का स्मरण करने के लिए कहता है, जो पारमिता करुणा का आसन है। समवेत स्वर बार-बार उसे स्मरण करने की प्रेरणा देते हैं और भिक्षु अशोक से करुणा को नमन करने के लिए कहता है। अंततः अशोक के हृदय का कल्मष धुल जाता है और तब मुक्त हुआ अशोक कह उठता है–

खुल गया बंध ! करुणा फूटी !
आलोक झरा ! यह किंकर
मुक्त हुआ ! गत शोक ! **(पृ. 64-65)**

इस प्रकार यह गीतिनाट्य बड़े ही प्रभावशाली ढंग से प्रचंड अशोक के हृदय में करुणा के संचार द्वारा अन्दर के नरक से मुक्ति पाने का प्रतिपादन करता है। जब व्यक्ति अन्दर के नरक से मुक्त हो ज़ाता है तब बाहर का नरक भी उसे बन्धनग्रस्त नहीं कर पाता।

संपादित ग्रंथ

अज्ञेय ने अनेक ग्रंथों का संपादन किया है। आधुनिक हिन्दी साहित्य (निबंध-संग्रह) 1942, तार सप्तक (कविता-संग्रह) 1943, दूसरा सप्तक (कविता-संग्रह) 1951, नये एकांकी–1952, हिन्दी की प्रतिनिधि कहानियाँ –1952, तीसरा सप्तक (कविता-संग्रह) 1958, पुष्करिणी (कविता-संग्रह) 1958, नेहरू अभिनंदन ग्रंथ –1958, रूपाम्बरा –1960, सर्जन और संप्रेषण –1984, उनके द्वारा संपादित ग्रंथ हैं। इनके अतिरिक्त 'द इण्डियन पोएटिक ट्रेडिशन' (विद्यानिवास मिश्र एवं लेनार्ड नाथन के साथ), सामाजिक यथार्थ और कला दृष्टि, साहित्य और समाज, साहित्य का परिवेश, समकालीन कविता में छंद, भारतीय कला-दृष्टि आदि अनेक अन्य पुस्तकें उनके द्वारा संपादित हैं।

इन संपादित ग्रंथों में 'तार सप्तक' का विशेष महत्त्व है। 'तार सप्तक' के आगमन के द्वारा कविता के क्षेत्र में एक आन्दोलन का सूत्रपात हुआ। विद्यानिवास मिश्र ने 'तार

सप्तक' के महत्त्व पर प्रकाश डालते हुए लिखा है'– ''मैं नयी कविता के इतिहास की दृष्टि से 'तार सप्तक' प्रथम को अभियान की तैयारी मानता हूँ। न केवल भावभूगि के स्तर पर, बल्कि प्रतिभा, सांस्कृतिक विरासत और संस्कार में भी परस्पर इतने भिन्न लोग यदि एक साथ आए तो इसका कारण अर्द्धोद्भासित नवीनता का आकर्षण था।.'तार सप्तक' (प्रथम) से नयी कविता का विकास कुछ अप्रत्याशित दिशाओं में ही हुआ है। दूसरे और तीसरे सप्तक की रचनाओं में नयी कविता की नयी दिशाओं के संकेत हैं। पर संभावनाएँ और भी अधिक हैं।''[1] ये सप्तक नयी कविता के विकास की दृष्टि से निश्चय ही मील के पत्थर रहे हैं। 'पुष्करिणी' में हिन्दी कवियों की रचनाएँ ऐतिहासिक क्रम से संकलित की गई हैं। 'रूपाम्बरा' में प्रकृति-विषयक कविताएँ संकलित हैं।

अनुवाद

अज्ञेय ने अनेक ग्रंथों का अनुवाद किया है। कुछ ग्रंथों का अनुवाद हिन्दी से अंग्रेजी में हुआ है, कुछ का अंग्रेजी एवं बांग्ला भाषा से हिन्दी में

जैनेन्द्र रचित 'त्यागपत्र' (हिन्दी) का अनुवाद अंग्रेजी में 'द रेजिग्नेशन' (प्रकाशन वर्ष 1946) नाम से हुआ। बांग्ला के 'गोरा' (रवीन्द्रनाथ ठाकुर), 'श्रीकांत' (शरत चंद्र) 'राजा' (रवीन्द्रनाथ ठाकुर) का क्रमशः 'गोरा', 'श्रीकांत' (1946) और 'राजा' नाम से हिन्दी में अनुवाद हुआ। इसके अतिरिक्त अज्ञेय ने लागर क्विस्त के तीन उपन्यासों का अंग्रेजी से हिन्दी में अनुवाद किया। इवो आंद्रिक रचित 'विजिर स एलीफेंट' (अंग्रेजी) एवं रोमाँ रोलां रचित 'विवेकानंद' (अंग्रेजी) का हिन्दी अनुवाद क्रमशः 'वजीर का फ़ीला' एवं 'विवेकानन्द' नाम से प्रकाशित हुआ। 'लिंकन वाणी' नामक अनूदित कृति 1959 में प्रकाशित हुई। 'भवन्ती' और 'अंतरा' का अंग्रेजी में अनुवाद क्रमशः 'ट्रक्युलेंट क्ले' एवं 'ब्रेकिग द ग्राउंड' शीर्षक से हुआ।

पत्रिकाओं का संपादन

अज्ञेय आरंभ से ही पत्रकारिता के क्षेत्र में सक्रिय रहे हैं। उन्होंने अब तक अनेक पत्रिकाओं का सफल संपादन किया है। आगरा से निकलने वाले 'सैनिक' के संपादक-मंडल में वे 1936 में आये। 1937 में वे कलकत्ता से निकलने वाले 'विशाल भारत' के संपादक-मंडल में शामिल हुए। इलाहाबाद से निकलने वाले 'प्रतीक' का संपादन उन्होंने 1946 से आरम्भ किया जो 1952 तक चला। 'थॉट और 'वॉक' (अंग्रेजी पत्रिका, दिल्ली) के संपादन से उनका संबंध 1958 तक रहा। 1965 की फरवरी से उन्होंने 'दिनमान' (साप्ताहिक, दिल्ली) का संपादन-भार सँभाला। 1973 से 'प्रतीक' का पुनः प्रकाशन आरंभ हुआ। 1977 में उन्होंने 'नवभारत टाइम्स' के संपादन का कार्यभार सँभाला।

पत्रिकाओं के संपादक के रूप में उनका महत्त्व 'प्रतीक' के संपादन से बढ़ा। इस पत्रिका को चलाने के लिए अज्ञेय ने कमरतोड़ आर्थिक क्षति भी उठायी। नयी कविता

1. आ. लो. हि. क.-'अज्ञेय'–विद्यानिवास मिश्र (संस्करण 1995) पृ. 13

के विकास में 'तार सप्तक' की तरह ही 'प्रतीक' का भी ऐहिासिक महत्त्व है।

आज जो भी कवि नयी पीढ़ी के रूप में अपने को स्थापित कर पाये हैं उनमें से अधिकांश की प्रतिभा का विकास 'प्रतीक' के द्वारा ही हुआ। 'दिनमान' के संपादन के दिनों में भी अज्ञेय ने अपनी संपादन-प्रतिभा का अद्‌भुत परिचय दिया। 'दिनमान' के संपादन की प्रशंसा करते हुए विद्यानिवास मिश्र ने लिखा है–'अज्ञेय ने अपनी संगठन-शक्ति, कल्पना और मनोयोग के बल पर दिनमान को छः महीने के भीतर ही केवल हिन्दी का ही नहीं, भारत का अनन्यतम साप्ताहिक समाचार-पत्र बना दिया। जहाँ उन्होंने इसके माध्यम से फैलते हुए विश्व की जानकारी सुलभ की, संस्कृति के परिमार्जन को व्यापक प्रसार दिया वहाँ उन्होंने भारत की राष्ट्रीय विचार-धारा को एक स्वयं पूर्ण मूर्त आकार प्रदान किया।'[1]

जो कहा नहीं गया

अज्ञेय जब तक जीवित रहे, उनकी लेखनी जाग्रत रही। उनमें सिसृक्षा की आग सदैव विद्यमान रही थी। उनकी 'सर्जक मनीषा' किसी अनुभूति को आनन-फानन शब्दों में उतारने से परहेज करती थी, उनके रचयिता का तो मानो यह संकल्प ही था–'आज, तुम शब्द न दो।' किंतु फिर भी कभी ऐसा वर्ष या मास नहीं बीता जब उन्होंने कुछ रचा न हो। अज्ञेय यह जानते थे कि उनकी सृजन प्रतिभा 'अन्तः सलिला' की तरह है, जरा-सा कुरेदो तो उसमें से रचना के लिए उपयुक्त 'भाव-सत्य' एवं 'विचार' रूपी नीर प्रकट हो ही जाते हैं। अपने जीवन के अंतिम दशक में उन्होंने उस प्रतिभा को ही 'सदानीरा' के रूप में पहचान लिया था।

अपने काव्य-जीवन में उन्हें कभी यह नहीं लगा कि उन्हें जो कहना है वह कह दिया गया है। उन्हें हमेशा यही लगता रहा कि अभी और बहुत कुछ है, जिसे कहना है। 'बावरा अहेरी' काव्य-संकलन की एक कविता है–'जो कहा नहीं गया।' इस कविता में कवि ने लिखा है–

है, अभी कुछ और है जो कहा नहीं गया।
शब्द यही सही है, सब व्यर्थ हैं
पर इसलिए कि शब्दातीत कुछ अर्थ हैं
शायद केवल इतना ही : जो दर्द है
वह बड़ा है, मुझीसे
सहा नहीं गया।
तभी तो, जो अभी और रहा, वह
कहा नहीं गया।

1. आ. लो. हि. क.-'अज्ञेय'– विद्यानिवास मिश्र -22

स्पष्ट है कि कितना कुछ कह चुकने के बावजूद 'है अभी कुछ' वाली बात रह ही जाती थी।

अज्ञेय की कविता में 'जो कहा नहीं गया ' का एक विशिष्ट संदर्भ है। वे जो कहना चाहते थे, वह इतनी सटीक रचनाएँ प्रस्तुत कर भी नहीं कह पाये क्योंकि उन्हें कुछ ऐसी अनुभूतियाँ प्राप्त हुई थीं जिन्हें शब्दों में बाँधा ही नहीं जा सकता था। उनकी दृष्टि में सिर्फ भौतिक पीड़ा ही कवि की पीड़ा नहीं होती बल्कि 'शब्दातीत अर्थ' को पकड़ने की निरंतर चेष्टा के बावजूद उसे न पकड़ पाने की पीड़ा ही एक सर्जक की वास्तविक पीड़ा होती है। अज्ञेय की अन्तश्चेतना में बहुत कुछ अभी गूँज रहा था, जिसे कहा नहीं जा सकता था। यद्यपि एक सर्जक होने के नाते निरंतर उनका प्रयास रहता था कि वश में न आ सकने वाले 'अर्थों' को आत्मसात् किया जा सके, उन्हें शब्दों में पकड़ा जा सके।

अज्ञेय की सर्वोत्तम रचना कौन सी है, इसका निर्धारण करना असंगत है। रचना की वस्तु का महत्त्व पाठक की ग्राह्यता पर निर्भर है। प्रत्येक पाठक के स्मृति-संस्कार, विचार-संस्कार, अनुभव-संस्कार अलग-अलग होते हैं। किसे क्या चाहिए, किसके लिए क्या महत्त्वपूर्ण है, किसे क्या मिलता है, या मिलेगा और कौन किस रूप में क्या ग्रहण करता है यह सब पाठक पर निर्भर करता है। रचना अपनी जगह है। कवि की रचना ही कवि का 'परम् वक्तव्य' है। उसे जो कहना है, वह कविता में कह दिया गया है। ग्रहण करने का काम पाठक का है। 'ग्रहण' का मूल्य प्रत्येक गृहीता की निजी ग्रहण-स्थिति, ग्रहण-आवश्यकता पर निर्भर करता है। उसने क्या 'ग्रहण' किया, उस तक 'क्या' संप्रेषित हुआ इसका मूल्य भी वही निर्धारित करेगा। क्या अज्ञेय की दृष्टि में उनकी कोई रचना 'सर्वोत्तम' कहलाने की अधिकारिणी है ? अज्ञेय ने इसका उत्तर इस प्रकार दिया—"मैं अभी से मान लूँ कि अमुक रचना मेरी सर्वोत्तम रचना है —यानी थी—तो फिर मैं लिखूँगा ही क्यों।"[1]

---

1. जोग लिखी : -183 (एक इंटरव्यू पर आधृत)

सृजन-प्रक्रिया एवं काव्य-विषयक चिन्तन

यों मैं कवि हूँ, आधुनिक हूँ, नया हूँ :
काव्य-तत्त्व की खोज में कहाँ नहीं गया हूँ ?
(अरी ओ करुणा प्रभामय)

सृजन-प्रक्रिया एवं काव्य-विषयक चिन्तन

सृजन से पूर्व कोई भी कवि या लेखक एक अन्तःप्रक्रिया से गुजरता है जिसमें उसे सृजन के कई घटक तत्त्वों से जूझना पड़ता है। सत्य या किसी अनुभूति का साक्षात् उसमें प्रथम स्थान रखता है। इसके बाद शब्द और अर्थ के माध्यम से अनुभूत सत्य अथवा तथ्य को अभिव्यक्त करने की तीव्र इच्छा से रचनाकार युक्त हो जाता है। जो कुछ अनुभव में आया है, उसे सही रूप में और प्रभावशाली ढंग से प्रस्तुत करना सर्जक के लिए एक समस्या बन जाती है। क्योंकि उपयुक्त माध्यम की तलाश में समय लगता है, निर्णय और अनिर्णय के बीच की स्थिति भी उसे भुगतनी पड़ती है परिणामतः काव्य-रचना की अन्तःप्रक्रिया एक 'यंत्रणा-भरी प्रक्रिया' बन जाती है। अज्ञेय ने इस तथ्य को स्वीकारते हुए लिखा है– 'सर्जन प्रक्रिया की जितनी चर्चा इधर हुई है उससे यह तो स्पष्ट हो ही जाना चाहिए कि सर्जन एक यन्त्रणा-भरी प्रक्रिया है।' उनके अनुसार 'संवेदनशील यन्त्र के लिए भावानुभव का संग्रह, भोग और उससे उन्मोचन एक सतत् प्रक्रिया है।'[1]

किसी भी सर्जक की काव्य-यात्रा समूह-यात्रा नहीं हो सकती क्योंकि सृजन के लिए उसे अन्तःयात्रा से गुजरना होता है। अज्ञेय की काव्य-यात्रा भी 'काफी अकेली रही है।' कोई कुछ दूर तक संयोग से साथ चल पड़ा हो इसके लिए वे उसके आभारी हैं। अज्ञेय काफी लम्बे अरसे से सृजन से जुड़े हुए हैं। वे स्वभाव से ही चिंतक हैं। उनके काव्य में जहाँ एक ओर व्यक्ति, सत्य, समाज, प्रेम, काल, धर्म, नैतिकता, स्वाधीनता, मूल्य, परंपरा, यथार्थ, संस्कृति आदि अनेक विषयों पर उनके विचार मिलते हैं, वहाँ दूसरी ओर सृजन-प्रक्रिया और काव्य के विषय में भी उनका चिन्तन यत्र-तत्र प्रकाश में आता रहा है। अज्ञेय द्वारा लिखे गए विभिन्न निबन्ध-संग्रहों, संपादित पुस्तक की भूमिकाओं तथा अनेक कविताओं में उनके काव्य-संबंधी विचार व्यक्त हुए हैं।

आत्मनेपद, भवन्ती, अन्तरा, जोग लिखी, लिखि कागद कोरे, आदि निबंध-संग्रहों में अनेक स्थानों पर अज्ञेय अपनी ही रचना-यात्रा की अन्तःप्रक्रियाओं को विश्लेषित करते हुए दिखलाई पड़ते हैं। **पूर्वा, इन्द्रधनु रौंदे हुए ये, अरी ओ करुणा प्रभामय, क्योंकि मैं उसे जानता हूँ, सागर-मुद्रा, पहले मैं सन्नाटा बुनता हूँ** आदि कविता-संग्रहों की विभिन्न कविताओं में भी उनकी सृजन-प्रक्रिया एवं काव्य-विषयक चिन्तन को वाणी मिली है।

क्यों आवश्यक है कि कोई रचयिता अपनी प्रक्रिया के बारे में स्वयं कहे, यह विवाद का विषय हो सकता है। पहले के किसी महाकवि ने ऐसा किया भी नहीं किन्तु जो पहले न किया गया हो उसे आज का प्रयोगधर्मी, नया कवि नहीं करेगा इसे किसी आचार-संहिता में नहीं लिखा जा सकता। हिन्दी साहित्य में अज्ञेय के साथ प्रयोगवाद और उससे जुड़कर

1. भवन्ती -5

नयी कविता का पदार्पण हुआ। प्रयोगवाद के कवि 'प्रयोग' को अपना धर्म मानकर चले और वे 'राहों के अन्वेषी' कहलाये। एक नयी काव्य-यात्रा शुरू हुई, जिसमें पद-पद पर भटक जाने का खतरा मौजूद था। फिर सबको अपनी राह स्वयं बनानी थी। बनी-बनायी राह पर चलने या लीक पीटने को वे गर्हित स्थिति मानते थे। इसलिए समय-समय पर अपनी यात्रा के बारे में सशंक भाव से देखना उनके स्वभाव में आ गया। यही कारण है कि प्रायः सभी प्रमुख नये कवियों को हम अपनी सृजन-प्रक्रिया के संबंध में विश्लेषण करते हुए पाते हैं।

अज्ञेय के गद्य-संग्रह विशेष रूप से 'भवन्ती' और 'अंतरा' मूलतः उनकी अन्तर्यात्रा को स्पष्ट करने के लिए ही प्रकाशित किए गए हैं। उन्होंने 'भवन्ती' के 'निवेदन' में ऐसा करने का स्पष्टीकरण भी दिया है : "लेखक के नाते मेरी यात्रा काफी अकेली रही है, मैं जानता हूँ।...ऐसी अकेली यात्रा में भटक न जाऊँ या पाठक समुदाय से संपर्क न गँवा बैठूँ, इसके लिए आवश्यक जान पड़ता है कि जब-तब उसे आमंत्रित करके वह पूरा देश दिखा दूँ जिससे मैं अपनी राह खोजता रहा हूँ, वे यंत्र-उपकरण भी दिखा दूँ जिनका मुझे सहारा रहा है, और उन यंत्रों से लक्ष्य जितना, जैसा, जिधर दिखता है उसकी भी एक झाँकी उन्हें दिला दूँ।" इसके अतिरिक्त इसी पुस्तक के दूसरे संस्करण की भूमिका में उन्होंने इच्छा व्यक्त की है कि 'भवन्ती' का पाठक 'अन्तरा' को भी पढ़े।

अज्ञेय के उपर्युक्त कथन से साफ ज़ाहिर होता है कि स्वयं उनके भीतर यह भय है कि यदि उन्होंने समय-समय पर अपनी रचना-यात्रा के संबंध में पाठकों को न बताया तो उनसे उनका संपर्क-सूत्र टूट जा सकता है। किसी पुस्तक-विशेष को पाठक पढ़े इसके पीछे भी वही भावना काम कर रही है। इस तरह की स्थिति को पाठकों के प्रति अन्याय भले ही न कहा जाय इसे न्याय भी नहीं कहा जा सकता। कवि कविता लिखे और फिर उसके संप्रेषण के लिए अलग से लेख लिखे या टिप्पणी दे जिसे पढ़ना आवश्यक हो तो कविता की संप्रेषणीयता ही संदिग्ध नहीं होती बल्कि उसकी सफलता पर भी प्रश्न-चिह्न लग जाता है।

उपर्युक्त स्थिति से चाहे जो भी ध्वनित हो, अज्ञेय अपने साहित्यिक-जीवन के आरंभिक काल से ही काव्य-विषयक चिन्तन में संलग्न रहे और समय-समय पर निबंधों, कविताओं, भूमिकाओं और टिप्पणियों के माध्यम से सर्जन-प्रक्रिया, सर्जक, सर्जक और ग्रहीता का संबंध, रचनाकार का संकट, कलाकार, भोक्ता और मनीषा, काव्य-प्रयोजन, काव्य-विषय, शिल्प के विभिन्न तत्त्व, संप्रेषण की समस्याएँ, मूल्य आदि पर अपने विचार व्यक्त करते रहे हैं। उन विचारों से अज्ञेय का एक अपना रचना-सिद्धांत बनता हुआ-सा प्रतीत होता है किंतु निश्चित रूप से वे सिद्धांत नहीं हैं, सिद्धांत में जितनी निश्चितता एवं दृढ़ता होती है न तो वह उसमें है न रचनाकार का ऐसा दावा है। सिद्धांत हो जाने पर तो ये विचार भी रूढ़ होकर अपनी जीवंतता खो देंगे अतः विचारों द्वारा किसी सिद्धांत की रचना करना अज्ञेय का उद्देश्य नहीं है। ये विचार ऐसे अवश्य हैं, जो एक नयी काव्य-दृष्टि को जन्म देते हैं।

सृजन-प्रक्रिया

अज्ञेय के अनुसार सृजन-प्रक्रिया के तीन चरण हैं। संवेदनशील सर्जक-हृदय द्वारा भावानुभव का संग्रह, भोग तथा भावमुक्ति। सृजन-प्रक्रिया का पहला और दूसरा चरण सर्जक में तनाव को जन्म देता है। यह तनाव धीरे-धीरे बढ़ता जाता है, जो अन्ततः इस पूरी प्रक्रिया को ही 'यंत्रणा-भरी प्रक्रिया' बना देता है। भावानुभव का रचना के रूप में प्रस्तुत हो जाना भावमुक्ति है।

साधारणतया यह माना जाता है कि रचनाकार जीवन और जगत् में जो अनुभव करता है उसे ही अपनी रचना में अभिव्यक्त करता है किन्तु अज्ञेय ने काव्यगत भावानुभूति और जीवन की भावानुभूति में अन्तर माना है। जीवन और जगत् से जो भावानुभव प्राप्त किया जाता है वह तो स्थूल जीवन की वास्तविकता है। रचना में वास्तविकता तो होती है किन्तु वह जीवन की वास्तविकता से भिन्न होती है।

सर्जक-प्रतिभा काव्य-रचना की इच्छा से जिन भावों का संग्रह करती है उन्हें काव्यगत भावानुभूति की संज्ञा दी जा सकती है। "कविता की वास्तविकता स्थूल जीवन की वास्तविकता नहीं है, न ही उसकी प्रतिस्थानीय हो सकती है। वैसे ही कविता भी कर्म की प्रतिस्थानीय या प्रतिभूति न है न हो सकती है। जो कवि-कर्म को ही सामाजिक कर्म मान लेता है वह फिर कुछ-एक भौंडे शब्द और ढेर-सा फिचकुर लोगों के आगे डालकर अपने दायित्व को पूरा हो गया मान ले सकता है।"[1]

अज्ञेय की उपर्युक्त मान्यता से ऐसा लगता है कि काव्य-रचना के लिए स्थूल जीवन की वास्तविकता महत्त्वहीन है किन्तु ऐसी बात नहीं। सारा का सारा स्थूल यथार्थ कला का यथार्थ नहीं होता इसलिए अज्ञेय ने जीवन के यथार्थ में से सिर्फ उतने को ही कला का यथार्थ माना है जिससे सम्बद्ध संपृक्त हुआ जा सके। 'संबद्ध यथार्थ' ही कला का यथार्थ है। इसलिए चेतना द्वारा नियंत्रित और शोधित ऐन्द्रिय-बोध आवश्यक हो जाता है। न स्थूल यथार्थ अपने आप में यथेष्ट होता है, न ऐन्द्रिय-बोध आपने-आप में पर्याप्त आधार, कल्पना आवश्यक हो जाती है। इस प्रकार हम इस विरोधाभास तक पहुँचते हैं कि कला का यथार्थ बिना कल्पना की सहायता के प्राप्त नहीं हो सकता।'[2] इस प्रकार वास्तकविक जीवन के अनुभव बेकार नहीं होते, उनमें से ही नियंत्रित और शोधित अनुभव जो सबका अनुभव बन सके, कला-सृष्टि के लिए उपयोगी होते हैं।

अज्ञेय के अनुसार 'जीवनानुभूति बिजली-सी त्वरग, अमोघ पंजा, जाल, चक्की, कोल्हू, भट्टी, आवाँ आदि के समान होती है।' जीवनानुभूति से कोई बचकर नहीं निकल सकता। भोक्ता रूप में व्यक्ति अनुभूतियों के द्वारा जकड़ लिया जाता है। इतना ही नहीं ये अनुभूतियाँ व्यक्ति को फाँसती, पीसती, पेरती तथा जलाती रहती हैं। जीवन द्वारा भोगी हुई अनुभूतियाँ काव्य-रचना की दृष्टि से कच्चे माल की तरह हैं, जिन्हें सर्जक-प्रतिभा 'कूट-पीस छान-सान जला-पका कर' रचना का रूप दे देती है। अज्ञेय ने जीवनानुभव की तुलना कचरे एवं

1. भवन्ती-द्वितीय संस्करण, -69
2. भवन्ती-द्वितीय संस्करण -31

खाद से भी की है। जो कवि वास्तविक जीवन के अनुभव को आनन-फानन रचना में उतार लेना चाहते हैं, ऐसे कवियों को उपदेश देते हुए वे कहते हैं—

सुनो कवि ! भावनाएँ नहीं हैं सोता
भावनाएँ खाद हैं केवल
जरा उनको दबा रखो
जरा सा और पकने दो
ताने और तचने दो
....
कि उनका सार बनकर चेतना की धरा को कुछ उर्वरा कर दे

(पूर्वा, -230)

सर्जक द्वारा जीवन से गृहीत भावानुभव 'पकने' और 'तचने' में जो समय लेता है वही भोग का समय है। भावानुभव या जीवनानुभूति को भोगना यंत्रणापूर्ण होता है इसलिए 'भोग' का समय वस्तुतः तनाव या यंत्रणा का समय होता है। इसके कई कारण हैं। सर्जक प्रायः सृजन की तीव्र इच्छा से पीड़ित रहता है, जब तक वह रचना को जन्म न दे दे, तब तक वह उसकी प्रसव-पीड़ा सहता है।

सर्जक-प्रतिभा निरंतर नाना प्रकार के विचारों, कल्पनाओं, शब्दों, ध्वनियों, अर्थों आदि का चयन करती रहती है ताकि वह सृजन कर सके। अनेक विचारों में एक कोई विचार, अनेक शब्दों में से एक कोई शब्द उसके मन्तव्य को व्यक्त करने वाला होता है। भूसे के अंबार में से जैसे कोई एक दाना चुनता है वैसे ही अनुभवों के ढेर में से सर्जक एक-दो सार्थक अनुभवकण चुनकर उसे अपनी रचना के रूप में प्रस्तुत करता है।

अज्ञेय ने सर्जक को 'हविष्यवाही-अग्नि-पुरुष' या 'अग्नि-स्नात कवि पुरुष' की संज्ञा दी है क्योंकि वह 'आभ्यंतर ताप से त्रस्त' रहता है। सर्जक-हृदय ही यज्ञस्थल है, उसके हृदय का ताप ही यज्ञाग्नि है, सार्थक अनुभव-खंडों का चयन ही अग्निचयन है, 'वही यज्ञ हुताशन भी है जिसमें स्रष्टा स्वयं निरंतर आहुति-सा स्वाहा होता रहता है।'[1] इस प्रकार सर्जक-प्रतिभा द्वारा भावानुभव का संग्रह तापपूर्ण है। सृजन के लिए इस ताप से गुजरना या अग्नि-स्नान करना आवश्यक है।

रचना के लिए संवेगों की तीव्रता का उतना महत्त्व अज्ञेय नहीं मानते जितना कि सृजन की प्रक्रिया का। प्रक्रिया ही क्यों महत्त्वपूर्ण है, इसे स्पष्ट करते हुए उन्होंने सर्जक के मन को एक भंडार के समान माना है, जिसमें अनगिनत संवेदनाएँ, अनुभव, वाक्यांश, बिंब आदि संचित होते रहते हैं। इस संचित द्रव्य में कवि की सर्जन-प्रतिभा के कारण मानो एक रासायनिक क्रिया शुरू हो जाती है। सब के मिश्रण से एक नया सृजन-द्रव्य तैयार होता है। अतः संचित भावानुभव आदि का उतना महत्त्व नहीं है जितना कि इस प्रक्रिया

1. अंतरा -6

के घटित होने का। प्रक्रिया घटित ही न हो तो सृजन संभव नहीं होगा। भावानुभव उपर्युक्त प्रक्रिया से गुजरने के बाद रचना के रूप में अभिव्यक्त हो जाता है तो सर्जक अपने तनाव से मुक्त हो जाता है। इसे भाव-मुक्ति अथवा संवेगों या भावों से उन्मोचित होना कहा जा सकता है। सर्जक का सबसे बड़ा पुरस्कार यही है। 'हर कृतिकार कृति के द्वारा मुक्त होता है। अगर उस मुक्ति का लाभ और बोध उसको नहीं होता, तो फिर उसने जो लिखा है वह रचना नहीं है।'[1]

अज्ञेय के अनुसार सर्जना के क्षण कभी लम्बे नहीं हो सकते। जिस प्रकार स्वाति नक्षत्र की बूँद सीपी में मोती का गर्भाधान 'निर्मम त्वरा' से कर देती है उसी प्रकार काव्यानुभूति सर्जक को क्षण-मात्र में विभोर कर देती है :

लंबे सर्जना के क्षण कभी भी हो नहीं सकते।
बूँद स्वाती की भले हो।
बेधती है मर्म सीपी का उसी निर्मम त्वरा से
वज्र जिससे फोड़ता चट्टान को
भले ही फिर व्यथा के तम में
बरस पर बरस बीते
एक मुक्ता रूप को पकते। (इन्द्रधनु. -101)

काव्य-रचना के लिए विशिष्ट भाव, सूझ या 'आइडिया' क्षण-मात्र में मिलते हैं। अज्ञेय के अनुसार भाव, सूझ या 'आइडिया' वन-विहग की तरह होते हैं। ऐसा भाव या विचार जो रचना का बीज बनता है अचानक, अयाचित और अनायास आ उपस्थित होता है। संवेदनशील सर्जक उस क्षण-विशेष में अपने को आलोकित और भरा हुआ महसूस करता है। यह आवश्यक नहीं है कि विशिष्ट भाव या विचार के मिलते ही बह रचना कर लेगा। ऐसे भावों को पा लेने के बाद भी कभी-कभी बरस पर बरस बात जाते हैं और रचना संभव नहीं हो पाती किंतु रचना कितने बरसों में संभव हो सकी यह महत्त्वपूर्ण नहीं है, महत्त्व इसी बात का है कि कब, कौन-सा विशिष्ट काव्यानुभव सर्जक को आप्लावित करता है। इस दृष्टि से अनुभव के अंबार का भी कोई महत्त्व नहीं है। महत्त्व तो 'अनुभव की भट्टी में तपे हुए कण दो कण' का ही है।

सर्जक

रचनाकार, कलाकार अथवा सर्जक एक विशिष्ट प्राणी होता है। 'वह स्रष्टा, द्रष्टा और दाता होता है। वह अपने को भट्टी में गलाता और चमकाता है, अपने को मिट्टी-सा बनाकर वह उसमें से अंकुर पनपाता है। जल-गल कर और मिट्टी होकर वह पुष्प, शस्य, प्रसाद, कंचन, पुण्य आदि के समान अनिर्वच आह्लाद को लुटाता है।'[2] यदि वह यह सब नहीं

1. जोग लिखी –126-127

2. इन्द्रधनु रौंदे हुए ये (क्योंकि तुम हो' कविता)

कर पाता तो उसे उत्तम कोटि का सर्जक नहीं माना जा सकता।

कवि में प्रतिभा होती है। प्रतिभा 'कच्ची' भी हो सकती है और 'प्रौढ़' भी। इसके कारण ही रचयिताओं की कोटियाँ बन जाती हैं। अज्ञेय के अनुसार हर आदमी कलाकार नहीं होता, "कुछ कला-प्रेमी होते हैं, कुछ कलाकार स्वभाव के होते हैं और कुछ कलाकार होते हैं।"[1] जिनमें प्रतिभा कच्ची होती है, उनसे प्रौढ़-रचना की अपेक्षा नहीं की जा सकती। सफल रचनाकार वह नहीं है जो सिर्फ प्रयोग करता है। इस बात से भी उसकी सफलता जाहिर नहीं होती कि वह भाव-समुद्र में कितनी गहरी डुबकी लगाता है। महत्त्व इस बात का है कि डुबकी लगाकर जीवनानुभव के विशाल समुद्र से वह मोती निकाल पाता है या नहीं। प्रौढ़-प्रतिभा इस कार्य में दक्ष होती है जब कि कच्ची-प्रतिभा डुबकी तो लगा लेती है किंतु मोती नहीं ढूढ़ पाती।

अज्ञेय कलाकार, भोक्ता और कवि की मनीषा का आपस में पृथकत्व सिद्ध करते हैं। इस संबंध में वे इलियट से पूरी तरह सहमत हैं। इलियट की मान्यता है :

'द मोर पर्फेक्ट द आर्टिस्ट, द मोर कम्प्लीटली सेपरेट इन हिम विल बी द मैन हू सफर्स एण्ड द माइण्ड विच क्रीएट्स।'

अज्ञेय इसी बात को मानते हैं : 'कलाकार जितना ही बड़ा होगा, उतना ही व्यक्ति-जीवन और रचना-शील मन का यह अलगाव भी आत्यंतिक होगा। जितना ही रचना करने वाला कवि-मानस अनुभव करने वाले मानस से दूर और पृथक् होगा, उतना ही चमत्कारपूर्ण उन अनुभूतियों और भावों का संगम होगा जो कविता रूपी प्रतिमा की मिट्टी है—फिर चाहे ये अनुभूतियाँ और भाव कवि के निजी अनुभव के व्यक्तिगत जीवन के फल क्यों न हों।'[2] प्रौढ-प्रतिभा वही है जो अपने भीतर के भोगने वाले प्राणी और रचने वाली मनीषा में पृथकत्व स्थापित कर लेता है।

इलियट की मान्यता को पश्चिम के आलोचकों ने प्रशंसा की दृष्टि से नहीं देखा। समीक्षकों ने कहा है कि 'इलियट ने कवि को एक ऐसे स्वयंचालित यन्त्र में घटित कर दिया है जो अपनी कविताएँ एक अचेतन और निर्बुद्ध विधि से उत्पन्न करता है, तथा, इस प्रकार उन्होंने स्वयं को अधिकतम स्वच्छंदतावादी सिद्धान्त से आबद्ध कर लिया है।"[3] अज्ञेय के ऐसा मानने का उद्देश्य यह है कि वे व्यक्तित्व को कृतित्व से पृथक् मानना चाहते हैं। कला व्यक्तिगत भावनाओं की अभिव्यक्ति नहीं। 'कवि का मन एक भट्टी के समान होता है जहाँ सभी प्रकार की धातुएँ पड़कर एक नया रूप धारण करती हैं' यह 'नया रूप' ही 'नया मूल्य' है, यही वस्तु है, जो सम्प्रेष्य है। इस प्रकार कलाकार भोक्ता से पृथक् हो जाता है।

कलाकार या सर्जक को दाता कहने का कारण यह है कि वह अपने व्यक्तिगत

1. भवन्ती (प्रथम संस्करण) -136 2. त्रिशंकु -38
3. विलियम के. विमसेट, जूनियर, और क्लीनेथ बुक्स : लिटरेरी क्रिटिसिज्म, ए शार्ट हिस्ट्री -665

सुख-दुःख को उसी रूप में कलाकृति में प्रस्तुत नहीं करता जिस रूप में वह उसे भोगता है। भोगे हुए सुख'दुःख के प्रति तटस्थ भाव आवश्यक है ताकि वह उसका कलात्मकता की दृष्टि से मूल्यांकन करे और उसे इस प्रकार प्रस्तुत करे कि वह रचयिता का सुख-दुःख प्रतीत न हो बल्कि वह साधारणीकृत हो जाय तथा मानव-मात्र का सुख-दुःख बन जाय। यदि ऐसा नहीं होता तो रचनाकार दाता की जगह भावकों की दया का भिखारी हो उठेगा।

कला और क्षतिपूर्ति का सिद्धांत

अज्ञेय कला की प्रगति पर सामान्य रूप से विचार करते हुए अतृप्ति और क्षतिपूर्ति का सिद्धान्त अपनाते हैं। उनकी दृष्टि में कला का उत्स अतृप्ति और क्षति है। एक व्यक्ति जब क्षतिग्रस्त होकर सामान्य जीवन से कट जाता है और अपने को अकेला एवं अतृप्त अनुभव करने लगता है तब उस व्यक्ति की ऊर्जा इन कमियों को दूर करने के लिए कला का सहारा लेती है। यह बिल्कुल आवश्यक तो नहीं है, किन्तु एक सम्भावना अवश्य है। समाज से कटा हुआ और हीन व्यक्ति आत्महत्या भी कर सकता है। मान लिया जाए कि उसके अहं में उस क्षति को पूरा करने की शक्ति है, तो वह कला का ही सहारा लेगा। अतः "कला सामाजिक अनुपयोगिता की अनुभूति के विरुद्ध अपने को प्रमाणित करने का प्रयत्न, अपर्याप्तता के प्रति विद्रोह है।"[1]

इसी संदर्भ में अज्ञेय ने व्यक्ति के अहं पर भी विचार किया है। अहं अनावश्यक या नष्ट कर देने की वस्तु नहीं है। अहं ही तो वह कारण है जिसके चलते व्यक्ति क्षति-पूर्ति के लिए प्रयत्न करता है। व्यक्ति अपने अहं को खंडित नहीं देख सकने के कारण कला के माध्यम से जो आत्मदान देता है, वह उसके अहं को एक सार्थकता प्रदान करता है। अहं की रक्षा आवश्यक है 'क्योंकि अहं को छोटा कर व्यक्ति संपूर्ण नहीं रह सकता बल्कि शायद जी भी नहीं सकता।'[2]

नैतिकता, मूल्य और उद्देश्य

अज्ञेय के अनुसार 'सच्ची कला कभी भी अनैतिक नहीं हो सकती'। यों भी कह सकते हैं कि 'प्रत्येक शुद्ध कला-चेष्टा में अनिवार्य रूप से एक नैतिक उद्देश्य निहित है।' नैतिकता से उनका अभिप्राय श्रेष्ठतर नीति (एथिक्स) से है निरी नैतिकता (मोरेलिटी) से नहीं क्योंकि "कलाकार का आत्मदान केवल एक नैतिक मान्यता के लिए नहीं होता, सच्चे अर्थ में 'स्वान्तः सुखाय' भी होता है और वह सुख अपनी सिद्धि पा लेने का, समाज को उसके बीच रहे होने का प्रतिदान दे देने का सुख है।"[3]

नीति उस मूल्य-दृष्टि को कह सकते हैं जो हमारे कर्मों का सही निर्देशन करने में समर्थ है। सामान्य तौर पर नीतियाँ समाज, धर्म अथवा संप्रदाय से आती हैं किन्तु ये सभी निरी नैतिकता को उत्पन्न करती हैं। सर्जक उनमें से श्रेष्ठतर नीति को ग्रहण करता है तथा

1. त्रिशंकु, -26
2. वही -31
3. वही -31

उसका सम्बन्ध लोक-कल्याण से जोड़ देता है। रचनाकार के लिए नैतिकता-बोध को वे आवश्यक मानते हैं। जो मात्र अस्तित्व-रक्षा के लिए नैतिकता का सहारा लेते हैं, वे सुविधावादी हैं, सर्जक नहीं। नैतिकता उन मूल्यों को चुनने से उत्पन्न होती है जो समाज के लिए कल्याणकारी हो।

अज्ञेय ने नैतिकता से जुड़े हुए मूल्य, आदर्श, संस्कृति, धर्म आदि शब्दों पर भी विचार किया है। मानव निरंतर नये मूल्यों की खोज करता रहता है। 'मानव यह मानता है कि जीवन से बड़ा कोई मूल्य होता है – बल्कि मानव ही उसे गढ़ता है। वह जीवन से बड़ा होता है तो मृत्यु से भी बड़ा होता है।'[1] मनुष्य यदि पशु से भिन्न है तो इसलिए कि वह अपने से बड़े मूल्य का निर्माता होता है। जो मूल्य जिजीविषा से बढ़कर होता है वही सच्चा मूल्य है। मानवीयता की पहचान ऐसे ही मूल्यों को गढ़ने, स्वीकारने और जीवन में चरितार्थ करने से उत्पन्न होती है।

कभी-कभी अज्ञेय विचार और आदर्श जैसे शब्दों का प्रयोग भी मूल्य के अर्थ में करते हैं। 'भवन्ती' में वे लिखते हैं– 'मानव संस्कृति मानव से बड़े किसी विचार या आदर्श की सतत सृष्टि है। मानव क्योंकि मानव से बड़े विचार या आदर्श का स्रष्टा है, जिसके लिए वह बलि अर्पित होगा, इसलिए मानव मानव की बलि है।' सर्जक का जीवन तभी यज्ञ की तरह हो पाता है, जब वह अपने विचार अथवा आदर्श के लिए जीता है।

मूल्यों के सम्बन्ध में यहाँ एक प्रश्न यह उठता है कि सर्जक किन मूल्यों को प्रश्रय दे–प्रतिष्ठित तथा स्वीकृत मूल्यों को अथवा नवनिर्मित मूल्यों को ? इस सम्बन्ध में अज्ञेय का मत स्पष्ट है : 'जो स्वीकृत है, उसी को जो प्रतिष्ठित करता है, वह तो तब पहले ही बीता हुआ है, कम से कम अतीत-गंधी तो है ही। जो साहित्य या काव्य अपने समय की चिंताओं को, संदेहों को व्यक्त करता है, मूल्यों का संकट पहचानकर उन नये मूल्यों को पाने को छटपटाता है जो इस संकट के पार बचे रह सकते हैं, वही आज का साहित्य है'[2]

अज्ञेय कला के उद्देश्य और प्रयोजन को भी स्वीकारते हैं। उनकी दृष्टि में 'कला कला के लिए' एक विशेष अर्थ में ही स्वीकार्य हो सकता है अन्यथा जो कला आत्मदान या आत्मबोध का सुख न दे, वह बंध्या है। निरे रासायनिक सौन्दर्य की उपलब्धि जिस कला से होती है, वह कोई कला नहीं। कला का उद्देश्य अपने को सिद्ध करने की प्रक्रिया में समाज को उस व्यक्ति का आत्मदान एवं स्वयं उस व्यक्ति का आत्मसुख या आत्मबोध है। इस प्रकार कला का उद्देश्य दो-तरफा है। रचनाकार के परिप्रेक्ष्य में कला का उद्देश्य है, आत्मसुख और आत्मबोध की प्राप्ति तथा समाज के परिप्रेक्ष्य में उसका उद्देश्य है, लोक-कल्याण। रचनाकार अपने हृदय में सृजन की इच्छा से व्याकुल रहता है इसलिए सृजन उसके लिए आत्म-सुख है किन्तु सिर्फ आत्म-सुख के लिए सृजन करने से कला का

---

1. भवन्ती –129-130 2. वही -75

उद्देश्य पूरा नहीं हो जाता। जब उस सृजन से लोक-कल्याण की संभावना जुड़ जाती है तभी रचना सर्जक का आत्मदान बन पाती है। 'भावनाएँ तभी फलती हैं जबकि उनसे लोक-कल्याण का अंकुर फूटे।'

जीवन के लक्ष्य के सम्बन्ध में सत्यम्, शिवम् और सुन्दरम् की चर्चा सदियों से होती रही है। अज्ञेय ने इन शब्दों के क्रम को बदलकर रचना के उद्देश्य को साधने की चेष्टा की है। उनके अनुसार सर्जक सत्य या यथार्थ से जूझता है, उसे तपाता, गलाता है। सर्जक की साधना से तप-गल कर सत्य, सुन्दर में बदल जाता है। जब सुन्दर से शिवत्व का मेल होता है तब रचना अपने उद्देश्य में सफल हो जाती है। इस प्रकार कवि का लक्ष्य सत्य (यथार्थ) की भूमि में सुन्दर का बीज बोकर शिवत्व का फल पाना है। इस लक्ष्य तक पहुँचने के लिए अज्ञेय ने सृजन की प्रक्रिया को ही एक ऐसी प्रक्रिया माना है जो पौधे की तरह अपवित्र सड़े-गले, कचरे, राख आदि को सुन्दर फूल में बदल देता है :

सड़ा दे दो
गला दे दो
पचा दे दो
कचरा दो, राख दो, अशुच दो, उच्छिष्ट दो–
वह तो है सृजन-रतः
उसे सब रस है। (इन्द्रधनु. -87)

इसी प्रकार कटु से कटु यथार्थ को अथवा सत्य को कवि भोगता है। जैसे पौधा सड़ी-गली वस्तुओं को भोगता हुआ पचा-गला कर उसे सुन्दर फूल बना देता है, उसमें रूप, रस, गंध की सृष्टि कर देता है वैसे ही सफल सर्जक कटु यथार्थ भोगता हुआ कालांतर में शिवत्व से मंडित रचनाएँ प्रस्तुत करने में सक्षम हो जाता है। निश्चय ही ऐसा करने के लिए कवि को तपना पड़ता है किन्तु ताप सहना तो उसकी नियति है। उसे इससे बचना नहीं है। घूरे में खिला धतूरा और कीचड़ में खिला कमल रचनाकार को यही प्रेरणा देता है कि वह भी सत्य को सुन्दर और शिव में बदल दे।

जो रचयिता भोगे हुए यथार्थ को सीधे रचना में ले आना चाहते हैं वे मानो अपवित्र सड़े-गले कचरे, राख आदि को सीधे रचना में उतार लेते हैं। ऐसी रचना से न तो लोक-कल्याण संभव है, न वह श्रेष्ठ रचना कहलाने की अधिकारी है। रचना में आई हुई अनुभूतियाँ निर्वैयक्तिक होनी चाहिए, उसे शोधित होकर प्रस्तुत होना चाहिए ताकि वह सिर्फ रचयिता का ही न रहे बल्कि साधारणीकृत हो सके। जैसे पौधे के संदर्भ में यथार्थ रूपी कीचड़ अपने को अदृश्य रखकर फूल को रूप, रंग और गंध देता है वैसे ही रचनाकार का व्यक्तिगत यथार्थ-भोग अदृश्य रहता है। यदि ऐसा न हो तो कविता 'लयबद्ध खुराफात' के अतिरिक्त और कुछ नहीं होती। 'हमने पौधे से कहा' कविता में अज्ञेय ने कवियों को

मिट्टी की ओर नहीं देखने, जड़ें नहीं छोड़ने, कर्दम से नाता न जोड़ने तथा अन्धकार को न टटोलने का उपदेश देते हुए कहा है–

बन्धु, हमें काव्य दो
सुन्दर दो, शिव दो, सार-सत्य दो,

(इन्द्रधनु., 'हमने पौधे से कहा' कविता)

संस्कृत के विभिन्न आचार्यों ने भी काव्य-प्रयोजन तथा काव्योद्देश्य पर अपने मत व्यक्त किये हैं। भरत मुनि ने नाट्यशास्त्र में धर्म, अर्थ, काम, मोक्ष, लोकोपदेश, विश्राम, बुद्धि-विकास, नैतिक शिक्षा, हित एवं विनोद आदि को काव्य का प्रयोजन माना है। भामह ने धर्म, अर्थ, काम, मोक्ष के अतिरिक्त प्रीति को भी काव्य का प्रयोजन स्वीकार किया है। वामन ने काव्य को दृष्ट एवं अदृष्ट फल का दाता माना है। दण्डी के अनुसार काव्य के द्वारा सहृदयों की प्रीति, यश का विस्तार, धनार्जन, विपत्ति से रक्षा, असाधारण आनंद और मनोवांछित फल प्राप्त होते हैं।

कुन्तक, आनन्दवर्धन और मम्मट ने भी काव्य-प्रयोजन के संबंध में विचार किया है। इन आचार्यों में से मम्मट का मत सर्वाधिक स्वीकृत हुआ। उन्होंने अपने से पूर्व सभी आचार्यों द्वारा व्यक्त किए गए काव्य-प्रयोजनों को यशप्राप्ति, धनलाभ, व्यवहारज्ञान, शिवेतररक्षा, कान्तासम्मित उपदेश तथा सद्यः-परिनिवृत्ति में अन्तर्भुक्त करने का प्रयत्न किया।

अज्ञेय उपर्युक्त प्रयोजनों में से स्पष्टतः किसी को भी नहीं स्वीकारते। रचना का प्रयोजन यश एवं धन देना है, यह वे मानने के लिए तैयार नहीं हैं। न ही वे यह मानेंगे कि काव्य दूसरों को व्यवहार की शिक्षा दे। उनकी दृष्टि में काव्य का प्रयोजन सर्जक के आत्मदान एवं तुष्टि में निहित है। उनके अनुसार 'हर कृतिकार कृति के द्वारा मुक्त होता है, तथा उसके लिए सबसे पहली और सबसे बड़ी आवश्यकता है 'राहत' या संतुष्टि। इसी सन्तुष्टि के लिए वह रचना करता है। अतः काव्य का पहला प्रयोजन रचयिता की संतुष्टि ही है। दूसरा प्रयोजन सर्जक के आत्मदान से संबंधित है। सर्जक का आत्मदान आवश्यक रूप से शिवत्व से जुड़ा है। इसलिए शिवत्व उत्पन्न करना या रचना का संबंध लोक-मंगल से जोड़ देना काव्य का दूसरा महत्त्वपूर्ण प्रयोजन है। इसके अतिरिक्त रचना के द्वारा अपने अहं को स्थापित करना, आत्मबोध प्राप्त करना, आदि को भी काव्य-प्रयोजन माना जा सकता है।

स्वयं अज्ञेय अपनी उपर्युक्त मान्यताओं पर कहाँ तक सफल उतरते हैं यह अलग से विचार का विषय है। उनकी रचना उन्हें आत्मतुष्टि देती है, यह तो स्पष्ट है किंतु क्या उनकी रचनाएँ सचमुच लोक-कल्याण करने में समर्थ हैं, अथवा 'हविष्यवाही कवि पुरुष' द्वारा लोगों को दिया गया पवित्र 'हविष्य' हैं इसका निर्णय सहृदय पाठक ही कर सकते हैं।

विषय, वस्तु और शिल्प

अज्ञेय काव्य के विषय एवं काव्य की वस्तु में भेद मानते हैं। वस्तु से उनका अभिप्राय कविता की मूल संवेदना से है। अनुभूति में जो कुछ विशिष्ट है, वही वस्तु है। वही सम्प्रेष्य है। मौलिकता भी उसी में देखी जा सकती है। विभिन्न प्रकार के विषयों में सिर्फ नाम का नयापन हो सकता है। किसी कवि में यदि नये विषयों की भरमार है तो मात्र इतने से उसमें मौलिकता है, ऐसा नहीं माना जा सकता। विषय मात्र माध्यम है। मूल वस्तु या कवि की अन्तर्दृष्टि किसी भी उपयुक्त विषय के द्वारा अभिव्यक्त हो सकती है। इसलिए कोई चाहे तो 'पुराना विषय लेकर नयी वस्तु भी दे सकता है'[1]

क्या नयी कविता सिर्फ शिल्प का चमत्कार या 'फार्मेलिज्म' है ? वे इसका नकारात्मक उत्तर देंगे। उनके अनुसार वस्तु को शिल्प से अलग नहीं किया जा सकता। मौलिक मूल संवेदना की अभिव्यक्ति के लिए मौलिक शिल्प-विधि का अपनाना आवश्यक है। किसी भी रचना के शिल्प अथवा तंत्र को गौण समझकर उसे टाल नहीं देना चाहिए। शिल्प-विरोधी प्रगतिवादी भी यह मानते हैं कि वस्तु और शिल्प के सामंजस्य से रचना अधिक प्रभावशाली बन जाती है। संस्कृत के एक साहित्याचार्य भामह ने तो काव्य की परिभाषा ही यही दी है– 'शब्दार्थौ सहितौ काव्यम्' अर्थात्-शब्द और अर्थ का समन्वित भाव ही काव्य है। शब्द-विधान का संबंध शिल्प से है और अर्थ का वस्तु से। अतः शिल्प और वस्तु के समन्वय को श्रेष्ठ काव्य का एक आवश्यक तत्त्व माना जा सकता है।

'शब्द और सत्य' कविता में लगभग इसी मन्तव्य को व्यक्त किया गया है। 'शब्द और सत्य' एक दूसरे से तन कर रहते हैं। कवि अज्ञेय इन दोनों को किसी भी प्रकार किसी भी आलोक स्फुरण में एक कर देने की आकांक्षा रखते हैं–

यह नहीं कि मैंने सत्य नहीं पाया था
यह नहीं कि मुझको शब्द अचानक कभी-कभी मिलता है :
दोनों जब-तब संमुख आते ही रहते हैं :
प्रश्न यही रहता है :
दोनों जो अपने बीच एक दीवार बनाए रहते हैं
मैं कब, कैसे, उनके अनदेखे
उसमें सेंध लगा दूँ
या भर कर विस्फोटक
उसे उड़ा दूँ। (अरी ओ करुणा प्रभामय)

शब्द और सत्य के बीच की दीवार को उड़ा देने की आकांक्षा में शिल्प और वस्तु को समन्वित कर देने की आकांक्षा भी निहित है। सिर्फ शिल्प के लिए शिल्प की बात

1. आत्मनेपद -165

वे नहीं करते। आलंकारिक शब्द-योजना, कृत्रिम छन्द-विधान अवश्य वस्तुतत्त्व को हानि पहुँचाते हैं किंतु जहाँ वस्तु के अनुकूल शब्द-योजना, छंद, रूप और अन्य शिल्प-तंत्रों का प्रयोग होता है वहाँ वस्तु प्रभावशाली और सहज संप्रेष्य हो जाती है।

विचार, भाव और राग

विचार, भाव और राग किसी भी रचना के लिए आवश्यक उपादान हैं। रचयिता को इन तत्त्वों से जूझना पड़ता है। अज्ञेय ने विचारों की तुलना वनविहग, चिनगारी, दीप आदि से की है। 'भवन्ती' की एक अन्तःप्रक्रिया में वे लिखते हैं– 'मैं खिड़की के सामने बैठ कर सोचता हूँ। मेरे मन की खिड़की खुली है, उसके सामने से विचार हवा में तैरते हुए चले जाते हैं– कोई सर्राटे से निकल जाते हैं, कोई धीरे-धीरे, पंख तौले हुए, मानो निरायास बहते हुए, कोई अबाबील की-सी द्रुत-विलंबित गति से, बीच में एकाएक मोड़ लेते हुए। ...और कोई ऐसे सुलगते हुए मानों रात के अंधेरे में कोई चिनगारी फूटी हो।'[1] इन उड़ते हुए विचारों को पकड़ना पड़ता है ताकि बाद में उन्हें संगठित कर उपयोगी बनाया जा सके। हर संवेदनशील सर्जक ऐसे विचारों,सूझ अथवा आइडिया की तलाश में रहता है जिसे वह अपनी रचना में उतारने की इच्छा रखता है। ऐसे विचार कभी अनायास ही मिल जाते हैं, कभी प्रयत्न करने पर भी नहीं मिलते।

कुछ विचार इतने विशिष्ट होते हैं कि उन्हें शब्दों में नहीं उतारा जा सकता। 'सभी विचार ऐसे नहीं होते कि उन्हें सभ्य या पालतू बनाया जा सके, कुछ ऐसे वन-विहग होते हैं कि उन्हें खुले में ही विचरते रहने देना चाहिए।' इसका कारण वे यह बताते हैं कि यदि ऐसे मुक्त रहने वाले विचारों को चेष्टापूर्वक पकड़ने का प्रयत्न किया जायगा तो 'पकड़े जाकर वे रोगी, खाज भरे, बुच्चे हो जायेंगे।'

ऐसा लगता है कि अज्ञेय 'विचार' शब्द के अन्तर्गत सूझ और आइडिया के अतिरिक्त 'गंभीर रहस्यमय अर्थ' और 'गहन अनुभूतियों' को भी सम्मिलित कर लेते हैं। अनेक रहस्यमय अनुभूतियाँ व्यक्तित्व को आक्रांत कर देती हैं किंतु उनकी अभिव्यक्ति संभव नहीं हो पाती। भक्त कवियों ने ऐसी ही अनुभूतियों को 'गूँगे का गुड़' कहा है। ऐसी अनुभूतियों को जिया तो जा सकता है किन्तु उनकी पूर्ण अभिव्यक्ति संभव नहीं हो पाती। ईश्वर का रहस्यमय अनुभव तथा चेतना की अनेक स्थितियाँ शब्दातीत हैं। ऐसे अनुभवों को भी किसी न किसी प्रकार अभिव्यक्त करने की चेष्टा कविगण करते आये हैं। कबीर ने बिम्ब एवं प्रतीक के अतिरिक्त उलटवासियों का प्रयोग उन्हीं शब्दातीत अनुभवों को पकड़ने के लिए किया है किन्तु अज्ञेय ऐसे विचारों अथवा अनुभवों को शब्दों से परे ही छोड़ देने की राय देते हैं। लोग विचारों को पकड़ने या बाँध लेने का प्रयास भले ही करते हों वे अपने बारे में निश्चय कर चुके हैं : ''मैं हर विचार को पकड़ने, बाँध लेने का प्रयत्न नहीं करता, न ही करूँगा। अपने आप आयेगा ऐसा विचार जो मेरी पकड़ के लिए होगा, ऐसा विचार जिसमें मैं सबका सब अँट सकूँगा, कह दिया जा सकूँगा।''[2]

1. भवन्ती (द्वितीय संस्करण) -13
2. भवन्ती (द्वितीय संस्करण) -14

विचार के सम्बन्ध में अज्ञेय की उपर्युक्त मान्यता रहस्यमय विचारों के संबंध में कही गयी प्रतीत होती है अन्य विचारों के संदर्भ में नहीं। यदि कोई विचार समाज से संबंधित है, दूसरों के दुःख-दर्द से संबंध रखता है तो उस विचार को पकड़ने से बचना उपयुक्त नहीं समझा जा सकता। बात यह है कि अज्ञेय विचारों का संबंध रचयिता के निजत्व से इस सीमा तक जोड़ देते हैं कि वह उसकी व्यक्तिगत उपलब्धि अथवा अनुपलब्धि से जुड़ जाता है। इन विचारों से यह भी ध्वनित होता है कि व्यक्ति को ऐसे दुर्लभ विचारों के ग्रहण के लिए प्रतीक्षा करने की आवश्यकता होती है, प्रयत्न करने की नहीं। निष्क्रिय-प्रतीक्षा में ही संभवतः कभी ऐसा क्षण आ सकेगा जब वह महनीय विचार अपने आप रचयिता में अवतरित होगा जिसमें वह अँट सकेगा और जिसके द्वारा वह अभिव्यक्त हो सकेगा।

क्या इससे यह मान लिया जाय कि अज्ञेय विचार, सूझ अथवा आइडिया की प्राप्ति के लिए निष्क्रिय-प्रतीक्षा को उत्तम स्थिति मानते हैं। यदि ऐसा ही है तो फिर कवियों एवं रचयिताओं के दायित्व का क्या होगा? यदि कवि हाथ पर हाथ धरे किसी महनीय विचार की प्रतीक्षा में बैठा रहेगा तो उसकी समाज के प्रति जिम्मेदारी का क्या अर्थ होगा ? सिर्फ आत्माभिव्यक्ति यदि रचयिता का लक्ष्य हो तो उसकी प्रतीक्षा सार्थक हो सकती है किंतु यदि रचयिता का लक्ष्य समाज की किसी करुण स्थिति-विशेष का संप्रेषण करना है तो उसे अभिव्यक्ति के माध्यमों की तलाश में निरन्तर लगे रहना होगा ताकि वह अपने दायित्व को पूरा कर सके।

नयी कविता पर एक आक्षेप यह लगाया जाता है कि इसमें भावतत्त्व अथवा रागतत्त्व का अभाव है। रागतत्त्व के अभाव में कविता में रस की अवतारणा नहीं हो सकी है। बुद्धितत्त्व इतना प्रबल हो गया है कि रागतत्त्व को उभरने का अवसर ही नहीं मिला है। इस संबंध में नामवरसिंह लिखते हैं – "जिस प्रकार छायावाद के आरंभिक दिनों में किशोर भावुकता एक प्रकार की अलंकृति थी और उसे कवि-कर्म का बीज-मंत्र माना जाता था, उसी तरह प्रयोगवाद के आरम्भ काल में भावुकता मूर्खता का पर्याय हो गयी। कवि अपने परिवेश के विषय में इतना सतर्क हो गया है कि हर जगह वह बौद्धिकता के रक्षात्मक कवच के साथ आने का अभ्यस्त हो चला।"[1]

बौद्धिकता अथवा कविता में बुद्धितत्त्व को अधिक महत्त्व देने के कारण प्रयोगवादी कवियों ने रागतत्त्व की उपेक्षा अवश्य की किन्तु नये कवियों में अज्ञेय ने इसके महत्त्व को समझा है और वे मानते हैं कि 'राग संबंध अनिवार्यतया साहित्य का क्षेत्र है।'[2] कलाकार का सत्य सिर्फ बुद्धि सत्य नहीं होता बल्कि वह 'रागदीप्त सत्य' भी होता है। वे रचना में दोनों के समन्वय पर बल देते हैं। सिर्फ बुद्धितत्त्व से जुड़कर रचना प्राणवान नहीं हो सकती। किंतु यदि रचना से बुद्धितत्त्व का पूर्णतया बहिष्कार कर दिया जाय तो उसका मूल्य घट जायेगा। रागतत्त्व भी एक सीमा तक ही उपयुक्त है। उसके आधिक्य से यदि रचना की परिणति भावुकता की ओर ले जाने वाली होती है तो इसे भी शुभ नहीं कहा जा सकता।

1. आधुनिक साहित्य की प्रवृत्तियां–नामवरसिंह -117   2. दूसरा सप्तक -9

नयी कविता में रस के स्थान पर बुद्धिरस की बात की जाती है किंतु यह सब मात्र शब्दजाल है। बुद्धि रस नहीं है न ही बौद्धिकता रसास्वाद का घटक तत्त्व है। बौद्धिकता या बुद्धि रचना का एक पक्ष है जिसकी योजना साहित्य में युगों से होती रही है। कवि यदि 'मनीषी' कहलाने का अधिकारी हुआ है तो इसी तत्त्व के कारण। हर श्रेष्ठ कवि की रचनाओं में बुद्धितत्त्व विद्यमान होता है। यदि नयी कविता में इसकी प्रधानता हो गई है तो इसका कारण यह है कि आज मानव-परिस्थितियाँ बदल गई हैं। बुद्धि मनुष्य का सबसे बड़ा अस्त्र है जिससे वह परिस्थितियों से जूझ सकता है। आज की स्थिति मानव को रसास्वाद के अवसर कम देती है किंतु जूझने अथवा संघर्ष के अवसरों का आधिक्य हो गया है। इसलिए आज की रचनाओं में रागतत्त्व को परिमार्जित होकर आना होगा। व्यक्तिगत रागद्वेष की अभिव्यक्ति के स्थान पर ऐसे 'रागदीप्त सत्य' की योजना करनी होगी जिसका संबंध व्यष्टि के अतिरिक्त समष्टि से जुड़ सके। अज्ञेय के काव्य में रस की योजना चाहे पारंपरिक रूपों में न मिलती हो किंतु वे अनुभूति के 'साधारणीकरण' को कविता का आवश्यक तत्त्व मानते हैं।

परंपरा, प्रयोग और प्रभाव

अज्ञेय ने रचना के संदर्भ में इन शब्दों पर भी विचार किया है। परंपरा के नाम पर लीक पीटने का उन्होंने विरोध किया है। जो लोग परंपरा का समुचित परीक्षण किये बिना उसका संबंध सत्य और शिव से जोड़ देते हैं वे गलत दृष्टिकोण के शिकार हो गये हैं अथवा वे परंपरावादी हैं। ऐसे लोग प्रायः रूढ़िवाद और सनातनीपन के हामी होते हैं। वे यह भूल जाते हैं कि परंपरा का बहुत-सा अंश काल-प्रवाह में सड़-गल जाता है इसलिए वह हर युग में एक-सी प्रेरणा और स्फूर्ति देने लायक नहीं रह जाता।

प्रयोगवाद के प्रस्तावना-काल से ही परंपरा के प्रति विद्रोह और प्रयोग के प्रति आग्रह का भाव लक्षित किया जा सकता है। अज्ञेय ने अन्य कवियों को भी परम्परा से हटकर चलने की सलाह दी है। परम्परा से हटकर चलने में अकेले चलना पड़ता है, अपना मार्ग स्वयं बनाना पड़ता है और भटकने का खतरा रहता है। किंतु रचयिताओं को इससे बचने की चेष्टा नहीं करनी चाहिए। लक्ष्य मिले या न मिले अपने-अपने मार्ग पर चलते रहना ही श्रेयस्कर है तथा अकेलेपन से घबराने की आवश्यकता नहीं है। अज्ञेय कवियों को बीहड़ में अकेले भी निश्चित रहने को कहते हैं और बताते हैं कि वही सीधी और एक-मात्र राह है।[1] इसी प्रकार अपने लिए वे कहते हैं–

'मेरा आग्रह भी नहीं रहा मैं चलूँ उसी पर
सदा जिसे पथ कहा गया, जो
इतने पैरों द्वारा रौंदा जाता रहा कि उस पर
कोई छाप नहीं पहचानी जा सकती थी।'

(अरी ओ करुणा प्रभामय -25)

1. बीहर में अकेले भी निश्चिन्त रहो/ स्थिर जानो :/ अरे यही तो सीधी क्या, एक मात्र राह है!' इन्द्रधनु रौंदे हुए ये, -39

परम्परा व्यक्ति की अनुभूतियों को महत्त्व नहीं देती। उसकी दृष्टि में स्थापित सत्य ही सब कुछ है किन्तु नये कवियों ने व्यष्टि-सत्य अथवा व्यक्ति-अनुभूति को भी महत्त्व दिया है।

साहित्य में प्रयोग की आवश्यकता को स्पष्ट करते हुए 'तार सप्तक' में अज्ञेय ने लिखा है – "प्रयोग सभी कालों के कवियों ने किया है। यद्यपि किसी एक काल में किसी विशेष दिशा में प्रयोग करने की प्रवृत्ति स्वाभाविक ही है किंतु कवि क्रमशः अनुभव करता आया है कि जिन क्षेत्रों में प्रयोग हुए हैं, उनसे आगे बढ़कर अब उन क्षेत्रों का अन्वेषण करना चाहिए, जिन्हें अभी नहीं छुआ गया है या जिन्हें अभेद्य मान लिया गया है।"[1] प्रयोग एक माध्यम है, जिसके द्वारा कवि नये काव्य-तत्त्वों एवं मूल्यों की तलाश करता है। "प्रयोग अपने आप में इष्ट नहीं है, वह साधन है। और दोहरा साधन है। क्योंकि एक तो वह उस सत्य को जानने का साधन है जिसे कवि प्रेषित करता है, दूसरे वह उस प्रेषण की क्रिया को और उसके साधनों को जानने का भी साधन है।"[2] अभिप्राय यह है कि अज्ञेय काव्य के कथ्य और शिल्प दोनों को नया संस्कार देने के लिए प्रयोग को आवश्यक मानते हैं न कि सिर्फ प्रयोग के लिए।

प्रयोग की प्रकृति क्या है, इसका निर्धारण करते हुए निम्नलिखित तथ्य निरूपित किये जा सकते हैं। प्रयोग किसी भी निर्धारित सत्य को अन्तिम सत्य नहीं मानता। देश और काल में सत्य परिवर्तित होते रहते हैं इसलिए प्रयोग उनकी वैज्ञानिक परीक्षा करके विकासमान सत्य को ढूँढ़ निकालता है। यदि स्थापित सत्य, परम्परा अथवा किसी मर्यादा के जीवित तत्त्व हैं तो प्रयोग उन्हें ग्रहण कर लेता है और नये सत्यों की तलाश करता है। नवीनतम विचारों, तथ्यों, सत्यों एवं मर्यादाओं के प्रति प्रयोग सदैव आस्थावान रहता है।

प्रयोग परिस्थिति को ध्यान में रखकर किया जाता है, इसलिए वह परिस्थिति-सापेक्ष है। परिस्थिति एवं परिवेश से बिल्कुल तटस्थ रहकर सफल प्रयोग नहीं किया जा सकता। प्रयोग विज्ञान का शब्द है और इसलिए इसमें अन्धविश्वास के लिए कोई स्थान नहीं है। प्रयोग जाँचने, परखने, सत्य को सबके लिए एक समान उपलब्ध कराने की प्रक्रिया है इसलिए किसी भी चमत्कार में इसका विश्वास नहीं। प्रयोग सर्वाधिक प्रगतिशील होता है। इसके द्वारा ही सर्जक अपने आपको समृद्ध कर सकता है और आगे बढ़ सकता है। इस प्रकार प्रयोग एक सशक्त माध्यम है।

प्रयोग की प्रकृति को देखने से पता चलता है कि इसे परम्परा से अवश्य जूझना पड़ता है। प्रयोग की प्रक्रिया में परम्परा का नव मूल्यांकन किया जाता है। कोई परम्परा यदि आधुनिक संदर्भों में उपयुक्त हो सकती है तो उसका ग्रहण भी सम्भव है। अतः प्रयोग का लक्ष्य आँख बन्द कर सम्पूर्ण परम्पराओं का विरोध करना नहीं है। वस्तुतः आवश्यकता इस बात की होती है कि देश-काल के अनुसार परम्परा के निर्जीव तत्त्वों को छोड़कर उसमें

1. तार सप्तक -75

2. दूसरा सप्तक -7

नये जीवंत तत्वों का अनुसन्धान किया जाय। इस प्रकार बदलते हुए परिवेश के अनुसार परम्पराओं के भी पुनर्संस्कार की आवश्यकता हो जाती है।

परम्पराओं से पूरी तरह मुक्त हो सकना सम्भव भी नहीं है। अभिव्यक्ति के लिए जिस भाषा का हम प्रयोग करते हैं वह स्वयं हमें परम्परा से प्राप्त होती है। "यह कहने के लिए कि हम परम्परा से मुक्त हैं, भाषा का उपयोग करना कितनी बड़ी विडम्बना है ! भाषा हमारी सबसे पुरानी, सबसे कड़ी अनुल्लंघ्य सांस्कृतिक रूढ़ि है : अपने दावे के लिए उसका सहारा लेना–और दावे के लिए भाषा का सहारा अनिवार्य है !–सिद्ध कर देता है कि दावा बेमानी है।"[1]

परम्पराओं का सम्बन्ध किसी भी देश की संस्कृति से भी जुड़ जाता है। अज्ञेय के अनुसार संस्कृति के अध्ययन का अपना महत्त्व है। भारतीय संस्कृति क्या है, उसमें मूल्यवान और स्पृहणीय क्या है इस पर विचार होना ही चाहिए। भारतीय संस्कृति के 'किन मूल्यों में उसका सामर्थ्य निहित है और कौन-सी प्रवृत्तियाँ उसे वह बल और गतिशीलता दे सकती हैं जिसकी उसे पश्चिमी संस्कृति का मुकाबला करने के लिए आवश्यकता होगी' यह प्रश्न भी हमारे सामने है।

अज्ञेय पाते हैं कि भारत में रहते हुए भी लोग भारतीय संस्कृति के प्रति नितांत उदासीन होकर रह लेते हैं किंतु जागरूक सर्जक के लिए यह उपयुक्त नहीं है। पिछले बीस वर्षों में इस देश के लोग 'विश्व संस्कृति की एक मरीचिका' के शिकार हो गये हैं। विश्व-संस्कृति, 'विश्व-मानव अथवा विश्व-नागरिक का आदर्श' इस देश की परम्परा में भी रहा है। "वैदिक काल का सामाजिक जब **कृण्वन्तो विश्वमार्यम्** की बात सोचता था तब स्वयं अपने आर्यत्व में उसकी आस्था थी और उस पर वह गर्व भी करता था। मध्यकाल में वैष्णव भी जब कहते थे कि 'सबके ऊपर मनुष्य है, उसके ऊपर कुछ नहीं' अथवा 'जो भी हो मेरा पड़ोसी है, जहाँ भी हो मेरा देश है' तब उनकी विश्व मानवता या विश्व-नागरिकता को पुष्ट करने वाली एक देशव्यापी वैष्णव अथवा भक्त समाज की परिकल्पना थी।"[2] किंतु आज के भारतीय (लेखक भी इसमें शामिल हैं) व्यापक विश्वदृष्टि के लिए पश्चिम का मुँह जोह रहे हैं।

कभी-कभी संस्कृतियाँ अपनी सर्जनशीलता खो बैठती हैं। अज्ञेय को लगता है कि भारतीय संस्कृति के साथ भी आज कुछ वैसा ही हो गया है। 'उसने अपनी सर्जनशीलता मानो खो दी है; उसके अस्तित्व का हेतु क्या रहा यह पहचानने की अन्तर्दृष्टि जैसे उसके पास नहीं है।' कभी-कभी संस्कृति की आत्मा एक स्वस्थ सजीव पौधे की आत्मा की तरह अपनी जन्मभूमि छोड़कर दूसरी भूमि में जम जाती है और पनपने लगती है जैसा कि उन्नीसवीं शती के अन्त में म्रियमान चीनी संस्कृति के साथ हुआ। चीनी संस्कृति की ज्योति जब उसके अपने देश में बुझ रही थी तब जापान में उसकी ज्योति चमक आई थी। इस

1. भवन्ती -25   2. आलवाल –45-46

सन्दर्भ में अज्ञेय का प्रश्न है– "भारतीय संस्कृति की ज्योति कहाँ चमकेगी ? क्या बीसवीं के अन्त तक अमेरिका में? तब क्या भारत के सांस्कृतिक अवदान को समझने के लिए हमारे अध्येताओं को अमेरिकी विश्वविद्यालयों में जाना पड़ेगा ?"[1]

अज्ञेय के उपर्युक्त विचारों से स्पष्ट होता है कि अज्ञेय एक जागरूक लेखक कवि के लिए यह आवश्यक मानते हैं कि वह अपने देश की परम्पराओं से परिचित हो और संस्कृति के जीवन्त तत्त्वों की तलाश करे। आलोचकगण प्रायः नये कवियों को परम्परा-विरोधी मानते हैं और उन्हें संस्कृति की उपेक्षा करने वाला बताते हैं किंतु अज्ञेय के ये विचार इन आरोपों का खंडन करते हैं। वे अन्धाधुन्ध परम्परा-विरोध की बात नहीं करते न ही अन्धानुकरण की प्रेरणा देते हैं।

परम्परा के अतिरिक्त सर्जक अपने परिवेश से भी प्रभाव ग्रहण करता है। परिवेश और युग से अप्रभावित रह जाना संभव नहीं है किंतु फिर भी प्रभाव के सन्दर्भ में अनेक प्रश्न उठते रहे हैं। कोई भी सर्जक किस सीमा तक प्रभाव ग्रहण करे, कहाँ से करे, प्रभाव ग्रहण करना शुभ है अथवा अशुभ, क्या ऐसा करना मौलिक चिन्तन को खंडित तो नहीं कर देता आदि अनेक प्रश्न ऐसे ही हैं। यह एक सर्वविदित तथ्य है कि नये कवियों पर पाश्चात्य विचारधारा का, साहित्य-लेखन का प्रभूत प्रभाव पड़ा है। ऐसे आलोचकों की कमी नहीं है जो यह मानते हैं कि नयी कविता में सब कुछ आयातित है।

प्रायः नये कवियों से साक्षात्कार करते समय उनसे पाश्चात्य प्रभाव के सम्बन्ध में प्रश्न पूछ लिया जाता है। अज्ञेय से भी ऐसे प्रश्न पूछे जाते रहे हैं। 'कादम्बिनी' पत्रिका ने एक बार अज्ञेय पर पाठकों के प्रश्न आमंत्रित किये थे जिनका उत्तर अज्ञेय को देना था। उनमें एक प्रश्न यह था– 'अज्ञेय का चिन्तन मौलिक नहीं अपितु पाश्चात्य विचारों से प्रभावित है–इस उक्ति से सहमत हैं ?' इसके उत्तर में अज्ञेय ने जो कुछ लिखा वह उनके प्रभाव-सम्बन्धी विचारों को स्पष्ट करता है। वे यह मानते हैं कि मौलिक चिन्तक होना बहुत बड़ी बात है। 'मौलिक चिन्तक सौ-दो सौ बरस में एक कोई हो जाये तो बड़ी बात होती है।' यह भी आवश्यक नहीं कि हर कृतिकार 'चिन्तक' भी हो। प्रायः सभी चिन्तक दूसरों के विचारों से प्रभावित होते ही हैं, अज्ञेय भी अपने ऊपर पड़े प्रभावों को स्वीकारते हैं। उनका उत्तर है– "मैं केवल पाश्चात्य विचाराकों से ही प्रभावित नहीं हूँ; कई वैचारिक परम्पराओं से प्रभावित हूँ, देशी भी और विदेशी भी। मुझे इसमें लज्जित होने की कोई बात नहीं दिखती : उस दशा में और भी नहीं जब ये अनेक प्रभाव मुझे अपना व्यक्तित्व पहचानने में सहायक होते हैं।"[2]

अन्धानुकरण और प्रभाव ग्रहण करने में अन्तर है। अन्धानुकरण बिना सोचे-समझे किया जाता है और ऐसा करना सर्जक के लिए अनुपयुक्त होने के साथ-साथ निंदनीय भी है किंतु सोच-समझ कर शुभ तत्त्वों का ग्रहण करना सर्जनशीलता का पोषण करता है।

1. भवन्ती, द्वितीय संस्करण –99-100 2. जोग लिखी -117

इसलिए विभिन्न विचारधाराओं के सम्पर्क में आने पर यदि कोई सर्जक अप्रभावित रह जाता है तो इसका अर्थ यह भी हो सकता है कि सर्जक की दृष्टि गतिशील रहने के बदले जड़ीभूत हो चुकी है। हर युग के कवि-लेखक विभिन्न विचारधाराओं से प्रभावित होते रहे हैं, प्रभावित होना न तो बुरी बात है न यह सर्जक की किसी कमजोरी को द्योतित करता है। बल्कि यदि कोई सर्जक जीवन्तता से कट नहीं गया है तो उसके लिए प्रभावित होना अवश्यंभावी है। यही कारण है कि अनेक स्थलों पर अज्ञेय अकुंठित भाव से कहते हैं– "मैं उन लोगों में नहीं हू जो किसी भी प्रभाव को इन्कार करने में भी गौरव समझते हैं। मैं तो जिसके भी सम्पर्क में आता हूँ उससे प्रभाव ग्रहण करता हूँ।" प्रभाव हमें वैचारिक समृद्धि भी देता है। हमारे पास जितनी वैचारिक परम्पराएँ हैं, वे तो हैं ही यदि हम अपने देश की उन परम्पराओं के अतिरिक्त दूसरे देश की विभिन्न विचारधाराओं से प्रभाव ग्रहण कर लेते हैं तो इससे हमारे समृद्ध होने की सम्भावना बढ़ जाती है।

प्रभाव के संबंध में एक तथ्य यह भी है कि यह सिर्फ हमारी भाषा पर ही लागू नहीं होता। प्रायः हर देश की भाषा पर दूसरे देशों की विचारधाराओं का प्रभाव पड़ता है। जो भी विचारधारा हमारे या किसी और के संपर्क में आती है उसके जीवन्त तत्त्व अवश्य प्रभावित करना शुरू कर देते हैं। हिन्दी साहित्य के संदर्भ में जिस पाश्चात्य प्रभाव की चर्चा की जा रही है वह सिर्फ हिन्दी के लिए ही सच नहीं है। आज हिन्दी में तथा देश की अनेक दूसरी भाषाओं में जो कुछ लिखा जा रहा है उस पर पश्चिम का पर्याप्त प्रभाव है। हम प्रभावित होना न चाहें तब भी प्रभाव को बलपूर्वक रोका नहीं जा सकता क्योंकि विचार के नये तत्त्वों के प्रति प्रभावित होना मनुष्य की सहज प्रवृत्ति है।

प्रभाव का एक दूसरा पहलू भी है। कभी-कभी ऐसा भी होता है कि हम अपने देश की किसी विचारधारा के प्रति उदासीन हो जाते हैं किंतु पश्चिम की किसी विचारधारा को देखने से फिर उसका स्मरण हो आता है। इस तथ्य के समर्थन में अज्ञेय ने बुद्ध का उदाहरण देते हुए लिखा है– "बुद्ध हमारे थे, उनकी देन सदियों से हमारी थी। पर हम उसे भूल से गये थे। जब हमें याद दिलायी गयी कि हम से पूर्व के देशों के बौद्ध और हम भाई-भाई हैं, तब हमें अपनी संस्कृति के विस्तार का बोध हुआ और उसके माध्यम से हमने आधुनिकता का एक और अध्याय पार किया।"[1] नयी कविता में 'क्षण' को महत्त्व दिया जाता है। यह 'क्षण' हिन्दी में पश्चिम से आया हुआ भले ही कहा जाय किंतु वास्तव में बौद्ध-धर्म में पहले से ही क्षणवादी विचारधारा मिलती है।

प्रभाव सिर्फ हम पर पड़ा हो, हमारा प्रभाव दूसरों पर न पड़ा हो यह सत्य नहीं है। 'पश्चिम से हम प्रभावित ही नहीं हुए हमने उन्हें प्रभावित भी किया है। प्रतीकवाद और बिम्बवाद के यूरोपीय आन्दोलनों के मूल स्रोतों का अध्ययन इसका पूरा प्रमाण दे सकता है। हमारे जिस काव्य में बहुत से अध्यापक आलोचकों को सिर्फ 'पश्चिम की नकल' दिखती है, अनूदित होकर वह पश्चिम में अपनी 'ताजगी' के लिए सम्मान पाता है।'

1. लिखि कागद कोरे -70

निष्कर्ष के रूप में यह कहा जा सकता है कि अज्ञेय प्रभाव को नकल से पृथक् करते हुए उसे अनिवार्य मानते हैं। आधुनिक होने के लिए हम भारतीयता का परित्याग कर दें और सिर्फ पश्चिम की नकल करें इसे शुभ नहीं कहा जा सकता किंतु पश्चिम से एकदम अलग रहकर, उससे बिल्कुल अप्रभावित रहने की चेष्टा करें यह भी शुभ नहीं है। आवश्यकता इस बात की है कि हम विश्व के संदर्भ में भारत को देखें, बदली हुई परिस्थिति को पहचानें और "तटस्थ होकर नयी स्थिति की छाप ग्रहण करें–मिटें नहीं, नये संस्कारी हों। अगर यह नहीं होता तो हम आधुनिक नहीं हैं।"[1] इस प्रकार आधुनिक होने की प्रक्रिया मे परंपरा का नवमूल्यांकन करने, प्रयोग करने एवं तटस्थ भाव से उपयुक्त प्रभाव ग्रहण करने की चेष्टा से युक्त होना आवश्यक है।

काल और क्षण

छायावादी कविता में यदि 'अनन्त की प्यास' थी तो नयी कविता में 'क्षण का दर्द' है। नये कवियों का काल-चिन्तन 'क्षण' के महत्त्व से जुड़ा हुआ है किंतु 'क्षण का आग्रह क्षणिकता का आग्रह नहीं है, अनुभूति की प्राथमिकता का आग्रह है।' अस्तित्ववादी विचारधारा की एक दृष्टि में मृत्यु-साक्षात्कार के क्षण में ही चरम अनुभूति हो सकती है। उस क्षण का दर्द व्यक्ति को एक व्यापक दृष्टि प्रदान करता है। व्यक्ति का चरम आग्रह इसी क्षण प्रकट होता है। अज्ञेय के अनुसार उनकी कृति 'शेखर' : एक जीवनी' एक क्षण का दर्शन ही है। वे मानते हैं कि सर्जना के क्षण कभी लम्बे नहीं होते। जीने के संदर्भ में भी वे दिन, महीने, वर्ष की बात नहीं करते–

'हमें किसी कल्पित अजरता का मोह नहीं।
आज के विविक्त अद्वितीय इस क्षण को
पूरा हम जी लें, पी लें, आत्मसात् कर लें-
....
शाश्वत वही हमारे लिए है।
अजिर अमर है
वेदितव्य
अक्षर है।' **(इन्द्रधनु., -44)**

'आत्मनेपद' में क्षण संबंधी चर्चा अज्ञेय ने की थी। बाद में उन्होंने विस्तार से काल-चिन्तन किया है। **भवन्ती, आल वाल, लिखि कागद कोरे,** जोग-लिखी आदि में भी यत्र-तत्र अज्ञेय का काल-चिंतन प्रकट हुआ है। 'आल वाल' में 'काल का डमरू-नाद' नाम से एक स्वतंत्र लेख उनके काल-चिंतन को स्पष्ट करता है। 1978 में प्रकाशित **'संवत्सर'** नामक पुस्तक में काल-विषयक अनेक प्रश्नों पर विचार किया गया है।

सर्जक को काल की समस्या से भी जूझना पड़ता है। काल के अनेक आयाम हैं। जब

1. लिखि कागद कोरे –70-71

काल के विविध आयामों से सर्जक का परिचय होता है तब उसके अनुभव की संरचना भी उन्हीं के अनुरूप कई आयामों पर घटित होती है। क्या इतिहास से परे काल की अवधारणा हो सकती है ? इस प्रश्न के उत्तर में अज्ञेय लिखते हैं– "विज्ञान जब काल की नयी परिभाषा देता है तब विज्ञान की समस्याओं में ऐतिहासिक काल की समस्या आती है। हमारे अनुभव में कोई भी घटना ऐतिहासिक क्रम से नहीं होती। ऐतिहासिक काल और अनुभव का काल–दोनों दो चीजें हैं। अनुभव की संरचना में काल हमेशा उल्टी दिशा में चलता है। परिणाम पहले कारण बाद में अंकित होता है।"[1] इस प्रकार ऐतिहासिक काल और अनुभव का काल भिन्न प्रकार का हो जाता है।

भवन्ती में अज्ञेय ने एक उदाहरण देकर काल-निर्देश के टेकनीक के द्वारा ऐतिहासिकेतर काल के आयाम में जाने की चर्चा की है। 'बुद्धदेव वसु की एक कहानी शुरू होती है : **घरे थेके भ्रमर एल**। कमरे से भ्रमर निकली। भ्रमर के साथ-साथ हम कमरे से निकलकर गली में आ जाते हैं। अपने यहाँ की आज की अभी की गली में। यानी पहले वाक्य से देश-काल निर्दिष्ट हो गया है।' यह एक टेकनीक है। दूसरी तरफ 'अंग्रेजी की परिकथा शुरू होती है–**वंस अपॉन ए टाइम देयर वाज़**'–देश-निर्देश यहाँ नहीं है, काल-निर्देश अस्पष्ट है पर आज से दूर होने का स्पष्ट संकेत देता है। परिणाम ? हम काल के दूसरे आयाम में चले जाते हैं–ऐतिहासिकेतर आयाम में। इसी प्रकार संस्कृत में काल-निर्देश का एक दूसरा टेकनीक मिलता है। संस्कृत का **अस्ति गोदावरी तीरे** में काल और देश दोनों का निर्देश है। यहाँ 'अस्ति' जिस वर्तमान को सूचित करता है वह बीत जाने वाला ऐतिहासिक वर्तमान नहीं है। वह शाश्वत वर्तमान है। इस प्रकार के काल-निर्देश भी ऐतिहासिकेतर आयाम में ले जाने वाले हैं। "**एक था राजा** : यह भी निरवधि काल में प्रवेश का एक द्वार है। पंजाबी की लोक-कथा का आरंभ हमारे लिए दिक्काल बंध से मुक्त होने का ही नहीं, यथार्थ के बन्धन से मुक्त होकर कल्पना-लोक में प्रवेश करने का रास्ता भी खोल देता है। **इक सी**–एक था। कौन था, क्या था, कहाँ था, कब था–किसी भी प्रश्न का उत्तर वहाँ नहीं है।"[2] यहाँ उस अपरिचित देश-काल का संकेत है जहाँ अनुभव के कार्य-कारण संबंध भी स्थगित हो गये हैं। इस तरह काल-निर्देश के टेकनीक के बदल जाने से रचना की भाव-भूमि बदल जाती है तथा उसके अर्थबोध में परिवर्तन आ जाता है।

अज्ञेय यह मानते हैं कि आज का साहित्य काल-बोध की समस्या से आक्रांत है। '**संवत्सर**' की भूमिका में वे इसको स्पष्ट करते हुए लिखते हैं– "स्वयं अपने लेखन में मैंने देखा कि यह समस्या विभिन्न रूपों में उठती रही है–कभी-कभी जब उठी है तब मैंने उसे पहचाना भी नहीं; उसका जैसा-तैसा समाधान कर लेने के बाद ही उसके प्रति सतर्क हुआ। अपने लेखन से अलग भी संप्रेषण की बदलती हुई परिस्थितियों में बार-बार काल की प्रतीति से संबद्ध प्रश्न मेरे मन में उठे हैं। भारतीय परिस्थिति में, जहाँ सामाजिक विषमता का लक्षण बैलगाड़ी और मोटर के अंतर में तो दिखता ही है, दोनों को काम में

1. जोग लिखी -182 2. भवन्ती –70-71

लाने वाले वर्गों के काल-बोध में भी स्पष्ट लक्षित होता है, कथाकार के लिए इसके कई स्तरों की चुनौतियों के साक्षात्कार से बचने का कोई उपाय नहीं रहता।''

काल की प्रतीति संदर्भ बदल देने से बदल जाती है अतएव रचयिता को काल-बोध की विभिन्न समस्याओं से परिचित होना चाहिए। यद्यपि काल-बोध की समस्या को विशेष रूप से कथा-साहित्य के संदर्भ में उठाया गया है किंतु यह समस्या सिर्फ कथा-साहित्य तक सीमित न होकर पूरे साहित्य पर लागू होती है और इसलिए कविता पर भी। ''कविता भी काव्य में घटित एक घटना है और काव्य-रचना तथा काव्य-संप्रेषण में भी काल-तत्त्व की प्रतीति और उसका नियंत्रण आवश्यक होता है।''[1]

भारतीय दार्शनिकों ने काल के स्वरूप पर विचार करते हुए काल के एक से अधिक आयामों का उद्‌घाटन किया था। हमारे पुराण ग्रन्थों में साधारण जनों के काल के अतिरिक्त महाकाल की कल्पना भी की गई है। भागवत पुराण के अनुसार काल सर्वशक्तिमान ईश्वर का एक रूप है, यह ईश्वर ही है, केवल रूप-भेद है। काल सारी सृष्टि तथा महाप्रलय का अधिपति है, यह संसार के प्रत्येक पदार्थ को बनाता-बिगाड़ता रहता है, यह मृत्यु का भी अधिपति है। जो कुछ दिखलाई पड़ता है सब काल के अधिकार में है। पुराणों के अनुसार साधारण जनों के काल में और ब्रह्मा के काल में अंतर होता है। ब्रह्मा का एक दिन इतना बड़ा होता है कि उसमें लौकिक काल-अवधारणा के सहस्र चतुर्युग समा जाते हैं। वेदांत-दर्शन के अनुसार देश और काल मिथ्या हैं, प्रतीति मात्र हैं। ईश्वरत्व में देश और काल तिरोहित हो जाते हैं।

जब अज्ञेय काल-चिन्तन करते हुए यह लिखते हैं कि– 'वह (काल) हम में नहीं, हम उसमें हैं : वही हमें बना, बदल, जी रहा है, हम उसे नहीं' तो काल की सर्वशक्तिमानता प्रकट होती है। इस तथ्य का कि काल सर्वशक्तिमान है भागवत में बार-बार उल्लेख हुआ है। जब अज्ञेय काल को बाँध लेने की बात सोचते हुए लिखते हैं 'काल ही मेरा शिकार है, लेकिन काल ही वह जंगल है जिसमें मैं उस शिकार का पीछा करता रहा हूँ।' तब वे वेदान्ती की तरह काल-बोध को नष्ट करने या वर्तमान में बाँध लेने जैसी बात कर रहे हैं। अपने काल-चिन्तन में अज्ञेय भारतीय काल-चिन्तन से प्रभावित होने के साथ-साथ पाश्चात्य अस्तित्ववादी चिन्तन से भी प्रभावित हैं। 'संवत्सर' में अपने जीवन में घटी कतिपय छोटी-छोटी घटनाओं के आधर पर वे काल-सम्बन्धी अनेक प्रश्नों को व्यक्तिगत सन्दर्भ के अतिरिक्त साहित्यिक सन्दर्भ में उठाते हैं। इन काल-सम्बन्धी सारे प्रश्नों, समस्याओं आदि पर विचार करने का तात्पर्य सिर्फ इतना ही है कि सर्जक को काल की समस्या से अनिवार्यतः जूझना पड़ता है। आवश्यकता इस बात की है कि सर्जक इस समस्या को समझे और एक ऐसी टेकनीक का विकास करे जो भिन्न प्रकार के काल-बोध वाले गृहीता तक संप्रेषण को सहज और स्वाभाविक बना दे।

---

1. संवत्सर -41

काल की अनुभूति हमें अतीत, वर्तमान और भविष्य के रूप में होती है। अतीत घटित हो चुका है, उसे हम बदल नहीं सकते। भविष्य अभी आया नहीं, इसलिए उसे बदलने का या न बदलने का सवाल ही पैदा नहीं होता है। रह जाता है वर्तमान, जो हमारे जीवन का, होने का क्षण है। किंतु यह वर्तमान भी कितना अपना है, यह भी हमारे चुंगुल से बाहर है। अज्ञेय यह सब महसूस करते हैं किंतु फिर भी किन्हीं ऐसे क्षणों की तलाश में रहते हैं जो उन्हें देश-कालातीत अनुभूति दे सकें–

'होते हैं क्षण : जो देश-काल-मुक्त हो जाते हैं।
होते हैं : पर ऐसे क्षण हम कब दुहराते हैं ?
या क्या हम लाते हैं?'

(क्योंकि मैं... 'होते हैं क्षण' कविता)

सम्भवतः अज्ञेय रचयिताओं से भी ऐसे ही क्षणों को लाने की माँग करते हैं जो देश-कालातीत हों, जो किसी भी सीमा में न बँध सकें और सबके लिए सुलभ हो सकें। 'क्षण' विशेष को पकड़ लेना ही सम्भवतः अमरत्व को पकड़ लेना है। इसलिए अज्ञेय मानते हैं–

'या तो मैं इस क्षण में अमर हूँ या कभी नहीं हूँ।'

अकेलापन और अस्तित्व

चरम निर्णय के क्षण में सर्जक नितान्त अकेला होता है इसी तथ्य को स्पष्ट करते हुए अज्ञेय 'आत्मनेपद' में लिखते हैं– ''चरम आवश्यकता के चरम दबाव के निर्णय करने की आवश्यकता के क्षण में हर व्यक्ति अकेला होता है, और उस अकेलेपन में वह क्या करता है, इसी में उसके आध्यात्मिक धातु की कसौटी है।''[1] इसी समय पता चलता है कि उसका सामाजिक बोध कितना गहरा है। परिस्थितियों से व्यक्ति समझौता कर ले या उनका प्रवर्तन करे अथवा दोनों में असमर्थ होने के कारण अतृप्ति या भूख-जनित कल्पनाओं की अभिव्यक्ति करे, इस निर्णय में भी वह अकेला है। भूख-जनित कल्पनाओं की अभिव्यक्ति नोस्टेलूजिया है। सर्जक को उसका परित्याग करना चाहिए।

रचना के क्षण में या प्रक्रिया में भी सर्जक नितांत अकेला होता है। जीवनानुभव का संग्रह और उसका यंत्रणापूर्ण भोग हर सर्जक का अपना होता है। इसलिए अकेलापन से जो कवि तटस्थ भाव से जूझने में जितना समर्थ होगा उतना ही उसकी रचना में सामाजिक दायित्व का भाव उभरेगा। अज्ञेय ने अनेक स्थलों पर अकेलेपन की चर्चा की है। अनेक कविताओं में भी उन्होंने इसको विषय बनाया है।

अकेलापन सर्जक के लिए अनिवार्य स्थिति है किंतु इसका यह तात्पर्य नहीं कि वह

1. आत्मनेपद –67-68

जानबूझ कर अकेलेपन को चुने। अज्ञेय अपने बारे में कहते हैं– 'नहीं। मैं अकेलापन चुनता नहीं हूँ, केवल स्वीकार करता हूँ। इसमें, और अपनी परिस्थिति सम्प्रेष्य बनाना चाहने में, कोई विरोध नहीं है। अकेलेपन को मैंने वरीयता नहीं दी, लेखक होने के नाते दूसरे तक पहुँचना–उसके भीतर पैठकर उसे अपने भीतर पैठने देना–पैठाना–मैंने अनिवार्य माना है''[1]

सर्जक के अकेलेपन की अनिवार्यता से एक खतरा यह उत्पन्न होता है कि कहीं वह अपनी रचना में वैयक्तिक अनुभूतियों की भरमार न कर दे। प्रयत्नपूर्वक अपनी कुंठाओं, भूख-जनित कल्पनाओं से वह भले ही मुक्ति पा ले किंतु अकेलापन उसके भीतर तथ्यों को वस्तुपरक ढंग से देखने के बदले व्यक्तिवादी दृष्टि का विकास कर दे सकता है। रचना के लिए यह शुभ स्थिति नहीं है। इसलिए कवि अज्ञेय अपने गर्व-भरे मदमाते दीपक को भी पंक्ति को–समूह को दे देना चाहते हैं–

'यह दीप, अकेला, स्नेह भरा
है गर्व भरा मदमाता, पर
इस को भी पंक्ति को दे दो'

(बावरा अहेरी... 'यह दीप अकेला' कविता)

इस प्रकार व्यक्ति को समष्टि से जोड़कर रचना को अधिक प्राणवान बनाया जा सकता है।

जिस प्रकार यह आवश्यक है कि रचयिता अपने अकेलेपन को समझे और उसके सम्भावित खतरों से अपने को बचा ले उसी प्रकार यह भी आवश्यक है कि वह अपने अस्तित्व के बारे में निःशंसय हो। अस्ति का बोध ही व्यक्ति में आस्था जगाता है। अपने को पहचाने बिना क्रियमान जगत् से और भोगे गये यथार्थ से वह तत्त्व नहीं निकाला जा सकता जो उसके लिए शिव हो और समाज के लिए भी शुभ हो। इसलिए अज्ञेय की दृष्टि में 'मैं क्या हूँ, यह जानना निःसन्देह जरूरी है। पर जो हूँ, उससे ऊपर कैसे उठ सकता हूँ, यह जानना और भी जरूरी है। 'जो अपने अस्तित्व को गहराई से पहचान सकेगा वही उबरने का और उबारने का भी सूत्र ढूँढ़ सकेगा। ब्रह्मा के 'द' उपदेश से देव, असुर और मनुष्य ने क्रमशः दाम्यत्, दयध्वम्, और दत्त अर्थ ग्रहण किया। ऐसा उन्होंने अपने-अपने स्वभाव के अनुसार लगा लिया किंतु तीनों ने जो पहचाना वह उनका अपना स्वभाव नहीं था बल्कि स्वभाव से उबरने का साधन था। इसी प्रकार कोई सर्जक जीवन और जगत् से क्या ग्रहण करे जो उसे उसके स्वभाव से ऊपर उठा दे यह उसके अस्तित्व-बोध पर निर्भर करता है।

'अस्ति पहले है भवति बाद में' इसलिए अगर व्यक्ति अपने अस्तित्व के बारे में निःशंसय नहीं है तो वह किसी भी बात के सम्बन्ध में सन्देहरहित नहीं हो सकता। ऐसी

---

1. भवन्ती -15

स्थिति में वह अनिवार्यतया अनेक प्रकार की चिन्ताओं का शिकार हो जायेगा। इससे यही निष्कर्ष निकलता है कि सत्ता की पहचान आवश्यक है किंतु "सत्ता की पहचान में अच्छा या बुरा कुछ नहीं है, वह पाप-पुण्य से परे है; वह केवल अस्ति की, वास्तविकता की, रिएलिटी की, रचना की पहचान है जिसके अपने-आप में अच्छे-बुरे होने का प्रश्न नहीं उठता, पर मूल्य सम्बन्धी सब निर्धारणाएँ और निश्चयात्मकताएँ जिसके बाद आती हैं।"[1]

अस्तित्व की पहचान में लगे रहने के कारण सर्जक एवं साधक में कुछ हद तक समानताएँ आ जाती हैं किंतु साधक जहाँ अस्तित्व को जानने पर व्यक्तिगत परमतत्त्व की ओर बढ़ जाता है वहाँ सर्जक जितना कुछ भी अस्तित्व को जान पाता है और उसके माध्यम से स्वभाव से उबरने का मार्ग ढूँढ़ लेता है उतना अपने अतिरिक्त समाज को भी देना चाहता है। सर्जक का अपने स्वभाव से ऊपर उठना अकेले उस व्यक्ति का ऊपर उठना नहीं है बल्कि उसकी रचनाएँ दूसरों को ऊपर उठाने का अथवा पार लगाने का सेतु बन जाती हैं।

भाषा : शब्द, मौन और अर्थ

प्रयोगवाद और नयी कविता के आरम्भिक दिनों में पहली बार भारतीय लेखकों ने भाषा की अपर्याप्तता को लेकर प्रश्न उठाये थे। नवीन परिस्थिति और आधुनिक बोध ने भाषा को अभिव्यक्ति का अपर्याप्त साधन माना था। सर्जनशील भाषा की तलाश उन्हीं दिनों से प्रायः सभी नये कवि कर रहे हैं। 'तार सप्तक' में भाषा-सम्बन्धी प्रयोगों की चर्चा हुई है। उन दिनों "भाषा को अपर्याप्त पाकर विराम-संकेतों से, अंकों और सीधी-तिरछी लकीरों से, छोटे-छोटे टाइप से, सीधे या उल्टे अक्षरों से, लोगों और स्थानों के नामों, अधूरे वाक्यों सभी प्रकार के इतर साधनों से कवि उद्योग करने लगा कि अपनी उलझी हुई संवेदना की सृष्टि को पाठकों तक अक्षुण्ण पहुँचा सके।"[2] भाषा की अपर्याप्तता के कई कारण थे। एक तो 'वैज्ञानिक और वैकासिक प्रगति से नयी विचार-वीथियाँ खुल गई थीं जिनके लिए नयी शब्दावली की जरूरत थी' दूसरे नये कवि जो कहना चाहते थे वह गुणात्मक दृष्टि से पंत और निराला आदि से भिन्न था।

नये कवियों को छायावादियों से जो भाषा मिली थी उनकी आवश्यकता के अनुरूप नहीं थी। छायावादियों को जो कहना था, उसके लिए उन्होंने शब्द गढ़ लिए थे, भाषा पा ली थी किंतु नये कवियों को अभी अपनी अपेक्षाओं के अनुरूप भाषा रचनी थी। इसलिए आरम्भ में नये कवि अपनी भाषा से लड़ रहे थे, 'खींचकर और पकड़कर कभी उसकी धज्जियाँ उड़ाते थे और उसे रौंदते भी थे।' अभिव्यक्ति या सम्प्रेषण की कोई आशा उन्हें थी तो उसे पूरा करने की सम्भावना भी उसी भाषा में निहित थी। संघर्षरत नये कवियों ने अन्ततः भाषा में उस सामर्थ्य को तलाश लिया जिसके माध्यम से वे अपनी बात कह सकते थे।

---

1. भवन्ती -139
2. तार सप्तक, प्रथम संस्करण, –75

जो सर्जक अभिव्यक्ति के लिए जूझेगा और अपनी भाषा में उसके साधन पूरी तन्मयता से ढूँढ़ेगा उसे उसकी भाषा निराश नहीं करेगी इस प्रकार की आशावादिता अज्ञेय के मन में है। उनके अनुसार "प्रत्येक अधीर संघर्ष भाषा की निधि में से उसके लिए नया कुछ आविष्कृत करता है—नया कुछ, समर्थ कुछ, सुन्दर कुछ, ऐसा कुछ जो उसके विकास और स्वास्थ्य के लिए गहरा अभिप्राय रखता है। हर संघर्ष से इस बात की प्रतीति बढ़ी है कि ऐसा ही हो सकता है और होना चाहिए। उसका जो सर्वोत्तम बन सकता है उसकी भाषा उसे वही बना दे, इसके लिए आवश्यक है कि उसकी भाषा जो हो सकती है उसे निरन्तर वह बनाता रहे।"[1]

सर्जनात्मक भाषा का निर्माण करना सरल कार्य नहीं। यह एक समस्या है। "हर कवि के लिए ही नहीं, हर रचना के लिए समस्याएँ अद्वितीय रूप में आती हैं और रचना हो जाने के बाद ही वास्तव में इस प्रश्न का सही विचार होता है कि यहाँ क्या समस्या थी और उसका क्या निराकरण हुआ। यानी रचनात्मक भाषा की समस्याएँ भविष्यत् के रूप में नहीं देखी जातीं, अतीत के रूप में ही दीखती हैं।"[2]

अज्ञेय ने इसी संदर्भ में गद्य-भाषा और काव्य-भाषा के अंतर पर भी विचार किया है। गद्य-भाषा के मुकाबले काव्य-भाषा में जटिलताएँ कहीं अधिक होती हैं। जिस गद्य में किसी प्रयोजन को अभिव्यक्त करना है अथवा किसी निर्भ्रांत जानकारी को संप्रेषित करना है 'वहाँ गद्य इकहरा भी हो सकता है और वहाँ शब्दों का पर्यायत्व भी माना जा सकता है—एक शब्द के बदले दूसरा शब्द हम कोश से लेकर रख सकते हैं।' यद्यपि रचनात्मक गद्य की भाषा जैसे-जैसे जटिलतर स्थितियों की अभिव्यक्ति की ओर बढ़ती है वैसे-वैसे उसकी समस्याएँ काव्य-भाषा की समस्याओं के निकट आने लगती हैं। फिर भी दोनों में भेद है। कुछ भेदों की ओर अज्ञेय ने संकेत भी दिया है। "काव्य में स्वर-मात्रा का नियंत्रण अधिक महत्त्व रखता है। स्वर-मात्रा का नियंत्रण काव्य-भाषा की गति को धीमा करता है। यह नियंत्रण उस सतही नियंत्रण से अधिक गहरा होता है जो गद्य में लक्षित होता है। इस गहराई के कारण ही काव्य में बहुत कुछ ऐसा भी सहज भाव से कहा जा सकता है जो गद्य में शील-विरुद्ध या संगोप्य या अश्लील तक जान पड़ सकता है। गद्य की भाषा में जो भाव असंयत जान पड़ते हैं काव्य-भाषा में इस गंभीरतर अनुशासन के कारण संयत हो जाते हैं। बुनियादी बात यह है कि गद्य का सीधा संबंध भाषा से है; काव्य का भाषा से नहीं बल्कि शब्द से और उसकी सत्ता से।"[3]

भाषा के संदर्भ में कवि की समस्या का अर्थ है उपयुक्त शब्दों के चुनाव की समस्या। शब्दों के अर्थविस्तार तथा उसके नवीन संस्कार से भी कवि को जूझना पड़ता है। आधुनिक पत्र, पत्रिकाओं, सिनेमा, थियेटरों तथा रेडियो आदि के प्रभाव से बहुत से शब्दों ने अपनी पूर्वतन पवित्रता खो दी है। मानसिक जीवन के साथ-साथ शब्द भी सस्ते हो

1. अद्यतन -23
2. जोग लिखी -192
3. जोग लिखी - 192-193

गए हैं। इसलिए शब्दों में नवीन पवित्रता भरने की समस्या भी कवि के सामने है। "कवि शब्द में शब्द नहीं जोड़ता, शब्दों के सान्निध्य मात्र से नये अर्थ रचता है, अर्थों, भावों, ध्वनियों, संस्कारों, रूपाकारों की अनेक गूँजें-अनुगूँजें उत्पन्न करता है, ध्वन्यर्थों का पूरा संसार रच देता है।"[1]

कविता में शब्द को अज्ञेय अत्यन्त महत्त्वपूर्ण स्थान देते हुए कहते हैं, 'कविता शब्द में होती है, विचार भाषा में होता है' अथवा 'कविता जोड़कर नहीं बनती, वह रची जाती है : उसका प्रतिज्ञात 'गिवन' भाषा नहीं, केवल शब्द है।' इन कथनों का अभिप्राय यही है कि कवि 'शब्द' को महत्त्व दे और इसके प्रयोग में अधिक से अधिक सावधान हो। इसके लिए सही शब्द पहचानना ही काफी नहीं है, सही शब्द ढालना, शब्द-शोधन करना आदि भी आवश्यक है।

अभिव्यक्ति के लिए सही शब्द की पहचान एक बहुत बड़ी समस्या है। इस संदर्भ में अज्ञेय का मत आचार्य पाणिनि से मिलता है। उन्होंने कहा है 'एको शब्दः सम्यग्यातः सुष्ठु प्रयुक्तः स्वर्गे लोके च कामधुग्भवति' और अज्ञेय कहते हैं यदि उन्हें एक शब्द ही मिल गया तो वे अपने को धन्य मानेंगे। एक कविता में वे तीन शब्दों की याचना करते हुए कहते हैं—

मुझे तीन दो शब्द
कि मैं कविता कर पाऊँ।
एक शब्द वह :
जो न कभी जिह्वा पर लाऊँ।
और दूसरा :
जिसे कह सकूँ
किन्तु दर्द मेरे से
जो ओछा पड़ता हो।
और तीसरा : खरा धातु
पर जिसको पाकर पूछूँ
क्या न बिना इसके भी काम चलेगा ?
और मौन रह जाऊँ।'

(इन्द्रधनु. 'मुझे तीन दो शब्द' कविता)

उपर्युक्त तीन शब्दों में भी वे एक को ही कह पाने की स्थिति में अपने को रखना चाहते हैं। 'इन्द्रधनु रौंदे हुए ये' की 'शब्द' शीर्षक कविता में भी अज्ञेय ने शब्द-प्रयोग के महत्त्व पर प्रकाश डाला है। साहित्य-जगत् में शब्दों के प्रयोक्ता कई प्रकार के हैं। कुछ

1. अंतरा -115-116

कवि तो ऐसे हैं जिनके लिए शब्द कंकड़ के समान हैं। वे मानो शब्दों को कूट-पीस-छान कर डिबिया में डाल देते हैं और उसमें थोड़ी-सी सुगंध डालकर कुंकुम के नाम पर निकाल देते हैं।' कुछ ऐसे कवि हैं 'जिनके लिए शब्द सीपियों की भाँति हैं। लाखों शब्द रूपी सीपियों को उलट-फेर करते रहने से कभी न कभी एकाध मोती उन्हें मिल जाता है। दूसरे लोग उनकी प्रशंसा करते हैं, कुछ उससे ईर्ष्या भी करते हैं।' किन्तु जो शब्द का असली साधक है वह उसे नैवेद्य समझता है–

'किसी को शब्द हैं नैवेद्य।
थोड़ा-सा प्रसादवत्
मुदित विभोर वह पाता है
उसी में कृतार्थ धन्य
सभी को लुटाता है
अपना हृदय
वह प्रेममय' **(इन्द्रधनु. 'शब्द' कविता)**

इस प्रकार अज्ञेय बहुत सारे शब्दों की जगह थोड़े से एवं विशिष्ट अर्थवान् शब्दों के प्रयोग के हामी हैं। अज्ञेय शब्द-प्रयोग में संयम पर इतना अधिक बल देते हैं कि अन्ततः उनकी शब्द-प्रयोग संबंधी धारणा 'मौन' में पर्यवसित होती हुई दिखलाई पड़ती है। साधारणतः शब्द ही हमारे भावों, विचारों के संप्रेषण का माध्यम है किंतु अज्ञेय भारतीय ऋषियों की परंपरा से प्रभाव ग्रहण करते हुए यह मानने लगते हैं कि मौन भी अभिव्यंजना है। उनका स्पष्ट कथन है– "पूर्व की एक परंपरा के उत्तराधिकारी के नाते मैं यहाँ तक कह सकता हूँ कि कविता भाषा में नहीं होती, वह शब्दों में भी नहीं होती, कविता शब्दों के बीच की नीरवताओं में होती है और कवि सहज बोध से जानता है कि उससे दूसरे तक पहुँचा जा सकता है; उससे संलाप की स्थिति पायी जा सकती है, क्योंकि वह जानता है कि मौन के द्वारा भी संप्रेषण हो सकता है।"[1]

यह संप्रेषण किस प्रकार हो सकता है, इसका संकेत भी उन्होंने उपर्युक्त संदर्भ में दिया है– 'कवि शब्दों का न केवल भरपूर सार्थक प्रयोग करता है बल्कि कभी-कभी शब्दों या वर्णों का उपयोग न करके ही अर्थ की वृद्धि करता है–**यानी शब्दों का ही अर्थगर्भ उपयोग नहीं, अर्थगर्भ मौन का भी उपयोग करता है।** मुझे हमेशा यही लगा है कि **यही भाषा का श्रेष्ठ कलात्मक उपयोग** है–जिसमें न केवल शब्दों के निहित और संभाव्य अर्थों का पूरा उपयोग किया जाता है बल्कि उन अर्थों का भी जो कि शब्दों के बीच के शब्दहीन अंतराल में भरे जा सकते हैं।'

मौन या चुप सिर्फ बोलते ही नहीं बल्कि कभी-कभी दहाड़ते हैं। 'चुप की दहाड़' शीर्षक

1. आलवाल -12

एक निबंध में अज्ञेय ने साहित्य के अतिरिक्त सामाजिक-राजनीतिक क्षेत्र में चुप के दहाड़ने की बात लिखी है। उत्तर न देने पर भी मौन को सम्मति का लक्षण माना जाता है। इसी प्रकार सामाजिक-राजनीतिक क्षेत्र में "ऐसे मौके होते हैं जब **चुप की भी एक दहाड़ होती** है; और अधिनायक अगर उसे सुन सकता है तो उसी से उसकी नींद हराम हो जाती है। और चुप की यह दहाड़ लोकतंत्र में ही नहीं, साधरण जन और मानव मात्र में हमारी श्रद्धा का आधार है।"[1] कविता के क्षेत्र में भी मौन को अभिव्यंजना का सशक्त माध्यम मानते हुए नये कवियों से अज्ञेय ने कहा है–

'मौन भी अभिव्यंजना है।
जितना तुम्हारा सच है
उतना ही कहो।'

(इन्द्रधनु. 'जितना तुम्हारा सच है' कविता)

भाषा में शब्द और मौन के अतिरिक्त वे अर्थ की साधना पर भी बल देते हैं। शब्द के भीतर अर्थ छिपा रहता है। कवि शब्दों में नया संस्कार उत्पन्न करता है और कभी-कभी उसमें नया अर्थ भरता है। नया अर्थ भरने की शक्ति तभी आ सकती है जबकि उसे नया गंभीर अर्थ मिले। ऐसा बार-बार नहीं होता इसलिए अज्ञेय मानते हैं–

'अर्थ एक है : मिलता है तो एक बार (गुड़सा गूँगे को)
और उसे दोहराना
दोहरे भ्रम में पड़ जाना है।' (अरी ओ करुणा. -152)

यहाँ अर्थ का प्रयोग वे गहन अनुभव अथवा रहस्यमय अनुभव के रूप में कर रहे हैं। रहस्यवादी कवि आत्मानुभव अथवा ईश्वर-साक्षात्कार को गूँगे के गुड़ के समान मानते हैं। उसी परंपरा में अज्ञेय 'अर्थ' को जोड़ देते हैं। संत एवं साधक रूपाकार से जूझते हैं और नाना रूपाकृतियों से परे निराकार तत्त्व की अवधारणा की साधना करते हैं। कवि अज्ञेय भी रूपाकार के पीछे जाकर किसी गहन अर्थ को उपलब्ध कर लेना चाहते हैं। 'इशारे जिन्दगी के' नामक एक कविता में उन्होंने रूपाकृतियों एवं उनसे परे अर्थ के सन्दर्भ में कुछ बातें कही हैं। 'शब्द, रूपाकार और संकेत--वे हर मोड़ पर बिखरे हुए हैं। ये सभी जिन्दगी के अगणित इशारे हैं जिनकी ओट में अर्थ छिपा हुआ है। क्या हमारे हाथ में वह मंत्र होगा जिससे हम शब्दों को अर्थों से संपृक्त कर सकें ?' अनेक शब्दों और रूपाकारों की जगह वे अर्थ की याचना करते हैं :

'अर्थ दो, अर्थ दो
मत हमें रूपाकर इतने व्यर्थ दो।

1. जोग लिखी -175

हम समझते हैं इशारा जिन्दगी का—
हमें पार उतार दो
रूप मत, बस सार दो।' (अरी ओ. -33)

रूपाकार व्यक्ति को भ्रम में डाल देता है और वह अर्थ को छोड़कर रूपाकार के पीछे पड़ जाता है किंतु ये अधिकांश रूपाकार व्यर्थ होते हैं। सर्जक की साधना तभी सफल हो सकती है जब वह गंभीर अर्थ को पकड़े, रूप को छोड़ दे।

उपमान, प्रतीक और मिथक

काव्य-शिल्प की दृष्टि से उपमान, प्रतीक और मिथक का अपना महत्त्व है। ये तत्त्व अभिव्यक्ति को सक्षम, प्रभावशाली एवं जीवन्त बनाते हैं। सिर्फ अलंकरण के लिए ही इनका प्रयोग करना इनकी महत्ता को कम करना है। काव्य में नयी अर्थवत्ता लाने के लिए नये उपमानों, प्रतीकों एवं मिथकों की योजना करनी पड़ती है।

प्रयोगवादी-कविता-आंदोलन के आरंभिक दिनों में नये उपमानों को काव्य में लाने की चर्चा बड़े जोर-शोर से चली थी। अज्ञेय की एक कविता 'कलगी बाजरे की' में पुराने उपमानों के घिस जाने की चर्चा की गई है। निरंतर प्रयोग से जब परंपरागत उपमान और प्रतीक घिस जाते हैं तब नये उपमानों एवं प्रतीकों की रचना आवश्यक हो जाती है। उपर्युक्त कविता में प्रेयसी को संबोधित करते हुए कवि इसी भाव को व्यक्त करता है : यदि मैं तुमको परंपरागत उपमानों का प्रयोग करते हुए 'ललाती साँझ के नभ की अकेली तारिका अब नहीं कहता, या शरद् के भोर की नीहार-न्हायी कुँई, टटकी कली चंपे की वगैरह तो' इसका यह कारण नहीं कि मेरा हृदय उथला या प्यार से रहित है, या कि मेरा प्यार मैला है।

'बल्कि केवल यही—
ये उपमान मैले हो गए हैं।
देवता इन प्रतीकों के कर गए हैं कूच।'
(हरी घास पर. 'कलगी बाजरे की' कविता)

उपमानों के संबंध में नयेपन की माँग के पीछे मुख्य कारण यह है कि 'चमत्कार मरता रहता है और चमत्कारिक अर्थ अभिधेय बनता रहता है।'[1] नये उपमानों की माँग वस्तुतः नये सौंदर्य-प्रतीकों की माँग है। इसलिए उपमान की बात से आगे बढ़कर वे प्रतीक के विषय में कई स्थलों पर गंभीरता से विचार करते हैं। वे मनुष्य और पशु का अन्तर इस तथ्य को लेकर भी करते हैं। ''मानव केवल विवेकशील प्राणी ही नहीं है। पशु और मानव में इतना ही मौलिक अन्तर यह है कि मानव प्रतीक-स्रष्टा प्राणी है। मानव प्रतीकों की

1. दूसरा सप्तक -10

सृष्टि कर सकता है, यह बात उसे पशु से और भी महत्त्वपूर्ण ढंग से अलग करती है, और यह उसके सारे सांस्कृतिक और प्रातिभ विकास का आरम्भ बिन्दु है।"[1]

सांस्कृतिक और प्रातिभ विकास के प्रायः प्रत्येक क्षेत्र में मानव प्रतीक की सृष्टि करने में सक्षम है। मानवेतर प्राणी ऐसा नहीं कर सकते इसलिए वे एक सीमित जीवन ही जी पाते हैं। 'उनका जीवन स्थूल जगत् की गोचर अनुभूतियों तक ही सीमित रहता है।' अनुभूतियों को संप्रेषित करने का कोई परिपक्व साधन उनके पास नहीं होता। "भाषा से संप्रेषण का आरंभ है, उसीसे अनुभव के आदान-प्रदान का आरंभ होता है, ज्ञान का आरंभ होता है, परंपरा का आरंभ होता है, विद्या का आरंभ होता है, विज्ञान का आरंभ होता है। **और विकास की इस सारी शृंखला की पहली कड़ी है प्रतीक।**"[2]

क्योंकि समस्त ज्ञान-विज्ञान का आरंभ मनुष्य की प्रतीक-सृष्टि से हुआ, इसलिए अज्ञेय प्रतीक को मानव का मुक्तिदाता मानते हैं। प्रतीक 'मनुष्य को स्थूल की जकड़ से मुक्त करता है, प्रकृति की पकड़ से मुक्त करता है।' असली विद्या वही है जो मुक्ति दे और विद्या में प्रवेश प्रतीक के माध्यम से ही संभव है अतः प्रतीक अज्ञेय के लिए सत्यान्वेषण का माध्यम है न कि शिल्प का साधारण उपकरण।

मनुष्य प्रतीकों के प्रयोग से बचना चाहे तब भी वह ऐसा नहीं कर सकता। प्रत्येक कला-क्षेत्र का कृतिकार प्रतीकों से आकर्षित होता है और उनका उपयोग करना चाहता है। क्योंकि अव्यक्त को व्यक्त करने का यह एक महत्त्वपूर्ण साधन है। अज्ञेय के अनुसार "प्रतीक अनिवार्यतया अनेकार्थ सूचक होते हैं।...अर्थ के जितने अधिक स्तर एक साथ झलकें, प्रतीक उतना ही अधिक प्रभविष्णु होता है। पर स्तर बहुत-से हों या केवल कुछ-एक, आवश्यक यह है कि सारे अर्थ प्रतीक में ही होने चाहिए, प्रतीक में ही सम्पूर्ण होने और झलकने चाहिए। मिथक की भाँति प्रतीकों में भी सायुज्य, सारूप्य और सादृश्य की स्वायत्त, स्वयंसिद्ध, स्वयंप्रकाश व्यवस्था होनी चाहिए : प्रतीक अपने आप में एक स्वतः प्रमाण दुनिया होता है।"[3]

इसमें कोई संदेह नहीं कि प्रतीक किसी भी रचयिता अथवा मानव मात्र का एक गंभीर माध्यम है किंतु इसके प्रयोग में कृतिकार को सावधान रहना चाहिए। रचना में प्रतीकों की भरमार उपस्थित कर देने से दुरूहता उत्पन्न हो सकती है। अवचेतन की प्रतीकात्मक अभिव्यक्ति के नाम पर ऐसी अनेक रचनाएँ नये कवियों ने की हैं जिनका संप्रेषण सहजता से नहीं हो पाता। यदि लोक-ग्राह्य सहज-संप्रेष्य प्रतीकों का काव्य में विधान किया जाय तो उनकी अर्थ-विधायिनी शक्ति का व्यापक प्रभाव होगा। प्रतीक के द्वारा अव्यक्त, अमूर्त, अप्रस्तुत को पकड़कर यदि रचयिता मुक्ति का सन्देश दे सकता है तो वहीं यह खतरा भी है कि कहीं वह स्वयं प्रतीक का दास न हो जाय। प्रतीकों में अद्‌भुत शक्ति होती है। उनमें

---

1. आलवाल -92 2. वही -93
3. आल वाल -97

निर्माण और कलह के बीज होते हैं। "प्रतीकों के लिए युद्ध लड़े जाते हैं, जातियाँ बनती-मिटती हैं। संस्कृतियों के उदय-विलय का इतिहास बहुत कुछ उनके पूजित प्रतीकों के विकास-ह्रास का इतिहास होता है"[1] इसलिए इस शक्ति का प्रयोग सत्य के लिए, शिव के लिए हो यही अपेक्षित है।

अज्ञेय ने कविता में मिथक की उपयोगिता पर भी विचार किया है। "मिथ किसी देश या जाति के मनुष्यों का अतीतानुरागी स्वप्न है, जिसमें समूहगत किसी अनुभव की परिणति होती है। मानवजाति के सामूहिक अर्द्धचेतन मन की ऐतिहासिकता की वह टूटी शृंखला है जो अब प्रीतिकर तो है इसलिए उसकी ऐतिहासिकता में विश्वास कर लेते हैं, उसे इतिहास या विज्ञान की कसौटी पर कस नहीं सकते।"[2] मिथक का संबंध मूलतः मानवजाति के सहज विश्वास के साथ जुड़ा हुआ होता है। यद्यपि मिथक का संबंध इतिहास से भी जोड़ा जाता है और कुछ कवि ऐतिहासाकि तत्त्वों का भी मिथकीय प्रयोग करते हैं किंतु वास्तव में मिथक का कोई निश्चित काल नहीं होता। वे पात्र, घटनाएँ तथा अवधारणाएँ जो मिथक की संरचना में निहित हैं, हो सकता है कभी घटित हुए हों किंतु उनकी तिथि नहीं निश्चित की जा सकती। मिथक आदिम विश्वास से प्राप्त हुआ ऐसा तथ्य है जो देश-कालातीत है।

मिथक को प्रायः कविगण एक ऐसा साधन मानते हैं जो पुरातन और अधुनातन में एक समान्तरता दिखाता चलता है। अज्ञेय के अनुसार ऐसा मानना 'मिथक को गलत समझना हो न हो, अधुनातन इतिहास के साथ गलत नाता जोड़ना है। अगर समकालीन इतिहास अराजक है, और हम मिथक के द्वारा उसमें सामंजस्य या व्यवस्था का आभास उत्पन्न कर भी लेते हैं, तो अपने को (और दूसरों को) धोखा देने के अलावा क्या करते हैं ?' मिथक के द्वारा इतिहास में प्राण फूँकने या उन्हें अर्थवान् बनाने का लाभ वर्तमान युग के मानव को क्या होगा, इसे देखना ही मिथक के उपयोक्ता का पहला कर्तव्य होना चाहिए। मिथक के द्वारा हमें अपनी अर्थवत्ता ढूँढ़नी है, मनुष्यता के लिए कुछ सत्य उजागर करने हैं न कि किसी मृत तथ्य को फिर जीवित करना है। 'मिथक समकालीन इतिहास को नहीं, स्वयं हमारी अनुभूति के काल-संदर्भ को अनुशासनीय बनाता है।'

मिथक के प्रयोग की आवश्यकता कब होती है या उसकी उपयोगिता क्या है, इसके संबंध में अज्ञेय लिखते हैं– "दिक्काल का प्रस्तार जब मुट्ठी से फिसलने लगता है, तब उसको पकड़ में लाने लायक बनाने के लिए हमें खास मगर अत्यंत लचकीली दूरी की आवश्यकता होती है। वह दूरी, और दूरी की वह नमनीयता, हमें मिथक देता है। मिथक से ही वस्तु को वह लचकीलापन, वह ईहारूपित्व, वह सिद्धि मिलती है जो उसे कलाकार-कृतिकार की वश्य और उपयोज्य बनाती है।"[3] प्रतीकों की भाँति मिथक को भी गढ़ लिया जा सकता है किंतु ऐसा करने से पहले यह सोच लेना आवश्यक है कि इससे किस महनीय अर्थ की सिद्धि होने वाली है।

1. आलवाल -96 2. 'अज्ञेय' कवि -237
3. भवन्ती –101-102

प्रतीकों की भाँति मिथक का प्रयोग भी लोग आदिकाल से ही करते आ रहे हैं। नये कवियों पर पश्चिम के प्रतीकवाद का प्रभाव तो है ही उनको मिथकों के प्रयोग की व्यापक प्रेरणा भी पश्चिम से ही मिली है। वहाँ अतियथार्थवादियों के समकालीन कुछ ऐसे कवि-लेखक हुए हैं जिन्होंने इतिहास का मिथकीय प्रयोग करते हुए रचनाएँ की हैं। अज्ञेय इतिहास को व्यर्थ ही मिथक बनाने के पक्ष में नहीं हैं।

छंद, रूप तथा लय

सामान्यतः अक्षर, मात्रा अथवा वर्ण-गणना एवं यति-गति आदि से संबंधित विशिष्ट नियमों से नियोजित तुकांत पद्य-रचना छंद कहलाती है। अज्ञेय छंद के संबंध में उपर्युक्त धारणा से अपने को पृथक् कर लेते हैं। उनके अनुसार "छंद का अर्थ केवल तुक या बँधी हुई समान स्वर-मात्रा या वर्ण-संख्या नहीं है। तुक छोड़ देते ही छंद टूट जाता है, यह मैं नहीं मानता। छंद योजना का ही एक नाम है। जहाँ भाषा की गति नियंत्रित है वहाँ छंद है।"[1] इस प्रकार अज्ञेय छंद की बँधी हुई परिपाटी को नहीं स्वीकारते और छंद को व्यापक आयाम देते हैं। उनके ऐसा मानने का यह अभिप्राय नहीं कि वे छंद का बहिष्कार करना चाहते हैं बल्कि वे तो छंद को कविता के लिए आवश्यक मानते हैं। वे स्पष्ट रूप से कहते हैं : 'मैं आज भी मानता हूँ कि छंद कविता का अभिन्न अंग है। जहाँ भी संयमन है, वहाँ छंद है। और जहाँ संयमन नहीं है, वहाँ रूप सृष्टि नहीं है, कविता नहीं है।'

नयी कविता में तुक का कोई आग्रह नहीं है। अज्ञेय के समकालीन प्रायः सभी कवियों ने तुक को छोड़कर छंद रचना की है। तुक के आग्रह से एक प्रकार की कृत्रिमता आ जाती है इसलिए नये कवियों ने नियंत्रण और संयोजन के दूसरे प्रकारों की भी सृष्टि की है। कविता किस रूप में ढले, उसमें शब्द, विराम-चिह्नों आदि का प्रयोग कहाँ हो आदि बातों पर विचार अधिक जरूरी हो गया है। इसलिए इस काल के कवियों ने छंद से भी अधिक महत्त्व रूप-योजना को दिया है। अज्ञेय भी इस तथ्य को स्वीकारते हैं : "रूप तो छंद से भी व्यापकतर चीज है! जहाँ कविता का प्रश्न होता है वहाँ छंद से भी आगे बढ़कर हम रूप का प्रश्न उठा रहे होते हैं—बल्कि उस रूप को पहचानने, आत्मसात् करने और संप्रेष्य बनाने का साधन ही छंद है।'[2]

नयी कविता पर प्रायः यह आक्षेप लगाया जाता है कि इस काव्यान्दोलन ने परम्परा-जनित सुललित एवं लयात्मक काव्य-परम्परा से अपने को काट लिया है। अज्ञेय इस आक्षेप का खण्डन करने के साथ-साथ यह भी स्पष्ट करते हैं कि परम्परा से हटना क्यों आवश्यक हो गया था। उनके अनुसार पहली बात तो यही है कि नयी कविता ने छन्द की बँधी हुई परिपाटी भले ही छोड़ी हो उसने लय का दामन नहीं छोड़ा है। 'लय शिल्प का ही एक महत्त्वपूर्ण पक्ष नहीं, काव्य का एक आवश्यक गुण है।' यहाँ तक कि 'अच्छा गद्य भी लय-सम्पन्न होता है' इसलिए कविता के लिए लय से मुक्ति पाने की बात

---

1. जोग लिखी -190 2. जोग लिखी -190

सोचना भी असंगत है। नये कवियों ने इतना अवश्य किया है कि जिस पद्धति से पहले के कवि लय उत्पन्न करते थे उस पद्धति को उन्होंने छोड़ दिया है। 'स्वर-विचार के कारण लय-बोध बदल गया है और एक सूक्ष्मतर लय का प्रयोग सम्भव हो गया है।' नयी कविता के संदर्भ में 'नादलय', 'आन्तरिक लय', 'अर्थलय' आदि की भी चर्चा की गई है– 'यानी अच्छी कविता ने लय नहीं छोड़ी है।'

कविता में लय उत्पन्न करने का मुख्य साधन स्वर हैं। 'हिन्दी छन्दःशास्त्र में कहीं भी स्वराघात का विचार नहीं है, उसके बारे में कोई नियम, निर्देश या निषेध नहीं हैं, यद्यपि किसी अच्छे कवि ने इस सम्बन्ध में भूल कभी नहीं की।' छन्द का मुख्य कार्य क्या है इसे स्पष्ट करते हुए वे लिखते हैं– 'छन्द स्वरों को स्पष्टतर करता है : भाषा की गति को धीमा करता है क्योंकि स्वरों की मात्रा बढ़ाता है। दीर्घतर स्वर अपनी पूरी अनुगूँज के साथ सामने आते हैं। उनकी सच्ची रंगत पहचानी जाती है। स्वरों की रंगत भावना की रंगत है : अतः छन्द के द्वारा स्वर अर्थ की वृद्धि करते हैं। छन्दमय उक्ति हमें शब्दार्थ भर नहीं देती–रंजना विशिष्ट भावार्थ देती है। छन्द शब्दों को मूर्त करता है, मुखर करता है, उनके ध्वन्याकार को आलोकित करता है"[1] इसीलिए वे यह भी मानने लगते हैं कि 'छन्द काव्य-भाषा की आँख है।' उसे त्यागने का प्रश्न ही नहीं उठता।

छंद का सुललित लयात्मक काव्य-परंपरा से हटना क्यों आवश्यक हो गया था, इसके उत्तर में अज्ञेय कविता के श्रव्य एवं पठ्य पक्ष की विशेष संदर्भ में चर्चा करते हैं। जिसे 'परंपरा-जनित सुललित लयात्मक परंपरा' कही जाती है 'वह काव्य की वाचिक परंपरा थी यानी उसमें कविता पढ़ी नहीं सुनायी जाती थी, और अकेले में नहीं, समूह में ही उसका ग्रहण होता था। वह मुद्रण-युग से पहले की स्थिति थी। मुद्रण-युग में कविता पढ़ी जाने लगती है, सुनी नहीं जाती, चुपचाप पढ़ी जाती है और अकेले में पढ़ी जाती है। ऐसे में बहुत-सी चीजें जो वाचिक परंपरा में आवश्यक थीं, अनावश्यक हो जाती हैं, और कुछ नयी आवश्यकताएँ प्रकट हो जाती हैं जो वाचिक स्थिति में नहीं थीं।"[2]

वाचिक परंपरा वाले छंदों में विराम-चिह्न पंक्ति के अंत में आते थे, बीच में कोई विराम-चिह्न नहीं होता था। बीच में यदि जवाब-सवाल हों तब भी नहीं। प्रश्न, विस्मय, हर्ष, विभिन्न व्यक्तियों के कथन आदि को वाचक अपनी भंगिमा से स्पष्ट करता था किंतु जब कविता पठ्य हो जाती है तो उसका एक निश्चित आकार आँखों के सामने होता है। उसमें सारे विराम-चिह्न उपस्थित होते हैं और वह एक चाक्षुष प्रभाव छोड़ता है इसलिए उसमें गेयता आदि का समावेश अनावश्यक हो जाता है। इस नयी स्थिति ने कुछ समस्याएँ भी पैदा कर दी हैं। मसलन, "वाचिक कविता संपूर्णतया कालजीवी होती थी, संपूर्णतया कालजीवी होने के नाते वह एक साथ ही काल के दो आयामों में जी सकती थी : एक वह काल जो वाचन के संप्रेषण की अवस्थिति का था, यानी जिसमें कवि और सामाजिकों का साझा था, दूसरा वह काल जिसका वृत्त कविता प्रस्तुत करती थी...किंतु मुद्रित कविता

1. भवन्ती -27 2. जोग लिखी -124

के चाक्षुष ग्रहण के लिए निर्मित कविता में यह संभव नहीं रहता। दृश्य होकर वह स्थूल आयाम पा लेती है, और दिक् के इस आयाम के बदले काल का एक आयाम खो देती है।"[1] दूसरी बात यह हुई कि पठ्य-कविता लिखने वाले कुछ कवि छपाई के टाइप का उल्टा-सीधा प्रयोग करके उसे स्थूल बिम्ब (कांक्रीट इमेज) बनाने की चेष्टा कर रहे हैं।

मुद्रण-युग ने वाचिक परंपरा से हटने की व्यवस्था कर दी, इसका परिणाम यह हुआ कि काव्य का स्वरूप ही बदल गया। कविता को मानो नया छंद-शास्त्र मिल गया अथवा मिलने की संभावना हो गई किंतु नयी स्थिति ने जो समस्याएँ दी हैं उनसे कवियों को जूझना चाहिए। स्थूल-बिम्ब की सृष्टि का लोभ उन्हें चित्र-काव्य तक ले जायेगा जिसे कविता का उत्कृष्ट रूप नहीं कहा जा सकता। काल का जो आयाम उनसे छिन रहा है, उसे स्वीकारना ठीक नहीं बल्कि उन्हें आशापूर्वक प्रयत्न करना चाहिए ताकि पठ्य-कविता की सीमा का वह अतिक्रमण कर सके।

संप्रेषण और मूल्यांकन

प्रत्येक कृतिकार का प्रथम लक्ष्य अपने अनुभव का संप्रेषण है। इसी के लिए वह सहज बोध द्वारा अपनी अनुभूतियों से अधिक व्यापक किसी गहनतर अनुभूति की तलाश में रहता है। अनुभवों का संग्रह कर वह उनकी परीक्षा करता है और श्रेष्ठतर अनुभूतियों को दूसरों तक पहुँचाना चाहता है। यदि वह इसमें सफल होता है तो उसे तृप्ति मिलती है और यदि वह ऐसा नहीं कर पाता तो किसी नये माध्यम की खोज करता है, जो उसके अनुभवों को संप्रेषित कर सके।

संप्रेषण समस्या तब बन जाती है जब सर्जक रचना-प्रक्रिया में सिर्फ रचयिता का पक्ष लेकर चलता है। गृहीता, पाठक या सामाजिक के पक्ष पर यदि वह विचार नहीं करता तो संभव है उसके अनुभव का उसी रूप में संप्रेषण न हो सके जैसा वह चाहता था। क्योंकि 'यह ध्यान देने की बात है कि अनुभूति के समय हर अनुभोक्ता के अलग-अलग संस्कार अनुभूति को एक विशिष्ट रंगत दे देते हैं। बीते अनुभवों की स्मृतियाँ, नयी-पुरानी ऐसी अनेक बातें हैं जो गृहीता की अनुभूति का निरूपण, निर्देशन और नियमन करती हैं।' इसके साथ ही यह भी ध्यातव्य है कि "किसी एक व्यक्ति के जीवन का संचित अनुभव किसी दूसरे के संचय से सौ प्रतिशत एक रूप नहीं हो सकता, इसलिए एक की अनुभूति दूसरे की अनुभूति पूरी तरह नहीं हो सकती।"[2] अतएव यह आवश्यक हो जाता है कि रचयिता गृहीता का ध्यान रखे।

संप्रेषण के संबंध में अनेक बातों पर विचार करना आवश्यक होता है। संप्रेषण किसके लिए किया जा रहा है, उसका गृहीता कौन है तथा उसकी योग्यता क्या है ? उसके संस्कार कैसे हैं इसका विचार भी किया जा सकता है। संप्रेष्य-वस्तु क्या है तथा उस वस्तु का सामाजिक मूल्य क्या है, यह भी विचारणीय है। यदि संप्रेष्यवस्तु का सिर्फ व्यक्तिगत मूल्य

1. आलवाल -78 2. लिखि कागद कोरे -73

है तो अभी वह संप्रेषण के योग्य नहीं है। जब तक सर्जक संप्रेष्य में वृहत्तर मूल्य का संधान नहीं कर लेता उसका संप्रेषण करना एक तरह से व्यर्थ है। वह मात्र आत्माभिव्यक्ति है। वस्तु में मूल्य के जुड़ जाने पर अंतिम प्रश्न यह उठता है कि उसके संप्रेषण का माध्यम क्या हो, अथवा संप्रेषण किस प्रकार किया जाय। यह एक चुनौती है। इस चुनौती को स्वीकार किये बिना जो आगे बढ़ने की चेष्टा करता है वह आत्म-शोध की दिशा भले ही हो, कला की दिशा नहीं हो सकती।

रचना के मूल्यांकन का आधार क्या हो, यह भी एक समस्या है। इसी संदर्भ में पुराने और नये निकषों अथवा प्रतिमानों की बात की जाती है। आचार्य कोटि के आलोचक प्रायः पुराने निकष पर नयी रचनाओं को जाँचने की चेष्टा करते हैं और उनमें अनेक विसंगतियाँ ढूँढ़ निकालते हैं। मूल्यांकन की यह पद्धति अ ु.चेत है। "किसी भी समय की कविता को उसी समय में पहचानने के लिए कुछ नये मानदंड जरूरी होते हैं, हालाँकि यह आवश्यक नहीं है कि वे मानदण्ड कालान्तर में भी बने रहें।"[1]

नये प्रतिमानों की बात मान लेने पर भी मूल्यांकन के संदर्भ में प्रायः यह प्रश्न उठाया जाता है कि कविता के मूल्यांकन का आधार कविता में हो या कविता के बाहर। अज्ञेय का उत्तर है : 'कविता तो संप्रेषण है और संप्रेषण में हमेशा दूसरा पक्ष मौजूद है—उसे कविता के बाहर कैसे माना जा सकता है ?' दूसरा पक्ष गृहीता का है। यदि हम गृहीता को महत्त्व दें तो मूल्यांकन में इस बात को अधिक महत्त्व देना होगा कि कितना और क्या संप्रेषित हुआ और जिसके लिए संप्रेषित हुआ उसके लिए उसका मूल्य क्या है।

मूल्यांकन का संबंध रचयिता या लेखक की कोटियों से भी जुड़ जाता है। "अच्छा लेखक, महान् लेखक, लोकप्रिय लेखक—इस तरह के भेद करने के हम आदी हैं। हम प्रायः यह भी कहते हैं कि अमुक अच्छा लेखक है, पर महान् नहीं हैं, या कि अमुक महान् लेखक है पर कम लोगों को अच्छा लगता है, कभी यह भी कहते हैं कि 'अमुक मुझे अच्छा नहीं लगता पर मैं मान लूँगा कि वह महान् लेखक है।' कभी-कभी तो यह भी सुनने में आता है कि 'अमुक महान् लेखक है पर अच्छा लेखक उसे नहीं कह सकते...अर्थात् अच्छाई और बड़ाई में कुछ भेद हम सभी मानकर चलते हैं, पर उस भेद को ठीक कैसे निरूपित किया जाये यह प्रायः नहीं सोचते।"[2]

अच्छा लेखक कौन है, इसे निर्धारित करने के भी अलग-अलग निकष हो सकते हैं किंतु अज्ञेय का मत स्पष्ट है : "पहली बात तो यह है कि लेखक सहज-बोध द्वारा अपने घटित से परे के अनुभव में भी प्रवेश करता है, और उस अनुभव का संप्रेषण करता है, चाहे इसके लिए अपनी अनुभूति का सहारा लेकर ही। जो यह नहीं कर सकता वह लेखक नहीं है, उसके अच्छा या बड़ा लेखक होने का सवाल ही नहीं उठता।' मूल्यांकन की दृष्टि से पहला सार्थक प्रश्न यही है। इसके साथ ही दूसरा प्रश्न उठता है : "जिस अनुभव का संप्रेषण वह करता है, वह कहाँ तक उसके अपने घटित से बड़ा है। कहाँ तक ऐसा

1. जोग लिखी 183-184 2. भवन्ती –84-85

है कि पूरे समाज के या मानव-जाति के अनुभव के समक्ष और समकक्ष रखा जा सके ?...जो लेखक इस दूसरी कसौटी पर भी खरा उतरता है, उसे हम अच्छा लेखक मान सकते हैं। जितना ही व्यापक मूल्यवत्ता का संस्पर्श वह पाठक को देता है—उसके द्वारा पाठक तक पहुँचता है—उतना ही वह अच्छा लेखक होता है"[1]

नये विषय अथवा पुराने प्रतिमान के किसी साँचे में ढालकर जो मूल्यांकन होता है, वह यदि उपर्युक्त तथ्यों को ध्यान में नहीं रखता तो मूल्यांकन अधूरा है और कभी-कभी तो वह निरी औपचारिकता मात्र। अज्ञेय पुराने प्रतिमानों के आधार पर समकालीन रचना को परखने के बदले समकालीन रचना के आधार पर पुराने निकष को परखने की बात करते हैं। उन्हें इस बात का भी खेद है कि अक्सर आलोचकगण मूल्यांकन के लिए जिन आधारों को प्रस्तावित करते हैं वे 'साहित्य क्षेत्र के बाहर के हैं।'

जब हम अज्ञेय के काव्य-विषयक चिन्तन को समग्रतः देखते हैं तो पाते हैं कि वे साहित्य-रचना के प्रति अत्यधिक जागरूक हैं। उन्होंने सृजन एवं उससे जुड़े हुए लगभग समस्त मुद्दों पर गंभीरता से विचार किया है। कविता के प्रति जैसा उत्तरदायित्व-बोध होना चाहिए, वह उनमें विद्यमान है।

युग के बदलने के साथ ही बहुत कुछ बदल जाता है। हमारी आवश्यकताएँ बदलती हैं, मूल्य बदलते हैं, परिस्थितियाँ बदलती हैं। ऐसे में यह आवश्यक हो जाता है कि रचना से जुड़े हुए लोग—कवि, लेखक, आलोचक आदि हमारी अपेक्षाओं के अनुरूप निकषों और प्रतिमानों की पुनर्व्याख्या करें, नये प्रश्नों और नयी समस्याओं से जूझें तथा नयी जिम्मेदारियों को उठा लें। अज्ञेय का चिंतन इस दिशा में एक व्यापक प्रयत्न है।

जिन विषयों पर ऊपर अज्ञेय के मत दिए गए हैं उनके अतिरिक्त अभी अनेक ऐसे विषय रह जाते हैं जिन पर उन्होंने विचार किया है। साहित्य और राजनीति, धारणा और वास्तविकता, इन्द्रियाँ और आधुनकिता-बोध, कला-दृष्टियों का भेद, जनतंत्र में बुद्धिजीवी की भूमिका, इतिहास और स्वातंत्र्य-बोध आदि विषय ऐसे ही हैं जिनका निरूपण यहाँ विस्तार-भय से नहीं किया जा सका है।

अज्ञेय की काव्य-विषयक धारणाओं एवं उनके चिन्तन पर विदेशी प्रभाव मानकर उनकी उपेक्षा करना न सिर्फ अनुपयुक्त होगा बल्कि यह उनके साथ अन्याय भी होगा। अज्ञेय पश्चिम से प्रभावित अवश्य हैं किंतु उससे भी अधिक वे भारतीयता से प्रभावित हैं। यद्यपि वे यह दावा नहीं करते कि वे मौलिक चिन्तक हैं किंतु उनके चिन्तन में यत्र-तत्र मौलिकता के दर्शन भी हो जाते हैं। साहित्य-सृजन से जुड़े हुए अनेकानेक प्रश्नों, मुद्दों एवं समस्याओं पर विचार करना निश्चय ही सृजन के प्रति उनके गहरे लगाव को द्योतित करता है।

1. भवन्ती -85

संवेदना के धरातल

खोज में जब
निकल ही आया
सत्य तो बहुत मिले।
कुछ नये कुछ पुराने मिले
कुछ अपने कुछ बिराने मिले
कुछ दिखावे कुछ बहाने मिले
. . . .
सत्य तो बहुत मिले–
एक ही पाया।'

(इन्द्रधनु रौंदे हुए ये)

संवेदना के धरातल

साहित्य के क्षेत्र में 'संवेदना' शब्द का प्रयोग अपेक्षाकृत नया है। सामान्य तौर पर वेदन, संवेदन या संवेदना शब्द का अर्थ होता है, — ज्ञान अथवा अनुभूति। संवेदन शब्द के मूल में 'वेद' शब्द है, जिसका अर्थ भी ज्ञान ही होता है। उसी से बना 'वेदन' ज्ञान अथवा बोध-प्राप्ति की क्रिया को कहते हैं। विद् से वेद, वेद से वेदन और वेदन से संवेदन शब्द बना है। प्रत्येक शब्द में मूल धातु विद् से जुड़ा हुआ अर्थ सम्मिलित है। संवेदनीय, संवेद्य, संवेदित आदि शब्दों के प्रयोग संवेदन शब्द से निकले हैं। यदि संवेदन का उपर्युक्त अर्थ ही ग्रहण किया जाय तो 'संवेदनीय' का अर्थ होगा, अनुभव करने योग्य अथवा बोध कराने योग्य। 'संवेद्य' अनुभवगम्य का पर्याय होगा और 'संवेदित' अनुभव किया हुआ या बोध कराया हुआ का।

अंग्रेजी में संवेदन के करीब पड़ने वाले शब्द हैं, सेन्सेशन, फीलिंग, सेंसिटिविटी, सेंसिबिलिटी अथवा सिम्पैथी या फ़ेलो फीलिंग। इसके अतिरिक्त इसे 'एक्ट ऑर प्रोसेस ऑव एक्सपीयरेंसिंग' का पर्याय माना जाता है। अंग्रेजी पर्याय के अनुसार संवेदना शब्द के अर्थ के अन्तर्गत इन्द्रियानुभव, भावानुभव, सहानुभूति, अनुभव-प्राप्ति की प्रक्रिया आदि का समाहार हो जाता है।

मनोविज्ञान में प्रायः इन्द्रियानुभव को ही संवेदना कहते हैं। वस्तु से जब इन्द्रियों का संपर्क होता है तो एक प्रक्रिया घटित होती है। बाह्य वस्तुओं के सन्निकर्ष से हमारे नाड़ी-तन्तुओं में प्रतिक्रिया होती है और मस्तिष्क में एक विशिष्ट उत्तेजन के द्वारा वस्तु का बोध होता है। इसलिए मनोविज्ञान के अनुसार "संवेदना उत्तेजना के संबंध में देह-रचना की सर्वप्रथम सचेतन प्रतिक्रिया है, जिससे हमें वातावरण की ज्ञानोपलब्धि होती है। उदाहरण के लिए हरी वस्तु, हरे रंग को देखने की संवेदना की उत्तेजना मात्र है। उत्तेजना का हमारे मन पर मस्तिष्क तथा नाड़ी-तन्तुओं द्वारा प्रभाव पड़ने पर ही हमें उसकी संवेदना होती है।"[1] संवेदना के लिए 'उत्तेजक' और 'उत्तेजन' दोनों की ही आवश्यकता होती है। इन्द्रियानुभव अथवा भावानुभव के लिए 'उत्तेजक' न हो तो 'उत्तेजन' या बोध की क्रिया घटित ही नहीं होगी, इसी प्रकार 'उत्तेजक' तो हो किंतु किसी कारणवश 'उत्तेजन' की क्रिया न हो तो भी संवेदना नहीं होगी।

साहित्य में संवेदना मात्र इन्द्रियानुभव का पर्याय नहीं माना जाता। प्रायः इसके अंतर्गत भाव-बोध, विचार-बोध आदि को समेट लिया जाता है। तदनुासर सर्जक की समस्त अनुभूतियाँ संवेदना के क्षेत्र के अन्तर्गत आ जाती हैं। कतिपय विद्वान् इस स्थिति को गलत

---

1. हिन्दी साहित्य कोश : भाग - 1- 863

मानते हैं। डॉ. शंभुनाथ सिंह संवेदना को मनोविज्ञान वाले 'सेंसेशन' के अर्थ में ही लेकर संवेदना का अनुभूति से पार्थक्य मानते हैं। "संवेदना शब्द का प्रयोग मनोविज्ञान के क्षेत्र में अंग्रेजी के 'सेंसेशन' शब्द के लिए होता है और अनुभूति का 'एक्सपीरियंस' के लिए। ये दोनों बिल्कुल भिन्न हैं। ...कविता संवेदना, अनुभूति, भावना, भाव और विचार में से किसी एक की अकेली अभिव्यक्ति नहीं है, वह इन सबका जीवंत अन्तर्गंथन है, ...अतः केवल संवेदनाओं की यथातथ्य अभिव्यक्ति कविता नहीं हो सकती।"[1] संवेदना अथवा इन्द्रियानुभव या प्रत्यक्ष ज्ञान कविता का एक तत्त्व तो है किंतु वही सब कुछ नहीं है। अनुभूति की स्थिति भिन्न है। भावना, विचार आदि सबके मिले-जुले प्रभाव का स्मृत्यात्मक रूप ही अनुभूति है। क्योंकि इसमें भावना, विचार आदि का योग रहता है इसलिए कविता का मूल तत्त्व अनुभूतियाँ ही होती हैं।

अनुभूति एवं संवेदना के पार्थक्य के संबंध में उपर्युक्त धारणा का कारण यह है कि संदेदना को मात्र सेंसेशन का पर्याय मान लिया गया है, किंतु किसी भी शब्द की अर्थव्याप्ति उसके प्रयोगों पर निर्भर करती है। संवेदना का प्रयोग इन्द्रियानुभव, भावानुभव,सहानुभूति, बोध ज्ञान आदि अनेक अर्थों में प्रचलित है इसलिए संवेदना को सेंसेशन या इन्द्रियानुभव मात्र का पर्याय मान लेना अनुपयुक्त है। वस्तुतः संवेदना उस प्रक्रिया को कहना चाहिए जिसके द्वारा हम अनुभव करते हैं। अनुभव करने में वस्तु, उसका दर्शन और बोध तीनों ही शामिल हैं। संवेदना हमारी चेतना की वह अवस्था है, जिसमें हमें जीवन और जगत् की वस्तु-विशेष के बोध के अतिरिक्त वस्तु-गुणों का भी बोध होता है। वस्तु सिर्फ स्थूल ही नहीं सूक्ष्म भी होती है। इन्द्रियों के विषय के अतिरिक्त जो मन और बुद्धि के विषय हैं वे भी वस्तु के ही अंगभूत हैं।

साहित्य में जब हम संवेदना की बात करते हैं तो उसका अर्थ है, : वह वस्तु —वह भाव-वस्तु जिसे कवि या लेखक ने जीवन और जगत् से ग्रहण किया है तथा जिसका वह अपनी रचना के माध्यम से संप्रेषण कर रहा है। भाव-वस्तु में सिर्फ भावना का ही नहीं विचारों का भी योग रहता है।

संवेदना शब्द पर अज्ञेय ने भी विचार किया है। उनके अनुसार संवेदना मूलतः 'मम' और 'ममेतर' की संबंध-चेतना है। "संवेदना वह यंत्र है जिसके सहारे जीव-यष्टि अपने से इतर सब कुछ के साथ संबंध जोड़ती है—वह संबंध एक साथ ही—एकता का भी है और भिन्नता का भी क्योंकि उसके सहारे जहाँ जीव-यष्टि अपने से इतर जगत् को पहचानती है वहाँ उससे अपने को अलग भी करती है।"[2]

'मम' और 'ममेतर' की संबंध-चेतना में अपने और अपने से बाह्य की समझ शामिल है इसलिए एक सीमा तक बौद्धिक चेतना भी इसके साथ जुड़ जाती है।

---

1. प्रयोगवाद और नयी कविता 103
2. हिन्दीसाहित्य : एक आधुनिक परिदृश्य 17

सर्जक जीवन और जगत् का सूक्ष्मता से दर्शन करता है। उसके संपर्क में आई हुई वस्तु उसके भाव-बोध को उत्तेजित कर देती है। सर्जक की चेतना में जिस वस्तु-गुण या भाव का ग्रहण होता है वही उसकी संवेदना को निर्मित करता है। भाव-ग्रहण के प्रकार-भेद से कभी उसमें किसी प्रतिक्रिया का जन्म होता है, कभी किसी धारणा का, कभी किसी जीवन-सत्य का और अन्ततः किसी न किसी अनुभूति का। भाव-ग्रहण के विभिन्न धरातल हुआ करते हैं। नारी या प्रकृति, समाज या आत्मा, जीवन या मृत्यु, देश या काल—ये सब ऐसे ही धरातल हैं जहाँ किसी भी सर्जक की चेतना विरमती है और संवेदित होती है। जो संवेदनाएँ उसकी चेतना में गृहीत होती हैं उन्हीं को शोधित कर वह संप्रेषित करता है। कवि अज्ञेय की चेतना भी अनेक धरातलों पर रुकी है, और संवेदित हुई है। विभिन्न धरातलों से जिन भावानुभूतियों का ग्रहण उन्होंने किया है यहाँ उन्हीं का विवेचन-विश्लेषण किया जा रहा है।

प्रेमानुभूति

प्रेम सहज, स्वाभाविक एवं सनातन मानव-प्रवृत्ति है। 'मम' और 'ममेतर' की संबंध-चेतना जहाँ व्यक्ति में जीवन और जगत् के विभिन्न रूपों से उसका परिचय कराती है वहाँ इसके द्वारा व्यक्ति का अपने से इतर के साथ संबंध भी जुड़ता है। संबंध राग का होगा या द्वेष का, आसक्ति का होगा या विरक्ति का यह हमारी निजी अवस्था एवं आवश्यकता पर निर्भर करता है। सामान्य तौर पर व्यक्ति स्वभाव से ही रागी होता है। वह जिस देश और काल की सीमा में रहता है, जिन रूपाकारों के बीच जीता है उनके प्रति उसका रागात्मक संबंध विकसित हो जाता है। किसी देश के प्रति राग को हम मातृभूमि-प्रेम, देश-प्रेम आदि के रूप में अभिव्यक्त करते हैं तथा काल के प्रति अपने राग को कभी पुरातन-प्रेम और कभी आधुनिकता के प्रति लगाव के रूप में देखते हैं। किसी भी देश में ऐसे अनेक लोग एक ही समय में विद्यमान रहते हैं जो अतीत अथवा वर्तमान के प्रति अनुरागी हों। वे काल के खण्ड-विशेष से अपना अलग-अलग रागात्मक संबंध स्थापित कर लेते हैं।

रागात्मक संबंध ही व्यापक तौर पर प्रेम अथवा प्रेमानुभूति का जनक है। व्यक्ति के रागात्मक संबंध का विस्तार संपूर्ण देश-काल और समस्त रूपाकार तक व्याप्त है इसलिए व्यापक अर्थ में प्रेमानुभूति का क्षेत्र भी बहुत विस्तृत है। व्यक्ति के रागात्मक संबंधों का विश्लेषण-विभाजन करने से इसके अनेक रूप उपलब्ध होते हैं। व्यक्ति और व्यक्ति के बीच के संबंध को ही लें तो इसके अनेक रूप दृष्टिगोचर होते हैं। भाई और भाई के बीच, माता-पिता एवं पुत्र के बीच जो रागात्मक संबंध उत्पन्न होता है हम उसे भी प्रेम की संज्ञा देते हैं तथा जब हमारा रागात्मक संबंध पूरे समाज और राष्ट्र के लोगों के साथ जुड़ता है तो उसे हम समाज या राष्ट्र-प्रेम कहते हैं।

अज्ञेय के काव्य में राग का क्षेत्र सिर्फ प्रिय-प्रिया तक सीमित हो, ऐसा नहीं है, बल्कि

उसका क्षेत्र समाज, राष्ट्र एवं पूरी मानवता तक व्याप्त है। इसके अतिरिक्त प्रकृति, आत्मा, काल आदि के प्रति भी रागात्मक अनुभूति को कवि ने वाणी दी है। यहाँ सुविधा की दृष्टि से अज्ञेय की प्रेमानुभूति के अंतर्गत सहजात आकर्षण से प्रेरित स्त्री और पुरुष के बीच घटित होने वाले रागात्मक संबंध और तज्जन्य अनुभूतियों को विवेचन का विषय बनाया जा रहा है। कवि के प्रकृति, समाज तथा मानवता विषयक राग का विवेचन क्रमशः 'प्रकृति-चेतना' तथा 'मानवता और समाज बोध' शीर्षक के अन्तर्गत किया जायगा।

अज्ञेय के काव्य में स्त्री और पुरुष के सहज आकर्षण से उत्पन्न प्रेम या प्यार की गहन और सूक्ष्म अभिव्यक्ति मिलती है। उनके समस्त काव्य-संकलनों का अवगाहन करने से पता चलता है कि आरंभिक काव्य-संग्रह से लेकर अधुनातम काव्य-संग्रह तक कवि की प्रेमानुभूति एक अविच्छिन्न धारा के रूप में प्रवाहित हो रही है। प्रायः प्रत्येक काव्य-संग्रह में उनकी प्रेम-परक रचनाएँ मिल जाती हैं। इन रचनाओं को प्रकाशन-क्रम से देखने पर यह भी पता चलता है कि कवि की प्रेमानुभूति विकसित होती रही है। आरंभ में कवि प्रेम को जिस रूप में देखता था उसका वही रूप बाद में नहीं रहा। आरंभिक रचनाओं में प्रेम ही कवि का मुख्य विषय है। बाद में उसके लिए दूसरे विषयों का महत्त्व क्रमशः बढ़ने लगा है। विकास की दृष्टि से ऐसा प्रतीत होता है कि आरंभ में कवि की प्रेम-भावना आदर्श के ऊँचे पर्वत-शिखर से अपना उत्स ढूँढ़ती हुई प्रवाहित होती है, बाद में यौन-चेतना से युक्त होकर व्यापक रूप धारण कर लेती है तथा अंत में अत्यंत गंभीर होकर अध्यात्म के समुद्र में प्रवेश पाने लगती है। अज्ञेय की प्रेम-भावना के विवेचन-विश्लेषण के लिए यहाँ उनके काव्य-विकास को तीन चरणों में विभक्त किया जा रहा है।[1]

प्रथम-चरण

प्रथम-चरण की रचनाओं को अज्ञेय की आरंभिक रचनाएँ भी कहा जा सकता है। 'भग्नदूत', 'चिंता' और 'इत्यलम्' में उनकी प्रेम-संबंधी आरंभिक रचनाएँ संकलित हैं। इन रचनाओं में कवि की प्रेम-भावना पर पूर्ववर्ती कवियों का स्पष्ट प्रभाव लक्षित होता है। जिस समय अज्ञेय कविता के क्षेत्र में पदार्पण कर रहे थे वह छायावाद के चरमोत्कर्ष पर पहुँच कर ढलान का समय था। अपने पूर्ववर्ती छायावादी कवियों के प्रभाव को रोक पाना उनके लिए संभव नहीं था। इसके अतिरिक्त इस समय के प्रायः सभी प्रमुख कवियों से वे प्रभावित थे। हरिऔध जी रचित यशोदा का विलाप पढ़कर ये इतने प्रभावित हुए थे कि मालिनी छंद में इन्होंने कई एक विलाप लिख डाले थे—राधा का, प्रवत्स्यत्पतिका वीर वधू का आदि। यद्यपि ये रचनाएँ इन्होंने किशोरावस्था में लिखी थीं और नष्ट हो गईं किंतु यह इस बात का प्रमाण है कि वे समकालीन कवियों से प्रभावित हो रहे थे। इन्हीं दिनों कविता के क्षेत्र में 'गीतांजली' और रवीन्द्र का प्रभाव भी हिन्दी साहित्य पर पड़ रहा था।

1. प्रथम चरण में 'भग्नदूत', 'चिन्ता' और 'इत्यलम्' द्वितीय चरण में 'हरी घास पर क्षण भर' 'बावरा अहेरी' तथा 'इन्द्रधनु रौंदे हुए ये' एवं तृतीय चरण में 'अरी ओ करुणा प्रभामय' से लेकर 'पहले मैं सन्नाटा बुनता हूँ तक की रचनाओं को एक साथ रखा गया है।

अज्ञेय इस प्रभाव से भी अपने को बचा न सके। परिणामतः उनकी आरंभिक रचनाओं में कहीं तो छायावादी-रहस्यवादी भावभूमि है, कहीं भावुकता, किशोर-कल्पना, आदर्शवादिता आदि के घेरे में प्रेम-भावना चित्रित हुई है तथा कहीं इन सबका मिला-जुला रूप एक साथ ही अभिव्यक्त हुआ है। इन रचनाओं में कवि की प्रेम-भावना प्रायः यथार्थपरक न होकर आदर्शपरक है। उदाहरण के लिए 'भग्नदूत' काव्य-संग्रह की 'असीम प्रणय की तृष्णा' के फलस्वरूप पुजापा-सी बनी नारी जो कुछ भी कहती है, वह रवीन्द्रवादी एवं छायावादी प्रेम-भावना के निकट है :

तुम ही तन में तुम ही मन में
. . . .
व्याप्त हुए ज्यों दामिनी घन में—
क्या दूँ देव ! तुम्हारी इस विपुला विभुता को मैं उपहार।
मैं, जो क्षुद्रों में भी क्षुद्र, तुम्हें, जो प्रभुता के आगार।

(भग्न. - 24)

इन पंक्तियों में नर-नारी का सहज एवं स्वाभाविक संबंध चित्रित नहीं हो पाया है। प्रियतम नारी के तन और मन में दामिनी-घन के समान व्याप्त है। इससे यह स्पष्ट होता है कि संबंध बहुत गंभीर एवं अविभाज्य है किंतु नारी का क्षुद्रता-बोध संबंध की सहजता एवं स्वाभाविकता में बाधक है। यहाँ 'प्रियतम' रहस्यवादी कवियों के 'अलौकिक प्रियतम' का पर्याय प्रतीत होता है तभी तो उसमें प्रेयसी 'विभुता' और 'प्रभुता' को देख पाती है।

प्रेम-पात्र की तुलना में क्षुद्रता या लघुता की भावना सिर्फ नारी-पक्ष में ही नहीं अपितु पुरुष में भी है। प्रेयसी 'जब दृष्टिपथ से जाती है तब उसके ललाट के कुंचित अलकों, ढरकीले आँचल एवं पावन चरण-कमल को छूकर सभी अपने को धन्य मानते हैं।' कवि उसके पथ से "उड़ती रज की ढेरी को चूम-चूम कर संचित करता है और उसे मरकत-मणियों-सा अपने अंतर कोषों में भर लेता है।"[1] किशोरावस्था के इस भावुकतापूर्ण प्रेम में कवि की दृष्टि बार-बार प्रेयसी के चरण पर केन्द्रित हो जाती है। 'मुझको कंचन हुई तुम्हारे चंचल चरणों की यह धूली' तथा 'एक बार दृष्टि-करों से पद-चिह्नों की रेखा छू ली' आदि कथनों में प्रेयसी के प्रति आदर भक्ति समन्वित चरण-पूजा के समान प्रतीत होता है।

प्रेम में पूजा-भाव 'चिंता' काव्य-संकलन की अनेक कविताओं में दृष्टिगोचर होता है। 'चिंता' के 'एकायन' खंड की नारी प्रियतम एवं प्रेयसी में 'सखी-सखा संबंध' को मानती हुई भी एक के प्रति समर्पित होने का मार्ग चुनती है तथा प्रियतम को स्वामी मानकर उसे पूज्य का स्तर देती हुई प्रिय-प्रिया में पूज्य-पूजक सम्बन्ध की स्थापना करती है :

---

1. इत्यलम्–'दृष्टि-पथ से तुम जाते हो जब' कविता -17

मैं तुम क्या ? बस सखी-सखा
तुम होओ जीवन के स्वामी, मुझसे पूजा पाओ
या मैं ही होऊँ देवी जिस पर तुम अर्घ्य चढ़ाओ।

(चिंता–131)

सखी-सखा बनकर समान स्तर पर सहज रूप में जीना एक बात है और एक दूसरे के प्रति पूज्य एवं पूजक बनना दूसरी बात। स्त्री की यह आकांक्षा कि प्रियतम जीवन का स्वामी बनकर उससे पूजा पाये तथा यदि ऐसा न हो सके तो वह स्वयं देवी बनकर पूज्या बन जाये में किसी ऐसे आदर्शलोक की कल्पना है, जहाँ जीवन की नानाविध कटुताओं का प्रवेश नहीं है। सम्बन्ध की इस आदर्शवादिता को रोमांटिसिज्म की देन मान लिया जा सकता है।

'मैं तुम क्या ? बस सखी-सखा' पंक्ति के संदर्भ में यह कहा जा सकता है कि 'चिन्ता' काव्य संकलन से ही अज्ञेय स्त्री और पुरुष में सनातन सखी-सखा सम्बन्ध पर बल देने लगे थे। इस संकलन की पूजा-भाव वाली अनेक कविता-पंक्तियों से ऐसा प्रकट तो नहीं होता किंतु स्वयं अज्ञेय ने 'चिंता' के प्रतिपाद्य के संबंध में जो स्पष्टीकरण दिया है, उससे लगता है कि वे सखी-सखा सम्बन्ध को ही मान्यता देना चाहते हैं। वे लिखते हैं : "पुरुष और स्त्री का संबंध पति और पत्नी का नहीं, चिरन्तन पुरुष और चिरंतन स्त्री का सम्बन्ध–अनिवार्यतः एक गतिशील (डाईनैमिक) सम्बन्ध है। गति उसके किसी एक क्षण में हो न हो, गतिशीलता–गति पा सकने की आंतरिक सामर्थ्य–उसके स्वभाव में निहित है। पुरुष और स्त्री की परस्पर अवस्थिति एक कर्षण की अवस्था है। वह शक्ति आकर्षण का रूप ले ले अथवा विकर्षण का, अथवा आकर्षण और विकर्षण की विभिन्न प्रवृत्तियों के संतुलन द्वारा एक ऐसी अवस्था प्राप्त कर ले, जिसमें बाह्य-रूप से कोई गति-प्रेरणा नहीं है; किंतु किसी न किसी प्रकार का आंतरिक खिंचाव बना रहना अनिवार्य है। नाटकीय भाषा में हम इसे पुरुष और स्त्री का चिरंतन संघर्ष कह सकते हैं। यही मूल संघर्ष 'चिंता' का विषय है।"[1] गतिशील तथा आकर्षण एवं विकर्षण की प्रवृत्तियों से युक्त सम्बन्ध सखी-सखा सम्बन्ध ही हो सकता है।

'चिंता' काव्य-संकलन का प्रेम-चिंतन आदिम युग की प्रेमाकांक्षा के निकट पड़ता है। इसमें स्त्री के प्रेयसी रूप की ही प्रधानता है तथा स्त्री-पुरुष के सम्बन्ध में खुलेपन की माँग की गई है। स्त्री और पुरुष सामाजिक दायित्वों से परे किसी ऐसे कल्पना-लोक के वासी हैं, जहाँ प्रेमाकर्षण के चिरंतन संघर्ष के अतिरिक्त कुछ भी सत्य नहीं है। यद्यपि चरण छूने की भावना के कारण स्त्री के प्रति दृष्टि 'नारी तुम केवल श्रद्धा हो' का आभास देती है किंतु अज्ञेय ने अपने प्रेम-चिंतन को आरंभ से ही आधुनिक बनाने का प्रयत्न किया है। स्त्री और पुरुष में अधिकारों की रस्साकसी–'तू बड़ी' की 'मैं बड़ा' आदि का संघर्ष

1. चिंता - 15

'चिंता' से शुरू हो जाता है। इस प्रवृत्ति पर आधुनिक बौद्धिक-युग की स्पष्ट छाप है।

सखी-सखा सम्बन्ध को आगे चलकर अज्ञेय ने जिस मैत्री के रिश्ते के रूप में विकसित किया वह अत्याधुनिक है। वे स्त्री-पुरुष में पति-पत्नी के संबंध को असहज तथा मैत्री के रिश्ते को ही अधिक उपयुक्त मानने लगे हैं। मैत्री में कोई छोटा-बड़ा नहीं होता तथा दोनों के ही अधिकार बराबर होते हैं। आवश्यकता पड़ने पर दोनों एक दूसरे को छोड़ भी सकते हैं। इस प्रेम में निरंतर 'मुक्ति का बोध' बना रहता है तथा इसमें 'सीमाहीन खुलापन' होता है। जब तक प्यार बना रहता है तब तक मित्रवत् स्त्री-पुरुष साथ रह सकते हैं अन्यथा होने पर कोई मजबूरी उन्हें नहीं बाँधती। इस प्रकार का प्रेम-सम्बन्ध आदिम युग के मुक्त-प्रेम से भी मिलता है तथा आधुनिक काल के महानगरों में मुक्त-भाव से विचरने वाले अनेक उन प्रेमी-प्रेमिकाओं से भी जो मन-मिलने तक मिले रहते हैं और मन-टूटने पर पल्ला झाड़कर खड़े हो जाते हैं। प्रेम में उनका लक्ष्य मुक्ति और खुलेपन के बोध को बनाये रखना ही है :

'केवल बना रहे विस्तार–हमारा बोध
मुक्ति का,
सीमाहीन खुलेपन का ही।'

यह 'सीमाहीन खुलापन' अमेरिकी अथवा पाश्चात्य प्रेम-दृष्टि का फल है। पाश्चात्य देशों में विवाह नामक संस्था भीतर से प्रायः खोखली हो चुकी है। इसमें भावुकता के स्थान पर बुद्धिमत्ता, आस्था के स्थान पर सुविधावादिता को प्रश्रय दिया जाता है।

विवाह संस्था के असफल हो जाने पर अथवा किसी ऐसे संघर्षमय जीवन में पड़ जाने पर जिसमें उपयुक्त समय पर उपयुक्त विवाह नहीं घटित हो पाता स्त्री-पुरुष में मैत्री-सम्बन्ध अपने आप पनपने लगता है। ऐसे मैत्री-सम्बन्धों का मुख्य लक्ष्य प्रायः यौन-तृप्ति हुआ करता है। 'इत्यलम्' की अनेक कविताओं से इस बात की पुष्टि हो जाती है। 'भग्नदूत'और 'चिंता' के भावुकता-काल से निकलने पर कवि अज्ञेय की प्रेम-चर्या में यौन-चेतना का प्रवेश होने लगता है। जो कवि, अपनी प्रेयसी की चरण-धूलि को मरकत-मणि समझकर अपने प्राणकोषों में भर लेना चाहता था अब वासनादृप्त होकर पुकार उठता है :

आह, मेरा श्वास है उत्तप्त–
धमनियों में उमड़ आयी है लहू की धार–
प्यार है अभिशप्त–
तुम कहाँ हो नारि ? (इत्यलम्, सावन मेघ–154)

यौन-चेतना की तीक्ष्णता का यह चित्र स्पष्ट कर देता है कि मैत्री-सम्बन्ध की मूल आवश्यकता 'सेक्स' के साथ जुड़ी हुई है। कवि स्वयं स्वीकार करता है कि "आज मानव का मन यौन-परिकल्पनाओं से लदा हुआ है और वे कल्पनाएँ दमित एवं कुंठित हैं।"[1]

1. तार सप्तक : भूमिका

नारी के संदर्भ में पुरुष की वासना का यह रूप उसके मानस पर प्रच्छन्न रूप से छाया रहता है। भोग की असीम तृष्णा, जो व्यक्ति के अचेतन से संचालित होती है व्यक्ति पर समय-समय पर हावी हो जाती है। यह स्वाभाविक है किंतु मनुष्य इसे प्रयत्नपूर्वक दबाने की चेष्टा करता रहता है। अज्ञेय दमन को उपयुक्त स्थिति नहीं मानते। वे प्रेम-व्यापार में नैसर्गिकता के पक्षपाती हैं। कवि 'खग-युगल' को मुक्त-रूप से प्रणय-सम्पन्न करते देख मानव की नियति पर आक्षेप करता हुआ कहता है :

खग युगल ! करो संपन्न प्रणय
क्षण के जीवन में हो तन्मय।...
हाय तुम्हारी नैसर्गिकता। मानव नियम निराला है–
वह तो अपने ही से अपना प्रणय छिपाने वाला है।

(इत्यलम्–'खग-युगल' कविता)

खग-युगल के मुक्त प्रणय का उदाहरण देकर कवि ने अपना यह भाव व्यक्त कर दिया है कि प्रेम छिपाने की वस्तु नहीं है तथा इसे नाना प्रकार के समाजिक नियमों में जकड़ना भी अनुचित है। जिस प्रकार खग-युगल कोई बंधन नहीं स्वीकारते तथा क्षण के जीवन में तन्मय हो जाते हैं उसी प्रकार मनुष्यों को भी प्रेम-संबंध में नैसर्गिकता को महत्त्व देना चाहिए। इस विचारधारा का एक कारण तो कवि की यौन-कुंठा ही है तथा दूसरा कारण हमारे समाज की यौन-वर्जनाएँ हैं। भारतीय समाज में प्रेम को परम गोपनीय माना जाता रहा है एवं अनेक प्रकार की यौन-वर्जनाएँ समाज में विद्यमान रही हैं। आधुनिक परिस्थितियाँ व्यक्ति के मानस को यौन-परिकल्पनाओं से लाद देती हैं किंतु उनसे निवृत्ति का कोई स्वस्थ उपाय विद्यमान नहीं है। अज्ञेय ने इस स्थित से त्राण पाने के लिए ही 'खग-युगल' का उदाहरण सामने रखा है अथवा 'सखी-सखा' संबंध का उल्लेख किया है। इन उदाहरणों से यह भ्रम होने लगता है कि अज्ञेय प्रेम की दृष्टि से मुक्त-भोग को प्रश्रय देते हैं किन्तु बात ऐसी नहीं है। उनकी उपर्युक्त मान्यता से 'एकायन' खण्ड की एक के प्रति समर्पित होने वाली नारी अवश्य खण्डित होती है किन्तु यह मुक्त साहयर्च की माँग है मुक्त भोग की नहीं। नर-नारी आपस में एक दूसरे से मिलने में लज्जा का अनुभव न करें, समाज में उनके लिए अकुंठित भाव से मिलने के अवसर अधिक से अधिक उपस्थित हों, एक दूसरे से कतरा कर अलग-थलग रहने की भावना का वे परित्याग करें, अज्ञेय संभवतः इन्हीं बातों की वकालत करना चाहते हैं। प्रेम उनके लिए यदि सिर्फ वासना-तृप्ति का प्रतिरूप होता तो शायद वे यह कभी न लिखते :

वे रोगी होंगे प्रेम जिन्हें अनुभव रस का कटु प्याला है
वे मुर्दे होंगे प्रेम जिन्हें सम्मोहनकारी हाला है–

मैंने विदग्ध हो जान लिया, अंतिम रहस्य पहचान लिया
मैंने आहुति बनकर देखा यह प्रेम यज्ञ की ज्वाला है।

(इत्यलम्–137)

जो प्रेम से बिदकते हैं वे स्वस्थ नहीं हैं, वे या तो तन से रोगी हैं या मन से रुग्ण हैं और जो प्रेम को सिर्फ सम्मोहनकारी वासना में देखते हैं वे मृत व्यक्ति के समान हैं। प्रेम में अपने आपको आहुति के समान अर्पित करना पड़ता है तभी उसका तत्त्व समझ में आता है।

'चिन्ता' और 'इत्यलम्' में प्रेम-कविताओं की अधिकता को देखते हुए ऐसा लगता है कि प्रेमी-व्यक्ति के पास कर्तव्य नामक कोई दायित्व नही है, वह पारिवारिक,सामाजिक दायित्वों से मुक्त होकर प्रेम-चिन्तन कर रहा है और प्रेम के संबंध में अपने उद्‌गार व्यक्त कर रहा है किन्तु यह तथ्य भी आत्यंतिक रूप से सच नहीं है। प्रेम एक भावना है। इसका कर्तव्य से सदैव द्वन्द्व रहा करता है। समय आने पर यह आवश्यक हो जाता है कि प्रेम-भावना और कर्तव्य के द्वन्द्व में जीत कर्तव्य की हो। सिर्फ भावना के पथ पर चलने से जीवन असंतुलित हो जाता है और भावना की सदैव उपेक्षा करने से भी जीवन की गति रुद्ध हो जाती है इसलिए जब भी कर्तव्य पुकारे भावना को बहा देने का प्रयत्न करना पड़ता है। इस भाव की अभिव्यक्ति 'भग्नदूत' में ही कवि ने कर दी है। रणक्षेत्र से कर्तव्य की पुकार आई है, अब घर बैठने का समय नहीं रहा। प्रेम के सामने कर्तव्य-भावना को अब जीतना ही होगा, मगर जीते कैसे ? कवि सैनिक को जी भर कर रोकर अपने हृदय की कातरता को धो देने का संदेश देता है :

रणक्षेत्र जाने से पहले
सैनिक ! जी भर रो लो।
अन्तर की कातरता को
आँखों के जल से धो लो **(इत्यलम्–36)**

यद्यपि सैनिक इतना उदार नहीं है कि वह बिना आँसू बहाये रण में जा सके किन्तु वह जाने को प्रस्तुत हो गया है इसलिए कर्तव्य की जीत अवश्य हो गई है। विदा के समय सैनिक मोहग्रस्त है। यह मोहग्रस्तता कुछ सीमा तक स्वाभाविक है किन्तु देश के प्रति कर्तव्य उपस्थित होने पर मोहाधिक्य उचित नहीं जान पड़ता। जो भी हो, सैनिक को रुलाकर ही सही, कवि प्रेम के सामने कर्तव्य को प्राथमिकता देता है, उससे किनारा नहीं काट लेता।

पुरुष की प्रेमानुभूति को कवि ने 'चिन्ता' के 'विश्व-प्रिया' खंड में चित्रित किया है। 'प्रिया' के स्थान पर 'विश्व-प्रिया' कहकर कवि ने स्त्री को सनातन नारी बना दिया है। नारी किसी एक की प्रेयसी नहीं पुरुष मात्र की चेतना में निबद्ध चिरंतन स्त्री है। पुरुष

और स्त्री वैपरीत्य के अद्‌भुत आकर्षण में बँधे हुए हैं। यह आकर्षण ही आनन्द का जनक है किन्तु समाज ने वस्त्र, अध्यात्म और अनेक प्रकार के विश्वासों से इसे आवृत्त कर रखा है। अज्ञेय यह पाते हैं कि 'एक असभ्य, जंगली, वनों में दिगम्बर रहकर उससे कहीं अधिक आनन्द पाता है जितना हम वस्त्राभूषण में सज्जित होकर' नही पा सकते। उनके अनुसार "हम सभी एक ऐसे बन्धु, ऐसे प्रेयस के भूखे हैं जो हमारी त्रुटियाँ पूरी कर देगा, हम सभी अनुराग और स्नेह और प्रेम के प्यासे हैं।"[1]

'विश्व-प्रिया' खंड का मूल प्रश्न यह है कि प्रेयसी अथवा 'विश्व-प्रिया' की प्राप्ति कैसे हो। पुरुष स्त्री के सुन्दर रूप से आकर्षित होता है किन्तु बार-बार उसका विश्वास खंडित होता है। उसे लगता है कि इस प्रसन्नवदना सुन्दरी के सिर्फ रूप ही रूप है, हृदय नहीं है। अन्त में वह पाता है कि "जिसे केवल रूप समझा था, उसके हृदय भी है। यह अनुभव होने पर उसका अहं गल कर बह गया और तब उसे प्रेयसी की प्राप्ति हुई।"[2] वह प्रेयसी ही विश्व-प्रिया है।

पुरुष के प्रेम में अभिमान एवं अहं की स्थिति भी कई स्थलों पर चित्रित हुई है। 'विश्व-प्रिया' खंड की चौंतीसवीं कविता में पुरुष के अहंजन्य आक्रोश को व्यक्त किया गया है। पुरुष को यह भय है कि नारी ने उसे वासना का पुतला समझकर अपना दास समझ लिया है। इसको चुनौती समझकर पुरुष कहता है, "मैं आज तुम्हारा यह अभिमान तोड़ दूँगा। तुम हँसो और यह कह दो कि अब मिलन नहीं होगा, किन्तु मैं अपने मनोवांछित मिलन और तज्जन्य सुख को नहीं छोड़ सकता। नारी यह चाहती है कि वह फूल की पंखुड़ियों की तरह सिमटी ही रहे, किन्तु उसकी उस सिमटन को खोलने और लूटने का अधिकारी पुरुष ही है। हे नारी ! मुझे अपने अधीन समझकर मुझ पर हँसो मत, मैं तुम्हारा अभिमान आज चूर्ण कर दूँगा।"[3] यह ललकार किसी व्रती की ललकार नहीं बल्कि एक कामी पुरुष की ललकार है। 'विश्व-प्रिया' खंड का पुरुष वासना से ग्रस्त पुरुष ही है। उसका प्रेम तितली के प्रेम के समान मुक्त है : "तितली ! इस फूल से उस पर, उससे फिर तीसरे पर, फिर और आगे, रंगों की शोभा लूटती, मधु-पान करती, उन्मत्त, उद्‌भ्रांत तितली ! ...तुम्हारे लिए एक व्रत असंभव है।"[4]

'इत्यलम्' के 'हियहारिल', 'वंचना के दुर्ग' एवं 'मिट्टी की ईहा' खंड की अनेक कविताओं का विषय भी प्रेम ही है। इन कविताओं में विशेष रूप से पूर्व प्रेम की स्मृतियों का चित्रण हुआ है। 'हियहारिल' खंड में 'स्मृति', 'उषा के समय', 'अन्तिम आलोक', 'तन्द्रा में अनुभूति,' 'अतीत की पुकार,' 'प्राण तुम्हारी पद रज फूली', 'मैं तुम्हारे ध्यान में हूँ' आदि कविताओं में कवि अतीत के प्रेम का स्मरण करता है। इन कविताओं में विरह-दशा का अंकन हुआ है।

---

1. चिंता-13
2. चिंता-15
3. वही, 46
4. वही, 47

'स्मृति' कविता में कवि किसी आदिम और अन्तिम प्रेयसी को संबोधित करते हुए कहता है : "आकाश में नये बादल को उमड़ते देखकर मुझे तुम्हारी याद आ गई है। अनजाने ही किसी क्षण तुम मेरे उजड़े हुए जीवन-कानन में तथा निराशा-भरे आकाश-रूपी हृदय में वसंत का दूत बनकर बादल के समान आई थीं।... हे अनंत प्रेमिका ! मैं बूँद-बूँद तेरे ही नाम को सींच रहा हूँ। मेरे आँसू सदैव नये हैं और उसकी वर्षा सुन्दर है।"[1]

विरहजन्य स्मृति कभी-कभी कवि को प्रेयसी के ध्यान में तल्लीन कर देती है। इस अनुभूति का चित्रण 'मैं तुम्हारे ध्यान में हूँ' कविता में हुआ है : "हे प्रिय ! संसार की मुग्धता नदी के समान बह गई है, क्योंकि मैं तुम्हारे ध्यान में हूँ। तुम मुझसे विमुख हो, किन्त मैंने कभी यह कहा भी तो नहीं कि तुम मेरी ओर आकृष्ट रहो। साधना के हजार नेत्र होते हैं, मैं केवल इतना की चाहता हूँ तुम चाहे कहीं भी रहो, मेरे सम्मुख ही रहो। आत्मा की तल्लीनता विमुखता और उन्मुखता से परे भी हो सकती है; इसलिए मैं तुममें लीन हूँ, तत्त्वमय हूँ तथा सवेग चिरस्थायी मुक्तिमय हूँ।...यद्यपि संसार में प्रकाश बुझ गया है, किन्तु फिर भी मेरे प्राण धधक रहे हैं। मुझे मौन, एकांत या वियोग पीड़ा नहीं पहुँचा सकता। मैं प्यार के उस गीत से युक्त हूँ जो समूचे संसार को झंकृत कर सकता है।"

विरहजन्य स्मृति के उपर्युक्त दो अवतरणों से यह स्पष्ट होता है कि अज्ञेय की विरहानुभूति का एक धरातल तो सामान्य है तथा दूसरा विशिष्ट। आकाश में बादल को देख कर प्रेयसी की याद से भर उठना, उजड़े हुए अथवा सूखे हुए जीवन-कानन में प्रेयसी के पदार्पण को बादल के आने के समान मानना आदि बातें सर्व-जन सुलभ एवं सामान्य हैं। किंतु विरह कवि को ध्यान में तल्लीन कर देता है, उसे साधना के हजार नेत्र देता है, उसे तत्त्वमय और मुक्तिमय होने की अनुभूति देने लगता है और अन्ततः उसे एक ऐसी स्थिति देता है जिसमें एकांत या वियोग पीड़ादायक नहीं रह जाता आदि बातें उसके विरह को विशिष्ट प्रकार का बना देती हैं। अज्ञेय की प्रेमानुभूति ने आगे चलकर जिस साधनात्मक रूप का चोला धारण किया है उसके सूत्र हमें 'इत्यलम्' की कविताओं से ही देखने को मिल जाते हैं। प्रेम और विरह के संदर्भ में आग, ज्वाला आदि की चर्चा प्रायः अनेक कवियों ने की है किन्तु अज्ञेय इन्हीं शब्दों से प्रेम और विरह की परिभाषा गढ़ लेते हैं–

'क्या है प्रेम ? घनीभूत इच्छाओं की ज्वाला है।
क्या है विरह ? प्रेम की बुझती राख भरा ज्वाला है।'

प्रेम शांति का स्रोत, झरना, शीतल जल, चंदन इत्यादि नहीं बल्कि घनीभूत इच्छाओं की ज्वाला है। विरह भी ज्वाला है किंतु सुलगती हुई ज्वाला नहीं, बुझती हुई और राख से भरी हुई। इसमें नयापन भी है। पहले के प्रेमी मिलन में दिल को ठंडक पहुँचाते थे और विरह में जला करते थे किंतु अज्ञेय के यहाँ प्रेम ज्वाला है– संभवतः सुलगती हुई क्योंकि अभी वह राख से ढकी हुई नहीं है। विरह में इच्छाओं की ज्वाला कम होने लगती

1. इत्यलम्-'स्मृति' कविता

है, उस पर राख भरने लगती है परिणामतः ज्वाला दब जाती है। ज्वाला के दब जाने पर वह भीतर ही भीतर सुलगने का भाव भी दे सकती है और समाप्तप्राय हो जाने का भी। अज्ञेय विरह में ऐसी स्थिति का भी उल्लेख कर ही चुके हैं जिसमें उन्हें एकांत या वियोग पीड़ादायक नहीं लगता।[1] हो सकता है इस स्थिति का अनुभव करके ही उन्होंने विरह को 'बुझती राख भरा ज्वाला' कहा हो। किंतु परवर्ती काव्य-संग्रहों में अज्ञेय ने इस ज्वाला को यज्ञ की ज्वाला बना दिया है जिसमें प्रेमी स्वयं आहुति बन जाता है।

अज्ञेय की आरंभिक प्रेम-कविताओं को समग्रतः देखने से पता चलता है कि कवि प्रेम के बारे में अत्यधिक सजग है। वह उसकी संवेदना से मूल रूप से जुड़ा हुआ है। यद्यपि यत्रतत्र सामाजिक कर्तव्य-बोध, सत्यान्वेषण आदि की भावना भी मिलती है किंतु उसके काव्य का मुख्य विषय प्रेम ही है। प्रेम में कहीं भावुकता है तो कहीं तत्त्वचिंतकों-सी रहस्यवादिता, कहीं परंपराभुक्त प्रेम-निरूपण है, जिसके अनुसार नारी एकायन या एक के प्रति समर्पित होने का मार्ग चुनती है तो कहीं अत्याधुनिक मैत्री-संबंध की वकालत है जिसमें मुक्त साहचर्य की माँग की गई है। इन रचनाओं में मूलतः प्रेम तत्त्व का अन्वेषण किया गया है। कवि की प्रेम-भावना यहाँ अनेक सम-विषम परिस्थितियों से जूझ रही है और अपना मार्ग निश्चित कर रही है।

द्वितीय चरण

द्वितीय चरण की रचनाओं में अज्ञेय की प्रेमानुभूति भावुकता, आदर्शवादिता आदि का परित्याग कर देती है और यथार्थ के धरातल पर अपने को प्रतिष्ठित करती है। 'हरी घास पर क्षण भर' की प्रेमपरक कविताएँ कवि के कल्पना-लोक से उतर कर हरी-भरी धरती पर आने का स्पष्ट संकेत देती हैं। प्रेमानुभूति में यथार्थ के प्रवेश को सूचित करने वाले कई तथ्य यहाँ दृष्टिगोचर होते हैं।

'माहीवाल से' नामक कविता में कवि प्रेम-संबंधी स्थापित मान्यताओं पर तीक्ष्ण प्रहार करता है। आरंभ में भले ही प्रेम सपनों पर पले और विश्वास से मंडित होकर प्रेमी अथवा प्रेमिका उसे सनातन प्रेम की संज्ञा दे दे किंतु यह स्थिति सदैव नहीं रह पाती इसलिए इस कविता में कवि प्रेम की सनातनता का खंडन करता है। वह माहीवाल से कहता है कि 'जिस चनाब नदी की उफनती हुई धारा में सोहनी कच्चा घड़ा लेकर डूब गई थी, कुछ समय पश्चात् किसी अन्य कच्चे घड़े में उसी का जल भर कर वह पीयेगा और तृप्ति अनुभव करेगा।' इस तथ्य को और स्पष्ट करने के लिए कवि क्रौंच का उदाहरण देता हुआ कहता है :

> **क्रौंच बैठा हो कभी वल्मीक पर**
> **तो मत समझ**
> **वह अनुष्टुप् बाँचता है संगिनी के स्मरण के**

1. देखिए, इत्यलम्- "मैं तुम्हारे ध्यान में हूँ", कविता

जान ले, वह दीमकों की टोह में है।

(हरी घास पर क्षणभर-45)

क्रौंच-क्रौंची हमारे काव्य में वाल्मीकि की छंद-रचना के समय से ही प्रेम के प्रतीक बन गए हैं किंतु यहाँ जिस क्रौंच का चित्रण किया गया है वह प्रणय का कांक्षी नहीं बल्कि दीमकों की टोह में लगा है ताकि अपने पेट की ज्वाला शांत कर सके। अर्थात् 'हरी घास पर क्षण भर' का प्रेमी कल्पना की दुनिया से उतर कर पेट के लिए कुछ करने की चिंता से ग्रस्त हो यथार्थवादी हो गया है। पहले कवि की अहर्निश चिंता का विषय प्रेम ही था किंतु अब दूसरी आवश्यकताएँ भी सिर उठाने लगी हैं।

नगरीय-जीवन के यथार्थ ने कवि को मजबूर कर दिया है कि वह प्रेम को एक नयी स्थिति में देखे। 'हरी घास पर क्षण भर' काव्य-संग्रह की इसी नाम की कविता में प्रेम के नये संदर्भ को उजागर किया गया है। नगर के दिन-प्रतिदिन के जीवन में प्रेम की तीव्र अनुभूति संभव नहीं रह पायी है। नगर का व्यस्त जीवन तथा 'बुदकती गड्ड-मड्ड अकुलाहट' इसमें बाधक है। यदि कोई प्रेमी अपनी प्रेमिका से मिलने के लिए पार्क आदि चुनता है तो वहाँ भी माली-चौकीदारों की नजर से उसे अपनी रक्षा करनी पड़ती है। नगरीय जीवन की विडंबना से ग्रस्त ऐसे ही एक प्रेमी-युगल किसी ढाल की हरी घास पर आ बैठे हैं। प्रेमी प्रेमिका से कहता है : ''आओ, इस ढाल की हरी घास पर बैठें। यह समय माली और चौकीदारों का भी नहीं है। यह घास तो अत्याधुनिक मानव-मन की भावना की तरह सदा बिछी रहती है, हरी रहती है और हमेशा यही निमंत्रण देती रहती है कि कोई आकर इसे कुचले। आओ, बैठो। इतना सटकर बैठो कि हमारे बीच केवल प्रेम-भर का ही अन्तर रहे तथा हमारे बीच सभ्य तथा शिष्ट जीवन की दरारें न हों।'

उपर्युक्त पंक्तियों से ऐसा लगता है कि कवि नगरीय जीवन की कटुताओं से पलायन का मार्ग ढूँढ़ रहा है किंतु वास्तव में आज के नगरीय जीवन का एक यथार्थ इस प्रकार का मिलन भी है। इस संदर्भ में हरी, सदैव बिछी हुई तथा रौंदे जाने के लिए प्रस्तुत रहने वाली घास की तुलना अत्याधुनिक मानव-मन से कर कवि ने घास को सदैव समर्पिता बना दिया है। अतएव अत्याधुनिक मानव-मन भी कवि के अनुसार सदैव समर्पण के लिए प्रस्तुत रहता है। यह स्थिति किसी आचार-संहिता के आधार पर नहीं उपस्थित हुई है बल्कि जीवन के कटु यथार्थ ने मानव-मन की ऐसी स्थिती कर दी है। आचार-शास्त्र के निर्माताओं की दृष्टि से यह स्थिति इतनी भयावह है कि वे इसे किसी भी प्रकार सह नहीं सकेंगे। उनकी दृष्टि में तो 'निरखना' भी 'दबी वासना की विकृति' हुआ करती है। जिस तरह के प्रेमाचार की वकालत अज्ञेय ने की है पुराण-पंथियों की दृष्टि में वह शुद्ध दुराचार है। यदि किसी प्रेयसी में अभी आचार-संहिताओं वाला संस्कार विद्यमान है तो वह खुलकर मिल नहीं सकती। इसके लिए कवि-कथन है :

चाहे बोलो,
चाहे धीरे-धीरे बोलो,
स्वगत गुनगुनाओ,
चाहे चुप रह जाओ—
हो प्रकृतिस्थ : तनो मत
कटी-छँटी उस बाड़ सरीखी—
नमो, खुल खिलो, सहज मिलो
अन्तःस्मित अन्तः संयत,
हरी घास-सी।

(हरी घास पर क्षणभर—इसी नाम की कविता)

संस्कार-जनित झिझक को छोड़कर प्रकृतिस्थ होने, नमने, खुलने, खिलने तथा सहज भाव से मिलने में प्रेम स्वाभाविक रूप से घटित होगा, उसमें तनाव नहीं होगा किंतु संस्कार का त्याग सहजता के लिए ही है असंयत होने के लिए नहीं। इसलिए हरी घास-सी समर्पित होने पर भी 'अन्तः संयत' होने की बात कवि ने कही है। यह नया संस्कारी होने की बात है। इस कविता की स्त्री पत्नी नहीं है और न ही स्पष्ट रूप से प्रेयसी, वह एक 'बन्धु' है। अन्त में पुरुष उससे कहता है कि अब उसे चलना चाहिए : 'अब तक हम सैर को आये हुए बन्धु थे। यदि हम और बैठे रहे तो लोग कहेंगे कि धुंधले में दो प्रेमी बैठे हैं। यदि हम दोनों प्रेमी हों भी तो इस बात को यह हरी घास ही जाने।' उपर्युक्त कथन से सम्बन्ध का खुलापन प्रकट होता है। इस कविता में यह माँग की गई है कि 'हमारा मुक्ति का बोध, सीमाहीन खुलेपन का बोध सदैव बना रहे।' अन्यत्र भी इसी प्रकार के सहज मिलन की बात को दूसरे रूप में कहा गया है :

कब कहाँ यह नहीं
जब भी जहाँ भी हो जाय मिलना
केवल यह : कि जब भी मिलो
तब खिलना। (इन्द्रधनु रौंदे हुए ये—52)

प्रेमानुभूति की उपर्युक्त स्थिति बिल्कुल आधुनिक है। यह शहरी सभ्यता की देन है। शहरी जीवन नाना प्रकार की कुंठाओं, हीनताओं को जन्म देता है। व्यक्ति के अस्तित्व का संघर्ष आज इतना बड़ा हो गया है कि उसके सामने कोई आचार या नियम महत्त्वपूर्ण नहीं रह सका। ऐसी भीषण परिस्थिति में जीने की प्रेरणा के लिए जिस प्रेम की आवश्यकता होती है वह भी सहज लभ्य नहीं रह गया है। उन्मुक्त, बाधाहीन और खुलेपन से युक्त प्रेम की माँग कर कवि ने प्रेम-सम्बन्धी तनावों को दूर करने का उपाय ढूँढ़ निकाला है।

द्वितीय चरण की रचनाओं में नारी के रूप-सौन्दर्य, देह-वल्ली, रूप-सज्जा आदि पर कवि ने नये सिरे से विचार किया है। 'चिंता' के 'विश्व प्रिया' खंड में भी कवि ने नारी रूप की चर्चा की थी किंतु वहाँ इसका संदर्भ दूसरा था। वहाँ पुरुष यह सोचता था कि नारी में सिर्फ रूप ही रूप है, हृदय नहीं है साथ ही नारी को रूप का अहंकार भी है किंतु द्वितीय चरण की रचनाओं में नारी के रूप से कवि को कोई शिकायत नहीं है। रूप के साथ देह का महत्त्व भी बढ़ गया है:

तुम्हारी देह
मुझको कनक-चंपे की कली है।
दूर ही से स्मरण में भी गंध देती है।
(रूप स्पर्शातीत वह जिसकी लुनाई
कुहासे-सी चेतना को मोह ले।) **(बावरा अहेरी-35)**

यहाँ कवि ने देहाश्रित रूप का सुन्दर वर्णन किया है। देह का समग्र प्रभाव चम्पे की कली के समान है तथा उसके अलग-अलग अंग अपना विशिष्ट प्रभाव रखते हैं। 'नेत्र पहले भोर की दो ओस बूँदें हैं, अछूती हैं, ज्योति से युक्त हैं। ओंठ दहकते हुए दाड़िम-पुष्प के समान हैं जो प्रेमी को पूर्णतया अपने वश में कर लेते हैं।'

'हरी घांर पर क्षण भर' की कविता 'कलगी बाजरे की' में कवि ने नारी के लिए पारंपरिक उपमानों का खंडन किया था। तब वह उसे ललाते साँझ के नभ की अकेली तारिका, शरद के भोर की नीहार-न्हाई कुँई, टटकी चंपे की कली आदि इस कारण नहीं कह पाता था कि ये उपमान मैले हो गये थे। तब तो नारी बिछली घास के समान लगती थी अथवा शरद के साँझ के सूने गगन की पीठिका पर वह दोलती अकेली बाजरे की कलगी के समान प्रतीत होती थी किंतु अब नारी के चंपई रूप ने उसे परंपरागत उपमानों पर आने के लिए मजबूर कर दिया है। इस अंतर का एक कारण यह है कि तब वह परंपरा का विरोध कर रहा था किंतु अब बात दूसरी है। अब तो देह वल्ली का रूपाकर्षण उसे यह कहने को विवश कर रहा है:

देह वल्ली
रूप को
एक बार बेझिझक देख लो **(बाबरा अहेरी-36)**

देह-लता अब कवि को रूपाकारों का भव्य बीज, तथा पलाश पुष्पों की भाँति गंधहीन लगती है। भले ही लोग इसे मन को बाँधने वाला पिंजरा मानते हों किंतु मन की उत्पत्ति इसी से हुई है, इसलिए इस रूप कांति को आँखों में बेझिझक होकर समेट लेने की प्रेरणा वह देने लगता है।

रूप का प्रेम में अपना महत्त्व है। रूप ही पहले पुरुष को आकर्षित करता है इसलिए प्रेम की दुनिया में रूपाकर्षण, रूपाशक्ति, रूप-दर्शन आदि बहुप्रचलित शब्द हैं किंतु प्रश्न यह उठता है कि इस रूप के सामने गुण का कोई महत्त्व है कि नहीं। क्या प्रेम सिर्फ रूप के सहारे टिका रहता है अथवा उसके टिके रहने अथवा बढ़ने में गुण भी सहायक है? कवि ने इसका कोई स्पष्ट उत्तर नहीं दिया है। सीधा उत्तर दे पाना शायद कठिन है। 'रूप की प्यास' नामक कविता में कवि रूप के सामने पराजय का अनुभव करता है। कवि के सामने यह प्रश्न है कि "सुन्दर के सम्मुख यह जो उदासी है,– क्या वह रूप की प्यासी है।"[1] उसके मन में ऐसे अवसरों पर प्रेम में अपने दान की, समर्पण की याद आती है। 'जिसने केवल रूप को देखा है उसने केवल कुछ चाहा है, भले ही उसकी लालसा कितनी ही प्रबल क्यों न हो, किंतु जिसने स्वयं को समर्पित कर दिया उसने अपना और अपने साथ सबका और अपनी सर्वमयता का निर्वाह किया है।' इस समर्पण के सामने कवि रूप के प्रति पक्षपात पर ग्लानि व्यक्त करता है और ऐसा करके यह मत व्यक्त करता है कि दान, समर्पण अथवा प्रेम-निर्वाह के सामने रूप गौण है।

यौन चेतना से आक्रांत मनःस्थिति की कविताएँ प्रायः दो रूपों में मिलती हैं। एक रूप तो उन रचनाओं में मिलता है, जहाँ स्पष्टतः नारी के संदर्भ में यौन-चेतना को अभिव्यक्त किया गया है दूसरा रूप वहाँ है जहाँ यौन-परिकल्पनाओं से लदे हुए मन का प्रकृति पर आरोप हो गया है। 'वंचना के दुर्ग' खंड की 'सावन मेध' कविता में पहले और दूसरे दोनों ही रूपों के उदाहरण मिल जाते हैं। वासना की उग्रता और प्रबलता का प्रकृति पर आरोप कर कवि ने भोगातुरता को व्यक्त किया है :

घिर गया नभ, उमड़ आये मेघ काले,
भूमि के कंपित उरोजों पर झुका-सा
विशद्, श्वासाहत, चिरातुर
छा गया इन्द्र का नील वक्ष–
. . . . .
स्नेह से आलिप्त
बीज के भवितव्य से उत्फुल्ल,
बद्ध–
वासना के पंक-सी फैली हुई थी
धारयित्री सत्य सी निर्लज्ज, नंगी
औ, समर्पित। (वंचना के दुर्ग- 'सावन-मेघ' कविता)

इन दोनों अवतरणों में यौन-चेतना का प्रकृति पर आरोप कर दिया गया है। इसी प्रकार के वर्णनों की शृंखला में कवि ने 'हरी घास पर क्षण भर' में 'नदी की जाँघ पर अँधियाले

1. इन्द्रधनु रौंदे हुए ये-'रूप की प्यास' कविता

के सोने' का चित्रण किया है। 'अँधियारे को नदी की जाँघ पर सोते देखकर झाँकने वाली चाँदनी डाह से सिहर जाती है। 'शरद' नामक कविता में 'बादलों के चुम्बनों से खिल अयानी हिरयाली' एवं 'बुलाती ही रही उजली कछार की खुली छाती' आदि में भी इसी प्रकार का चित्रण है।

नारी के प्रति यौनाकर्षण एवं तज्जन्य अनुभूतियों का अंकन भी यत्र-तत्र हुआ है। देह-वल्ली को निहारने की आकांक्षा में यौन-चेतना ही जाग्रत है। इसी प्रकार :

तुम्हारे ओठ—
पर उस दहकते दाड़िम-पुहुप को
मूक तकता रह सकूँ मैं—
(सह सकूँ मैं/ ताप ऊष्मा का मुझे जो लील लेती है!)
(बावरा अहेरी-27)

में ओठों को मूक भाव से देखते रहने एवं ताप ऊष्मा को सहने में भी कवि ने यौन चेतना की स्पष्ट अभिव्यक्ति की है। प्यार के संदर्भ में स्पर्श-जन्य सुख की अनुभूति का चित्रण 'मुझे सब कुछ याद है' नामक कविता में हुआ है। कवि कहता है : "मैं उन सभी को नहीं भूला हूँ। तुम्हारे शरीर पर अनमनी होकर जो मेरी अँगुलियाँ खेलती हैं, और जिनका खेलना सच है, वह स्पर्श-जन्य सुख पाकर मैं अपनी सुध-बुध भूल जाता हूँ, क्योंकि मेरी सारी इन्द्रियों की चेतना उनमें जाग जाती है।"[1]

कुछ कविताओं में विरह की अनुभूति को नये रूप में चित्रित किया गया है। विरही की चेतना में निरंतर प्रिया की याद बसी रहती है। उसकी चेतना का प्रवाह प्रिया की ओर बहने लगता है। 'वेदना की कोर' नामक कविता में कवि ने इसी भाव को व्यक्त किया है:

चेतना की नदी
बहती जाय तेरी ओर
मौन तेरे ध्यान में
मैं रहूँ आत्म-विभोर **(बाबरा अहेरी)**

प्रायः विरह की अनुभूति कवि को आत्मस्थ कर देती है। विरह में आत्म-विभोर होकर वह इस तरह आत्मविस्मृत भी हो जाता है कि विरह उसके लिए कष्टदायी नहीं रह जाता। प्रेयसी की याद को वह अपनी पराजय मानता है। 'प्रातःकाल नदी के किनारे बजती हुई घंटियों का नाद सुनकर सोई हुई विरह वेदना उद्दीप्त हो जाती है।' घंटियों के नाद से प्रेयसी की किंकिणी से उत्पन्न होने वाली ध्वनि याद हो आती है किंतु इसके बावजूद कवि को अपनी विरह वेदना का कोई अभिमान नहीं है', और वह प्रेयसी की याद को 'अपनी हार' मानता है।[2]

---

1. हरी घास पर क्षण भर- 'मुझे सब कुछ याद है' कविता
2. हरी घास पर क्षण भर- 'पराजय है याद' कविता

प्रेम और प्यार के संबंध में कुछ ऐसी पंक्तियाँ भी मिलती हैं जो उनकी प्रेमानुभूति संबंधी धारणा को व्यक्त करती हैं, जैसे, 'जो मिट गए हैं उनका प्यार ही वास्तव में प्यार है',[1] 'प्यार जो किया सो जिया'[2] तथा प्यार तो 'अस्तित्व मात्र' है इत्यादि। यदि तृतीय चरण की रचनाओं के मंतव्यों को भी यहाँ जोड़ दें तो अज्ञेय की धारणा का प्यार सागर की तरह मुक्त रखता और मुक्त करता है। प्यार अनश्वर है, इससे बड़ी अस्ति कोई दूसरी नहीं है।

द्वितीय चरण की रचनाओं में 'हरी घास पर क्षण भर' में प्रेम-कविताओं की प्रधानता है, 'बावरा अहेरी' में प्रकृति चित्रण की प्रधानता है तथा 'इन्द्र धनु रौंदे हुए ये' में आत्मान्वेषण की प्रधानता है। संक्षेप में 'हरी घास पर क्षण भर' में कवि अपनी प्रेयसी को नये उपमानों से सजाता है, शहरी जिन्दगी की ऊब से बचने के लिए प्रेयसी के साथ क्षण भर के लिए हरी घास पर विश्राम करता है। प्रेमिका का मित्र रूप ही यहाँ भी विद्यमान हैं। 'खुलती आँखों का सपना', 'जब पपीहे ने पुकारा', 'सागर के किनारे', 'मुझे सब याद है', 'क्षमा की बेला', 'सपने मैंने भी देखे हैं', 'अकेली न जैयो राधे यमुना के तीर' आदि रचनाओं के माध्यम से कवि अपनी प्रेमानुभूति के विभिन्न पक्षों को उजागर करता है। 'बावरा अहेरी' तथा 'इन्द्रधनु रौंदे हुए ये' में प्रेम संबंधी रचनाएँ अपेक्षाकृत कम मिलती हैं किन्तु जो भी रचनाएँ इन संकलनों में आई हैं वे अपनी विशिष्टता के कारण प्रभावशाली हैं। 'बावरा अहेरी' की 'नख-शिख', 'देह-वल्ली' तथा 'इन्द्रधनु रौंदे हुए ये' संकलन की 'रूप की प्यास', 'धूपबत्तियाँ' आदि कविताएँ विशेष रूप से ध्यानाकर्षक हैं।

तृतीय चरण

'अरी ओ करुणा प्रभामय' काव्य-संग्रह से प्रकृतिवादी अज्ञेय की सन्त परिणति स्पष्ट रूप से लक्षित होने लगती है। आत्मान्वेषण एवं सत्यान्वेषण की प्रवृत्ति भी उनमें आरंभ से रही है किन्तु प्रथम चरण की रचनाओं में उसके सिर्फ सूत्र मिलते है, द्वितीय चरण में उसका विकास लक्षित होता है और तृतीय चरण के आरंभ में ही वे एक साधक लगने लगते हैं। 'आँगन के पार द्वार', 'क्योंकि मैं उसे जानता हूँ' आदि काव्य-संकलनों में अज्ञेय मानो एक सिद्ध पुरुष हो उठते हैं और सिर्फ अपने अनुभव का सच ही बोलते हैं। इस प्रवृत्ति का परिणाम उनकी प्रेम कविताओं पर भी पड़ा है।

काव्य-विकास के तृतीय चरण में वे प्रेम के विषय में तत्त्व-चिन्तन करने लगे हैं। यद्यपि उनका प्रेम-चिन्तन तात्त्विक दृष्टि से सार्वभौम प्रेम चिन्तन नहीं है किन्तु इसमें वे अपना 'राग दीप्त' सत्य बोलते हैं। परायी उपलब्धि के मुकाबले अनुभव की भट्टी में तपे हुए कण दो कण को वे अच्छा मानने लगे हैं अतः प्यार या प्रेम क्या है, इसके संबंध में भी वे किसी का अनुभव उधार नहीं लेते। प्यार एक ऐसा भाव है जिसमें सारे दुःख-दर्द समाहित हो जाते हैं।

---

1. हरी घास पर क्षण भर - 'मुझे सब कुछ याद है' कविता

2 वही, 'शरद्' कविता

क्या कहीं प्यार से इतर
ठौर है कोई
जो इतना दर्द सँभालेगा?
पर मै कहता हूँ :
अरे आज पा गया प्यार मैं, वैसा
दर्द नहीं अब मुझको सालेगा!

(अरी ओ करुणा प्रभामय-168)

कवि में एक पहचान जग रही है। वह पाता है कि प्यार ही एक ऐसा तत्त्व है जो सांसारिक दुःख-दर्द से पीड़ित व्यक्ति के लिए शरण स्थल है। वह यह भी पाता है कि जीवन में मिलन और बिछुड़न क्रमानुसार आते ही रहते हैं। जिससे मिलना हुआ था उससे बिछुड़ना पड़ता है और जिससे बिछुड़े थे उससे फिर मिलना हो जाता है। इस सत्य को कवि ने 'मोहबन्ध' नामक कविता में व्यक्त किया है– "हम दोनों एक बार मिल गये थे, इसलिए फिर दुबारा मिल गये। इस मिलन को क्या कहूँ? यह कहूँ कि दुनिया बहुत छोटी है या बहुत बड़ी। हम दोनों में जो एक बार पहचान झलक गई थी उसी में आज एक नयी कड़ी जुड़ गई है। इस कड़ी को यह कहूँ कि इतिहास दुबारा घटित नहीं होता या कि यह पुनः घटित हुई की एक लड़ी है? हम दोनों फिर बिछुड़ जायेंगे फिर भी आज को अपनी पराजय नहीं मानेंगे। इसको अभी या आज क्या कहूँ? यह कि जीवन एक मोह है जो साहस को हर लेता है या यह एक साहस है जो मोहबंध को काट रहा है।[1]" इन पंक्तियों में जो प्रश्न हैं वे एक नये बोध के कारण ही उठे हैं। "इतिहास दुबारा घटित नहीं होता" यह एक धारणा मात्र है। प्रेम के क्षेत्र में वही इतिहास पुनः-पुनः घटित होने वाली स्थितियों की लड़ी बन जाता है। जीवन का मोह साहस को नष्ट कर देता है किन्तु इस शाश्वत मिलन-बिछुड़न को जानने वाला व्यक्ति साहस से संपन्न होकर मोहबन्ध से ऊपर भी उठ जाता है।

वासना के स्वरूप एवं प्यार की शक्ति को कवि ने पहचान लिया है। वासना उस सर्प के समान है जिसे बाँधने के लिए मनुष्य रूपी सँपेरे की तूमड़ी जो भी स्वर के तार बिछाती है, उसी में अत्यधिक गहरी वासना स्पंदित होती है। वासना-रूपी साँप की कुंडली तो स्थिर ही रहती है, किंतु उसका फन डोलता रहता है। कवि पाता है कि वह "साँस का पुतला है, वृद्धावस्था से बँधा हुआ है और मरण को दे दिया गया है किंतु केवल प्यार ही ऐसा है जिसके द्वारा वह मुक्त कर दिया जायगा।[2]"

प्रेयसी के प्यार की गहनता का अंकन कवि ने "ओ निस्संग ममेतर" नामक कविता में किया है। प्रेम का रूप अब पहले से कहीं अधिक उदात्त और अधिक गंभीर हो गया

1. अरी ओ करुणा प्रभामय-148
2. आँगन के पार द्वार- 'साँस का पुतला' कविता

है। प्यार जीवन के साथ इतना घुल-मिल गया है कि उसे साँसों से पृथक् नहीं किया जा सकता। प्रत्येक साँस में वह प्यार को जीने लगा है:

मैं ही जो साँस लेता हूँ
जो हवा पीता हूँ
उसमें हर बार–हर बार
अविराम, अक्लांत, अनाप्यायित
तुम्हें जीता हूँ। **(कितनी नावों मे कितनी बार-18)**

प्यार कवि-मानस पर इस तरह हावी हो गया है कि उसको अपने जीने-जागने की नयी परिभाषा करनी पड़ती है। उसे लगता है 'जीना–सुलगना है, जागना–उमँगना है तथा चीन्हना–चेतना का प्रेयसी के रंग में रंग जाना है।' कवि की आँखों में उस 'अनवद्य रूप' की छाप है, नासापुटों में उसकी गंध है, कवि ने उसे छुआ है और वह उसकी उंगलियों के बीच छनकर बही है, उसने उसे चूमा है और हर चुम्बन की तप्त, लाल अयस्कठोर छाप उसका हर रक्त-कण धारे हुए है किंतु फिर भी वह उसे जान नहीं सका। कवि उस प्रेयसी का आह्वान करता हुआ कहता है :

ओ मेरी सहधर्मा
छू दे मेरा यह कर : आहुति दे दूँ–
हमीं याजक हैं, हमीं यज्ञ,
जिसमें हुत हमीं परस्परेष्टि।
ओ मेरी अतृप्त, दुःशम्य धधक, मेरी होता,
ओ मेरी हविष्यान्न,
आ तू, मुझे खा
जैसे मैंने तुझे खाया है
प्रसादवत्। **(कितनी नावों में कितनी बार-24-25)**

'प्रेम यज्ञ की ज्वाला है', इस सत्य की झलक कवि ने बहुत पहले प्राप्त कर ली थी किंतु अब उन्होंने इस सत्य को पूर्णतया उजागर कर लिया है। प्रेम में यज्ञ की संपूर्ण प्रक्रिया और सामग्री उसने देख ली है। याजक, होता, हविष्य सब इस प्रेम-यज्ञ में विद्यमान है। प्रेमी-युगल एक दूसरे को प्रसादवत् पाते हैं और एक दूसरे को पवित्र हविष्यान्न मानकर भोग लगाते हैं। प्रेम कोई साधारण बात नहीं, यह तो यज्ञ-कर्म जैसा श्रेयस्कर कार्य है।

आगे चलकर कवि ने यह भी पाया है कि प्यार में बलि चढ़ जाने और वेधित हो जाने के अतिरिक्त और कुछ नहीं होता। 'वेध्य' नामक कविता में अज्ञेय ने इसी भाव को व्यक्त किया है। वे प्रेयसी से कहते हैं: 'पहले मैं तुम्हें अपनी देह का प्रत्येक मर्म-स्थल

बताऊँगा और फिर मैं अपने दहन की आग पर तपाकर एक धारदार चमकीली कटार तैयार करूँगा, जो मैं तुम्हें दे दूँगा। फिर मैं अपने कुशल हाथों से तुम्हें कुशल, कंपनहीन और अचूक वार करना सिखाऊँगा, ऐसा वार जो मर्म को बेध जाय। वह वार मुझे आह भरने का तो क्या, गिरने का भी अवसर न दे।' यदि इस पर कोई प्रश्न करे कि कवि ऐसा क्यों करना चाहता है तो उसका उत्तर होगा "अपनी ही हार का अमोघ दाँव किसी दूसरे को सिखलाने के तथा किसी के आगे चरम रूप से वेध्य हो जाने के अतिरिक्त प्यार और कुछ भी तो नहीं है।[1]"

इस प्रकार अज्ञेय का प्रेम-मार्ग बलि का पथ बन जाता है। प्रेम मार्ग सीधा नहीं होता, वह तलवार की धार पर चलने जैसा होता है। धार पर चलने से अंग-विशेष के कट जाने पर भी जीवन की संभावना रहती है किंतु अज्ञेय ने अपने प्रेम-मार्ग का संबंध कबीरदास के प्रेम-पंथ से जोड़ लिया है। कबीर के अनुसार प्रेम का घर खाला का घर नहीं होता कि बेधड़क घुस लिये, सीस काटकर जो देहरी पर रख सकता है वही अन्दर प्रवेश कर सकता है। यहाँ बात सीस कटाने जैसी ही हो रही है सिर्फ संदर्भ बदल दिया गया है। कबीर का प्रेम-पंथ साधना के संदर्भ का है जबकि अज्ञेय का प्रेम-मार्ग प्रेम के संदर्भ में ही है। एक अन्य स्थल पर कवि ने प्रेम का संबंध यज्ञ में दी जाने वाली बलि से जोड़ा है :

प्यार
एक यज्ञ का चरण
जिसमें मैं मेध्य हूँ।
प्यार
एक अचूक वरण
कि जिसके द्वारा
मैं मर्म में वेध्य हूँ। **(क्योंकि मैं उसे जानता हूँ-71)**

यज्ञ के कई चरण होते हैं। किसी एक चरण में यज्ञ में बलि-योग्य पशु की बलि दी जाती है। बलि-योग्य पशु ही मेध्य है। अज्ञेय की प्रेमानुभूति में प्रेमी वैसा ही एक मेध्य जीव है जिसके मर्म को वेध दिया जायेगा।

'सागर-मुद्रा' की एक प्रेम कविता से यह स्पष्ट होता है कि व्यक्ति अपने भीतर की ही किसी 'सुन्दर-छवि' से प्यार करता है। व्यक्ति की कल्पना की नारी जिस 'अनवद्य रूप' और गुण से समन्वित होती है वह उसे यथार्थ जगत् में नहीं मिलती। बार-बार प्रेयसी बदल कर संभवतः व्यक्ति यही चेष्टा करता है कि कहीं न कहीं, कभी न कभी उसे वही नारी मिल जायेगी जिसकी 'छवि' उसने अपने मन में बना रखी थी किंतु ऐसा कभी नहीं होता। यहाँ तक कि कृष्ण जैसे व्यक्ति को भी अपनी कल्पना की नारी नहीं मिली। अज्ञेय का

1. क्योंकि मैं उसे जानता हूँ- 'वेध्य' कविता

प्रश्न है : "कभी किसी प्रयेसी में उसी को पा लिया होता–तो दुबारा किसी को प्यार क्यों किया होता"?[1] इससे एक निष्कर्ष यह निकलता है कि जिसे कभी पाया नहीं जाता और जो व्यक्ति के हाथ नहीं आता उसी पर व्यक्ति अपना सारा प्यार उड़ेलता रहता है।

उपनिषद् में यह चर्चा आती है कि एक वृक्ष की शाखा पर दो पक्षी बैठे हैं, एक फल खाता है, दूसरा सिर्फ देखता रहता है। फल खाने वाला बद्ध जीव और देखने वाला द्रष्टा एवं ज्ञानी है। प्रेम के संदर्भ में इन पक्षियों की चर्चा करते हुए कवि ने यह मान्यता व्यक्त की हैः 'वह पक्षी जो खाता नहीं, जागता हुआ एकटक ताकता है, कभी होता होगा। वह तो एक ऐसा पक्षी है जो फल खाता है।' किंतु साथ ही 'उसके भीतर कोई जागता हुआ पहरा भी देता रहता है और पक्षी, डाल, तरु, मूल सभी को उसका होकर देखता भी रहता है।' उसका प्यार मौन रहकर उसकी प्रेयसी को मुक्ति दे दे यही उसकी अभिलाषा हैः

> **मुक्त करे तुम्हें, मौन**
> **वही तो होगा**
> **मेरा प्यार।** (सागर-मुद्रा–'प्रेमोपनिषद्' कविता)

प्रेम और वासना व्यक्ति के साथ चिरंतन काल से जुड़े हुए हैं। जिस प्रकार सागर उमड़कर क्रमशः चट्टान से टकराता है, पछाड़ खाता है, लौट जाता है और फिर नया ज्वार भरकर फिर से उमड़ जाता है ठीक वही स्थिति व्यक्ति की वासना की होती है। जैसे इस ज्वार के उठने, बढ़ने, टकराने, लौटने और फिर से उमड़ उठने का कोई अन्त, समाधान, जीत, हार आदि नहीं है वैसे ही प्रेम में भी "परस्परता के तनावों का एक अविराम व्यापार होता है, इसमें भव्यता का बोध होता है, एक तृप्ति होती है अहं की तुष्टि होती है।"[2] वासना समुद्र की तरह ही विशाल और लहरों से युक्त होती है। यही 'महाकाल, जीवन, दिग्विहीन आगम, द्वारहीन निर्गमन, जीवन-लय तथा जीवन स्पन्द है। मेघ, रावण, कीट-दंश, रवि चुम्बी गरुड़, हारिल तथा नृत्य-रत मयूर का कारण' भी यह प्रेम और वासना रूपी सागर ही है। इसी रूप में प्रेम और वासना का समुद्र कवि के भीतर धमनियों की आग और 'लहू के स्पंदित राज-रोग' की तरह लहराता रहता है।[3]

उपर्युक्त विवेचन से ऐसा लग सकता है कि तृतीय चरण की रचनाओं में प्रेम के मांसल रूप के चित्रण से कवि विमुख हो गया है किंतु ऐसी बात नहीं है : 'तुम्हारी छातियों के बीच मेरा घर है' तथा 'आओ, मैं यहाँ तुम्हें छिपा लूँगी[4]' आदि पंक्तियों में मांसल चित्रण को देखा जा सकता है। यह बात अलग है कि यहाँ भी कवि किसी रहस्य को ढूँढ़ लेने की चेष्टा में लगा हुआ प्रतीत होता है।

तृतीय चरण की रचनाओं में विरह की अनुभूति से युक्त अनेक रचनाएँ हैं। प्रायः अज्ञेय विरह के चित्रण में याद का तरह-तरह से उल्लेख करते हैं। कभी पूर्णिमा की चांदनी

1. सागर-मुद्रा - 38
2. सागर-मुद्रा- 75
3. पहले मैं सन्नाटा बुनता हूँ - 29
4 सागर–मुद्रा- 'छातियों के बीच' कविता

प्रेयसी की याद दिला जाती है और उन्हें सोने नहीं देती, कभी नये बादल, कभी कचनार के फूल, कभी पपीहे की पुकार उन्हें प्रिया की याद से भर देते हैं। शास्त्रीय शब्दावली में यह स्मृति संचारी ही उनके विरह का मुख्य रूप है। उसकी याद बेल-सी उनके भीतर बढ़ती रही है :

बेल-सी वह मेरे भीतर उगी है, बढ़ती है,
जितना मैं चुकता जाता हूँ,
वह मुझे ऐश्वर्य से मढ़ती है। **(सागर-मुद्रा-22)**

केवल जागते में ही नहीं सोते में और स्वप्न में भी उसकी स्मृति जग जाती है किंतु अज्ञेय की विरहानुभूति में याद सिर्फ जलाने वाली नहीं होती, बल्कि वह कभी-कभी प्रेरणा-प्रद और स्फूर्तिदायक भी होती है।

अज्ञेय का विरह-वर्णन पारंपरिक विरह-वर्णन से अलग है। प्रिया के अंग अथवा अंग-वस्त्र एवं आभूषणों की याद यहाँ महत्त्वपूर्ण नहीं है। प्रिया की याद प्रिया के संपूर्ण व्यक्तित्व की एवं मिलन-सुख की याद है। प्रेमी विरह को दूर करने का यहाँ कोई प्रयत्न नहीं करता, वह विरह को निरंतर अपनी अनुभूतियों में जीता रहता है। पीड़ा-बोध को ही वह अपना अस्तित्व समझ बैठता है। अज्ञेय के काव्य का विरह इतना तीव्र नहीं है कि प्रेमी को जला डाले या उसे कृशकाय कर दे। यद्यपि विरही के 'हर स्पंदन में, साँस में, समाई में विरह की आप्त व्यथा रोती रहती हैं' किंतु विरही प्रिया के ध्यान में 'आत्मलीन' और कभी-कभी 'आत्म-विभोर' भी हो जाता है।

अज्ञेय ने प्रेम को जीवन से अलग कोई व्यापार नहीं माना है। प्यार को वे व्यक्ति के अस्तित्व से जोड़े देते हैं। प्यार है इसलिए व्यक्ति है। दोनों अभिन्न हैं। कवि ने प्रेम में 'अस्मिता' की भी खोज की है। प्यार को कवि ने गंभीर तात्त्विक विषय के रूप में लिया है मात्र जीवन-व्यापार के रूप में नहीं। इसके माध्यम से वे आत्मोपलब्धि तक पहुँचने की आशा रखते हैं। प्रेम या प्यार उन्हें जीवन के प्रांगण में भी सत् प्रतीत होता है और 'मरण के द्वार' पर भी। प्यार ज्योति के भी भीतर की ज्योति है :

ज्योति के
भीतर ज्योति के
भीतर ज्योति।
प्यार है वह–वह सत्
और तत्
तदसि त्वं–एतत्। **(सागर-मुद्रा-39)**

प्यार भी सत् और उसका आलंबन भी सत् बस कहने लायक बात इतनी-सी (एतत्) ही है। अज्ञेय प्रेम को न तो अतीत में दखते हैं न भविष्य में। प्रेम तो मानो नदी के बहने

के समान सदैव वर्तमान है। उनका प्रेम-बोध क्षण के जीवन में तन्मय होने की प्रेरणा से युक्त है।

अज्ञेय की प्रेमानुभूति पर बौद्ध-दर्शन, पाश्चात्य विचारधारा, मनोविज्ञान आदि का प्रभाव माना जा सकता है। उन्होंने प्रेमानुभूति के चित्रण के लिए जहाँ पौराणिक 'दितिकन्या', 'वृक्ष की शाखा पर बैठे दो पक्षी' आदि का सहारा लिया है वहाँ वेदों से यज्ञ, यज्ञाग्नि, होता, हवि, हविष्यान्न, मेध्य आदि शब्द लेकर प्रेम या प्यार को स्पष्ट किया है। प्रभाव के स्रोत और भी कई हो सकते है किंतु सबसे बड़ी बात यह है कि उनकी प्रेमानुभूति आरोपित नहीं, किसी से उधार ली हुई नहीं है। इसमें कवि के स्वयं का ही 'रागदीप्त' सत्य उजागर हुआ है।

प्रकृति-चेतना

व्यापक अर्थ में सम्पूर्ण दृश्यमान जगत्, समस्त देश-काल ही प्रकृति है। मनुष्य स्वयं प्रकृति का अंगभूत है। वह चाहे भी तो अपने को उससे पृथक् नहीं कर सकता। प्रकृति में ही सारी सृष्टि उत्पन्न होती है, उसमें ही लीन हो जाती है। यह पुरातन से भी पुरातन है और नित नवीन भी है। तात्त्विक दृष्टि से यह ब्रह्म की सहजात प्रेयसी है और इसी के द्वारा ब्रह्म सृष्टिकर्त्ता बनता है। मनुष्य से प्रकृति का रागात्मक संबंध हो यह अत्यन्त स्वाभाविक है और कवि अधिक संवेदनशील होने के कारण उससे अपने को गंभीर रूप से जोड़ ले यह और भी स्वाभाविक है। कवि अज्ञेय की संवेदना भी प्रकृति से गहन रूप से जुड़ी हुई है। उनके सौंदर्य-बोध, सत्यान्वेषण, आत्म-बोध आदि का एक मुख्य स्रोत प्रकृति ही है।

अज्ञेय की दृष्टि में ''मानवेतर ही प्रकृति है– वह सम्पूर्ण परिवेश जिसमें मानव रहता है, जीता है, भोगता है और संस्कार ग्रहण करता है। स्थूल दृष्टि से देखने पर प्रकृति मानवेतर का वह अंश हो जाती है जो कि इन्द्रियगोचर है–जिसे हम देख, सुन, छू सकते हैं और जिसका आस्वादन कर सकते हैं।[1]'' जीवन में निरंतर प्रकृति का बोध हमें होता रहता है। जीवन का प्रकृति-बोध मुख्यतया इन्द्रियगोचर होता है किंतु 'साहित्य का प्रकृति-बोध मानवेतर इन्द्रियगोचर, बाह्य परिवेश तक जाकर रुक नहीं जाता' वह उसके आगे बढ़कर गोचर में अगोचर को देखने की चेष्टा करता है।

तात्त्विक दृष्टि से चाहे सब कुछ प्रकृति हो किंतु व्यवहारतः विशिष्ट देशकाल ही प्रकृति कहलाने का गौरव रखता है। यों तो देश के अन्तर्गत हर छोटी से छोटी वस्तु–सूई, चिमटा, दियासलाई आदि वस्तुएँ भी आती हैं किंतु व्यवहार में हम विशिष्ट देश–नदी-तट, सागर, पर्वत, उद्यान, जंगल मरुभूमि आदि को ही प्रकृति कहते हैं। इसी प्रकार काल के अंतर्गत सेकेंड, मिनट और घंटे भी आते हैं किंतु हम व्यवहार में संध्या, रात, उषा, प्रभात आदि को प्रकृति की संज्ञा देते हैं। आशय यह है कि जीवन में जिसे हम प्रकृति एवं प्रकृति-बोध कहते हैं उसमें विशिष्ट देश-काल, विशिष्ट रूपाकार का ही विशेष महत्त्व होता है। विशिष्ट पंच महाभूत–क्षिति, जल, पावक, गगन, समीर भी प्रकृति के अंगभूत ही हैं। अपने विशिष्ट रूप में भी प्रकृति इतनी विशाल है कि उसकी इयत्ता नापी नहीं जा सकती। हमारी संवेदनाओं के विभिन्न स्रोत प्रकृति में विद्यमान हैं।

इस विराट् प्रकृति में समस्त ऋतुएँ– वसंत, वर्षा, शरद, हेमन्त, समस्त ग्रह-उपग्रह, समस्त पेड़-पौधे, फूल, पशु-पक्षी, जीव जन्तु शामिल हैं। हमारे इर्द-गिर्द की दुनिया भी प्रकृति से परिवेष्टित है। आकाश, बादल, पगडंडी, घास, सुबह, संध्या, प्रातः सब प्रकृति के ही विभिन्न रूप हैं। अज्ञेय के काव्य में प्रकृति के विविधि रूप, उससे गृहीत विभिन्न ऐन्द्रिय बोध तथा प्रकृति के विभिन्न क्रिया-व्यापारों के अनेक मूर्त एवं अमूर्त बिंब विद्यमान हैं। उनकी दृष्टि गोचर के पीछे छिपे हुए अगोचर भाव, वस्तु एवं रहस्य तक पहुँच सकी

1. हिन्दी साहित्य : एक आधुनिक परिदृश्य - 'प्रकृति काव्य : काव्य-प्रकृति' निबंध

है। कहीं उन्होंनें प्रकृति का चित्रण विषय के रूप में किया है, कहीं विषयी के रूप में, कहीं वह मानवीकृत है, कहीं प्रतीक-समन्वित, कहीं वह विभाव के रूप में है तथा कहीं मात्र परिवेश-चित्रण एवं उपदेश देने के माध्यम के रूप में।

अज्ञेय की प्रकृति-चेतना का संबंध जहाँ एक ओर उनकी सौंदर्य-चेतना से जुड़ता है वहाँ उसका संबंध उनकी रहस्य-चेतना से भी है। उनके प्रकृति-बोध का आयाम बहुत विस्तृत है। प्रकृति के विभिन्न रूपों के साथ मानसिक व्यापारों का संश्लेषण, दृश्य के साथ अन्तर्दशन का संयोग, विराट् के साथ लघु का मेल उनके प्रकृति-बोध की अनन्य विशेषताएँ हैं। अज्ञेय ने प्रकृति के माध्यम से सत्यम्, शिवम् और सुन्दरम् तीनों का एक साथ ही संधान कर लिया है।

अज्ञेय की आरंभिक रचनाओं में प्रकृति-विषयक रचनाएँ अपेक्षाकृत कम मिलती हैं किंतु 'हरी घास पर क्षण भर' एवं परवर्ती रचनाओं में प्रकृति-संबंधी कविताएँ प्रचुर मात्रा में मिलती हैं। कवि की प्रकृति-चेतना की विभिन्न विशेषताओं का निरूपण यहाँ विभिन्न शीर्षकों के अन्तर्गत किया जा रहा है।

प्रकृति-चित्रण के विविध विषय

अज्ञेय ने प्रकृति-चित्रण के लिए जिन नाना रूपों को चित्रण का विषय बनाया है उसकी सूची बड़ी लम्बी है। एक ओर जहाँ उनके काव्य में वन, पर्वत, नदी, सागर, खेत, खलिहान, दलदल, तट, आँगन, द्वार, सरोवर, झील, डगर, पगडंडी आदि स्थान अपनी विशिष्ट छवि में अंकित हैं तो दूसरी ओर प्रकृति के अनेक उपादान – आकाश, क्षितिज, सूर्य, चंद्र, तारे, बादल, इन्द्रधनुष, आदि; प्रकृति के अनेक क्रिया-व्यापार–सूर्योदय, सूर्यास्त, वर्षा, आँधी आदि; अनेक बेलाएँ–भोर, साँझ, दोपहर, रात आदि; अनेक ऋतुएँ–शरद, वसन्त, शिशिर, हेमन्त आदि; अनेक मास–फागुन, चैत, वैशाख, सावन आदि के संश्लिष्ट चित्र उनके काव्य में उतरे हैं।

कवि ने फूलों में रजनीगंधा, कचनार, मालती, टेसू, लजाती शेफाली, लाल बुरुंस, गुलाब, नीहार न्हाई कुँई, टटकी चम्पे की कली, सँवरी जुही, हिमाहत नलिनी, पंचमुख गुड़हल, पलाश आदि को विशेष रूप से याद किया है। पेड़-पौधों में बबूल, पीपल, झाऊ, सेमर, बकुल, नरसल, चीड़ और नग्न बुच्चे दईमारे पेड़, पर्णहीन ठूँठ, किरीटी तरु आदि के चित्र कवि ने अंकित किये हैं। पक्षियों में यदि पहाड़ी काक, बुलबुल, श्यामा, दँहगल, फुलसुंघनी, कीर, हंस, केकी, बगुला, टिटहरी, चातक, सारस, मोर, पड़कुलिया आदि अज्ञेय के काव्य में आये हैं तो पशुओं में धैर्यधन गदहे के साथ रिरियाता कुत्ता, माल ढोते डांगर और उछलते मृग भी आए हैं। छोटे जीव-जन्तुओं में साँप, केंचुए, दादुर, घोंघे, केंकड़े, कीड़े, भुनगे जैसे उपेक्षित जीव आये हैं तो तितलियाँ, मछली, जूगनू जैसे मोहक जीव भी आये हैं।

अज्ञेय की स्मृति-दीर्घा में कहीं धूप, दीपक, किरण, शैवाल, नाव, भाप छोड़ती इन्जन, मोती, मलय-मारुत, भादों की उमस के चित्र टँगे हैं तो कहीं धूल-धुआँ, घास, आग, ज्वाला,

शिला की छवि टंकित हैं। उन्होंने प्रकृति के इतने रूपों, स्थितियों, क्रिया-व्यापारों आदि के चित्र अपने काव्य में उतारे हैं कि सहसा विश्वास ही नहीं होता। ग्राम्य, वन्य एवं शहरी सभी प्रकार की प्रकृति को उन्होंने अपने काव्य में स्थान दिया है।

स्थान-विशेष के चित्रण में कवि को पर्वत और सागर संभवतः अधिक प्रिय हैं। इनकी उपस्थिति अनेक कविताओं में देखी जा सकती है। 'पहाड़ी-यात्रा', 'दूर्वाचल' तथा 'नंदादेवी' शीर्षक के अंतर्गत की कई कविताएँ स्पष्ट रूप से पर्वत से संबंधित हैं। 'सागर और गिरगिट', 'सागर और धरा', 'सागर-तट', 'संध्या तारा', 'सागर-चित्र', 'सागर में ऊब-डूब', 'होने का सागर' आदि कविताएँ तथा 'सागर-मुद्रा' नाम से मिलने वाली चौदह कविताएँ[1] सागर से सम्बन्धित हैं। यहाँ ध्यान देने की बात यह है कि इन कविताओं का संबंध पर्वत एवं सागर से अवश्य है किंतु यहाँ उनके बाह्य रूप का अंकन प्रायः कम ही हुआ है। कवि इनके द्वारा अपने विभिन्न भाव-बोध को अभिव्यक्त करता है। कहीं-कहीं रूप-छवि भी मिल जाती है।

(i) पार्श्व गिरि का नम्र, चीड़ों में
डगर चढ़ती उमंगों-सी
बिछी पैरों में नदी ज्यों दर्द की रेखा[2]

(ii) मतियाया
सागर लहराया
तरंग की पंख युक्त वीणा पर
पवन ने भर उमंग से गाया
फेन झालरदार मखमली चादर पर मचलती
किरण-अप्सराएँ भारहीन पैरों से थिरकीं
जल पर आलते की छाप छोड़ पल-पल बदलती।[3]

प्रथम उद्धरण में चीड़, डगर और नदी की रेखा से युक्त पर्वत का सीमावर्ती भाग चित्रित है तथा दूसरे में उन्मत्त होकर सागर के लहराने का चित्र है। डगर का उमंगों-सी चढ़ना, नदी का दर्द की रेखा लगना, तरंग का पंखयुक्त वीणा लगना आदि प्रयोगों के द्वारा कवि ने इनके रूप को सजाकर अलंकारयुक्त कर दिया है। जल की लहरियों पर किरणों के थिरकने से उनमें लाली झाँकने लगती है, इस सामान्य दृश्य में कवि ने किरण-अप्सराओं के लहरों पर नाचने से पड़ी आलते की छाप देखकर अपनी उन्नत कल्पना-शक्ति का परिचय दिया है। इसी तरह कवि ने लजीली पगडण्डी, बाँकपन लिये नदी, दादुर युक्त पुराना ताल आदि के चित्र अपने काव्य में उतारे हैं।

1. 'सागर-मुद्रा' संकलन में इस शीर्षक की 11 कविताएँ हैं तथा 'पहले मैं सन्नाटा बुनता हूँ' संकलन में तीन कविताएँ क्रमशः 'सागर-मुद्रा' 12, 13, 14 नाम से प्रकाशित हुई हैं।
2. हरी घास पर क्षण भर- 'दूर्वाचल' कविता
3. आँगन के पार द्वार-'भीतर जागा दाता' कविता

आकाश और उससे संबंधित सूर्य, चंद्र, बादल, तारे आदि में कवि ने सूर्य, चंद्र और बादल के अंकन में विशेष रुचि दिखलाई हैं। 'बावरा अहेरी' नामक काव्य-संकलन में सूर्य का अनेक रूपों में उल्लेख हुआ है। कहीं वह अहेरी के रूप में चित्रित है, कहीं किसी सामान्य पक्षी के रूप में। एक स्थल पर सूर्य को कवि ने एक ऐसे कुरर पक्षी के रूप में देखा है जो "सूप-सूप भर धूप-कनक" को बीन रहा है।[1] चंद्रमा कवि को कभी आँगन का दीपक, कभी एक तपःक्षीण कापालिक तथा कभी भागता हुआ व्यक्ति लगता है। इसी प्रकार बादल को कभी कवि ने 'काली गुदड़ी' के रूप में देखा है कभी 'अपने ही आंतरिक क्षोभ से सकुचे कटे-फटे' से व्यक्ति के रूप में तथा कभी 'ताजी धुनी रुई की उजली सेज' के रूप में।

प्रकृति के क्रिया-व्यापारों में सूर्यास्त में कवि ने पूजा की एक स्थिति देखी है। 'सूरज का जपा फूल' सागर हाथों 'अम्बा तिमिरमयी' को अर्पित कर दिया जाता है। कहीं वह सूर्यास्त को 'बदली की तहों में डूब जाता सुलगता लाल दिन' के रूप में देखता है। सूर्योदय में 'रवि का लाल-लाल गोला उगता है,' अथवा 'बावरा अहेरी आलोक की लाल-लाल कनियाँ बिछाता है'। रात में 'नदी की जाँघ पर झोंप अंधियाला' सोता हुआ दिखलाई पड़ता है। प्रकृति नित नया रूप बदलती रहती है। ऋतुएँ बदलती हैं— कभी वर्षा तो कभी शरद, कभी हेमंत तो कभी वसंत। जब वसंत ऋतु आती है तो कवि को ऐसा लगता है, जैसे—

शिशिर ने पहन लिया वसंत का दुकूल
गंधवह उड़ रहा पराग-धूल झूल
काँटों का किरीट धारे बने देवदूत
पीत वसन दमक उठे तिरस्कृत बबूल।

(मिट्टी की ईहा-'ऋतुराज' कविता)

फूलों में शेफाली 'लजीली' है, मालती 'अनजानी' है, भीनी गंध का झीना जाल फैलाती है। जुही 'सँवरी हुई' है तथा कुँई भोर के ओस से स्नान करके खड़ी है, पंचमुख गुड़हल 'अंगार-सा सुलग रहा' है। इस प्रकार प्रकृति के अनेक विषयों के अनेक चित्र कवि ने अंकित किये हैं।

ऐन्द्रिय बोध और प्रकृति

अज्ञेय की प्रकृति-परक अनेक कविताओं में उनका ऐन्द्रिय बोध प्रकट हुआ है। व्यावहारिक जीवन में प्रकृति के साहचर्य का उपभोग हम ऐन्दिय बोध के आधार पर ही करते हैं अतः यह स्वाभाविक है कि काव्य में भी ऐन्द्रिय बोध से समन्वित प्रकृति के चित्र आ जाएँ। ऐन्द्रिय संवेदना की दृष्टि से अज्ञेय का प्रकृति-काव्य काफी समृद्ध है। प्रकृति के चित्रांकन में कवि ने रूप-रंग, ध्वनि, गंध और स्पर्श से संबंधित ऐन्द्रिय बोध का बड़ी ही सूक्ष्मता से अंकन किया है।

1. अरी ओ करुणा प्रभामय- 'धूप' कविता

आलोक की लाल कनियाँ, पार्क के किनारे पुष्पिताग्र कर्णिकार की आलोक खची तन्वी रूपरेखा, भाले की अनी-सी बनी बुगलों की डार, बिछलती डगर-सी सुनसान सरिता, चीड़ों में डगर चढ़ती उमंगों-सी, उषावधू के अवगुंठन-सा लालिम गगनाम्बर, धुंधली छायाएँ–कुछ काली कुछ चमकीली, उजली कपासी धूम डोरियाँ, पीतवसन-बबूल आदि प्रयोगों में रूप और रंग से युक्त दृश्य-बिंब अंकित हैं। इन प्रयोगों में नयापन भी है और अर्थगांभीर्य भी। आलोक का लाल 'कनियाँ' की तरह बिखरना और उसका आकाश में फैल जाना सूर्य की रोशनी के फैलने का सुन्दर चित्र प्रस्तुत करता है। एक अन्य चित्र देखिए–

लाल
अंगारे से डह-डह इस
पंचमुख गुड़हल के फूल को
बाँधते रहो नीरव– (कितनी नावों में कितनी बार-36)

गुड़हल अथवा जपा कुसुम का दहकते हुए अंगारे के समान लाल लगना में रंग-योजना बहुत ही सटीक है। जैसे दहकता हुआ अंगारा व्यक्ति का ध्यान सहसा अपनी ओर खींचने में समर्थ है वैसे ही यह गुड़हल पुष्प अपने वर्ण से दहकता हुआ कवि को आकर्षित करता है।

ध्वनि-बिंबों से युक्त प्रकृति के अनेक चित्र अज्ञेय के काव्य में आये हैं। गोधूलि बेला की टुनटुन, रेतीले कगार का गिरना– छप्-छड़ाक, स्टीमर की भर्राई सीटी, वर्षा-बूदों की पट-पट, घनी छाँव में महुए का चुपचाप टपकना, पर्वती गाँव में उत्सव-ढोलक की थाप आदि में कवि ने प्रकृति का ध्वनि-बोध युक्त चित्र अंकित किया है। ध्वनि-बोध से युक्त एक पहाड़ी सुबह का बहुत ही प्रभावशाली चित्र अज्ञेय ने 'पावस प्रात, शिलङ्' नामक कविता में शब्दबद्ध किया है :

भोर बेला। सिंची छत-से ओस की तिप्-तिप्
पहाड़ी काक
की विजन को पकड़ती-सी क्लान्त बेसुर डाक
हाक्! हाक्! हाक्!

ओस के टपकने के लिए **तिप्-तिप्** का प्रयोग तथा पहाड़ी काक की डाक के लिए **हाक्-हाक्** का प्रयोग ताजगी लिए हुए है। इन पंक्तियों में ध्वनिवाची शब्दों के द्वारा पहाड़ी सुबह का इन्द्रियगोचर बिंब प्रस्तुत हुआ है।

'अधजानी बबूल की **धूल मिली-सी गंध**', 'पत्थरों के उन कंगूरों पर **अजानी गंध** सी अब छा गई होगी उपेक्षित रात', 'मालती अनजान भीनी **गंध का है झीना जाल फैलाती**', 'चीड़ बनो में **गंध-अंध उन्मद पतंग**', 'पड़ा यह दौंगड़ा पहला, धरा ललकी, उठी बिखरी हवा में **बास सौंधी** मुग्ध मिट्टी की' आदि पंक्तियों में गंध-बोधयुक्त प्रकृति का रूप अवतरित है। इसी प्रकार कुछ प्रकृतिचित्रों में स्पर्श बोध भी सम्मिलित है। 'भाप

के अग्निगर्भ बादल', **'उमस** में बेकल, अचल हैं पात चलदल के', 'मलय का झोंका बुला गया : खेलने से **स्पर्श** से वह रोम-रोम कँपा गया', 'पत्थर पर लिखी हुई यह जली हुई छाया' आदि पंक्तियों में स्पर्श-बोध से युक्त प्रकृति का रूप द्रष्टव्य है।

प्रकृति-चित्रों में गति का अंकन कर अज्ञेय ने उसे अधिक आकर्षक बना दिया है। स्थिर चित्र की तुलना में गतिशील-चित्र पर हमारी दृष्टि सबसे पहले जाती है। गत्यात्मक दृश्य-बिंब से युक्त प्रकृति का अंकन कवि ने अनेक स्थलों पर किया है :

(1) उठी एक किरण, धायी, क्षितिज को नाप गयी[1]

(2) शरद की साँझ के सूने गगन की पीठिका पर दोलती अकेली कलगी बाजरे की[2]

(3) एक बूँद सहसा उछली सागर के झाग से—
रंगी गयी क्षण भर—ढलते सूरज की आग से।[3]

उपर्युक्त उद्धरणों में क्रिया-संकेतों के माध्यम से चित्र में सजीवता का संचार किया गया है। किरणों की त्वरित गति का बोध, 'धायी और नाप गयी' से हो जाता है, 'दोलती अकेली कलगी बाजरे की' सूने गगन की पृष्ठभूमि में ध्यानाकर्षक हो जाती है। बूँद का सहसा उछलना और रंग जाना एक क्षण के सन्दर्भ में बहुत आकर्षक है।

इस प्रकार कवि प्रकृति के अंकन में रंग, ध्वनि, गंध, गति आदि का ऐन्द्रिय बोध प्रस्तुत करने में काफी सफल हुआ है। नयी-नयी व्यंजनाओं एवं शिल्प की नवीनता के कारण ये प्रकृति चित्र पाठक की सौंदर्यानुभूति को भी उद्‌बुद्ध कर देते हैं। किन्तु सभी जगह वे सफल हुए हैं ऐसा मानना दुराग्रह ही होगा।

प्रकृति और मानवकुण्ठा का परिप्रेक्ष्य

मानव-कुंठाओं के परिप्रेक्ष्य में साधरण-सा प्रतीत होने वाला प्रकृति चित्र भी विशिष्ट हो उठता है। कवि जब अपनी कुंठाओं का आरोप प्रकृति पर कर देता है तब वह चित्र मानवीय आभा से सज्जित होकर आकर्षक हो जाता है। अज्ञेय की प्रकृति-चेतना पर यौन-कुंठा एवं अन्य सामान्य कुंठाओं का आरोप लक्षित होता है। प्रायः इन कुण्ठाओं के कारण चित्र विद्रूपित हुआ है किंतु इन चित्रों में एक प्रकार की विशिष्टता भी आ गयी है। कवि के अनुसार आज का मानव मन यौन-परिकल्पनाओं से लदा हुआ है, उसके कथन यौन प्रतीकार्थ रखते हैं। प्रकृति-चित्रण में भी ये कुंठाएँ सम्मिलित हो गयी हैं :

(1) बादलों के चुम्बनों से खिल अयानी हरियाली
शरद् की धूप में न्हा-निखर कर हो गयी है मतवाली
झुंड कीरों के अनेकों फबतियाँ कसते मंडरातेः

1. बावरा अहेरी - 64
2. सुनहले शैवाल - 61
3. आ. लो. हि. क. - 'अज्ञेय'- 51

झर रही है प्रांत में चुपचाप लजीली शेफाली।[1]

(2) स्नेह से आलिप्त
बीज के भवितव्य से उत्फुल्ल
बद्ध
वासना के पंक-सी फैली हुई थी
धारयित्री सत्य-सी निर्लज्ज, नंगी
औ समर्पित।[2]

पहले चित्र में प्रकृति मानवीय मधुर भावना से आश्लेषित है। यह चित्रण यौन-कुंठा से प्रभावित अवश्य है किंतु यहाँ यौन-कुंठा का विकृत रूप देखना उचित नहीं होगा। 'अयानी हरियाली' का बादलों के चुम्बनों से खिल उठाना, निखर कर मतवाली होना, कीरों का फब्तियाँ कसना, लजीली शेफाली का चुपचाप झरना आदि सुष्ठु प्रयोग हैं। चूमना, निखर कर मतवाली होना, फब्तियाँ कसना, लजाना आदि मानवीय व्यापार को व्यक्त करते हैं। दूसरे उद्धरण में 'धारयित्री' का चित्र प्रस्तुत किया गया है। धारयित्री का समर्पित निर्लज्ज, नंगी, वासना के पंक-सी फैली हुई स्थिति का चित्रण यौन-कुंठा से आश्लेषित है। यौन-कुंठा के परिप्रेक्ष्य में यदि प्रकृति को देखा जाय तो उसका सौंदर्य जहाँ कुछ अंश तक विरूपित हो जा सकता है, वहाँ उसमें एक जीवन्तता का भी प्रादुर्भाव हो जाता है। किन्तु इस प्रकार के चित्र सांकेतिक अधिक हों तभी अच्छे हो सकते हैं और कवि के सौन्दर्यबोध को स्निग्धता प्रदान कर सकते हैं अन्यथा अत्यन्त नग्न एवं विरूपित चित्र प्रकृति-चित्रण का आदर्श नहीं माना जा सकता।

आज के सामाजिक जीवन में व्यक्ति अनेक प्रकार की हीनताएँ, असफलताएँ भोगने के लिए विवश है। आज व्यक्ति जगह-जगह अवरुद्ध और कुंठित हो गया है। उसे अपने अस्तित्व को कायम रखने के लिए निरन्तर संघर्ष करना पड़ता है। संघर्ष ने उसकी पूर्वतन सौन्दर्य-भावना को ठेस पहुँचायी है। जले भुने हुए व्यक्ति को 'चांदनी-सित' वंचना-सी प्रतीत हो यह स्वाभाविक ही है। विभिन्न प्रकार की कुंठाओं ने एक ओर कवि को रोमानी सौन्दर्यबोध से यथार्थ के सौन्दर्यबोध पर लाकर खड़ा किया है, दूसरी ओर वह जानबूझ कर विद्रूप चित्रण में व्यस्त हो गया है। 'शिशिर की राका-निशा' कवि को अच्छी नहीं लगती :

वंचना है चांदनी सित
झूठ वह आकाश का निरवधि गहन विस्तार—
शिशिर की राका निशा की शांति है निस्सार।
दूर वह सब शांति, वह सित भव्यता, वह शून्य

1. आ. लो. हि. क - 'अज्ञेय'- 42
2. इत्यलम्, 'सावनमेघ' - 155

के अवलेप का प्रस्तार।
इधर–केवत झलमलाते
चेतहर, दुर्धर, कुहासे की हलाहल-स्निग्ध मुट्ठी में
सिहरते-से, पंगु, टुंडे
नग्न, बुच्चे, दईमारे पेड़।[1]

यहाँ खीझ, झुंझलाहट, आक्रोश आदि के कारण चांदनी कवि को जरा भी अच्छी नहीं लगती। यों तो चांदनी रात है और शुभ्र चांदनी फैली हुई है किंतु वह वंचना प्रतीत होती है। नीचे नग्न, बुच्चे, दईमारे पेड़ खड़े हैं। ये दईमारे पेड़ कटु यथार्थ के प्रतीक हैं। कटु यथार्थ के अनुभव ने ही पेड़ों को नग्न, बुच्चे और दईमारे बना दिया है। स्वाभाविक मनःस्थिति में कुछ और ही बात होती। मनःस्थिति यदि कुंठित हो तो व्यक्ति सुन्दर की जगह असुन्दर देखने लगता है। कुंठाग्रस्त मनःस्थिति में सुघड़ चित्र कल्पना में नहीं आ पाता। अज्ञेय इस स्थिति के परिणामस्वरूप भदेस चित्रण पर उतर आते हैं:

निकटतर– धँसती हुई छत, आड़ में निर्वेद
मूत्र सिंचित मृत्तिका के वृत्त में
तीन टाँगों पर खड़ा, नतग्रीव
धैर्यधन गदहा।[2]

किंतु इस प्राकर का भदेस चित्रण अधिक नहीं मिलता। ये चित्र कवि ने ऐसे क्षणों में उतारे हैं जब वह मानसिक रूप से संघर्ष में व्यस्त था। मनःस्थिति का बाहर से कोई साम्य न देख पाने के कारण कटु-यथार्थ के अंकन में उसकी रुचि उत्पन्न हुई थी। आगे चलकर अज्ञेय भदेस-चित्रण से भरसक अपना पल्ला छुड़ा लेते हैं।

प्रकृति : एक चेतन अस्तित्व

अज्ञेय के काव्य में प्रकृति अधिकांश स्थलों पर एक चेतन अस्तित्व है। प्रकृति के जड़ और चेतन दो रूप होते हैं। जड़ अथवा चेतन प्रकृति पर जब मानव-भावों, मनःस्थितियों तथा मानव-चेष्टाओं का आरोप किया जाता है तब प्रकृति का मानवीकृत रूप प्रस्तुत होता है। प्रकृति का मानवीकरण छायावाद काल की एक प्रमुख विशेषता रही है। अज्ञेय के काव्य में प्रकृति का मानवीकृत रूप प्रचुर परिमाण में मिलता है साथ ही प्रकृति के ऐसे चित्र भी मिलते हैं जिनमें कवि ने प्रकृति पर मानवेतर किसी चेतन-प्राणी का आरोप कर दिया है। इस तरह जहाँ कवि ने प्रकृति को मानवीकृत किया है वहाँ तो वह चेतन है ही, जहाँ उन्होंने जड़ प्रकृति में किसी जीव-विशेष की चेतना डाल दी है वहाँ भी वह सचेतन हो गई है।

---

1. इत्यलम् - 166   2. इत्यलम् - 166

शरद्, ऋतुराज, शिशिर के प्रति, सो रहा है झोंप, बावरा अहेरी, टेसू, पूनो की साँझ, पगडंडी, सावन मेघ, दाता और भिखारी, भीतर जागा दाता आदि कविताओं में मानवीकरण की स्थिति स्पष्ट है। यहाँ ध्यान देने की बात यह है कि कवि ने मानवीकरण का प्रयोग मात्र अलंकरण के लिए नहीं किया है बल्कि इसके द्वारा वे अलग-अलग अभिप्रायों को साधते हुए प्रतीत होते हैं। 'सावन मेघ' और 'सो रहा है झोंप' कविता में कवि ने मानव के कोमल भावों –प्रेम और वासना को सुन्दर ढंग से व्यंजित किया है, 'दाता और भिखारी' कविता के द्वारा उन्होंने प्रकृति के मानवीकृत आचरण से उपदेश दिलाने की चेष्टा की है तथा 'बावरा अहेरी' के द्वारा एक मनोरम बिम्ब उपस्थित किया है। 'पूनो की साँझ' में मानवीकरण की एक स्थिति का चित्र थोड़े से शब्दों में कवि ने इस प्रकार उतारा है–

पति सेवारत साँझ
उचकता देख पराया चाँद
ललाकर ओट हो गयी।

यहाँ संध्या का स्वकीया नायिका के रूप में चित्रण हुआ है। वह अपने पति की सेवा में तल्लीन है। पति-सेवा-रत संध्या को पराया पुरुष (किसी और का पति) उचककर देखने लगता है। इसको लक्षित कर संध्या लज्जा से लाल हो जाती है और वह किसी ओट में छिप जाती है ताकि वह उसे देख न सके। इससे संध्या की पति के प्रति निष्ठा तथा नारी-सुलभ लज्जा अभिव्यक्त होती है। इसमें प्राकृतिक घटना तो सिर्फ इतनी-सी है कि पूर्णिमा की संध्या लालिमाविहीन हो गयी तथा चन्द्रोदय हो गया किंतु कवि ने इस स्थिति पर मानव-भावों का आरोप कर अपनी उच्च कल्पना-शक्ति का परिचय दिया है। इसी प्रकार के अनेक चित्रों में मानवीकरण के प्रभाव से प्रकृति के अनेक रूप सप्राण हो गये हैं। इसके आरोप से, **पगडंडी** लजीली हो उठती है। 'इधर-उधर अटपटी चाल से चलती हुई घाटी में पहुँचकर खिलखिला उठती है।' **धूल** 'झगड़ैल' हो उठती है 'पछवा के कन्धों पर चढ़कर इतराती' है और स्नेह की एक बूँद पाकर पैरों में बिछ-बिछ जाती' है। **शिशिर** 'वसंत का दुकूल' पहन लेता है, **बबूल** 'काँटों का किरीट' तथा 'पीत-वसन' धारण करके दमक उठता है। हरियाली 'बादलों के चुम्बनों से खिल' उठती है, **कीरों के झुंड** 'फबतियाँ कसते' हुए मँडराने लगते हैं तथा **शेफाली** लजीली हो उठती है। **टेसू** बनखंडी में आग लगाने और 'अपनी अखंड आस्था के साक्ष्यरूप मशाल' जलाने वाला बन जाता है।

अनेक स्थलों पर कवि ने जड़-प्रकृति पर मानव-भावों के आरोप के बदले किसी अन्य जीव के आचरण का आरोप कर दिया है। 'धूप' कविता में सूर्य पर कुरर का आरोप कर कवि ने उसे जीवन्त बनाया है :

सूप-सूप भर
धूप-कनक

यह सूने नभ में गयी बिखर :
चौंधया
बीन रहा है
उसे अकेला एक कुरर।

(अरी ओ करुणा प्रभामय–'धूप' कविता)

इसमें सूर्यास्त का अंकन हुआ है। सूने नभ में किसी ने सूप में भर-भर कर धूप रूपी कनक बिखेर दिये हैं। अकेला कुरर (क्रौंच पक्षी–यहाँ सूर्य) उसे बीन रहा है। बिखरे हुए दाने को यदि पक्षी कुछ देर तक बीनता रहे तो वह धीरे-धीरे समाप्त हो जाएगा वही स्थिति धूप-रूपी कनक की हो रही है। धूप धीरे-धीरे समाप्त हो रही है। इस प्रकार संध्या बेला में धूप को धीरे-धीरे विलीन करने के लिए सूरज को चेतन क्रौंच पक्षी बना दिया गया है। कभी-कभी यह आरोप देश-रूप प्रकृति के अतिरिक्त काल-रूप प्रकृति पर भी किया गया है। काल और उसके विभिन्न खंड– दिन, महीने, वर्ष या क्षण आदि भी प्रकृति के ही रूप हैं। एक स्थल पर कवि ने समय पर पक्षी का आरोप कर उसे चेतन बना दिया है :

समय क्षण-भर थमा-सा :
फिर तौल डैने
उड़ गया पंछी क्षितिज की ओर

(कितनी नावों में कितनी बार–15)

इसी प्रकार चेतना के आरोप से मालवाही **रेलें** बँधी हुई लीक पर चलने वाली 'चिहुँकती और रँभाती अफराये डांगर-सी' हो जाती हैं, 'मुहझौंसी **चिमनियाँ** धुआँ उगलने' लगती हैं। **किरण** उठती है और क्षितिज को नापने के लिए दौड़ पड़ती है। **सूरज** सुनहले पक्षी की तरह उड़ जाता है, **गैस** 'प्रकाश की तीखी गर्म लपलपाती जीभ' निकालती है।

विभाव और प्रकृति

प्रकृति का विभाव के रूप में अंकन बहुत प्राचीन काल से होता आ रहा है। अज्ञेय के काव्य में भी प्रकृति का विभाव रूप में चित्रण मिल जाता है। विभाव के भेदों–आलंबन् एवं उद्दीपन में से कवि ने आलंबन रूप को विशेष प्रश्रय नहीं दिया है किंतु प्रकृति के भावोद्दीपक रूप का अंकन उनके काव्य में अनेक स्थलों पर मिल जाता है। प्रेमानुभूति के वियोग-पक्ष में प्रायः प्रकृति प्रिय का स्मरण दिलाने वाली बन जाती है। अज्ञेय के काव्य में भी इसकी स्थिति देखी जा सकती है :

ओ पिया, पानी बरसा !
घास हरी हुलसानी
मानिक के झूमर-सी
झूमी मधु-मालती

झर पड़े जीते पीत अमलतास
चातक की वेदना विरानी।
....
खड़ खड़ कर उठे पात
फड़क उठे गात।
देखने को आँखें
घेरने को बाँहें
पुरानी कहानी ?
ओठ को ओठ, वक्ष को वक्ष
ओ पिया, पानी ![1]

यहाँ बिल्कुल पारंपरिक ढंग से प्रकृति के उद्दीपन रूप का अंकन किया गया है। वर्षा हो चुकी है, घास हुलस गई है, मधु-मालती झूम रही है, पत्ते हवा में खड़खड़ा रहे हैं परिणामतः प्रेमिका के मनोगत भाव उद्दीप्त हो जाते हैं। 'खड़खड़ कर उठे पात' से यह संकेत मिलता है कि नायिका का शरीर मिलन के अभाव में जीर्ण हो रहा है। मिलन की तीव्र आकांक्षा उसके शरीर को पत्ते की तरह कँपा जाती है। अज्ञेय की आरंभिक रचनाओं में प्रकृति का उद्दीपन रूप प्रायः पारंपरिक ढंग से ही चित्रित हुआ है। 'मधु, मंजरि, अलि, पिक-रव' (चिन्ता), 'भादों की उमस' (वंचना के दुर्ग), 'देख क्षितिज पर भरा चाँद', 'जागर', 'आषाढस्य प्रथम दिवसे' (मिट्टी की ईहा), 'जब पपीहे ने पुकारा' (हरी घास पर क्षण भर) आदि कविताओं में प्रकृति का उद्दीपन रूप लगभग पारंपरिक रूप में ही चित्रित है।

बाद में कवि प्रकृति के उद्दीपन रूप को परंपरा से हटकर चित्रित करने में भी सफल हुआ है। 'कोहरे में नम सिहरा हुआ, इकहरे तथा उजले तने वाला भूज खड़ा है।' इसको देखकर विरहिणी को अपने प्रवासी प्रियतम की याद उद्दीप्त हो सकती है किंतु इस दृश्य को देखकर विरहिणी स्वयं कुछ नहीं कहती, कवि उसकी मनःस्थिति का स्वयं अन्दाजा लगाता हुआ टिप्पणी करता है :

बहुत सालती रहती है क्या
परदेसी की
याद यक्षिणी ?[2]

प्रेम के संदर्भ में ही नहीं अनेक दूसरे मनोभावों के संदर्भ में भी प्रकृति के उद्दीपक रूप को कवि ने देखा है। खीझ, झुंझलाहट, कुढ़ना आदि मनोभाव प्रकृति के दृश्य-विशेष को देखकर बढ़ जाय तो भी प्रकृति उद्दीपन का कार्य सिद्ध करती है। एक ऐसी ही स्थिति का अंकन 'खुले में खड़ा पेड़' नामक कविता में हुआ है। कवि 'भूलकर सवेरे देहात की

1. इत्यलम् - 'पानी बरसा' कविता
2. सागर-मुद्रा – 29

सैर करने गया था। वहाँ उसने खुले में एक पेड़ को खड़ा देखा।' इस दृश्य को देखकर कवि में बन्धनों के विरुद्ध विद्रोह-भावना जग गई है। उसकी खीझ बढ़ गई :

और लौटकर
मैंने घरवाली को डाँटा है,
बच्ची को पीटा है :
दफ्तर में पहुँचकर बॉस पर कुढूँगा
और बड़े बॉस को
भिंचे दाँतों के बीच से सिसकारती गाली दूँगा।[1]

यहाँ कवि स्वयं आश्रय है और खुले में खड़े पेड़ को देखकर खीझ से भर गया है। कभी विपरीत स्थिति भी उत्पन्न होती है। प्रकृति का कोई मनोरम दृश्य कवि में प्रसन्नता को उद्दीप्त कर देता है और वह गाने की इच्छा से भर उठता है। शरद की संध्या वेला में कवि ने एक दिन देखा 'ऊपर तारों से भरा हुआ आकाश फैला है, जिसमें पक्षी पंखों को हिलाए बिना इस प्रकार उड़ रहे हैं जैसे भारहीन हों।' कवि की मनःस्थिति में प्रसन्नता उद्दीप्त हो जाती है :

जी होता है मैं सहसा गा उठूँ
उमगते
स्वर जो कभी नहीं भीतर से फूटे
कभी नहीं जो मैंने
कहीं किसी ने—गाये।[2]

यहाँ परंपरा से अलगाव इस तथ्य में है कि परंपरा में उद्दीपन मन में उत्पन्न हुए भाव को बढ़ाने का साधन था और अक्सर इसका उपयोग प्रेम के संयोग एवं वियोग पक्ष में होता था। कवि से प्रकृति का प्रत्यक्ष संबंध या तो होता ही नहीं था, यदि होता भी था तो प्रायः प्रकृति के सुन्दर आलंबन रूप से। कवि वहाँ आश्रय बनकर प्रकृति-विषयक रति से युक्त होकर प्रकृति-प्रेमी कहलाता था किंतु आज के कवि विभिन्न मनःस्थितियों (मूड्स) के उद्दीपन के लिए भी प्रकृति का प्रयोग करते हैं। कवि के मन में प्रत्यक्षतः पहले से कोई भाव विद्यमान नहीं होता; जब वे प्रकृति का दृश्य-विशेष देखते हैं तो उनकी मनःस्थिति बदल जाती है और कोई भाव उद्दीप्त हो उठता है।

भाव पहले से उत्पन्न न होने पर उद्दीपन की क्रिया घटित नहीं होती। आलंबन भाव जगाता है और उद्दीपन उत्पन्न हुए भाव को उद्दीप्त करता है। अज्ञेय के प्रकृति-चित्र उनके मन में भाव-विशेष को जगाते हुए प्रतीत होते हैं अतएव यह प्रश्न उठता है, क्या वे

1. पहले मैं सन्नाटा बुनता हूँ - 56
2. बावरा अहेरी - 'शरद की साँझ के पंछी' कविता

आलंबन-रूप में चित्रित नहीं हैं ? इसका उत्तर नकारात्मक ही होगा क्योंकि प्रकृति का आलंबन-रूप तभी संभव है जब प्रकृति का दृश्य-विशेष अपने विशिष्ट रूप के कारण विशिष्ट भाव को जगाता हो। उदाहरणतः यदि प्रकृति का सुन्दर रूप कवि के हृदय में प्रकृति-विषयक रति को जगाता है, अथवा उसका भयानक रूप उसके हृदय में भय को जगाता है तो वहाँ प्रकृति आलंबन रूप में है। अज्ञेय के काव्य में 'खुले में खड़ा पेड़' जब खीझ को जगाता है तो पेड़ की स्थिति और मनः स्थिति में साम्य नहीं नजर आता। प्रकृति का रूप विकृत होता तब खीझ उत्पन्न होती तो बात दूसरी थी किंतु यहाँ तो पेड़ स्पृहणीय स्थिति में खड़ा है और कवि खीझ से भर उठता है। बात यह है कि ऐसी स्थितियों में कवि के मन में संस्कार रूप में समाज के प्रति खीझ, विद्रोह आदि की जो भावना विद्यमान है प्रकृति का दृश्य-विशेष उसे उद्दीप्त कर देता है। अतएव ऐसे सारे प्रकृति-चित्र जिनके द्वारा कवि की मनःस्थिति में भाव-विशेष का आवेश जगता है अथवा उसका मूड परिवर्तित होता है प्रकृति के उद्दीपन रूप के अन्तर्गत ही आयेंगे।

अज्ञेय की प्रारंभिक रचनाओं में प्रकृति के उद्दीपन रूप के अतिरिक्त कहीं-कहीं आलंबन रूप का भी चित्रण मिलता है। यद्यपि ऐसे चित्र विरल हैं किंतु बिल्कुल नहीं हैं ऐसा कहना समीचीन नहीं होगा। एकाधिक स्थल पर कवि ने प्रकृति के सौंदर्य का चित्रण कर उसके प्रति आसक्ति का भाव व्यक्त किया है :

नीला नभ, छितराये बादल,
दूर कहीं निर्झर का मर्मर
चीड़ों की ऊर्ध्वंग भुजाएँ
भटका-सा पड़कुलिया का स्वर।[1]

यहाँ प्रकृति के जिस रूप का कवि ने अंकन किया है, आगे चलकर उसके प्रति आत्मीय भाव को 'इस अबाध में मैं होऊँ बस बढ़ते ही जाने का बंदी' कहकर व्यक्त कर दिया है। यह भाव प्रकृति ने अपने रूप से कवि के मन में जगाया है। नीला नभ, छितराये बादल, निर्झर का मर्मर, चीड़ों की भुजाएँ और पड़कुलिया का स्वर सबने मिलकर पर्वत के उस भूभाग को अत्यन्त मनोरम बना दिया है। इस दृश्य में बँधकर बंदी हो जाने की आकांक्षा प्रकृति के आलम्बनगत सौंदर्य का ही परिणाम है।

अज्ञेय ने प्रकृति के आलंबनगत सौंदर्य का प्रचुर मात्रा में अंकन नहीं किया इससे यह निष्कर्ष नहीं निकाला जा सकता है कि उनका प्रकृति के प्रति प्रेम कम है। बल्कि बात बिल्कुल ही उलटी है। अज्ञेय प्रकृति के बाह्य रूप से नहीं आंतरिक रूप से प्रभावित हैं। प्रकृति के स्थूल रूप के भीतर जो गहन एवं रहस्यमय रूप है कवि का उससे गहरा संबंध है। **सागर-मुद्रा, नंदादेवी, चक्रांत शिला** आदि से संबंधित अनेक कविताएँ इस

1. इत्यलम् - 'गोपगीत' कविता

तथ्य को पुष्ट करती हैं। प्रकृति उनके लिए रहस्यों को जानने तथा जीवनानुभवों को परखने का माध्यम बन गई है। 'नंदादेवी' से संबंधित एक कविता में वे प्रकृति के विनाश को लेकर गहरी चिंता व्यक्त करते हैं :

'नन्दा,
बीस-तीस-पचास वर्षों में
तुम्हारी वनराजियों की लुगदी बनाकर
हम उस पर
अखबार छाप चुके होंगे,
तुम्हारे सन्नाटे को चींथ रहे होंगे
हमारे धुंधुआते शक्तिमान ट्रक,
तुम्हारे झरने-सोते सूख चुके होंगे।'[1]

ये पंक्तियाँ उनके प्रकृति-प्रेम को ही सूचित करती हैं। आधुनिक वैज्ञानिक प्रगति हमें भौतिक समृद्धि तो देती है किंतु वह प्रकृति की निर्व्याज सुन्दरता को नष्ट भी करती जा रही है। क्या ऐसा संभव नहीं कि हमारी उन्नति भी हो और हमारे देश की प्रकृति अपने अकृत्रिम रूप में सदा हमारे इर्द-गिर्द विद्यमान रहे। ऐसा तभी संभव है यदि हमारे देश के नेता, योजना-अधिकारी या हम सब प्रकृति से प्रेम करते हों।

परिवेश चित्रण, अलंकरण तथा उपदेशन

अज्ञेय प्रकृति का उपयोग परिवेश-चित्रण, अलंकरण तथा उपदेशन के लिए भी करते हैं। परिवेश-चित्रण के अन्तर्गत गिरि-प्रांतर, समुद्र एवं समुद्रतटवर्ती भू-भाग, नदी एवं नदी-तट, आकाश आदि का समावेश तो हुआ ही है आधुनिक नगरीय परिवेश को भी कवि ने रूपायित किया है। परिवेश-चित्रण में प्रकृति के द्वारा किसी मनोभाव, मनःस्थिति, कथ्य, मानवीय कार्य-व्यापार, घटना आदि की पृष्ठभूमि तैयार की जाती है। कभी परिवेश के अनुरूप मनःस्थिति चित्रित होती है, कभी अपेन कथ्य को अधिक प्रभावशाली बनाने के लिए पृष्ठभूमि में तदनुरूप प्रकृति का अंकन होता है। किसी कार्य-व्यापार की पृष्ठभूमि में चित्रित प्रकृति कार्य-व्यापार को कितना चमत्कारपूर्ण बना देती है इसका अन्दाजा निम्नलिखित पंक्तियों से लगाया जा सकता है :

मेरे घोड़े की टाप
चौखटा जड़ती जाती है
आगे के नदी-व्योम, घाटी-पर्वत के आस-पास :
मैं एक चित्र में
लिखा गया-सा आगे बढ़ता जाता हूँ।[2]

1. पहले मैं सन्नाटा बुनता हूँ - 65
2. अरी ओ करुणा प्रभामय - 'पहाड़ी यात्रा' कविता

कवि पहाड़ी यात्रा पर है। यात्रा एक मानवीय कार्य-व्यापार है और साधारण-सी बात है। यदि इस यात्रा को सिर्फ इस रूप में वर्णित किया जाय कि 'मैं घोड़े पर सवार होकर पहाड़ी यात्रा पर आगे बढ़ता जाता हूँ' तो इस बात में कोई चमत्कार या विशेषता नहीं होगी। किंतु यदि इस कार्य-व्यापार की एक पृष्ठभूमि अंकित कर दी जाय—कुछ इस प्रकार जैसी कि ऊपर की पंक्तियों में की गई है तो व्यक्ति की यात्रा चित्र में लिखी हुई-सी प्रतीत होने लगेगी। यहाँ नदी-व्योम, घाटी-पर्वत और उसके आस-पास का दृश्य यात्रा का परिवेश है। दृश्य एक विराट् चित्र के समान है। यात्रा उसी विराट् चित्र में हो रही है। इसलिए घोड़े की टाप चौखटा जड़ती हुई-सी प्रतीत होने लगती है और यात्री चित्र में स्थित व्यक्ति हो उठता है और इस प्रकार सामान्य कार्य-व्यापार भी परिवेश-चित्रण से चमत्कारिक होकर विशिष्टता प्राप्त कर लेता है।

चित्रकला में परिवेश का अंकन प्रायः मूल विषय को अधिक निखारने, उसे आधक ध्यानाकर्षक बनाने के लिए किया जाता है। काव्य में भी परिवेश या पृष्ठभूमि के चित्रण से मूल वस्तु अधिक भास्वर हो उठती है। 'हवाई-यात्रा : ऊँची उड़ान' कविता में कवि के चित्रण का मूल विषय है 'नारायण की व्यथा से युक्त नर'। वह हमें इसी नर से मिलाना चाहता है किंतु मिलाने से पहले कवि हवाई यात्रा और ऊँची उड़ान का चित्रण करता है : 'यह ऊपर आकाश नहीं है, रूपहीन आलोक मात्र है। इसमें हम अचल पंख भारमुक्त तिरते जाते हैं। नीचे ताजी धुनी हुई रुई की उजली बादल-सेज बिछी है।' इस स्वप्निल उड़ान में उस व्यक्ति को नहीं देखा जा सकता जिसकी आँखों में व्यथा है। फलतः कवि इस ऊँची उड़ान से नीचे उतरने का संकेत देने लगता है। उतरना आरंभ होने पर महानगर की धुंधली—कुछ काली, कुछ चमकीली, कुछ मुग्धकारी छायाएँ दिखलाई पड़ने लगती हैं। क्रमशः उतरते जाने पर हवाई जहाज ठोस धरती पर एक आघात के साथ उतर आता है। कवि अब हमें उससे मिलाना चाहता है जिसके लिए उसने हवाई यात्रा की पृष्ठभूमि अंकित की है। वह कहता है :

उतरो थोड़ा और :
साँस ले गहरी।
अपने उड़न खटोले की खिड़की को खोलो
और पैर रखो मिट्टी पर :
खड़ा मिलेगा
वहाँ सामने तुमको
अनपेक्षित प्रतिरूप तुम्हारा
नर, जिसकी अनझिप आँखें में नारायण की व्यथा भरी है।[1]

1. इन्द्रधनु रौंदे हुए ये - 'हवाई यात्रा : ऊँची उड़ान' कविता

यहाँ जिस हवाई यात्रा का चित्रण हुआ है उसमें ऊँची उड़ान या हवाई यात्रा का चित्रण कवि का लक्ष्य नहीं है। कवि का लक्ष्य तो हवाई यात्रा और ऊँची उड़ान में व्यस्त लोगों को यथार्थ की धरती पर लाकर उस मनुष्य के सामने खड़ा कर देना है, जिसकी आँखों में नारायण की व्यथा है और जो उड़ने वाले व्यक्तियों का प्रतिरूप है।

परिवेश का चित्रण अज्ञेय किसी न किसी प्रकार का निष्कर्ष निकालने के लिए भी करते हैं। 'सागर-मुद्रा' की एक कविता में वे पहले सागर का एक चित्र प्रस्तुत करते हैं : 'वहाँ एक चट्टान है। सागर उमड़कर उससे टकराता है, पछाड़ खाता है, लौट जाता है। फिर नया ज्वार भरता है। और फिर से टकराने के लिए चल पड़ता है।' यह परिवेश है, फिर कवि इससे निष्कर्ष निकाल लेता है : "जीत-हार कुछ नहीं है, न कोई अन्त है, न समाधान है, केवल परस्पर के तनावों का एक अविराम व्यापार चलता रहता है। इसमें एक तृप्ति है, अहं की तुष्टि है और विस्तार है।"[1]

अज्ञेय ने नगरीय परिवेश का अंकन भी किया है। 'बावरा अहेरी'[2] कविता में 'छोटी चिड़िया, बड़े पक्षी', 'कलस-तिसूल वाले मंदिर-शिखर' आदि को परिवेश में स्थान देने के साथ-साथ कवि ने 'तारघर की नाटी मोटी चिपटी गोल धुस्सों वाली उपयोग-सुन्दरी बेपनाह काया' को, मोटरों के धुएँ को, 'पार्क के किनारे पुष्पिताग्र कर्णिकार की आलोक-खची तन्वी रूप-रेखा' तथा 'कचरा जलाने वाली कल की उद्दंड चिमनियों को' भी स्थान दिया है। इसी प्रकार 'औद्योगिक-बस्ती'[3] कविता में कवि ने आधुनिक वैज्ञानिक प्रगति की देन को भी परिवेश-चित्रण में सम्मिलित कर लिया है : 'पहाड़ियों से घिरी हुई छोटी-सी घाटी में मुँहझौंसी चिमनियाँ बराबर धुआँ उगलती जाती हैं' तथा 'रेलें बँधी लीक पर चिहुँकती और रँभाती अफराये डाँगर-सी ठिलती जाती हैं।'

प्रायः कविगण प्रकृति के उपादानों से अप्रस्तुत विधान किया करते हैं। अलंकरण के लिए कवियों को जिन अप्रस्तुतों की, उपमानों की आवश्यकता होती है प्रकृति में उनका अनन्त भंडार विद्यमान है। चाहे कवि अपनी प्रेयसी के मुख-लावण्य की तुलना चाँद से करे अथवा प्रेयसी को 'बाजरे की दोलती कलगी' कहे, 'बिछली घास' कहे, उसे उपमानों के लिए प्रकृति पर आश्रित होना ही पड़ता है। अज्ञेय पुराने उपमानों से बचने की चेष्टा करते हैं किंतु अलंकरण के लिए प्रकृति के उपयोग से नहीं बच सकते। 'नख-शिख' कविता में प्रिया के देह-सौंदर्य के लिए उन्हें कहना पड़ता है :

तुम्हारी देह
मुझको कनक-चंपे की कली है
दूर से ही स्मरण में गंध देती है। **(बावरा अहेरी—25)**

---

1. सागर-मुद्रा - 75
2. बावरा अहेरी - 8
3. अरी ओ करुणा प्रभामय

देह के लिए यहाँ प्रकृति से कनक-चंपे की कली आई है। एक अन्य स्थलपर उसके लिए 'वल्ली' को आना पड़ा है ताकि देह मात्र देह न लगकर 'देह-वल्ली' लग सके। इसी प्रकार प्रेयसी के पूरे शरीर के लिए 'लाल बुरुंश के गुच्छ', 'बिछली घास', 'अंगूर की लता' आदि लाये गये हैं। ओठों के लिए 'दाड़िम पुहुप' आये हैं, 'गुलाब की दो झरी पंखुरियाँ' आई हैं तथा आँखों के लिए मछलियाँ, तारक आदि को आना पड़ा है।

यहाँ ध्यान देने की बात यह है कि अज्ञेय ने प्रस्तुत मनुष्य आदि के लिए अप्रस्तुत प्रकृति का प्रयोग प्रायः कम किया है किंतु प्रकृति के लिए प्रकृति के उपमान उनके काव्य में काफी संख्या में मिल जाते हैं, जैसे—बिछलती डगर-सी सुनसान सरिता, रेलें डाँगर-सी, सूर्य-रूपी कुरर, करिशुण्डों-सी डालें, नभ का कच्चा आँगन, नव मेघदूत शावक-सा इत्यादि। भावों के आलंकारिक निरूपण के लिए भी प्रकृति के उपमान लाये गये हैं, जैसे— बेल-सी वह मेरे भीतर, मेरा भावयंत्र एक मचिया है सूखी घास-फूस की, मेरा जीवन घास की पत्ती से झूलती अजानी ओस बूँद, खगों से उड़ते जीवन-क्षण, बलाका रेख-सी स्मृति, उल्लास मेरा घोड़ा, जीवन-कामधेनु इत्यादि।

प्रकृति के नाना रूप, कार्य-व्यापार आदि जीवन-सत्यों का उपदेश भी दिया करते हैं। व्यक्ति चाहे तो प्रकृति से सत्यान्वेषण की दीक्षा ग्रहण कर सकता है। प्रकृति जीवन-सत्यों को अपने विभिन्न रूपों और क्रियाओं के द्वारा निरन्तर संकेतित करती रहती है। जो प्रकृति के भीतर छिपी हुई मूक ध्वनियों को सुन लेता है वह प्रकृति से उपदेशित होने लगता है। यों तो जहाँ-जहाँ कवि ने प्रकृति से कुछ ग्रहण किया है वहाँ-वहाँ प्रकृति के द्वारा उपदेशन की चेष्टा है किंतु वास्तव मे उपदेशन की स्थिति वहाँ मुखर है, जहाँ प्रकृति स्वयं बोलकर मानव को उपदेश देती हुई दिखलाई गई है, जैसे —

कहा सागर ने : चुप रहो !
मैं अपनी अबाधता जैसे
सहता हूँ, अपनी मर्यादा
तुम सहो।
जिसे बाँध तुम नहीं सकते
उसमें अखिन्न मन
बहो।
मौन भी अभिव्यंजना है :
जितना तुम्हारा सच है
उतना ही कहो।[1]

यहाँ स्पष्ट रूप से प्रकृति से उपदेश दिलाया गया है। इस कविता में नदी, आकाश, पर्वत, झरना आदि भी उपदेष्टा बना दिये गये हैं। 'पावस प्रात, शिलङ' में भी 'पहाड़ी

1. इन्द्रधनु रौंदे हुए ये- 'जितना तुम्हारा सच है' कविता

काक की डाक' 'रहेगी बस एक मुट्ठी खाक ! थाक् थाक् थाक् !' का उपदेश देती है। प्रत्यक्ष उपदेश प्रायः कविता का विषय नहीं हुआ करता इसलिए प्रकृति के माध्यम से कविगण उपदेश लिया-दिया करते हैं। प्रकृति के द्वारा मुखर उपदेश देने-दिलाने की चेष्टा नये कवियों ने प्रायः कम ही की है। अज्ञेय प्रकृति के द्वारा वाचिक उपदेश देने की चेष्टा से लगभग विरत ही रहते हैं।

प्रकृति : प्रतीक और आत्म-बोध

अज्ञेय ने प्रकृति का चित्रण उसकी शोभा और मनोरमता को प्रदर्शित करने के लिए प्रायः कम ही किया है। प्रकृति को उन्होंने आत्म-बोध, सत्यान्वेषण, रहस्यदर्शन आदि का माध्यम बना लिया है। प्रकृति के क्रिया-व्यापारों में गंभीर अर्थ देखने के लिए एक विशिष्ट प्रकार की दृष्टि अपेक्षित है। अज्ञेय की चेतना ऐसी ही दृष्टि से सम्पन्न है, जो प्रकृति-बिम्बों के विशिष्ट अभिप्राय को न सिर्फ समझ लेती है बल्कि उसका ऐसा रूप भी प्रस्तुत कर देती है, जो पाठकों के लिए भी अर्थ की संभावनाओं से युक्त होकर भास्वर हो सके।

रहस्य एवं गंभीर अर्थ को उजागर करने का एक सबल माध्यम है प्रतीक। अज्ञेय के प्रकृति-चित्र बिम्बात्मक तो हैं ही अनेक स्थलों पर उनके द्वारा चित्रित प्रकृति-बिम्ब प्रतीकात्मक भी हो उठे हैं। प्रायः प्रकृति के किसी रूप, किसी क्रिया-व्यापार तथा किसी स्थिति-विशेष के अंकन से वे एक बिम्ब प्रस्तुत करते हैं और प्रस्तुत हुआ बिम्ब अप्रस्तुत अर्थ झलकाने लगता है। इस प्रकार अप्रस्तुत अर्थ एवं भाव से समन्वित उनके पारदर्शी प्रकृति-चित्र रूप के अतिरिक्त गुण से समन्वित होकर अधिक प्रभावशाली हो उठते हैं। प्रतीक वस्तुतः उनके प्रकृति-बिम्बों को गरिमा-मंडित कर देते हैं। अज्ञेय ने प्रकृति-परक अनेक छोटी कविताएँ लिखी हैं। प्रायः अधिकांश छोटी कविताओं में प्रकृति-बिम्ब प्रतीकात्मक हो उठे हैं। एक चित्र देखिए :

> **उड़ गई चिड़िया**
> **काँपी, फिर**
> **थिर**
> **हो गई पत्ती।**[1]

यहाँ किसी पत्ती से चिड़िया के उड़ जाने पर पत्ती के काँपने और फिर थिर हो जाने की स्थिति का एक चित्र प्रस्तुत किया गया है। प्रकटतः तो इसमें प्रकृति में घटे एक छोटे-से क्रिया-व्यापार को रूपायित किया गया है किंतु प्रस्तुत क्रिया-व्यापार अप्रस्तुत अर्थ को भी ध्वनित करने लगता है। मनुष्य-जीवन-रूपी डाली पर सुख की घड़ी चिड़िया की तरह क्षण भर को बैठ कर उड़ जाती है। उसके उड़ने अथवा सुख के गायब होने पर कुछ देर तक मन रूपी पत्ता काँप कर फिर स्थिर हो जाता है। प्रतीक की एक विशेषता यह

1. अरी ओ करुणा प्रभामय - 'चिड़िया की कहानी' कविता

होती है कि वह एक ही चित्र के द्वारा कई-कई भावों, अर्थों को व्यंजित करने में सफल होता है। यहाँ भी प्रतीक से दूसरे अर्थ ग्रहण किये जा सकते हैं। सुख-क्षण के अतिरिक्त चिड़िया को अनुभूति, बाह्य घटनाओं आदि का प्रतीक भी माना जा सकता है।

सोन मछली, यह कली, मछली, नदी के द्वीप, टेर रहा सागर, दूज का चाँद, मैंने देखा, एक बूँद आदि कविताओं में प्रकृति-चित्र प्रतीकार्थक हैं। काँच के पीछे हाँफ रही **मछली**, आँगन के पार **द्वार**, तथा द्वार के पार **आँगन**, शत सहस्र पल्लवन-पतझरों ने जिसका रूप सँवारा ऐसा **किरीटी तरु, सागर** और उसकी **लहरें** आदि अज्ञेय के काव्य में विशेष भाव एवं अर्थ को वहन करते हुए प्रतीकात्मक बन गये हैं। ऐसा कर उन्होंने प्रकृति एवं उसके विभिन्न रूपों को अपना दोहरा साधन बना लिया है। इस तरह इन्द्रियगोचर बिम्ब प्रस्तुत करने के साथ-साथ किसी जीवन-सत्य को व्यक्त करने का काम भी वे प्रकृति-चित्र से लेते हैं।

प्रकृति से मानव बहुत कुछ सीखता है। कई बार प्रकृति का एक विशेष चित्र देखकर व्यक्ति गहन सत्य को पहचानने लगता है, उसे आत्मलाभ की प्राप्ति-सी होती है। अज्ञेय के काव्य में प्रकृति के अधिकांश चित्र इसी आत्मलाभ के माध्यम बन गए हैं। 'एक बूँद सहसा सागर के झाग से उछलती है ओर क्षण भर के लिए ढलते सूरज की आग से रंगी जाती है', यहाँ तक तो प्रकृति-चित्र है किन्तु इसके तुरन्त बाद ही कवि कुछ और ही देखने लगता है :

मुझको दीख गया
हर आलोक-छुआ अपनापन
है उन्मोचन
नश्वरता के दाग से।[1]

यहाँ 'सागर' सम्पूर्ण सत्य का प्रतीक है और 'बूँद' खंड-सत्य या आत्मा का। यह खंड-सत्य आलोक से परिपूर्ण हो उठता है। यही उसकी नश्वरता की ग्लानि को धो डालता है। जब तक यह बूँद सागर में मिली हुई थी वह 'सागर के झाग' से आवृत्त थी। उससे पृथक् होकर वह बड़ी सत्ता से अलग हो गई किंतु इसी के कारण 'ढलते सूरज की आग से' रँगी जा सकी। यह रंग उसे सागर की विराटता ने नहीं बूँद रूप की लघुता ने ही दी। सम्भावनाओं का क्षण, आलोक प्राप्त करने का क्षण बड़ा नहीं हुआ करता। आत्म-साक्षात्कार या रहस्यदर्शन भी क्षण मात्र में ही हो जाया करता है। सर्जना के क्षण भी लम्बे नहीं होते। यदि कोई क्षण-विशेष व्यक्ति को उपलब्धि दे सके, उसे रहस्य-दर्शन से रँग सके तो उसकी क्षणभंगुरता दाग नहीं रहती। आलोक उसे दागमुक्त कर दता है। यह क्षणभंगुर बूँद वैसा ही आलोक देने वाला क्षण प्राप्त कर लेती है इसलिए सागर की विराटता एवं सनातनता के सामने हीन नहीं है।

1. आ. लो. हि. क. 'अज्ञेय', 51-52

कई स्थलों पर अज्ञेय प्रकृति के किसी दृश्य या क्रिया-व्यापार से अपना तादात्म्य स्थापित कर आत्म-बोध प्राप्त करते हुए प्रतीत होते हैं :

मेरा जीवन—
घास की पत्ती से झूलती हुई यह अजानी ओस बूँद—
सूर्य की पहली किरण से जगमगा उठे और स्वयं
किरणें विकीरित करने लगे।[1]

कवि अपने जीवन को यहाँ घास की पत्ती पर झूलती हुई अजानी ओस बूँद के समान देखता है। इस तादात्म्य से कवि को अपने जीवन की स्थिति का बोध हुआ है। वह इस बोध को स्वीकारता है और प्रार्थना करता है कि यदि जीवन ओस की बूँद के समान ही है तो वह सूर्य की पहली किरण से जगमगा उठे, किरणें विकीरित करे। यहाँ आत्मबोध यह प्राप्त हुआ कि जीवन ओस के समान क्षणभुगंर है, पर उसमें दीप्ति और कांति, आलोक विकीरण करने की शक्ति आ सकती है। इसी प्रकार 'दाता' और 'भिखारी' के वास्तविक रूप का दर्शन, दोनों में स्पष्ट अन्तर एवं दाता के स्वरूप का ज्ञान कवि प्रकृति से ही प्राप्त करता है :

फूल खिलते रहे चुपचाप;
मंजरी आयी।
दबे पाँव, सकुचाती।
किन्तु मधु-मक्खियाँ, भौरे
तड़फड़ाते रहे, करते रोर;
मुँह चिढ़ाते रहे वन की शांति को
अविराम अनगिन झींकते झींगुर।
भिखारी सब
बजाते गाल, बगलें,
फाड़ते आकाश;
सकुचता, सहमता, चुपचाप
पथ से गुजरता दाता।[2]

फूलों का चुपचाप खिलना, मंजरी का संकुचित होता हुआ आना दानी के स्वरूप का और मधुमक्खियों, भौरों का तड़फड़ाना लोभी भिखारियों का चित्र प्रस्तुत करता है। दाता और भिखारी के स्वरूप को स्पष्ट करने का इससे सुंदर उदाहरण नहीं हो सकता। इसी प्रकार सागर की गहराइयों में तड़पती मछली, किरीटी तरु, असाध्य वीणा, चक्रांत शिला,

1. बावरा अहेरी -39 2. अरी ओ करुणा प्रभामय-160

काँच के पीछे की हाँफती मछली, आँगन के पार द्वार और द्वार के पार का आँगन, सागर की विभिन्न मुद्राएँ, महाशून्य का शिविर आदि कवि में आत्मबोध को जगाने में सहायक हुए हैं। कवि प्रकृति से उन सारे तत्त्वों को पा लेना चाहता है जिनकी उसे अपने जीवन में अपेक्षा है :

> चुपचाप-चुपचाप
> हम पुलकित विराट में डूबें
> पर विराट हममें मिल जाय।[1]

विराट में आत्मबोध के सहारे ही डूबा जा सकेगा। यही वह क्षण होगा जब कवि पायेगा कि उसमें और विराट् में अभिन्नता है। ऐसे चित्रों के द्वारा कवि ने गहन तत्त्व-बोध को व्यक्त करना चाहा है। उसका प्रसादित हृदय ऐसे क्षणों में सबको अपनी विराटता में समेट लेना चाहता है।

अज्ञेय की प्रकृति संबंधी कविताओं में ऐसी कविताओं की संख्या बहुत अधिक है जिनमें आत्मबोध को अभिव्यक्ति मिली है। उनकी रहस्यानुभूति भी मुख्यतः प्रकृति के माध्यम से ही व्यक्त हुई है। उनकी चेतना में प्रकृति के बिम्बों ने अमिट छाप अंकित किये हैं। कहीं किसी रूप-रंग की छाप है, कहीं ध्वनि, गंध-स्पर्श की, कहीं उनसे जुड़ी हुई सुख-स्मृति की छाप है और कहीं किसी गहन व्यथा की। मन में टंकित ये छाप उनकी चेतना में प्रकृति के धँसने, प्रकृति से बिद्ध होने और अन्ततः प्रकृति से गंभीर रूप से जुड़ जाने के स्पष्ट प्रमाण हैं।

---

1. सुनहले शैवाल-65

मानवता और समाज-बोध

प्रायः अज्ञेय पर अहंवादी, व्यक्तिवादी, असामाजिक आदि होने का आक्षेप लगाया जाता है। इन आक्षेपों को सिद्ध करने के लिए अज्ञेय की कृतियों से उदाहरण भी छाँटे जा सकते हैं। व्यक्तिवादी सौन्दर्य-चेतना और समाजवादी सौन्दर्य-चेतना का प्रश्न उठा कर यह कहा जा सकता है कि अज्ञेय की कविता में व्यक्तिवादी सौन्दर्य-चेतना की प्रधानता है। जब सूर्यास्त में वे यह देखते हैं कि 'सूरज का जपा फूल सागर हाथों अंबा तिमिरमयी को नैवेद्य चढ़ चला' तो यह उनकी अपनी दृष्टि है, अपना सौन्दर्य-बोध है। इससे समाज का क्या ?

अज्ञेय की आत्मबोध-परक तथा रहस्यानुभूति से संपृक्त रचनाओं में कवि-चेतना की व्यक्तिवादी परिणति देखी जा सकती है। किसी कवि का मूल काव्य-विषय क्या है, इसके आधार पर भी उसे व्यक्तिवादी या समाज-चेतना का कवि सिद्ध किया जा सकता है। काव्य-विषय के चुनाव के स्तर पर ही कुछ कवि समाज के मूर्तिमान यथार्थ को महत्त्व देने लगते हैं। इस संदर्भ में मुक्तिबोध का मत उद्धृत किया जा सकता है। काव्य-विषय क्या हो, इस संबंध में मुक्तिबोध इटैलियन कवि दोमेनिको से सहमत होते हुए लिखते हैं– "हम व्यक्तिवाद के गहन दण्डकारण्य में से बाहर निकल पड़ें, जिन-जिन स्थानों पर मनुष्य अपनी अस्तित्व-रक्षा में लीन हैं, वहाँ-वहाँ हमारे हित लगे हुए हैं। हमारे काव्य का चरितनायक, आज स्वयं मूर्तिमान यथार्थ हो..."[1] यह मूर्तिमान यथार्थ किसी व्यक्ति का अपना 'रागदीप्त' यथार्थ नहीं बल्कि समाज का यथार्थ हो तभी कवि सामाजिक होगा। मुक्तिबोध अपने मत पर दृढ़ रहे और उन्होंने अपने काव्य में ऐसे ही विषयों को चुना जो समाज के यथार्थ से जुड़ा था। जिन लोगों को लक्ष्य में रखकर उन्होनें उपर्युक्त पंक्तियाँ लिखीं, हो सकता है, उनमें अज्ञेय भी शामिल हों। इसके अतिरिक्त अनेक आलोचकों ने 'शेखर : एक जीवनी', 'नदी के द्वीप' आदि के आधार पर अज्ञेय के सम्पूण कृतिकार को ही व्यक्तिवादी ठहराया है।

इन आक्षेपों से अज्ञेय स्वयं परिचित हैं और उन्होंने बार-बार इस बात को अस्वीकारा है कि वे असामाजिक हैं। **भवन्ती** में उन्होंने ऐसे आलोचकों-पाठकों से प्रश्न किया है "अज्ञेय किस अर्थ में असामाजिक है ? क्या वह समाज-विमुख हैं। "[2]

अज्ञेय समाज-विमुख नहीं हैं किंतु वे अपने भीतर के व्यक्ति से भी विमुख नहीं हैं। वे जोर देकर कहना चाहते हैं : "मैं फिर कहता हूँ, मैं नागरिक भी हूँ, कवि भी हूँ। हर समय दोनों हूँ। दोनों में से कोई सा भी अधिकार मैं छोड़ना नहीं चाहता। लेकिन आप से मेरा निवेदन यह है कि दोनों में से जिसे भी जब भी आप खरीदना या बरगलाना चाहते हैं, **वह मैं तब नहीं हूँ।**"[3] विश्वविद्यालयी समीक्षा से अज्ञेय सदैव असन्तुष्ट रहे हैं। उनके अनुसार 'विश्वविद्यालयी पढ़ाई का चलतू समीकरण' है : 'व्यक्तिवादी =असामाजिक।'[4]

1. नयी कविता का आत्मसंघर्ष और अन्य निबंध-20
2. भवन्ती-द्वितीय संस्करण-81 3. भवन्ती-80 4. वही, 81

यदि यह समीकरण ठीक है तो फिर 'समाजवादी =अव्यक्तिक' भी ठीक होना चाहिए। **भवन्ती** में दिए गए स्पष्टीकरण का अभिप्राय यह है कि अज्ञेय एक साथ ही व्यक्तिवादी भी हैं और सामाजिक भी। यह आवश्यक नहीं कि व्यक्तिवादी समाजवादी नहीं होगा और समाजवादी व्यक्ति से किनारा काट लेगा।

अज्ञेय ने आरंभ से ही कवि के उत्तरदायित्व पर विचार किया है। कवि किसके प्रति उत्तरदायी हो, व्यक्ति के प्रति या समाज के प्रति ? अज्ञेय का स्पष्ट मत है: ''व्यक्ति का अपने प्रति भी उतरदायित्व मानता हूँ, समाज के प्रति भी।...पर मैं अपने प्रति उत्तरदायित्व को प्राथमिक मानता हूँ और समाज के प्रति उत्तरदायित्व को उसी से उत्पन्न।''[1] उनके अनुसार कृतिकार का आत्मदान समाज को उसके बीच रहे होने का प्रतिदान दे देने का सुख है साथ ही वह सच्चे अर्थ में स्वांतः सुखाय भी होता है। जो कृति आत्मबोध का सुख न दे वह बंध्या है। वास्तव में किसी कला-कृति का उद्देश्य दो-तरफा होता है। रचनाकार के परिप्रेक्ष्य में उसका उद्देश्य है लोक-कल्याण। सृजन स्वयं अपने आप में आत्म-सुख है किंतु सिर्फ आत्म-सुख के लिए सृजन कृतिकार को व्यक्तिवादी बना दे सकता है। जब सृजन से मानव-कल्याण की संभावना जुड़ जाती है तब रचना सर्जक का आत्मदान बन जाती है। अज्ञेय ने स्पष्ट रूप से माना है- ''भावनाएँ तभी फलती हैं जबकि उनसे लोक-कल्याण का अंकुर फूटे।' अतएव यह मानना कि अज्ञेय समाजवादी नहीं हैं अनुचित होगा। उनकी आत्मबोधपरक रचनाएँ भी नितांत वैयक्तिक नहीं है। उनमें भी ऐसी सम्भावनाएँ विद्यमान हैं कि उनसे लोक-कल्याण का अंकुर फूट सके।

स्वांतः सुखाय रचना करने वाले तुलसी समाज में लोक-मंगल और मर्यादा की स्थापना चाहते थे, तथा 'जुही की कली' की रचना करने वाले निराला वर्ग वैषम्य का हनन। तुलसी से लेकर निराला तक जो काव्य-परंपरा रही है (बल्कि प्राचीन काल से लेकर अब तक) उस परंपरा में कवि की व्यक्तिवादिता भी सुरक्षित रही है और इसके साथ ही उसका समाज-बोध भी जागरूक रहा है। अज्ञेय भी स्वांतः सुखाय लिखते हैं किंतु सामाजिक उत्तरदायित्व से किनारा काटकर नहीं। कोई भी कवि रचयिता होने के अतिरिक्त एक नागरिक भी होता है। यदि वह कवि न भी हो तो वह नागरिक अवश्य होगा और इस नाते वह समाज के प्रति कर्तव्य से मुक्ति नहीं पा सकता। कवि अधिक संवेदनशील होता है इसलिए समाज के प्रति उसकी जिम्मेदारी कहीं ज्यादा है। अज्ञेय समाज के साथ हैं, समाज में व्यक्ति और व्यक्ति के बीच में जो खाई है उसे वे सेतु से पाट देना चाहते हैं।

मैं सेतु हूँ..
वह सेतु
जो मानव से मानव का हाथ मिलने से बनता है।[2]

मानव से मानव का हाथ मिलकर जो एक विस्तृत सेतु बनता है वह मानव को ही

1 आत्मनेपद-204
2. इन्द्रधनु रौंदे हुए ये-21

पार उतारने के लिए है जो बहुसंख्यक मानव-समुदाय की समस्या है, वह कवि की भी समस्या है। जीवन के हर क्षेत्र में उतरे हुए व्यक्तियों से कवि अपना सम्पर्क साधता है। वह कृषक जो 'मिट्टी गोड़ता है, कोदई खाता है और गेहूँ खिलाता है', वह मजदूर जो 'मिट्टी फोड़ता है मड़िया में रहता है और महलों को बनाता है', वह खनिक 'जो कज्जल-पुता खानों में उतरता है पर चमचम विमानों को आकाश में उड़ाता है', कवि उन सबकी व्यथा है। कलम घिसने वाले, कचरा ढोने वाले, झल्ली लिये फिरने वाले, गधे हाँकने वाले, तंदूर झोंकने वाले, रद्दी बटोरने वाले, रेढ़ी उठाने वाले, रिक्शा खीचने वाले और वे सबके सब जो जहाँ भी पिस रहे हैं कवि की सहानुभूति से जुड़ गये हैं। जितने भी कमकर, श्रमकर, शिल्पी, स्रष्टा हैं, कवि सबकी व्यथा-कथा का गायक है। इसलिए उसका कर्म उसे समाज से जोड़ता है, पलायन की सीख नहीं देता।

कवि के समाज-बोध की आरंभिक परिणति विद्रोह एवं विरोध के रूप में हुई। इसके मूल में भी व्यक्ति और व्यक्ति के बीच की खाई ही है। मनुष्य के सहअस्तित्व की भावना ने समाज को जन्म दिया किंतु बाद में समाज ने अपने को तरह-तरह से बाँट लिया, उसमें तरह-तरह की विसंगतियाँ उत्पन्न हो गईं। मानव समुदाय छूत-अछूत, निर्धन-पूंजीपति, ऊँच-नीच, शासक-शासित आदि रूपों में खंडित हो गया और शोषण का एक सतत व्यापार चल निकला। प्रत्येक क्षेत्र का सबल अपने से निर्बल का शोषक बन बैठा। समाज का यह विकृत रूप ही हर युग, हर काल में प्रतिष्ठित हो गया। अज्ञेय काव्य के क्षेत्र में इस समस्या से जूझने के लिए 'घृणा का गान' लेकर सामने आये। घृणा के मूल में निर्बल, उपेक्षित एवं शोषित समाज के प्रति सहानुभूति एवं सबल, प्रतिष्ठा-सम्पन्न तथा शोषक समाज के प्रति विद्रोह एवं विरोध की भावना विद्यमान है। यह 'घृणा का गान' घृणा के अतिरिक्त ललकार से युक्त है :

तुम जो महलों में बैठे दे सकते हो आदेश–
'मरने दो बच्चे, ले आओ खींच पकड़कर केश'
नहीं देख सकते निर्धन के घर दो मुट्ठी धान
सुनो, तुम्हें ललकार रहा हूँ, सुनो घृणा का गान

(इत्यलम्-51)

इसी प्रकार कवि छूत-अछूत का भेद मानने वाले व्यक्तियों, कलम में शक्ति रखने वाले आततायी अधिपतियों, गद्दों पर बैठे रहने वाले पूँजीपतियों तथा पूजा-पाठ का ढोंग रचने वाले पंडों-पुरोहितों को ललकारता है। कवि का इनसे विरोध स्पष्ट है। ये अल्पसंख्यक शोषक वर्ग के लोग हैं जिनके साथ कवि नहीं है। कवि अपने को बहुसंख्यक पीड़ितों के साथ पाता है।

अपनी काव्य-यात्रा में प्रायः सर्वत्र ही अज्ञेय मानवता और समाज के प्रति अपने कर्तव्य-बोध को स्थान देते रहे हैं। मानवता और समाज-बोध से जो रचनाएँ सीधे जुड़ जाती

हैं उनकी संख्या चाहे बहुत अधिक न हो वे इतनी कम और महत्त्वहीन नहीं हैं कि उनकी उपेक्षा की जा सके। कवि का समाज-बोध विकसित भी होता रहा है। 'भग्नदूत' में कवि का समाज-बोध कर्म और शृंगार भाव के द्वन्द्व के रूप में अभिव्यक्त हुआ है। यद्यपि इस द्वन्द्व को पूर्णतया समाज-बोध से संपृक्त नहीं माना जा सकता किंतु यदि कर्म का संबंध कर्तव्य से हो और कर्तव्य का देश से तो अन्ततः इसका संबंध कवि की समाज-चेतना से जुड़ जाता है। 'प्रस्थान' कविता में यही स्थिति देखी जा सकती है। कवि सैनिक को रणक्षेत्र में जाने से पहले जी भर रो लेने को कहता है। रोकर दिल को हल्का करने में व्यक्तिवादिता है किंतु रणक्षेत्र में जाना ही होगा, यह सामाजिक कर्तव्यनिष्ठा है। 'इत्यलम्', के 'बंदी स्वप्न' खण्ड में 'घृणा का गान', 'कीर की पुकार', 'रक्तस्नात वह मेरा साकी', 'अखण्ड-ज्योति' आदि कविताएँ समाज-बोध से जुड़ी हुई हैं।

अज्ञेय की आरंभिक रचनाओं में समाज-बोध की स्थिति एक विशिष्ट रूप में दिखलाई पड़ती है। वह घृणा का गान तो गाता है किन्तु विद्रोह की शक्ति अभी पूरी नहीं है। शोषकों को वह ललकार तो देता है किंतु उनसे भिड़ने की उचित तैयारी अभी नहीं है। इसलिए संगठित अन्य वर्ग के सामने उसे बार-बार पराजय का दुःख भोगना पड़ा है। इस स्थिति ने उसमें विरोध और पराजय के द्वन्द्वात्मक बोध को जन्म दिया है :

मैं वह धनु हूँ, जिसे साधने
में प्रत्यंचा टूट गई है
स्खलित हुआ है बाण यद्यपि ध्वनि
दिग्दिगंत में फूट गई है– (इत्यलम्-84)

अर्थात् ललकारना व्यर्थ तो नहीं गया, क्योंकि उसकी ध्वनि दिग्दिगंत में व्याप्त हो गई है, किंतु प्रत्यंचा के टूट जाने में पराजय का भाव तो निहित है ही। यह पराजय है या सफलता स्वयं कवि इसका निश्चय नहीं कर पाता। इस द्वन्द्वात्मक स्थिति के कारण ही वह अनुभव करता है–

मैं ही हूँ वह पदाक्रांत रिरियाता कुत्ता–
मैं ही वह मीनार-शिखर का प्रार्थी मुल्ला–
मैं ही वह छप्पर तल का अहंलीन शिशु-भिक्षुक–
और, हाँ, निश्चय,
वह तारक-युग्म,
अपलक-द्युति, अनथक गति, बद्ध नियति
जो पार किये जा रहा नील मरु-प्रांगन नभ का।

(इत्यलम्-165)

रिरियाता कुत्ता और प्रार्थी मुल्ला, शिशु-भिक्षुक और तारक-युग्म की समवेत अनुभूति कवि को होती है। इस अनुभूति पर कविता के अन्त में कवि ने अपनी टिप्पणी भी दी है– ''मैं यह सब वस्तुएँ हूँ और ये सभी वस्तुएँ मुझमें जीवित हैं, मेरे कारण ये परिचित हैं और मेरी चेतना में अस्तित्व प्राप्त किए हुए हैं।'' 'मैं ये सब वस्तुएँ हूँ' कहकर कवि किसी रहस्यवाद की ओर संकेत नहीं कर रहा बल्कि वह पाता है कि उसकी स्थिति इन वस्तुओं जैसी रही है। ये वस्तुएँ उसके कारण ही उसे परिचित हैं। 'निकट गली में किसी निष्ठुर व्यक्ति के पैरों से बिना कारण ही चोट खाए हुए पिल्ले की करुणाभरी रिरियाहट' में वह यदि अपनी प्रतिच्छवि देखता है तो इसका कारण यही है कि वह समाज में पाये हुए आघात का प्रतिरोध करने में असमर्थ है। किंतु वह प्रार्थी मुल्ला भी है जो सिर्फ मीनार पर चढ़कर प्रार्थना भर कर सकता है। कवि की एक भूमिका यह भी हो सकती है कि वह सिर्फ प्रार्थनाएँ करे। कवि 'गली के पार छप्पर के नीचे अपनी माता के वक्ष से लिपटने के लिए आतुर शिशु का तुनक-तुनक कर रोना' सुनता है और उसे लगता है वह तो स्वयं इस अहंलीन शिशु की तरह है जो रोकर प्यार की याचना करता है। कवि की एक भूमिका इस प्रकार की याचना की भी हो सकती है। अन्ततः जब वह देखता है कि ऊपर फैला हुआ नीला आसमान है और उसमें निरन्तर अपनी 'अखंड ज्योति से दो तारे चमक रहे हैं और आगे बढ़ रहे हैं' तो वह अपना साम्य इन तारों में भी देखता है। यह अन्तिम स्थिति ही कवि का लक्ष्य है किंतु कवि ने समाज से जो कुछ चाहा है, वह उसे मिला नहीं है। उसके अभिमान को कुचल दिया गया है, उसकी विरोध-भावना भी कुंठित होकर रिरियाहट या 'पराजय गान' में परिणत हो गई है। रिरियाहट की मनःस्थिति और तारों की तरह आस्थापूर्वक बढ़ने की स्थिति में अभी द्वन्द्व है।

द्वन्द्व की एक परिणति कवि को निष्क्रिय नियतिवादिता में ले जाती है। वह सोचने लगता है कि उसकी नियति ही यही है। वह नदी के द्वीप की तरह अलग पड़ा है। द्वीप की नियति और उसकी नियति एक ही है :

किन्तु हम हैं द्वीप।
हम धारा नहीं हैं।
स्थिर समर्पण है हमारा। हम सदा से द्वीप हैं स्रोतस्विनी के।
किंतु हम बहते नहीं हैं क्योंकि बहना रेत होना है।
हम बहेंगे तो रहेंगे ही नहीं।
पैर उखड़ेंगे। प्लवन होगा। ढहेंगे। सहेंगे।
बह जायेंगे।

(हरी घास पर क्षण भर- 'नदी के द्वीप' कविता)

'धारा' समूह के साथ चलने का बोध देता है और द्वीपवत् स्थिति एकाकीपन में पड़े रहने का। जो व्यक्ति द्वीप की स्थिति में पड़ा हुआ है वह भला विद्रोह कैसे कर सकेगा।

धारा स्थिति-विशेष को नहीं स्वीकारती किंतु द्वीप को तो स्वीकारना ही होगा इसलिए परिस्थिति के प्रति उसका स्थिर समर्पण है। द्वीप बहता नहीं किंतु यदि बहने की चेष्टा करेगा, भावुकता में आकर अपनी नियति के विरुद्ध चल पड़ेगा तो फिर वह टिक नहीं सकेगा। उसके पैर उखड़ जायेंगे, वह बह जायेगा और अन्ततः उसका अस्तित्व ही नष्ट हो जायेगा। चूर्ण होकर भी द्वीप धारा नहीं बन पायेगा—ऐसी धारा जो अपने मार्ग में आने वाले अवरोधों को तोड़ देती है। अतः द्वीप कुछ न करने के प्रति कृत-संकल्प है। इस प्रकार कवि का हारा हुआ 'उद्धत विद्रोही' द्वीप की स्थिति से जुड़कर निष्क्रिय नियतिवादिता में शरण लेता है।

'नदी के द्वीप' कविता में ही यह संकेत भी मिलता है कि कवि की नियतिवादिता स्थिर रहने वाली नहीं है। यदि किसी कारण से अथवा 'दूसरों के किसी स्वैराचार से या अतिचार से नदी उमड़ पड़े और वह कर्मनाशा, और कीर्ति-नाशा, काल-प्रवाहिनी बन जाय' तो यह स्थिति भी कवि को स्वीकार है। 'उसी में रेत होकर फिर से छनने, जमने और कहीं न कहीं पैर टेकने, खड़ा होने' का विश्वास उसमें जगता है। बाद में कवि की चेतना में नवीन आशा और आस्था दृढ़ हो जाती है और वह अकेले भी कुछ करने के साहस से भर उठता है। वह पराजय को भूल जाता है। वह यह अनुभव करने लगता है कि "व्यक्ति से व्यक्ति की सम्भावनाएँ बढ़कर हैं।"[1] जिस दिन व्यक्ति घर से निकलता है, उस दिन वह बेघरा हो जाता है, उसका पथ खो जाता है किंतु इससे व्यक्ति को चिंतित होने की जरूरत नहीं है। वह बीहड़ में अकेले भी निश्चिन्त रहने का संदेश देने लगता है। अकेला व्यक्ति भी चाहे तो कुछ कर सकता है। कुछ ही क्यों वह 'टेसू' की तरह अकेले ही सम्पूर्ण 'वनखंडी' में आग लगा सकता है।

ग्रीष्म तो न जाने कब आयेगा
लू के दुर्दम दुर्मद घोड़े पर वह
अनलोद्भव अवतार पुरुष
....
तब तक मैं उसका एक अकिंचन अग्रदूत
अपनी अखंड आस्था के साक्ष्य रूप
मश्शाल जला दूँ—
न सही क्षयग्रस्त नगर में—
इस वनखंडी में आग लगा दूँ।

(इन्द्रधनु रौंदे हुए ये- 'टेसू' कविता)

अनलोद्भव अवतार-पुरुष या क्रांति का नेता जब आयेगा तब आयेगा तब तक अकेला भी कुछ महत्त्वपूर्ण किया जा सकता है यह विश्वास ही नवीन आस्था और आशा से कवि को भर देता है।

1. इन्द्रधनु रौंदे हुए ये-38

अज्ञेय समाज को महत्त्व देते हैं किंतु व्यक्ति की उपेक्षा कर नहीं। व्यक्ति चाहे 'लघुमानव' ही क्यों न हो उसकी सुरक्षा तथा उसके स्वतन्त्र विकास के वे पक्षधर हैं। वे 'आडम्बरों से सुशोभित समाज से कुंठा-रहित इकाई' या अकेले व्यक्ति को अच्छा समझते हैं। समाज में कभी-कभी थोड़े से चतुर और प्रभावशाली व्यक्ति सत्ता से जुड़ जाते हैं और सारे समाज को एक ढाँचे में ढाल देना चाहते हैं। इससे व्यक्ति का स्वतंत्र विकास रुक जाता है। कवि ऐसे समाज का विरोध करता है।

कवि को अकेले दीपक की आस्था में विश्वास है, जो अकेला होने पर भी, लघु होने पर भी कभी काँपता नहीं। वह अपनी तुलना स्नेह से भरे हुए उस दीपक से करता है जो अकेला है किन्तु अकेला होने पर भी गर्व से भरा है। दीपक अकेलेपन में भी सुशोभित है, सार्थक है। उसके व्यक्तित्व को नष्ट करने की आवश्यकता नहीं है। किंतु यदि आवश्यक हो तो इसे पंक्ति को या समूह को दिया जा सकता है।[1] अकेले दीपक को गौरव देकर कवि जिस व्यक्तिवाद को प्रश्रय देता है वह मानवतावादी है किंतु उसे पंक्ति को देने की इच्छा व्यक्त कर वह उसे समाज से जोड़ देना चाहता है। कवि का लक्ष्य एक ऐसे समाज की स्थापना से है, जिसमें व्यक्ति का महत्त्व होगा, व्यक्ति अपने अस्तित्व पर, अपनी स्वतंत्रता पर गर्व कर सकेगा। व्यक्ति से उसकी यह अपेक्षा है कि यदि आवश्यकता हो तो वह समाज के हित के लिए अपने को उत्सर्ग करने के लिए प्रस्तुत रहे। इस प्रकार अज्ञेय की कल्पना के समाज में व्यक्ति और समाज दोनों का महत्त्व होगा। एक दूसरे पर हावी नहीं होगा।

अज्ञेय की सहानुभूति हमेशा पिछड़े वर्ग के लोगों के प्रति रही है। उनकी कविता में कचरा ढोने वाले, गारा सानने वाले, खटिया बुनने वाले, मशक से सड़क सींचने वाले, रुई धुनने वाले और इसी स्तर के अनेक कमकर, श्रमकर, मजदूर आये हैं। इस वर्ग के व्यक्तियों की सुरक्षा के लिए समाज ने कोई विशेष सुविधा नहीं जुटाई है। गाँवों में भी यह वर्ग उपेक्षित है और शहर में भी। गरीबों के दुःख-दर्द को व्याप्क रूप में देखने वाला यहाँ-वहाँ कोई नहीं है।

यह देश हरा-भरा दिखलाई देता है किंतु इससे यह अन्दाजा नहीं लगाया जा सकता कि गाँव के लोग सुखी हैं। हरियाली सिर्फ ऊपर की है, उसके भीतर का यथार्थ बड़ा कटु है :

हरे भरे हैं खेत
मगर खलिहान नहीं
बहुत महतो का मान–
मगर दो मुट्ठी धान नहीं। (अरी ओ करुणा प्रभामय-41)

---

1. बावरा अहेरी - 'यह दीप, अकेला, स्नेह भरा
है गर्व भरा मदमाता, पर
इसको भी पंक्ति को दे दो।' – 62-63

कवि यह भी पाता है कि लोगों की 'आँखें तो भरी हैं किंतु पेट खाली हैं, बनिये के कागज भरे हैं किंतु टेंट खाली हैं।' समाज का निम्न एवं निम्न-मध्य वर्ग इसी प्रकार खाली पेट, भरी आँखों से जिंदगी गुजार देता है।

शहर में भी स्थिति लगभग ऐसी ही है। वहाँ अमीरों की एक अलग महानगरीय संस्कृति विकसित हो रही है। 'गलियों की नुक्कड़-नुक्कड़ पर पक्के पेशाबघरों की सुविधा है और कचरे के लिए रंगीन सुघड़ कचरा पेटियाँ हैं।' किंतु यहीं कुछ लोग कचरों से भी बदतर स्थिति में जिंदगी जीने के लिए मजबूर हैं। उसकी पीड़ा को यहाँ कोई नहीं देखता 'जो अन्धकार में अपने चेहरे की मुर्दनी छिपाये खड़ी है। उसकी उंगलियाँ थकी हुई हैं, आँखें सूजी हुई हैं, उसके बाल रूखे हैं। जब वह कहती है—'दया कीजिए जैंटलमैंन...' तब पत्थर की पटरियों पर जूते को घिसटता हुआ चलने वाला व्यक्ति उसके दर्द को झूठा मानता है।' कवि समाज के ठेकेदारों से प्रश्न करता है :

बोलो, उसको देने को है
कोई उत्तर ?
क्या ? ये खेल-तमाशे, ये सिनेमा-घर और थियेटर ?
रंग बिरंगी बिजली द्वारा किये प्रचारित
द्रव्य जिन्हें वह कभी नहीं जानेगा ?

(इन्द्रधनु रौंदे हुए ये—महानगर : रात-58)

निश्चय ही शहरी सभ्यता के सुविधा प्राप्त व्यक्ति इसका कोई जवाब नहीं दे पायेंगे। असंख्य झोंपड़ीवासियों को कभी इन खेल-तमाशों का अर्थ समझ में नहीं आयेगा।

इस देश के झोंपड़ीवासियों की नियति को एक स्थल पर कवि ने इतिहास के संदर्भ में उठाया है। इतिहास में कभी इनको न्याय नहीं मिला। इनमें जो प्रतिभासम्पन्न थे उन्हें भी नहीं। एकलव्य का अंगूठा कटवा दिया गया, ताजमहल बनाने वाले कारीगरों के हाथ कटवा दिये गए। राजनीतिक द्रोणाचार्य को कभी इस बात की चिंता नहीं हुई। समाज में यह वर्ग सदैव उपेक्षित रहा।

इस देश में अन्य कई सामाजिक बीमारियाँ विद्यमान हैं। देश से जातिप्रथा का अभी तक उन्मूलन नहीं हुआ है। गाँव हो या शहर अनेक सामाजिक मामलों में जातिप्रथा सिर उठा लेती है। इस देश को धर्म, जाति, संप्रदाय आदि के नाम पर ब्राह्मणों, जाटों, सरदारों, अहीरों, कायस्थों, भूमिहारों, मौलवियों आदि का वर्ग खोखला करता आ रहा है। भारत आज भी विभिन्न जातियों का अजायबघर बना हुआ है। देश की इस स्थिति से खिन्न होकर कवि कहता है : "हे देश ! तेरे सिर पर अलगाव का कोल्हू है, तू कब राष्ट्र बनेगा और कब भाग्य-मंडित होकर आनन्दपूर्वक सोयेगा।"[1]

1. क्योंकि मैं उसे जानता हूँ- 'अहं राष्ट्री संगमनी जनानाम्' कविता

स्वतंत्रता-प्राप्ति से जुड़ी हुई सामान्य जनों की जो आशाएँ थीं वे पूरी नहीं हुईं और देश के सुविधा प्राप्त लोग भारत में रहते हुए अभारतीय वस्तुओं और प्रवृत्तियों से प्रेम करने लगे। 'जनपथ×राजपथ' कविता में कवि ने पाश्चात्य सभ्यता रूपी भैंस को राजपथ पर बैठे जुगाली करते हुए पाया है। ''राष्ट्रीय राजमार्ग और प्रादेशिक पशु ! किंतु योजना आयोग वाले भी तो इसमें कुछ नहीं कर सकते क्योंकि वे स्वयं आयात की हुई रासायनिक खाद से करमकल्ले उगाते हैं''[1] जब स्वयं देश के कर्णधार ऐसा करेंगे तो सभ्य एवं सुविधा-प्राप्त नागरिकों में अभारतीयता के प्रति प्रोत्साहन क्यों नहीं मिलेगा।

स्वतंत्रता प्राप्ति के बाद एक और नयी प्रवृत्ति चल निकली है, जिससे सामान्य जनों के हित का कोई संबंध नहीं है। वह है, स्मारक बनाने की प्रवृत्ति। इस देश के एक से एक सुन्दर स्थलों को चुनकर हिन्दुओं ने तीर्थ बनाये, मुसलमानों ने मजार बनाये और अंग्रेजो ने उन सुन्दर जगहों को हमसे छीनकर वहाँ छावनियाँ बना डालीं। कालांतर में हिन्दुओं के तीर्थस्थल गंदगी के घर हो गए और मुसलमानों के बनाये हुए मजार खंडहर में बदल गए तथा अंग्रेजों की पर्वत पर बनी हुई छावनियों ने पर्वत के निवासियों को बेघर कर दिया। अब देश में धर्म-निरपेक्ष और जाति-निरपेक्ष (?) प्रजातंत्र का पदार्पण हुआ और जो सुन्दर जगहें अब भी बची हुई थीं उन पर स्मारक और संग्रहालय बनाये जाने लगे :

पहले विदेशी के लिए हर सुन्दर जगह
'आदिम संस्कृति की क्रीड़ा भूमि' थी
अब स्वदेशी के लिए हर सुन्दर जगह
'नयी संस्कृति का अजायबघर' है।[2]

अजायबघर यानी मृत संग्रहालय। कुछ वर्षों में हो सकता है देश में कोई भी सुन्दर जगह न बचे। इन संग्रहालयों और स्मारकों पर जो राशि खर्च होती है उससे जनहित के कार्य किये जा सकते हैं किंतु ऐसा तभी सम्भव है जब स्मारक बनाने की प्रवृत्ति से हम मुक्ति पा लें।

कवि का ध्यान उपेक्षित पर्वती गाँव पर भी गया है। 'दूर शहर में बड़ी भारी सरकार है। वहाँ कल की समृद्धि की योजना का फैला हुआ कारोबार है। किंतु यहाँ, इस पर्वती गाँव में छोटी-से-छोटी चीज की भी जरूरत है। आज की भूख और बेबसी की बेमुरव्वत मार वहाँ के लोगों पर पड़ रही है।' जब अधिकारियों के सामने माँग रखी जाती है तो वहाँ से सिर्फ वायदे मिलते हैं :

कल के लिए हमें
नाज का वायदा है–

1. क्योंकि मैं उसे जानता हूँ- 'जनपथ×राजपथ' कविता
2. क्योंकि मैं उसे जातना हूँ- 'देश की कहानी : दादी की जबानी' कविता

आज ठेकेदार को
हमारे पेड़ काट ले जाने दो :
कल हाकिम
भेड़ों के आयात की
योजना सुनाने आवेंगे—
आज बच्चों को
भूखा ही सो जाने दो।[1]

योजना बनाने वाले अधिकारीगण बड़े शहरों में रहते हैं। उन्हें इन लोगों के दुःख-दर्द से नहीं अपने स्वार्थ से मतलब है। महानगरीय सभ्यता ने इस देश के ग्रामवासियों को एक प्रकार से छल लिया है। शहर को सजाने-संवारने के लिए अनेक प्रकार की योजनाएँ बनती हैं और उन पर अमल भी होता है किंतु गाँवों के लिए ऐसी कोई सार्थक योजना नहीं बन पाती, जिससे गाँव के सामान्य जनों का हित हो। कहाँ तो शहर वालों से यह अपेक्षा थी कि वे गाँव वालों के लिए कुछ करते किंतु वे तो उलटे उनका शोषण कर रहे हैं। हर तरह के कमकर-श्रमकर गाँव से शहर में आते हैं और ऊँची-ऊँची अट्टालिकाएँ बना जाते हैं किंतु स्वयं वे गन्दी बस्तियों, झोपड़ियों आदि में रहने के लिए मजबूर हैं। शहर के पाशविक वातावरण में भोली-भाली ग्रामीण बाला एक दूसरे प्रकार से शोषण का शिकार हो जाती है। उसे सेक्स के बाजार में बेच दिया जाता है। एक स्थल पर कवि ने ऐसी ही एक ग्रामीण बाला का चित्र एक कली के रूप में प्रस्तुत किया है। "यह कली जो देहात की गली में झुट-पुट अंधेरे में पली थी, जो भोली-भाली थी शहर के चमचमाते राजपथ के प्रकाश में छली गई। वह झरी नहीं, यदि कहीं बह गई तो फिर उस बहाव से निकल नहीं सकी। वह लहर में नहीं भँवर में फँस गई। वह काल के द्वारा डस ली गई और मसल दी गई।"[2]

अज्ञेय के काव्य में मनुष्य की पीड़ा का अनेक स्थलों पर चित्रण हुआ है। ऐसे व्यक्ति की इस देश में कमी नहीं है, जिसकी तिल्ली लंबी भूख की वजह से बढ़ गई हो, जिसने पत्ते खाये हों, जिसने कोड़े खाये हों। कवि की उन सब के प्रति पूरी सहानुभूति है :

क्योंकि जिसने कोड़ा खाया है
वह मेरा भाई है
क्योंकि यों उसकी मार से मैं भी तिलमिला उठा हूँ,
इसके तिए मैं उसके साथ नहीं चीखा-चिल्लाया हूँ,
मैं उस कोड़े को छीनकर तोड़ दूँगा।

1. पहले मैं सन्नाटा बुनता हूँ-60
2. अरी ओ करुणा प्रभामय- 'यह कली' कविता

मैं इनसान हूँ और इनसान वह अपमान नहीं सहता।

(क्योंकि मैं उसे जानता हूँ-26)

पीड़ित मनुष्य के साथ यह करुणा का सम्बन्ध सहज स्वाभाविक है। सामाजिक बिडंबनाओं को दूर करने तथा पीड़ित मानवता को राहत पहुँचाने के लिए समाज के सुविधा-प्राप्त लोगों को अवश्य कुछ करना चाहिए।

अज्ञेय की अनेक रचनाओं में व्यक्ति-कर्तव्य का भी संकेत मिलता है। व्यक्ति-कर्तव्य का आरम्भ अहंता-विलय से होता है। इसलिए कवि सबसे पहले व्यक्ति को अहंता से मुक्ति पाने की सलाह देता है।। व्यक्ति सबसे पहले अपने अहं को छोड़ दे क्योंकि व्यक्ति से उसकी संभावनाएँ बड़ी हैं। वह अपने से ऊपर उठ सकेगा तभी वह सर्वत्र आलोक फैला सकेगा। यों व्यक्ति रूपी 'दीपक अकेले भी स्नेह और गर्व से भरकर जलने के लिए स्वतंत्र है' किन्तु आवश्यकता पड़ने पर 'इसे भी पंक्ति को'—समाज को अर्पित कर दिया जाना चाहिए। कवि हवाई यात्रा या ऊँची उड़ान भरने वाले व्यक्तियों को नीचे उतरने की सलाह देता हुआ कहता है :

उतरो थोड़ा और :
साँस ले गहरी।
अपने उड़न-खटोले की खिड़की को खोलो,
और पैर रखो मिट्टी पर।[1]

क्योंकि मिट्टी ही उनकी जन्मभूमि है। वहीं उनको अपना प्रतिरूप नर मिलेगा। यह नर साधारण प्राणी नहीं है। इसकी आँखों में नारायण की व्यथा है। हवाई उड़ान भरने से व्यक्ति अपने इस दूसरे भाई से संपर्क नहीं कायम कर सकता।

निष्कर्ष रूप में यह कहा जा सकता है कि अज्ञेय व्यक्तिवादी सौंदर्य-चेतना से युक्त होने पर भी समाजवादी चेतना से संपृक्त हैं। मानवता में उनकी आस्था है और उनका समाज-बोध औपचारिकता मात्र नहीं है। कवि की चेतना में मनुष्य मात्र की वेदना धड़कती रहती है। उनकी यही इच्छा है कि :

मेरे हर सुख में,
हर दर्द में, हर यत्न, हर हार में
हर साहस, हर आघात के हर प्रतिकार में
धड़के, नारायण ! तेरी वेदना
जो गति है मनुष्य मात्र की ![2]

---

1. इन्द्रधनु रौंदे हुए ये-62
2. कितनी नावों में कितनी बार-34

कवि के अस्तित्व की पंचमुखी गागर किसी भी वस्तु से नहीं भर सकती। "वह न झीलों से भर सकती है और न सागर, नदी-नालों, पर्वत-कछारों, वसंती फूलों, पावस की फुहारों आदि से ही भर सकती है। वह तो मानव के प्यार की प्यासी है।"[1] अस्तित्व की यह पंचमुखी गागर सिर्फ कवि की ही नहीं प्रत्येक व्यक्ति की भी है। पहले व्यक्ति के हृदय-रूपी गागर को प्रेम से भरना होगा तभी मानवता की प्यास बुझ सकेगी और तभी एक वर्ग-विहीन समाज की स्थापना हो सकेगी।

1. कितनी नावों में कितनी बार-33

यथार्थ और रोमान

अज्ञेय की कविता की प्रकृत-भूमि क्या है, उसके केन्द्र में यथार्थ है या रोमान, इस बात को लेकर समीक्षकों ने अपनी-अपनी राय दी है :

(1) **लक्ष्मीकांत वर्मा के अनुसार** – "अज्ञेय मूलतः रोमानी कवि रहे हैं और उनके संपूर्ण काव्य में वही रोमांटिक मिजाज व्यक्त हुआ है, जिसमें क्षण की अद्वितीयता और अहम् की प्रतिबद्धता व्यक्त होती रही है"।[1]

(2) **केदारनाथ सिंह** की दृष्टि में 'अज्ञेय मूलतः रोमांटिक कवि हैं।'[2]

(३) **रामस्वरूप चतुर्वेदी** के अनुसार "अज्ञेय को पढ़ने पर क्लासीकल पद्धति से भिन्न तरह से शायद पहली बार भले ही क्षीण रूप में– लगता है कविता में भावावेग या रोमांटिक मनःस्थिति का होना अनिवार्य नहीं है। ......अज्ञेय की कविता ग़ैर रोमांटिक है, यह कहना शायद बहुत ठीक न हो, पर अज्ञेय में ग़ैररोमांटिक कविता की संभावना विवृत होती अवश्य दिखलाई पड़ती है।"[3]

(4) **अशोक वाजपेयी** का कहना है कि "नयी कविता में मुख्य प्रयत्न समकालीन सच्चाई का सीधा साक्षात्कार करने और इस साक्षात्कार को जीवंत और व्यवस्थित भाषा में चरितार्थ करने का रहा है। अज्ञेय का मुहावरा ज्यादातर आत्म साक्षात्कार का रहा है, लेकिन शहरी सभ्यता, बड़े शहर और पश्चिमी संस्कृति आदि पर लिखी गई **बावरा अहेरी, हरी घास पर क्षण भर, हवाई यात्रा, ऊँची उड़ान, पश्चिम के समूह जन, हिरोशिमा, महानगर : रात** इत्यादि कविताएँ सभ्यता से उलझने का साक्ष्य हैं।"[4]

आत्मान्वेषण के मार्ग पर चलते हुए अन्तर्जगत् में प्रवेश करना, अधिकाधिक समय तक वहीं बने रहना, आदि भी रोमांटिक प्रवृत्ति का ही सूचक हैं। किंतु अज्ञेय एक कविता में कहते हैं– "अपने से बाहर आने को छोड़ नहीं आवास दूसरा भीतर–भले साईं बसते हों।'[5] प्रश्न उठता है, अज्ञेय वास्तव में कहाँ रहते हैं, 'भीतर' या 'बाहर' ?

रोमानी कवि की कविता में यथार्थ से पलायन, भावावेग, आत्म साक्षात्कार, रहस्यान्वेषण, क्षण की अद्वितीयता आदि का चित्रण हुआ करता है। उपर्युक्त कथनों के संदर्भ में प्रश्न उठता है कि अज्ञेय की कविता में यथार्थ की क्या स्थिति है, उनकी कविता में यथार्थ है भी या नहीं ? है तो किस रूप में ? वे यथार्थवादी कवि हैं, रोमांटिक या ग़ैर रोमांटिक ? क्या सचमुच वे 'भीतर' के 'साईं' का संधान छोड़कर 'बाहर' आने की चेष्टा करते रहे हैं।

1. आधुनिक हिन्दी कविता : जगदीश चतुर्वेदी, -46
2. अज्ञेय : संपादक-विश्वनाथ प्रसाद तिवारी, -30
3. अज्ञेय और आधुनिक रचना की समस्या : राम स्वरूप चतुर्वेदी -1
4. फिलहाल : अशोक वाजपेयी -80
5. 'सपने मैंने भी देखें हैं' (हरी घास पर क्षण भर) सदानीरा-1–231

अज्ञेय ने 'कला का यथार्थ' विषय पर पर्याप्त चिंतन किया है। इन प्रश्नों पर विचार करने से पूर्व हमें यह देखना चाहिए कि उनकी दृष्टि में कला में यथार्थ की उपस्थिति किस रूप में होती है। उनकी मान्यता संक्षेप में इस प्रकार है–

(1) 'कला में वही यथार्थ है, जिससे सम्बद्ध संपृक्त हुआ जा सके' क्योंकि सम्बद्ध यथार्थ ही कला का यथार्थ है इसलिए स्थूल यथार्थ अपने आप में यथेष्ट नहीं होता। 'कविता की वास्तविकता स्थूल जीवन की वास्तविकता नहीं है, न उसकी प्रतिस्थानीय हो सकती है।'[1]

(2) कला का यथार्थ 'विषयीगत' होता है। विषयी निरपेक्ष यथार्थ एक विशेष अर्थ में 'अर्थहीन' होता है। 'अर्थ अनिवार्यतः अर्थ की पहचान करने वाले के, विषयी के साथ बँधा' होता है।[2]

(3) अज्ञेय की दृष्टि में एक स्तर तक ही लोगों के यथार्थ एक जैसे हो सकते हैं। किंतु इससे आगे एक और स्तर है, जहाँ 'हर एक का अपना अद्वितीय यथार्थ होता है।' अनुभव की प्रक्रिया में 'एक ही घटना का रूप और मूल्य' भी व्यक्ति के निजी स्मृति-संस्कारों की भिन्नता के कारण बदल जाता है इस तरह 'हर किसी का हर अनुभव अद्वितीय होता है।'[3]

(4) कविता में यथार्थ कवि की 'संवेदना से छनकर आता है।'[4]

(5) अज्ञेय 'कलिक यथार्थ' से ऊपर उठने की बात करते हैं। उनकी दृष्टि में कविता का यथार्थ 'मानवीय यथार्थ' है, जिसकी पहचान बाहरी यथार्थ के सभी उपकरणों' के नीचे गहराई में उतरने पर होती है। वहाँ उन्हें 'मानव समाज की एक दूसरी पहचान मिल सकती है, जो युगातीत है।'[5]

अज्ञेय के यथार्थ संबंधी विचारों से स्पष्ट हो जाता है कि कला या कविता में यथार्थ उपस्थित तो होता है किंतु वह कवि की संवेदना से छनकर आने के कारण अद्वितीय होता है। कविता का यथार्थ 'कालिक यथार्थ' न होकर 'मानवीय यथार्थ' होता है और वह 'विषयीगत' होता है।

क्या अज्ञेय की कविता में यथार्थ है ? क्या वे यथार्थ-चित्रण से बच सकते थे ?

अज्ञेय छायावादोत्तर काल के कवि हैं। छायावादोत्तर काल का आरंभ ही 'यथार्थवादी रुझान' से हुआ है। डॉ. नामवर सिंह की दृष्टि में 'इस युग के मिजाज का सबसे महत्त्वपूर्ण पक्ष है, 'यथार्थवादी रुझान'। इस युग में ही प्रगतिशील साहित्य का आंदोलन पैदा हुआ

1. भवन्ती, - 31, 69
2. आधुनिक हिन्दी साहित्य -120
3. जोग लिखी -26, 27
4. आधुनिक हिन्दी साहित्य -120
5. वही, -122

जिसका जोर सबसे ज्यादा यथार्थवाद पर था।"[1] अज्ञेय पर इसका प्रभाव नहीं पड़ता, यह संभव नहीं था।

काव्य जगत् में नयी कविता के पदार्पण तक समीक्षक और कवि यह जानने लगे थे कि कविता के लिए यथार्थ कितना महत्त्वपूर्ण है। नये कवि एवं समीक्षक मुक्तिबोध की यह धारणा बनी कि काव्य-रचना के संदर्भ में यथार्थ का ज्ञान एवं यथार्थ-दृष्टि का विकास बहुत महत्त्व पूर्ण है। 'मूर्तिमान यथार्थ' को ही वे काव्य का विषय बनाने का आग्रह करने लगे।[2] वे मानने लगे कि हमारे काव्य साहित्य का तब तक उद्धार नहीं हो सकता, जब तक 'हमारे कविगण वर्तमान यथार्थ के अभिप्राय' नहीं समझेंगे और 'उन्हें समझकर उनका चित्रण' नहीं करेंगे। जो सर्जक यथार्थ से मुँह चुराते हैं वे लोगों का ध्यान 'वर्तमान जन-जीवन के यथार्थ के तकाजों' से हटाकर या तो 'भारतीय संस्कृति का नारा' लगाते हैं या उन्हें 'पुराने माया लोक में' भटकाते हैं।[3]

रामविलास शर्मा की दृष्टि में 'सामाजिक यथार्थ से आंदोलित हुए बिना' किसी भी सर्जक के लिए यह संभव नहीं कि वह मार्मिक सौंदर्य अथवा साहित्य की सृष्टि कर सके। 'शुद्ध सौंदर्य के पीछे भागने वाले सर्जक 'मनुष्यता के तकाजे' भूलकर 'कागज के फूल' बनाते हैं।[4]

अज्ञेय ने यह नहीं कहा कि साहित्य में यथार्थ नहीं होता या नहीं होना चाहिए। उन्होंने कला अथवा साहित्य में यथार्थ की उपस्थिति जिस विशिष्ट रूप में होती है, उसे रेखांकित किया। उन्होंने यथार्थ से पलायन किया, यह नहीं कहा जा सकता। उनकी अनेक आरंभिक रचनाओं में प्रगतिशील रुझान के दर्शन होते हैं। प्रगतिशील रुझान की उपस्थिति यथार्थ-बोध और विशिष्ट प्रकार की सामाजिक यथार्थ-दृष्टि की ही सूचना देती है।

अज्ञेय की बाद की कविताओं में वर्ग-वैषम्य, शोषित जन, किसान, श्रमिक आदि के चित्रण के रूप में यथार्थ विद्यमान है। वे वर्ग-वैषम्य को जानते हैं। शोषित जनों का चित्रण करते हुए वे लिखते हैं – 'क्योंकि मैं/उसे जानता हूँ/जिसने पेड़ से पत्ते खाये हैं/ और जो उसकी जड़ की लकड़ी भी खा सकता है।' वे उसे भी जानते हैं 'जिसने कोड़ा खाया है' और वे उसे अपना 'भाई' कहते हैं।[5]

अज्ञेय जानते हैं कि 'झोंपड़ों में ही हमारा देश बसता है।' हवाई यात्रा करते हुए उन्हें ज्ञात है कि 'किसान की जोखम' हवाई यात्रा की 'जोखम' से 'बहुत बड़ी है।' जब 'चेत' की 'हवाएँ' बहती हैं और फसल कटती है तो वह उतना प्रसन्न नहीं होता, जितना 'महाजन' क्योंकि 'कोठरी में' दीप की लौ बढ़ा कर वही 'सेंत' की गिन रहा होता है। महाजनी शोषण अभी समाप्त नहीं हुआ है। यह उसी शोषण का परिणाम है कि किसानों के खेत तो हरे-भरे

1. कविता के नये प्रतिमान (डॉ. नामवर सिंह) –89-90
2. नयी कविता का आत्म संघर्ष तथा अन्य निबंध (मुक्तिबोध) -20
3 मुक्तिबोध रचनावली-5, -284
4. प्रगति और परंपरा (राम विलास शर्मा) –56-57
5. क्योंकि मैं उसे जानता हूँ, –25-26

हैं किंतु उनका खलिहान खाली है। सूद खाने वाले 'बनिये के कागज' भरे हैं इसलिए 'महतो' के कठिन परिश्रम का फल बनिये के घर चला जाता है और उसके घर 'दो मुट्ठी धान' तक नहीं बचता।[1]

आधुनिक मानव ने उद्योगीकरण को बढ़ावा दिया। उसे आशा थी कि इससे जन-साधारण की हालत सुधरेगी किंतु यह आशा छलपूर्ण सिद्ध हुई। उद्योगीकरण से 'कमकरों की दुःसाध्य विषमताएँ ही बढ़ीं, उन्हें सुविधाएँ नहीं मिलीं।[2] शहर हो अथवा ग्राम, गरीबों की समस्या एक-सी है। शहरों में सुविधाओं से भरी जो संस्कृति विकसित हो रही है, वह वहाँ के सभ्य धनिकों के लिए है। वहाँ के 'खेल तमाशे', 'सिनेमाघर और थियेटर' तथा 'रंग-बिरंगी बिजली द्वारा प्रचारित' वस्तुएँ सुविधाभोगी नागरिकों के लिए है, वंचितों के लिए नहीं।[3] अज्ञेय को 'लौटे यात्री' के वक्तव्य से यह भी पता चला है कि –'सभी जगह/ जो उपजाता है अन्न, पालता सबको/ उसकी झुकी कमर है।[4] 'जिंदगी के रेश्तरां में' 'कौन किसको खाता है', उन्हें इसका ज्ञान है।[5] वे जानते हैं कि 'किसके बाप का खून' किसके बाप ने चूसा है।[6]

यथार्थ के प्रति कवि की प्रतिक्रिया वैयक्तिक हो सकती है और समाज-संपृक्ति से उत्पन्न भी। अज्ञेय के काव्य में हमें यथार्थ के प्रति समाज-संपृक्ति से उत्पन्न प्रतिक्रिया के दर्शन होते हैं। 'यह कली' कविता में, देहात की गली में पली, भोली-भाली कली 'नगर के राजपथ' पर 'दिपते प्रकाश में छली जाती है। वह कली झरती नहीं, कहीं बह जाने पर मजबूर होती है, 'भँवर' में फँस जाती है, 'काल' द्वारा 'डँसी' जाती और मसल दी जाती है।[7] स्पष्ट है कि कविता प्रतीकात्मक है और पाठकों को इस 'कली' में ग्रामीण बाला का मुख अनायास दिख जाएगा। यह बात छिपी नहीं है कि ग्रामीण युवतियों का शहरों में शोषण होता है और बहुधा वे शोषकों द्वारा मसल दी जाती हैं। यह चित्र समकालीन यथार्थ का ही एक पहलू प्रस्तुत करता है।

जीवन में यथार्थ के प्रभाव और महत्त्व को अज्ञेय जानते हैं। कवि 'माहीवाल' से कहता है– जिस 'चंद्रभाग की उफनती छालियों में' तेरी सोहनी डूब गयी है, बाद में तू 'उसी का जल' पीकर कहेगा, 'आह, कितनी तृप्ति!' 'क्रौंच' यदि 'वल्मीक' पर बैठा हो तो यह नहीं समझना चाहिए कि वह अपनी 'संगिनी के स्मरण के' 'अनुष्टुप बाँचता है', अधिक

1. दृष्टव्य अंश - 'झोंपड़ों में ही हमारा देश' -हरी घास पर क्षण भर -41
'किसान की जोखम' - बावरा अहेरी, -33, 'गिन रहा होगा महाजन सेंत की - वही, -13, 'दो मुट्ठी धान नहीं' - अरी ओ करुणा प्रभामय, -43
2 अरी ओ करुणा प्रभामय, -47
3. इन्द्र धनु रौंदे हुए ये -59
4 अरी ओ करुणा प्रभामय, -38
5. कितनी नावों में कितनी बार, -76
6. नदी की बाँक पर छाया, -28
7 अरी ओ करुणा प्रभामय, -62

संभव यह है कि उसे भूख लगी हो और 'वह दीमकों की टोह में' हो।[1] बात सही है, भूख-प्यास के सामने प्रेम की बात भी पीछे छूट जाती है।

अज्ञेय की कविता में समसामयिक परिवेश के चित्रण पर बल नहीं है तथापि उनकी कविता में जिस मानवीय परिवेश के दर्शन होते हैं वह मुख्यतः शहरी परिवेश है। उनकी कविता में मोटर का धुआँ, 'कचरा जलाने वाली कल की उद्दंड' चिमनियाँ, 'मशीनों की गड़गड़ाहट,[2] 'बेहया धड़ धड़ गाड़ियाँ', 'अंगार नैन गाड़ियाँ', 'खेल तमाशे' 'सिनेमा घर और थियेटर,' 'रासायनिक धुंध'[3] आदि की उपस्थिति शहरी परिवेश का संकेत देती हैं।

अज्ञेय को इस बात की चिंता है कि हमारा देश राष्ट्र नहीं बन पा रहा है। कारण यह है कि देश अब भी विभिन्न जातियों एवं कुनबों में बँटा है। इस देश को धर्म, जाति, संप्रदाय आदि के नाम पर ब्राह्मणों, जाटों, सरदारों, अहीरों, कायस्थों, भूमिहारों, मौलवियों आदि का वर्ग खोखला करता आ रहा है। देश की स्थिति को देखकर कवि कहता है—

देस रे देस/तेरे सिर पर कोल्हू।
इसका भार तू कैसे ढोयेगा
तू किस किस को रोएगा ?
कब बनेगा तू राष्ट्र...[4]

'भैंस की पीठ' कविता में कवि का ध्यान जाति-प्रथा पर गया है।[5] 'जनपथ × राजपथ' कविता में कवि ने पाश्चात्य सभ्यता रूपी भैंस को राजपथ पर बैठे जुगाली करते हुए पाया है।[6] स्वतंत्रता प्राप्ति के बाद स्मारक बनाने की प्रवृत्ति पर कवि का ध्यान गया है। इस देश के सुंदर स्थलों को चुनकर हिन्दुओं ने तीर्थ बनाये, मुसलमानों ने मजार बनाये और अंग्रेजो ने सुंदर जगहों को हमसे छीनकर वहाँ छावनियाँ बना डालीं। बाद में हिन्दुओं के तीर्थस्थल गंदगी के घर हो गये, मुसलमानों के मज़ार खंडहर, अंग्रेजों की छावनियों ने पर्वत निवासियों को बेघर कर दिया। देश के स्वतंत्र होने पर बची हुई जगहों पर स्मारक और संग्रहालय बनाये जाने लगे और अब 'स्वदेशी के लिए हर सुन्दर जगह' नयी संस्कृति का 'यादी अजायबघर' बन गया।[7] ये और इस तरह की बहुत-सी समस्याएँ अज्ञेय की कविता में देखी जा सकती हैं। इन बातों का संबंध समकालीन यथार्थ से ही है।

अज्ञेय की कविता में जब यथार्थ इतने रूपों में चित्रित है, तब उन्हें रोमानी क्यों कहा गया है ?

कारण यह है कि अज्ञेय की कविता में विभिन्न रूपों में रोमानी भावबोध विद्यमान है।

---

1. हरी घास पर क्षण भर, -45
2 बावरा अहेरी, -8, 40
3. 'बेहया गाड़ियाँ' – आँगन के पार द्वार -25, 'अंगार नैन गाड़ियाँ' - 'कितनी नावों में कितनी बार, -60, 'सिनेमाघर और थियेटर', 'रासायनिक धुंध' - इन्द्रधनु रौंदे हुए ये, -59, 61
4. क्योकि मैं उसे जानता हूँ, -21
5. नदी की बाँक पर छाया, -27
6 क्योंकि मैं उसे जानता हूँ -28
7. क्योंकि मैं उसे जानता हूँ, –35-36

रोमानी भावबोध यथार्थ-दृष्टि के विकास में प्रायः बाधक होता है और कवि को प्रतिगामी बनाता है। कला का यथार्थ 'संवेदना से छनकर आता है' एवं उसमें कवि द्वारा 'उसके स्वायत्त किये गये होने की गूँज'[1] होती है किंतु उस गूँज में यदि कवि की यथार्थ-दृष्टि निहित नहीं है तो यह आवश्यक नहीं कि कवि का यथार्थबोध सामाजिक दृष्टि से उपादेय हो। जो कवि भाव या विचार के आत्मगत पक्ष का चित्रण करते हुए 'भाव-सत्य' अथवा 'आत्म सत्य' का चित्रण करता है, वह आत्म जगत् का चित्रण करता हुआ बहुधा रोमानी भावबोध का ही परिचय देता है।

अज्ञेय के काव्य में गहरे अथवा 'मानवीय यथार्थ' का संबंध 'भाव-सत्य' से है। उनके काव्य में दृष्टिगत होने वाला 'भाव-सत्य' कालिक यथार्थ नहीं, कदाचित सार्वकालिक यथार्थ है। अज्ञेय को उसी सार्वकालिक या शाश्वत जगत् की तलाश है, जिसमें एक से बढ़कर एक भाव-सत्य उन्हें मिलते चले जाते हैं। उन्हीं भाव-सत्यों से उठती कस्तूरी-गंध से कवि सम्मोहित है। सतत चलनशील बाह्य जीवन-यथार्थ में वह सुरभि कहाँ, वह शाश्वतता कहाँ !

जिन भाव-सत्यों से कवि का साक्षात्कार होता है, वे ही उनकी दृष्टि में 'मानवीय यथार्थ' हैं। उन भाव-सत्यों के प्रकाश में कवि मानव की एक नयी पहचान प्राप्त कर लेता है। भाव सत्य उसे समृद्ध करता है और उसके स्वयं को बदल डालता है। बाह्य यथार्थ के नीचे उतरकर अन्तर्जगत् के मानवीय यथार्थ अथवा भाव-सत्य के दर्शन का एक आकर्षण यह भी है कि वहाँ साक्षात्कार का सुख है। यही कारण है कि अज्ञेय का मुहावरा आत्म साक्षात्कार का है एवं उसमें उत्सवधर्मिता छलकती दिखलाई पड़ती है। भीतर कवि को बाह्य जीवन-संघर्ष के बिना ही सिद्धि मिल जाती है क्योंकि वहाँ बाह्य संघर्ष की आवश्यकता ही नहीं होती। भाव-सत्य की प्राप्ति के लिए शांत भाव से प्रतीक्षा करना ही पर्याप्त होता है। अधिक से अधिक समय तक भाव-जगत् में रहने के आकांक्षी कवि को उस जगत् में अनायास आलोक, 'रस धार',[2] 'उन्मोचन'[3] 'अभिषिक्त' करती 'ज्योति'[4] आदि की उपलब्धि हो जाती है।

कभी उसके भीतर ऐसा 'दाता' भी 'खिल' आता है जो कहता है–

लो, यह सागर मैंने तुम्हें दिया...
लो, यह हरी-भरी धरती–
यह सवत्सा काम धेनु–मैंने तुम्हें दीः
आकाश भी तुम्हें दिया :
....
यह रूप जो केवल मैंने देखा,

1. आधुनिक हिन्दी साहित्य (अज्ञेय), -120-21
2. 'द्वार हीन द्वार' कविता, अरी ओ करुणा प्रभामय, -152
3. अरी ओ करुणा प्रभामय, -141
4. आँगन के पार द्वार, -56

यह अनुभव अद्वितीय, जो केवल मैंने जिया,
सब तुम्हें दिया।

इतनी सारी वस्तुओं के दान के बाद सुखात्मक भावों से घिर आना अप्रत्याशित नहीं—

एक स्मृति से मन पूत हो आया।
एक श्रद्धा से आहूत प्राणों ने गाया।
एक प्यार का ज्वार दुर्निवार बढ़ आया।
मैं डूबा नहीं उतराया।
फिर भीतर
दाता खिल आया।[1]

स्वाभविक है कि कवि भाव-जगत् में ही रहना चाहता है क्योंकि बाह्य जगत् में न तो इतनी आसानी से रस धार मिलती है न उन्मोचन, न दुर्निवार प्यार का ज्वार, न उमड़ने-उतराने का सुख।

अज्ञेय भाव-जगत् में पहुँचने की बाकायदा तैयारी करते हैं, पहले सन्नाटा बुनते हैं, शून्य भाव का आवाहन करते हैं, मौन को निमंत्रित करते हैं। तब सन्नाटे के 'जाल' में 'कुछ है कि उससे' घिर जाते हैं।[2] 'महाशून्य का शिविर' एवं 'पथ'[3] देखते हैं और मौन हो जाते हैं क्योंकि 'मौन अपरिवर्त है, अपौरुषेय है' वह 'सबको समोता है', वही उसको बतलाता है कि वह 'कौन' है।[4] अज्ञेय जिस अवस्था में बार-बार पहुँचना चाहते हैं, वहाँ तक पहुँचने के लिए उनके भीतर गहरी आकांक्षा है एवं उस स्थिति में पहुँचने पर ही उन्हें अपनी सार्थकता का बोध होता है। स्पष्ट है कि उनकी दृष्टि में यह भटकाव नहीं, सही रास्ता है। कवि की यह चेतना उसके अस्तिबोध से जुड़ी है, सामाजिक यथार्थ-बोध से नहीं। यह कवि को संतुलित व्यक्तित्व देता है, उसे समसामयिक यथार्थ से उत्पन्न तनाव से बचाता है। किंतु बाह्य जीवन से कटकर भाव-जगत् में रहने से समसामयिक जीवन-यथार्थ से अलगाव भी उत्पन्न होता है। इस अलगाव एवं दूरी में सामाजिक यथार्थ-दृष्टि प्रकट नहीं हो पाती। यही कारण है कि अज्ञेय की काव्य-चेतना के इस वैशिष्ट्य को देखते हुए उन्हें रोमानी भावबोध का कवि कहा गया है। उनका 'निबिड़ एकांत', 'सन्नाटा', 'मौन', 'शून्य' सब बाहर से भीतर जाने के सूचक हैं, जो अनायास यथार्थ-भीरुता या यथार्थ से पलायन का रूप धारण कर लेते हैं। अकेलेपन का चुनाव, दर्द की महत्ता, आत्मसाक्षात्कार से उत्पन्न सामंजस्य की तलाश आदि का संबंध रोमानी भावबोध से ही है।

राम स्वरूप चतुर्वेदी अज्ञेय की कविता को ग़ैर-रोमांटिक कहने में हिचकते हैं किंतु यह मानने में उन्हें कोई दुविधा नहीं होती कि उनकी कविता में ग़ैररोमांटिक कविता की संभावना विवृत होती दिखलाई देती है। अज्ञेय को पढ़ते हुए उन्हें यह भी लगता है कि

---

1. आँगन के पार द्वार, -13-14 2. पहले मैं सन्नाटा बुनता हूँ : 'एक सन्नाटा बुनता हूँ' कविता -11
3. आँगन के पार द्वार, द्रष्टव्य अंश : 'महाशून्य का शिविर' -37
'महाशून्य ही अब तेरा पथ' -51
4. आँगन के पार द्वार, -38

उनकी कविता में अनिवार्य रूप में सर्वत्र भावावेग या रोमांटिक मनःस्थिति हो, यह आवश्यक नहीं। वे अपनी बात को स्पष्ट करने के लिए 'कलगी बाजरे की' कविता का उदाहरण देते हैं। इस कविता में पुरुष हरी घास पर बैठी स्त्री के व्यक्तित्व की व्यंजना के लिए उपमानों की तलाश कर रहा है। वह पुराने उपमानों को नकारते हुए कहता है-

अगर मैं तुमको
ललाती साँझ के नभ की अकेली तारिका
अब नहीं कहता,
या शरद के भोर की नीहार-न्हायी कुँईं,
टटकी कली चंपे की
वग़ैरह तो
नहीं कारण कि मेरा हृदय उथला या कि सूना है
या कि मेरा प्यार मैला है।
बल्कि केवल यही :
ये उपमान मैले हो गये हैं।
देवता इन प्रतीकों के कर गये हैं कूच।[1]

पुरुष के इस कथन में प्रयुक्त 'वग़ैरह' शब्द पर टिप्पणी करते हुए चतुर्वेदी लिखते हैं –"वग़ैरह का हल्का और ठंडा तिरस्कार समूचे अंश को भावात्मक स्तर पर एक साथ बाँधता है। प्रगतिवादी कवि इस बात को बिना ललकारे हुए नहीं कह सकता था। रोमैंटिसिज्म से अलग मिज़ाज के ठण्डेपन का यह आभास पहली बार अज्ञेय में मिलता है, इसीलिए अज्ञेय रोमैंटिसिज्म विरोधी नहीं, ग़ैररोमांटिक हैं।"[2]

राम स्वरूप चतुर्वेदी के अनुसार "कवि के ग़ैररोमैंटिक भावबोध की जाँच प्रकृति और प्रणय के प्रसंगों को लेकर शायद सबसे अच्छी तरह की जा सकती है",[3] अपनी बात को सिद्ध करने के लिए उन्होंने 'सवेरे-सवेरे' और 'माहीवाल से' कविता का उदाहरण लिया है। दोनों कविताओं से उद्धृत पंक्तियाँ हैं–

(i) सवेरे सवेरे/नहीं आती बुलबुल,
न श्यामा सुरीली/ न फुदकी न दँहगल
सुनाती है बोली...
जैसे ही जागा/ कहीं पर अभागा
अड़ड़ाता है कागा –/ काँय ! काँय ! काँय ! (सवेरे-सवेरे)

(ii) क्रौंच बैठा हो कभी वल्मीक पर/ तो मत समझ
वह अनुष्टुप बाँचता है संगिनी के स्मरण के–
जान ले, वह दीमकों की टोह में है।
कवि जनोचित न हो चाहे, यही सच्चा साक्ष्य है
(माहीवाल से)

---

1. सर्जना के क्षण, -55
2. अज्ञेय और आधुनिक रचना की समस्या, -14
3. अज्ञेय और आधुनिक रचना की सभस्या - (रामस्वरूप चतुर्वेदी) -15

चतुर्वेदी के अनुसार 'सवेरे-सवेरे' कविता में प्रकृति के परंपरागत मृदुल-कोमल रूप का मज़ाक़ उड़ाया गया है। इससे 'प्रचलित सौंदर्य-बोध' को धक्का लगता है। दूसरी कविता में 'प्रेम संबंधी स्थापित मान्यताओं पर व्यंग्य' किया गया है। इन कविताओं में उनकी ग़ैररोमैंटिक वृत्ति सामने आई है। अपनी समीक्षा में वे बहुत सावधान हैं। यही कारण है कि उन्हें अपनी बात को सँभल कर कहना पड़ता है। एक जगह वे लिखते हैं– ''अज्ञेय ने रोमैंटिक भावबोध से अपने को सर्वथा मुक्त कर लिया है, ऐसी बात नहीं है।'[1] अन्यत्र वे लिखते हैं –'अज्ञेय में ग़ैररोमैंटिक कविता की संभावना विवृत होती अवश्य दिखाई देती है।'[2]

अशोक वाजपेयी को यह साफ दिखलाई दे जाता है कि नयी कविता के युग में जहाँ कवियों का प्रयत्न यह है कि वे 'समकालीन सचाई का सीधा साक्षात्कार' करते हैं और उस 'साक्षात्कार को जीवंत और व्यवस्थित भाषा में चरितार्थ' करते हैं, उस युग में 'अज्ञेय का मुहावरा ज्यादातर आत्मसाक्षात्कार का रहा है।'[3] आत्मसाक्षात्कार, आत्मान्वेषण, रहस्यान्वेषण से संबंधित कविताओं में रोमानी भवबोध ही व्यक्त हुआ है। इसके बावजूद अज्ञेय एक ऐसे कवि हैं जो समकालीन यथार्थ की उपेक्षा नहीं कर सकते। यही कारण है कि उनकी अनेक कविताओं में आधुनिक सभ्यता की विडंबना को वाणी मिली है।

यह निश्चित है कि अज्ञेय एक ऐसे कवि हैं, जिनमें आत्मान्वेषण, रहस्यान्वेषण एवं भाव-सत्य तलाशने की प्रवृत्ति अनिवार्य रूप से विद्यमान है। वे चाहें भी तो इसका परित्याग नहीं कर सकते। किंतु वे ऐसे युग के कवि भी हैं, जिस युग में 'यथार्थ को' काव्य का 'चरित नायक' बनाने की बात पूरी निष्ठा से चली है। अज्ञेय युग की माँग से नहीं बच सकते थे। उनके संबंध में दूसरी बात यह हुई लगती है कि आत्मान्वेषण-रहस्यान्वेषण के मार्ग पर चलते हुए वे जिस 'साँई' तक पहुँचना चाहते थे, उसका प्रत्यक्ष दर्शन तक उन्हें नहीं मिला। 'भीतर' वे जाते हैं, बार-बार जाते हैं किंतु उनका साक्षात्कार 'साँई' से नहीं हो पाता। तभी तो उन्हें कहना पड़ता है–

'अपने से बाहर आने को छोड़ नहीं आवास दूसरा
भीतर–भले साँई बसते हों।'[4]

ऐसा लगता है, वे अन्तर्जगत् में ही अपना आवास बनाना चाहते हैं पर यह संभव नहीं हो पाता है। वहाँ उन्हें अपनी अगति दिखलाई देती है। वहाँ से निराशा उन्हें 'बाहर' की ओर धकेल देती है। 'भीतर' जाना उनकी विवशता है, 'बाहर' की ओर धकेल दिया जाना मजबूरी।

'भीतर' जाने की विवशता क्या है ? कारण हमारे सामने हैं। क्योंकि वहीं कवि को

1. अज्ञेय और आधुनिक रचना की समस्या –18
2. वही, -9
3. फिलहाल, -80
4. सदानीरा-1, -231

'सत्य' मिलता है। 'आँगन के पार द्वार' और 'द्वार के पार आँगन' दिखता है।[1] 'द्वार के आगे और द्वार' दिखलाई पड़ता है। जहाँ– 'हर बार/ मिलेगा आलोक/ झरेगी रसधार' का विश्वास जगता है।[2] वहाँ उसे वह क्षेत्र दृष्टिगत होता है, जहाँ उसको सबकुछ 'आँचल पसार कर लेना है,[3] जहाँ से प्रकाश का समुद्र और 'पारमिता करुणा का लोक' अधिक दूर नहीं रह जाता।[4] इस तरह कवि का 'मैं' भीतर और बाहर के बीच डोलता रहता है। भीतर की अगति का भय उसे बाहर धकेलता है, बाहर उसे शांति नहीं मिलती। वह बुद्ध की करुणा का सान्निध्य भी प्राप्त करना चाहता है इसलिए उसका ध्यान सर्व मानव करुणा तक जाता है, जिसमें शोषक और शोषित अलग-अलग नहीं हैं, जिसमें सांसारिक शोषण से लड़ने का भाव पीछे छूट जाता है और बाह्य जीवन के स्थान पर आभ्यंतर अथवा आध्यात्मिक जीवन महत्त्वपूर्ण हों उठता है। इसका यह अर्थ नहीं कि कवि का 'मैं', वर्ग-विभाजित समाज में शोषितों की समस्या से आँखें मूँद लेता है। 'बाहर' आने पर वह शोषण को देखता है, उससे पीड़ित होता है, उसके प्रति विद्रोह का भाव व्यक्त करता है। कभी क्षुब्ध मनःस्थिति में वह शोषकों के प्रति 'घृणा का गान' गाता है, कभी शोषकों को अपना ताजा रक्त पी लेने को आमंत्रित करता है किंतु यह उसकी चेतना का प्राथमिक, एवं 'बुनियादी सारोकार' नहीं है।

यह स्पष्टतः दिखलाई देता है कि अज्ञेय की चेतना 'भीतर' और 'बाहर' में से किसी की उपेक्षा नहीं कर पाती। इस संदर्भ में कई प्रश्न उठते हैं, –क्या व्यक्ति को 'भीतर' जाना ही नहीं चाहिए, क्या भाव-सत्यों का संधान व्यर्थ कार्य है ? क्या आत्मान्वेषण या आत्म साक्षात्कार का मार्ग बंध्या एवं अनावश्यक है ? क्या 'बाहर' ही सब कुछ है ? क्या हमारी जिम्मेदारी केवल 'बाहर' के प्रति ही होनी चाहिए ? इन प्रश्नों का उत्तर हमें मिले, इसके लिए हमें कुछ और प्रश्न करने पड़ेंगे। क्या 'भीतर' जाकर पाया हुआ 'भाव-सत्य', या 'अर्थ' हमें समृद्ध नहीं करता ? क्या ऊपरी यथार्थ के नीचे उतरने पर साक्षात्कृत 'मानवीय यथार्थ' अनावश्यक है ?

समीक्षकों का एक वर्ग अज्ञेय के 'भीतर' जाने की बात को अनावश्यक कह देगा, इस संदर्भ में उन्हें रोमानी कहकर उनके काव्य-मूल्य को कम करने की चेष्टा करेगा किंतु क्या यह उचित है ? किसी भी कवि की अपनी एक प्रकृति होती है, अपना एक चरित्र होता है। अज्ञेय का अपना विशिष्ट कवि-चरित्र है। उन्हें हम इसी रूप में स्वीकार करें यही अपेक्षित है। इसमें क्या संदेह है कि मानव की समृद्धि का क्षेत्र केवल 'बाहर' की ओर ही नहीं जाता। समन्वित विकास तभी होगा, जब व्यक्ति 'भीतर' और 'बाहर' दोनों ही दिशाओं में समृद्ध होगा।

अज्ञेय की काव्य-चेतना दोनों ही दिशाओं में सक्रिय रही है। यह बात और है कि 'भीतर' भागना उनके लिए जितना सहज है उतना 'बाहर' की ओर आना नहीं। 'भीतर' आकर्षण है, तृप्ति है, 'बाहर' तनाव है, पीड़ा है।

---

1. आँगन के पार द्वार, -68
2. अरी ओ करुणा प्रभामय, -152
3. आँगन के पार द्वार, -31
4 वही, -57

आत्मान्वेषण और रहस्यानुभूति

अज्ञेय की काव्य-यात्रा में आत्मान्वेषण और रहस्य-चिंतन की प्रवृत्ति आरंभ से ही मिलती है। धीरे-धीरे यह प्रवृत्ति बढ़ी है और 'अरी ओ करुणा प्रभामय' तक आते-आते उनका आत्मान्वेषी रूप ही प्रमुख हो उठा है। आत्मा ब्रह्म की भाँति ही रहस्यावृत है। इस तत्त्व के अनुसंधान का संबंध सहज ही रहस्यलोक में संचरण से जुड़ जाता है। जो अज्ञेय 'हरी घास पर क्षण भर' की रचनाओं तक मुख्यतः प्रकृतिवादी-यथार्थवादी दिखलाई देते थे वे बाद में रहस्यवादी प्रतीत होने लगे, इस तथ्य को लेकर साहित्य-जगत् में भिन्न प्रकार की प्रतिक्रियाएँ हुई हैं। कुछ की दृष्टि में अज्ञेय की संत परिणति आरोपित है। 'असाध्य वीणा' कविता को शब्द-शिल्प मात्र तथा 'महाशून्य का शिविर' को मसीही जीवन-दर्शन की उतरन तक कहकर उनकी रहस्यवादिता का उपहास किया गया है। कुछ प्रश्न भी उठाए गए हैं:

(1) "क्या अन्तरात्मा की प्रबुद्ध विवेक-चेतना का इतिहास की अंधी खाइयों से सुरक्षित एक सुदूर कूटस्थ प्रज्ञा-पारमिता करुणा में पर्यवसान ही हमारी इस भूत-भविष्य रिक्त चेतना के लिए एक मात्र संभव उन्मोचन है ? हो भी तो इस परिणति का रचनात्मक संघर्ष हमारी पीढ़ी के लिए इतना सहज, इतना चमत्कारिक हो सकता है ?"[1]

(2) "अज्ञेय एक सांसारिक व्यक्ति हैं। एक सांसारिक को योगी बनाने का प्रयास मक्खन का महल बनाना है। परन्तु अज्ञेय की कविता अवश्य ही योगमार्ग की अन्वितियों से युक्त है।" 'असाध्य वीणा' में षट्-चक्रों का योगदर्शन है, भले ही वह पूरी तरह शास्त्र-सम्मत न हो। केश कम्बली का बार-बार स्मरण करना और फिर अपने को लीयमान कर देना पूरी योग-साधना का तांत्रिक रचना संस्कार है। प्रश्न है, क्या अज्ञेय संत होना स्वीकार करेंगे ? यदि हाँ, तो फिर उनकी सांसारिकता का क्या होगा।"[2]

(3) यदि अज्ञेय आत्मान्वेषी एवं रहस्यवादी हो गए हैं तो फिर उन्हें आधुनिक क्यों माना जाय ? क्या वे परंपरावादी नहीं हो गए हैं ?

ढूँढ़ने वालों ने अज्ञेय की कविता में भक्ति-चेतना भी ढूँढ़ ली है और उनमें कच्चे-पक्के भक्त की अनेक विशेषताएँ भी निर्दिष्ट की गई हैं। इस सन्दर्भ में उनसे प्रश्न भी पूछा गया है : "क्या आपके लेखन में भक्ति-चेतना है ? और है तो उसका स्वरूप क्या है ?" अज्ञेय का उत्तर भी ध्यातव्य है। वे कहते हैं : "इसकी चर्चा मुझे क्यों करनी चाहिए ? रचनाएँ पाठक के सामने हैं : वे जो समझें ! हाँ, इतना कह सकता हूँ कि लिखते समय अपने से बड़ा कुछ पहचानता हूँ—जो कुछ भी मैं मूल्यवान समझता हूँ उस सबसे बड़ा कुछ। उसे आप भक्ति-चेतना मानें तो मुझे आपत्ति नहीं।"[3]

अज्ञेय की अध्यात्म-चेतना के संबंध में जो प्रश्न उठाए गए हैं वे असंगत हैं या किसी पूर्वाग्रह से ग्रस्त हैं ऐसा कहना उचित नहीं होगा किंतु अज्ञेय के भक्ति-चेतना संबंधी (?) उपर्युक्त विचारों के संदर्भ में इन प्रश्नों पर विचार करने की आवश्यकता है। अज्ञेय के काव्य में उपलब्ध जिन तत्त्वों का संबंध साधारणतया उनकी रहस्यवादिता, अध्यात्म-चेतना,

1. अज्ञेय-सं. विश्वनाथ प्रसाद तिवारी, -42

2. अज्ञेय कवि-डॉ. ओऽम् प्रकाश अवस्थी-80, 91

3. जोग लिखी-अज्ञेय-187

भक्ति-चेतना अथवा आत्मान्वेषण की प्रवृत्ति आदि से जोड़ा जाता है उन तत्त्वों को अज्ञेय 'अपने से बड़ा कुछ' कहकर अभिहित करते हैं। देखना यह है कि वह 'बड़ा कुछ' क्या है ? उसका स्वरूप क्या है ? उसका संबंध भक्ति-चेतना या अध्यात्म-चेतना से किस सीमा तक जुड़ता है ? वह क्यों है, कहाँ से आया है, इन बातों पर भी विचार किया जा सकता है। इसके बाद ही यह प्रश्न उठेगा कि इन तत्त्वों को अज्ञेय के काव्य में होना चाहिए या नहीं अथवा उनकी प्रासंगिकता क्या है।

जो प्रश्न उठाए गए हैं, उनमें से पहले प्रश्न से प्रश्नकर्ता की यह राय प्रकट होती है कि अज्ञेय के काव्य में अन्तरात्मा की प्रबुद्ध विवेक-चेतना इतिहास की अंधी खाइयों से सुरक्षित एक सुदूर कूटस्थ प्रज्ञा-पारमिता करुणा में पर्यवसित हो रही है। आज के संदर्भ में इसकी प्रासंगिकता संदिग्ध है क्योंकि यह परिणति हमारी पीढ़ी के लिए संभवतः सहज और चमत्कारिक नहीं हो सकेगी। अभिप्राय यह कि अज्ञेय वर्तमान यथार्थ से पलायन कर रहे हैं और यह पलायन उचित नहीं प्रतीत होता।

इसमें कोई संदेह नहीं कि आत्मान्वेषण की प्रवृत्ति दृश्यमान बाह्य-यथार्थ की उपेक्षा कर देती है। आत्मान्वेषण के लिए अन्तर्मुखी होना आवश्यक है। जैसे-जैसे व्यक्ति की अन्तर्मुखता बढ़ती है बाहर से उसका नाता टूटता जाता है किंतु ऐसा सदा के लिए नहीं होता। जिस क्षण-विशेष में व्यक्ति अन्तर्-प्रवेश करता है उसी क्षण वह अन्तर्मुखी है, बाकी क्षणों में वह चाहे तो बहिर्मुखी और सामाजिक प्राणी भी हो सकता है। यदि ऐसा नहीं होता तो शंकराचार्य, कबीर, विवेकानन्द जैसे व्यक्ति सिर्फ आत्म-साक्षात्कार के आनंद में डूबे रहते, समाज के लिए कुछ नहीं कर पाते। अज्ञेय भी गंभीर रूप से अन्तर्मुखी होने की क्षमता के साथ-साथ बहिर्मुख एवं सामाजिक होने की शक्ति रखते हैं। यद्यपि विद्यानिवास मिश्र तो यहाँ तक मानते हैं कि 'आँगन के पार द्वार' में ''अज्ञेय का विशाल के साथ एकाकारना नरेन्द्रनाथ के विवेकानन्द के रूप में परिवर्तित हो जाने जैसी स्थिति है।''[1] किंतु अज्ञेय में विवेकानन्द जैसे उच्च कोटि के साधक को ढूँढ़ना समीचीन नहीं लगता। उनमें आत्मान्वेषण की चेष्टा है, आत्मसाक्षात्कार द्वारा उपलब्ध योगियों जैसा रूपान्तरण नहीं।

अज्ञेय की अन्तर्मुखता एवं आत्मान्वेषण की चेष्टा स्वयं को जानने और जानकर अपने कर्तव्यों का निर्धारण करने के लिए है इसलिए पलायन प्रतीत होता हुआ भी वह पलायन नहीं है। उनकी अन्तर्मुखता का लक्ष्य ब्रह्म-सुख प्राप्ति नहीं बल्कि 'अस्ति' की खोज है। अपने अस्तित्व को जाने बिना व्यक्ति किसी भी वस्तु, कर्तव्य आदि के बारे में निःशंसय नहीं हो सकता। अस्ति की खोज एक स्वाभाविक वृत्ति है, आरोपित अथवा ओढ़ी हुई नहीं। इसके संबंध में अज्ञेय लिखते हैं : ''अस्ति पहले है, भवति बाद में। अगर मैं अपने अस्तित्व के बारे में निःशंसय नहीं हूँ—यानी अगर यह आस्था मुझ में नहीं है कि 'मैं हूँ' और यह होना और यह 'मैं' एक विविक्त, अद्वितीय, स्वतन्त्र, आत्म-चेतन और आत्मानुशासित मैं का होना है, एक केन्द्रयुक्त सत्ता, 'होना' जिसकी परिधि है और केन्द्र

1. 'आज के लोकप्रिय हिन्दी कवि : अज्ञेय' -31

जिसका 'मैं' है—तो मैं किसी बात के संबंध में भी असंदिग्ध नहीं हो सकता। तब मैं अनिवार्यतया चिंता का शिकार हूँ और रहूँगा : आध्यात्मिक चिंता का, नैतिक चिंता का, धार्मिक चिंता का, सांवेदनिक चिंता का। सत्ता की पहचान में अच्छा या बुरा कुछ नहीं है, वह पाप-पुण्य से परे है; वह केवल अस्ति की, वास्तविकता की, रिएलिटी की, रचना की पहचान है जिसके अपने आप में अच्छे-बुरे होने का प्रश्न नहीं उठता, पर मूल्य संबंधी सब निर्धारणाएँ और निश्चयात्मकताएँ जिसके बाद आती हैं।"[1]

अस्ति या सत्ता की पहचान व्यक्ति को अभय देती है। अस्ति को जान लेने पर मृत्यु से घिरा हुआ होने पर भी व्यक्ति भयभीत नहीं होता। अज्ञेय पाते हैं, "मैं हूँ। यह पहचान ही अभय है। उसके बाद यह ज्ञान कि एक दिन—किसी एक क्षण—यह सत्ता नहीं रहेगी, भय नहीं पैदा करता, साहस देता है। न-होने से घिरा हुआ मैं हूँ, न-होने को दे दिया जाऊँगा, अपनी अवस्थिति की पहचान और स्वीकृति सत्ता को खोखला नहीं करती, धृति के योग से अपने होने को और भी आस्वाद्य बनाती है, उसके स्वाद को सघनतर करती है।"[2] अस्ति को जानने वाला कहीं अधिक 'कर्मज्ञ, साहसिक, तोजोमय' हो उठता है। वह कहीं अधिक 'सघन जीवन' जीता है। अज्ञेय अवस्थिति या अस्ति के ज्ञान को ही कर्म कहना चाहते हैं और उसे पाने की इच्छा रखते हैं।

अस्ति का अन्वेषण अथवा 'मैं हूँ' की पहचान आवश्यक है और इसलिए यह जीवन और जगत् से पलायन का परिणाम नहीं बल्कि गहरे रूप में जीवन से जुड़ जाने के लिए है। अस्ति समस्त ज्ञान-विज्ञान, सारे कर्तव्य-अकर्तव्य का आधार है। अज्ञेय की अध्यात्म-चेतना का संबंध इसी अस्ति की पहचान अथवा अस्मिता की खोज से जुड़ा है। यह खोज यदि बीते हुए कालों में आवश्यक थी तो आज भी आवश्यक है। यह काल-निरपेक्ष है और इसलिए पुरातन होते हुए भी आधुनिक है। इसी प्रकार करुणा भी कभी इतिहास की अंधी खाइयों में सुरक्षित नहीं हुआ करती है। यह भी एक काल-निरपेक्ष एवं आवश्यक तत्त्व है। बुद्ध ने जिस अहिंसा का प्रतिपादन किया था उसके मूल में भूत-दया अथवा जीवों के प्रति करुणा का भाव निहित था। अस्ति की खोज व्यष्टि की खोज है जबकि करुणा की खोज समष्टि की—समष्टि के जीवन की, सहअस्तित्व की खोज है। हृदय में करुणा के अवतरण से व्यक्तित्व में रूपान्तरण हो जाता है, व्यक्ति जियो और जीने दो के बोध से संपृक्त होता है। यदि किसी की विवेक-चेतना करुणा का संधान करती है तो वह भी पलायन नहीं है बल्कि अपने चतुर्दिक के जीवन को स्वीकारना है, उसके अस्तित्व को 'आत्मवत् सर्वभूतेषु' के भाव से युक्त कर देना है।

अज्ञेय का रहस्यवाद स्पष्ट रूप से ईश्वरोन्मुख रहस्यवाद नहीं है। स्वयं अज्ञेय ने एक कविता में अपने रहस्यवाद का स्पष्टीकरण इस रूप में दिया है :

मैं भी एक प्रवाह में हूँ—
लेकिन मेरा रहस्यवाद ईश्वर की ओर उन्मुख नहीं है[3]

1. भवन्ती-द्वि. सं. -139 2. वही 3. पूर्वा-'रहस्यवाद' कविता

उन्होंने इस कविता में यह भी स्पष्ट कर दिया है कि वे अपने ही भीतर की असीम शक्ति से संबंध जोड़ना चाहते हैं, उसी से अभिभूत होना चाहते हैं। वे यह पाते हैं कि उनका 'मैं' शक्ति का एक अणु' है और शक्ति असीम है। इसलिए उनका 'मैं' भी असीम है।

समस्त प्रेरणाओं का मूल स्रोत यह 'शक्ति का एक अणु' ही है। इस शक्ति-केन्द्र की रहस्यमयता का पर्दा खोलकर उसमें मिल जाने की आकांक्षा ही अज्ञेय का रहस्यवाद है। इस रहस्यवाद में प्रवेश के लिए संन्यासी होने की आवश्यकता नहीं है। इसलिए इस तथ्य पर आश्चर्य करना व्यर्थ है कि अज्ञेय संसारी होते हुए भी योगियों जैसी बातें क्यों करते हैं। यदि उनकी किसी कविता में षट्-चक्र की स्थिति दिखलाई पड़ती है तो इसका कदापि यह अर्थ नहीं निकाला जा सकता कि वह योगी होकर उनका निरूपण कर रहे हैं। वे निश्चय ही योगी नहीं हैं, एक संसारी व्यक्ति हैं और संसारी व्यक्ति भी आत्मान्वेषण की आकांक्षा रख सकता है और अपने तरीके से उस दिशा में प्रयत्न भी कर सकता है। अज्ञेय के आत्मान्वेषण का प्रयत्न भी उनके अपने ढंग का है। न तो वे योग की प्रक्रियाओं का निरूपण करते हैं न उनके जरिए आत्मान्वेषण की चेष्टा ही उनमें दिखलाई पड़ती है। उनमें अन्तर्मुखता की एक प्रवृत्ति है, जिससे वे अन्तर्गमन की चेष्टा करते हैं और स्वयं को जानने की आकांक्षा रखते हैं। इसलिए दूसरा प्रश्न—क्या अज्ञेय सन्त होना स्वीकार करेंगे ? यदि हाँ, तो उनकी सांसारिकता का क्या होगा, अनावश्यक है।

स्वयं को जानने की चेष्टा व्यक्ति को न सिर्फ अभय देती है बल्कि उसके कर्तव्य-अकर्तव्य के निर्धारण में भी सहायक होती है। आत्मान्वेषी होना आवश्यक रूप से परंपरावादी होना नहीं है। परंपरावादी आत्मान्वेषी प्रायः ईश्वरान्वेषी होते थे अथवा आत्म-साक्षात्कार से मुक्ति लाभ के कामी होते थे। अज्ञेय का रहस्यवाद स्पष्टतः इन उद्देश्यों से प्रेरित नहीं है। उनकी मुक्ति-कामना भी जीवन से उपरामता की भावना से युक्त नहीं है। आत्मान्वेषी और एक विशिष्ट प्रकार के रहस्यवादी होने के नाते अज्ञेय परंपरावादी कहलाने के पात्र नहीं हैं। उनका रहस्यवाद आधुनिक रहस्यवाद है। बुद्ध, राम आदि का नाम आ जाने मात्र से उन्हें परंपरावादी नहीं माना जा सकता। अतएव तीसरा प्रश्न भी अनावश्यक है।

अज्ञेय के काव्य में आत्मानुसंधान की दिशा में चलने का प्रथम संकेत आत्मविश्लेषण की प्रवृत्ति के रूप में मिलता है। कवि अज्ञेय अनेक स्थलों पर आत्मविश्लेषण में निमज्जित दिखलाई देते हैं। आत्म-विश्लेषण की ओर प्रवृत्त होने का एक कारण पराजय की अनुभूति अथवा ठोकर खाने से उत्पन्न मनः-स्थिति है। आधुनिक जीवन में पद-पद पर व्यक्ति पराजय का अनुभव करता है और वह अपने पराजय के विश्लेषण में निमग्न हो जाता है। कवि पाता है : "वह एक ऐसा धनु है, जिसे साधने में प्रत्यंचा टूट गई है। किंतु साथ ही वह यह भी जानना चाहता है कि क्या यह टूट जाना ही हार जाना है ?"[1] विश्लेषण के बावजूद वह इसे हार या सफलता कुछ भी निश्चित नहीं कर पाता किंतु अपने अहं को देख लेता है :

1. आ. लो. हि. क.-अज्ञेय-71

अहं ! अन्तर्गुहावासी ! स्व-रति ! क्या मैं चीन्हता
कोई न दूजी राह ?
जानता क्या नहीं निज में बद्ध होकर है नहीं निर्वाह ?[1]

ये प्रश्न कवि स्वयं से पूछता है और इन्हीं प्रश्नों के माध्यम से अपने भीतर झाँक कर पहचानता है कि इसके पीछे अहं छिपा बैठा है। वह पाता है कि 'इसी अहंकार के मारे अन्धकार के सागर के किनारे वह ठिठक गया है तथा नत हो गया है।' वह अपने अहं को, स्वरति को खूब पहचानने लगा है। वह यह भी जानता है कि और भी मार्ग हैं जो अहंकार को काटने से या उसके विलयन से प्राप्त हो सकते हैं किंतु अहं का विलयन इतना सरल नहीं है। कवि आत्म-विश्लेषण कर अहं को ही नहीं अन्य ज्ञातव्य तथ्यों को भी जानने लगा है :

जितनी स्फीति इयत्ता मेरी झलकाती है–
उतना ही मैं प्रेत हूँ
जितना रूपाकार–सारमय दिख रहा हूँ
रेत हूँ
फोड़-फोड़कर जितने को तेरी प्रतिभा
मेरे अनजाने, अनपहचाने
अपने ही मन-माने
अंकुर उपजाती है–
बस उतना ही खेत हूँ।[2]

रेत से खेत बनने की इच्छा जीवन से किनारा काटना नहीं है, न ही यह व्यक्तिवादिता के गहन दण्डकारण्य में प्रवेश करना है बल्कि खेत बनकर दूसरों के काम आने लायक बनने की भावना ही इसके मूल में है।

आत्म-विश्लेषण की प्रवृत्ति ने कवि में भीतर झाँकने की स्वाभाविक शक्ति का विकास किया है। कवि ने अपने भीतर अहं को देखा, उसे पहचाना तथा उसको सहज रूप में स्वीकार लिया। उसने बाहर और भीतर के अन्तर को देखा तथा धीरे-धीरे उसमें आत्मबोध भरने लगा। आत्मबोध के क्षणों ने उसे गहन जीवानानुभव के क्षण दिये और वह दर्द, प्यार, सत्य, क्षण, देह-आत्मा, जीवन-मृत्यु, मौन आदि के तात्त्विक अनुभव से युक्त हुआ। उसने अब इन सबको भीतर से देखा और उसे लगा कि उसने इनके वास्तविक रूप को जान लिया है। अनुभव के ऐसे ही गहन क्षणों में उसने भोक्ता और द्रष्टा को अलग-अलग देख लिया। वह ऋषियों की तरह द्रष्टा के रूप में परिवर्तित नहीं हुआ किंतु उसने दोनों को

---

1. हरी घास पर क्षण भर- 'कितनी शान्ति! कितनी शान्ति !' कविता
2. आँगन के पार द्वार- 'जितनी स्फीति इयत्ता मेरी झलकाती है' कविता

अलग पहचान लिया। अज्ञेय सचमुच साधक होते तो पहचानने तक नहीं रुके रहते वे द्रष्टा मात्र बन जाना चाहते, किंतु वास्तव में अज्ञेय कवि हैं–भोक्ता और द्रष्टा को पहचानने वाले कवि। भोक्ता भी और द्रष्टा भी। न बद्ध जीव की तरह सिर्फ भोक्ता, न मुक्तजीव की तरह द्रष्टा :

वह जो पंछी
खाता नहीं, ताकता है,
पहरे पर एकटक जागता है–
होगा, होगा जब।
मैं वह पक्षी हूँ
जो फल खाता है......
पर एक
जागता है, ताकता है–
कौन ?
मैं हूँ, जागरूक पहरेदार।[1]

साधनावादियों का परम लक्ष्य वह पक्षी है जो सिर्फ ताकता रहता है, द्रष्टा है। साधारण व्यक्ति सिर्फ भोक्ता होते हैं। वे द्रष्टा को पहचान तक नहीं पाते। यदि कोई व्यक्ति द्रष्टा को पहचानने लगा है तो साधनावादी उसे दृष्टि-संपन्न व्यक्ति मानेंगे– एक ऐसा व्यक्ति जो साधना के क्षेत्र में प्रवेश-द्वार पर है। साधक आरंभ में दृष्टि-संपन्न होता है बाद में पहचान बढ़ने पर अपने मूलरूप में प्रतिष्ठित होने लगता है। अज्ञेय का अन्तिम लक्ष्य क्या है, इसे वे जानते होंगे किंतु उपर्युक्त पंक्तियों से यही स्पष्ट होता है कि अभी उनमें पहचानने की चेष्टा बढ़ रही है। 'कौन ?' तथा 'मैं हूँ जागरूक पहरेदार' के द्वारा पहचान लिया की अभिव्यक्ति होती है। साधक का लक्ष्य भले ही द्रष्टा बन जाना हो कवि का लक्ष्य यहीं तक पहुँचना है।

इसी पहचानने के क्रम में अज्ञेय ने दर्द को उपलब्धि के रूप में देखा है। कवि को लगता है कि "दर्द मानव और मानव के बीच की कड़ी है। इस दर्द के आधार पर दीन-दुखी, पददलित और पराजित व्यक्तियों का मैं 'हम' हो जाता है।"[2]

एक दूसरी स्थिति में कवि अनुभव करता है कि दर्द उससे बड़ा है, अर्थात् दर्द का मूल्य व्यक्ति-मूल्य से कहीं अधिक है। दर्द या व्यथा स्वयं पहचान है। यह सबके पास है, इसके माध्यम से ही हम एक-दूसरे को पहचानते हैं। वह पाता है कि दुःख सबको माँजता है और चाहे स्वयं सबको मुक्ति देना नहीं जानता किंतु जिसको माँजता है उसे सीख देता है कि सबको मुक्त रखे।[3] दुःख का महत्त्व सर्जक के लिए भी है। यद्यपि दुःख भोगना रचना करना नहीं है किंतु रचना करने के लिए दुःख भोगना आवश्यक है। 'दुःख से जो उन्मेष होता है, वही रचनाशील होता है।'

1. सागर-मुद्रा–32 2. इत्यलम्-156 3. हरी घास पर क्षण भर-55

प्यार को कवि ने आत्मदान एवं ज्योति के भीतर ज्योति के रूप में पहचाना है। यह प्यार की ऊपरी पहचान नहीं है। यह अन्तर्-प्रवेश से उपलब्ध हुई पहचान है इसलिए कवि मृत्यु के द्वार पर भी प्यार को ही सत् के रूप में पाता है। "ज्योति के भीतर जो ज्योति है और उसके भीतर भी जो ज्योति है वह प्यार ही है। वही सत है।"[1] दर्द को प्यार ही सँभालता है :

क्या कहीं प्यार से इतर
ठौर है कोई
जो इतना दर्द सँभालेगा (अरी ओ करुणा.-162)

कवि अपने को सत्यान्वेषी मानता है किंतु वह ब्रह्मवादियों की तरह 'एक मात्र ब्रह्म सत्य' का दर्शन नहीं करता। वह तो संसार में सत्य की बहुरंगी स्थिति देखता है। सत्य के यहाँ हजार रूप हैं :

खोज में जब
निकल ही आया
सत्य तो बहुत मिले
कुछ नये कुछ पुराने मिले
कुछ अपने कुछ बिराने मिले (इन्द्रधनु रौंदे हुए ये-17)

इनमें कुछ दिखावे, कुछ बहाने, कुछ घुटे-मँजे सफेदपोश, कुछ खानाबदोश, कुछ पड़े-खड़े, झड़े-सड़े आदि किस्म के, कुछ धुंधले, कुछ सुथरे भी थे। किंतु इन नाना रूपों में जो कुछ भी मिला अन्तर्-दर्शन से कवि ने जाना कि ये सब उनके लिए सत्य का दर्ज़ा नहीं प्राप्त कर सकते। ये सारे सत्य खोटे साबित हुए, कवि के आँसुओं में गल गये, अनुभव के दाह पर क्षण-क्षण कवि के साथ ही जलते गये। अन्त में कवि ने अपना रागदीप्त सत्य पा लिया। उसे कवि ने "भस्म होकर अपने भभूत में पा लिया तथा अपने अंगों में रमा लिया।"[2] दूसरों के द्वारा उपलब्ध सत्य को ओढ़ लेने से व्यक्ति समृद्ध नहीं होता इसलिए कवि ने अपने रागदीप्त सत्य को वरीयता दे दी।

अपने अनुभव के सत्य को जानने के लिए महान साधना की आवश्यकता है :

आकांक्षा इतनी है, साधना भी लाए हो ?
तुम नहीं व्याप सकते, तुम में जो व्यापा है
उसी को निवाहो। (इन्द्रधनु.-15)

पूर्ण सत्य कब मिलेगा, कुछ कहा नहीं जा कसता, जो सत्य व्यक्ति के भीतर व्याप सका है व्यक्ति को चाहिए कि वह उसे ही मौन के माध्यम से खोजे।

नश्वरता से और खण्डत्व से अज्ञेय को कोई शिकायत नहीं है। ऋषियों का लक्ष्य

---

1. सागर-मुद्रा –39
2. इन्द्रधनु रौंदे हुए ये -12

नश्वरता से अनश्वरता की ओर तथा खंड से संपूर्ण की ओर जाने का होता था। बन्धन से मुक्ति मिले बिना निर्बन्ध का सुख नहीं मिल सकता किंतु रवीन्द्रनाथ ने 'बन्धनेर माझे लभिव मुक्तीर स्वाद' का उद्घोष किया था। अज्ञेय ने ऐसी कोई उद्घोषण तो नहीं की है किंतु वे सागर से उछली हुई क्षण-भंगुर बूँद की महिमा के प्रति आस्थावान हैं। 'बूँद' खंड है, सागर 'संपूर्ण' है। जो बूँद सागर के झाग से उछलकर क्षण भर को अस्तित्व में आती है वह 'संपूर्ण' से पृथक् होकर 'खण्ड' रूप ग्रहण करती है किंतु अज्ञेय के अनुसार यह कोई ग्लानिजनक स्थिति नहीं है। बूँद सागर से पृथक हुई तभी तो ढलते सूरज की आग से रँगी गई। यह आलोक-ग्रहण उसकी नश्वरता के दाग को धो-पोंछ देने के लिए पर्याप्त है।[1] यह क्षणभंगुर और नश्वर जीवन भी बिसूरने के लिए नहीं है। चाहे जीवन ग्रहण करना दुर्धर्ष कर्म-विपाक का परिणाम ही क्यों न हो, यह जीवन लघु होते हुए भी सुन्दर है, आलोक-प्राप्ति की क्षमताओं से युक्त है और गौरवमय है। इसलिए अज्ञेय यह मानते हैं कि व्यक्ति से व्यक्ति की संभावनाएँ बड़ी हुआ करती हैं। यदि व्यक्ति के लघु जीवन में सत्य के अनुभव का अलोक छा जाय तो वह नश्वर होते हुए भी अनश्वर दीप्ति से भर उठेगा।

अज्ञेय ने संपूर्णता को 'क्षण' में प्रवहमान होते हुए देखा है। आलोक ग्रहण करने, अभिभूत होने, सत्य का साक्षात् करने आदि में क्षण मात्र का समय लगता है। सीपी के भीतर मोती बनने में भले ही बरसों लग जाते हों "स्वाति की बूँद क्षण मात्र में निर्मम त्वरा से सीपी का मर्म बेध देती है।"[2] इसी प्रकार सत्य और संपूर्णता का दर्शन क्षण के भीतर संभव है :

एक क्षण : क्षण में प्रवहमान
व्याप्त संपूर्णता
इससे कदापि बड़ा नहीं था महांबुधि जो
पिया था अगस्त ने...
साक्षात् के क्षण का
आज हम आचमन करते हैं **(इन्द्रधनु.-44)**

अज्ञेय ने मुक्ति का दर्शन भी क्षण के भीतर कर लिया है। उनके अनुसार या तो व्यक्ति क्षण-विशेष में मुक्त होता है या फिर कभी नहीं।

देह को कवि ने पिंजरा, पाप का मूल आदि नहीं माना है। अज्ञेय की दृष्टि में देह से ही मन उपजता है और जिसकी उन्नीत शक्ति आत्मा है।[3] कवि ने मृत्यु के संबंध में भी विचार किया है। मृत्यु अनिवार्य है, अपने लिए और समस्त प्रकृति के लिए भी। मृत्यु एक सच्चाई है, कबीर ने 'काल गहे कर केस' आदि कह कर मृत्यु की अनिवार्यता और दुर्दमनीयता का निरूपण किया था। प्रायः संत कवि मृत्यु का भय दिखाकर साधकों की

1. आ. लो. हि. क. -अज्ञेय- 'मैंने देखा एक बूँद' कविता
2. इन्द्रधनु रौंदे हुए ये -101
3. बावरा अहेरी -36

चेतना को भोगमय जीवन से हटाने की चेष्टा करते थे। मृत्यु-भय का परिणाम जीवन से मुँह मोड़ लेने में घटित होता था। अज्ञेय के अनुसार :

> **क्रमशः मृत्यु : मृत्यु भी सत्य ही है,**
> **उसे हम छोड़ नहीं सकते।**
> **हाँ, शिवता,सुन्दरता हम उसे दे सकते हैं।**
> **अभी किंतु जीवन : अन्तहीन तपस्या जिससे**
> **हम मुँह मोड़ नहीं सकते** (इन्द्रधनु.-40)

अज्ञेय मृत्यु से भयभीत नहीं हैं और न इसके चलते जीवन से मुँह मोड़ने का प्रतिपादन करते हैं। 'भवन्ती' में अज्ञेय लिखते हैं : "मैं मृत्यु का गीत नहीं गाता। पर मृत्यु है, इसलिए गाता हूँ। इसीलिए गीत स्तवन हो जाता है- जीवन का।" उनका संदेश है :

> **मरता है ?**
> **जिसका पता नहीं**
> **उससे डरता है**
> **—गा।** (सागर-मुद्रा-58)

अस्तित्ववादियों की दृष्टि में मृत्यु से साक्षात्कार के क्षण में जीवन का अर्थ समझ में आता है किंतु अज्ञेय इसमें सच्चाई के केवल एक अंश या पहलू का दर्शन करते हैं। उनके अनुसार 'वास्तविकता का पूरा अर्थ और सच्चा रूप उस मुक्तावस्था में दीखता है जो उत्सर्ग के, विदाई के क्षण में मिलता है। जीवन का अर्थ भी, इसलिए, मृत्यु के साक्षात्कार के क्षण में नहीं, मुक्ति के ही क्षण में दीखता है।' यदि प्रश्न किया जाय कि मुक्ति क्या है, तो अज्ञेय इसका उत्तर देंगे : "अहर्निश, निरवधि उत्सर्ग ही मुक्ति है, मुक्ति से सम्यक् दृष्टि मिलती है, सम्यक् दृष्टि से हम वास्तविकता का, सत्ता का, अर्थ पहचानते हैं।"[1] साधनावादियों की दृष्टि में मुक्ति आत्म-साक्षात्कार से अथवा सत्य के ज्ञान से उपलब्ध होती है। भक्तगण आत्म-समर्पण के द्वारा उसे प्राप्त कर लेते हैं। अज्ञेय इसे उत्सर्ग में देखते हैं।

अज्ञेय के काव्य में कुछ ऐसी भी कविताएँ मिलती हैं, जिनके आधार पर उन्हें भक्त मान लिया जा सकता है। मुक्ति को उत्सर्ग में देखना भी भक्तों जैसी स्थिति ही प्रतीत होती है। कतिपय कविताओं में वे करुणा, सुख, सुरुचि, रूप, आलोक आदि की याचना करते हुए दिखलाई देते हैं। कुछ उदाहरण द्रष्टव्य हैं :

> **(1) एक अर्थ से तुम हो अच्युत :**
> **मुझको भी दो दो करुणा-कण**[2]

---

1. भवन्ती -137
2. इन्द्रधनु. -11

(२) हे अमिताभ !
नभ पूरित आलोक,
सुख से सुरुचि से, रूप से भरे ओक :[1]

(३) अंकुरित धरा से क्षमा
व्योम से झरी रुपहली करुणा।
सरि, सागर, सोते निर्झर सा
उमड़े जीवन :[2]

(4) लो, मैं खोल देता हूँ कपाट सारे
मेरे इस खण्डहर की शिरा-शिरा छेड़ दे
आलोक की अनी से अपनी,
गढ़ सारा ढाहकर ढूह कर दे :
विफल दिनों की तू कलौंस पर माँज जा
मेरी आँखें आँज जा।[3]

उपर्युक्त पंक्तियों के आधार पर कोई चाहे तो अज्ञेय को भक्त कवि सिद्ध कर सकता है– ऐसा भक्त कवि, जो अपने प्रभु से प्रार्थना द्वारा कुछ प्राप्त करना चाहता है। किंतु ये पंक्तियाँ भाव-विह्वल भक्त-हृदय की पुकार या प्रार्थना कम ही प्रतीत होती हैं। वस्तुतः इन पंक्तियों में कवि की शुभाकांक्षाएँ अभिव्यक्त हुई हैं। इन मंगल कामनाओं को किसी एक आराध्य अथवा इष्टदेव के समक्ष नहीं प्रस्तुत किया गया है। कहीं उनका संबंध बुद्ध से जुड़ता है, कहीं अच्युत विशेषण वाची अज्ञात सत्ता से, कहीं सूर्य से। कहीं बिना किसी को संबोधित किये मंगल कामनाएँ प्रस्तुत की गई हैं। इन सबका संबंध भक्तों की विनय-भावना से जोड़ना समुचित नहीं जान पड़ता।

अज्ञेय की अध्यात्म-चेतना उनके 'अपने से बड़ा कुछ' की पहचान तक पहुँची है, सिद्धि की परिणति अथवा चरम लक्ष्य की प्राप्ति तक नहीं। अज्ञेय जिसे 'अपने से बड़ा कुछ' एवं जो कुछ वे मूल्यवान समझते हैं 'उस सबसे बड़ा कुछ' कहते हैं वह गहन पहचान की ही सूचना देता है पारंपरिक भक्ति-चेतना की नहीं। यदि उनके काव्य में भक्ति-तत्त्व है तो वह निजी वैशिष्ट्य लिए हुए है तथा किसी भी प्रकार से भक्ति-संप्रदाय एवं पारंपरिक भक्ति-पद्धति से प्रत्यक्षतः एवं स्पष्टतः जुड़ा हुआ नहीं है। उनके भीतर का साधक भी प्रकटतः साधना में निमग्न नहीं दिखलाई पड़ता। साधक होने के लिए उन्होंने सांसारिकता का परित्याग नहीं किया है। उनका साधक सांसारिकता को साथ लेकर चलता है। उनकी साधना उन्हें किसी बाह्याचार में नहीं ले जाती है। वे मौन में अगोचर को तलाशते हुए प्रतीत होते हैं और इस प्रकार तूष्णी या मौन साधक बने रहते हैं।

---

1. अरी ओ. -80 2. वही -81
3. बावरा अहेरी -17

अस्मिता, दर्द, प्यार, सत्य, क्षण, देह-आत्मा, जीवन-मृत्यु, जगत् आदि के संबंध में जो बोध उन्हें प्राप्त हुआ है संभवतः उसे ही वे 'मूल्यवान कुछ' की संज्ञा देते हैं। प्रत्येक बोध या नयी पहचान से व्यक्ति की चेतना में कुछ विशेष जुड़ जाता है। कभी-कभी विशिष्ट-बोध व्यक्तित्व में ही क्रांति घटित कर देता है और व्यक्ति को नया संस्कारी बनाता है। जीवन से संबंधित प्रत्येक गहन अनुभूति व्यक्ति को समृद्ध करती है और उसकी चेतना को पहले से कहीं अधिक भास्वर कर देती है। अज्ञेय की अध्यात्म-चेतना भी जीवन-अर्थों के बोध से निरंतर जुड़ती रहकर भास्वर होती रही है।

यद्यपि अज्ञेय ने ईश्वर, बुद्ध, राम आदि शब्दों का प्रयोग भी किया है किंतु उनके 'अपने से बड़ा कुछ' का संबंध 'निराकार सत्ता' से प्रतीत होता है। यह शक्तिमान निराकार सत्ता ही प्रभु-सत्ता है। यद्यपि वह निराकार सत्ता ही 'एक जगत् रूपायित प्रत्यक्ष' तथा 'सुन्दरतम रूप' बन गया है तथापि वह अज्ञेय सत्ता है :

कौन है, क्या है वह, कहाँ से आया है
जो ऐसे में मुझे रखता है
परिचिति के घेरे में आलोक से विभोर ?

वह सत्ता 'अज्ञात-वय कुल-शील' है। 'कर्म की बाधा' वह नहीं जानता तथा वह प्रवृत्ति से उपराम भी नहीं है। वही कवि के 'हृदय का भेद' और 'अंतरंग सखा सहेली' है। सत्ता उन्हें मुख्यतः दो रूपों में दिखलाई पड़ती है– एक है रूपायित प्रत्यक्ष, सतत मुखर, अविराम गति से, उमंग से युक्त; दूसरा कल्पना संभाव्य, एकान्त निःस्वर तथा अचल निस्तरंग। इस प्रकार एक ही मूल सत्तारूपी काव्य के ये दो पाठ मिलते हैं।[1] मूल रूप में यह सत्ता निराकार है।

एक स्थल पर कवि ने इस निराकार सत्ता की अभिव्यक्ति इस रूप में की है : 'निचले हर शिखर पर देवल : ऊपर निराकार तुम केवल...'[2] अर्थात् नीचे के हर शिखर पर मंदिर हैं, जहाँ वह साकार होकर अलग-अलग रूपों से विद्यमान है किंतु ऊपर वह निराकार होकर केवल एक ही रूप में विद्यमान है। निराकार साकार बन जाता है यह तो है ही साकार में भी निराकार तत्त्व ही छिपा हुआ है। रूप में सदा अरूप विद्यमान है :

गोचर में एक अगोचर, अप्रमेय
अनुभव में एक अतीन्द्रिय
पुरुषों के हर वैभव में ओझल
अपौरुषेय मिलता है।

(आँगन के.-'यह महाशून्य का शिविर' कविता)

---

1. सागर-मुद्रा –35
2. पहले मैं सन्नाटा बुनता हूँ -75

आत्मा भी मूल रूप में अगोचर सत्ता ही है। महाशून्य ही आत्मा का पथ है। आत्मा 'कन्या-वधुका' के समान है, जिसकी महाशून्य के साथ भाँवरें रची गई हैं। कवि आत्मा से कहता है :

जा आत्मा, जा...
वह महाशून्य ही अब तेरा पथ,
लक्ष्य, अन्न, जल पालक पति
आलोक, धर्म : **(आँगन के पार.-53)**

आत्मा महाशून्य-रूपी परम सत्ता में मिलकर अद्वैत का सुख प्राप्त करेगी। अद्वैत भूमि की प्राप्ति ही अज्ञेय के रहस्यान्वेषण का लक्ष्य है।

अज्ञात प्रदेश की यात्रा ही रहस्य-यात्रा कहला सकती है। महाशून्य-रूपी सत्ता 'धुंध से ढकी हुई' है। इसमें कुछ भी साफ-साफ नहीं दिखलाई पड़ता। कवि उस सत्ता को संबोधित करते हुए कहता है : "तुम्हारी वापिका धुंध से ढकी हुई है, वह बहुत गहरी है और हमारी अंजली बहुत ही लघु है। कुहरे में जहाँ-तहाँ लहराती हुई-सी कोई छाया कभी-कभी दिखलाई दे जाती है।"[1] धुंध से ढके हुए प्रदेश में प्रवेश की चेष्टा ही रहस्य में प्रवेश की चेष्टा है।

रहस्यदेश में संचरण का एक दूसरा प्रमाण है 'द्वार के आगे और द्वार' का संधान कर लेना। कवि द्वार के आगे एक और द्वार देख लेता है। उस द्वार के पार कुछ है या नहीं यह कहना तो संभव नहीं है किंतु उस प्रदेश में बढ़ते ही रहस्यान्वेषी को आलोक और रस की प्राप्ति होती है। उस रहस्यमय अन्धकाराच्छन्न प्रदेश में कवि प्रकाश की सुरंग के माध्यम से बढ़ता चला जाता है। किंतु उन रूपाकारों को पकड़ नहीं पाता जो अंधकार में छिपे हैं। कवि की दृष्टि में 'अंधकार भी एक चरम रूपाकार है, सत्य का यथार्थ का विस्तार है,"[2] किंतु उसके शब्दों में इतनी शक्ति नहीं कि उसे अभिव्यक्त कर सके।

कवि ने आत्मा को 'मैं हूँ' की प्रतीति के रूप में जाना है तथा उसे चेतना की विभिन्न स्थितियों के रूप में भी देखा है। जागरण, सुषुप्ति और स्वप्न उसकी विभिन्न अवस्थाएँ हैं। कवि पाता है :

सोया था मैं
नींद में को
एकाएक
सपने में को
गया जाग...
फिसलता हुआ
धीरे-धीरे गिरा फिर
सुँते हुए, ठंडे
जागने में को **(सागर-मुद्रा-15)**

1. आँगन के पार द्वार -50
2. पहले मैं सन्नाटा बुनता हूँ -13

कभी वह अपने को 'जलती हुई समाधि' की अवस्था में पाता है किंतु वहाँ से फिसलकर 'जागने की नींद' में गिर जाता है।

अज्ञेय ने आत्मान्वेषण और रहस्यानुभव को सिद्ध करने के लिए प्रतीकों को माध्यम बनाया है। 'द्वारहीन द्वार', 'काँच के पीछे हाँफती मछली', 'चक्रांत शिला', 'असाध्य वीणा', 'महाशून्य का शिविर'आदि ऐसे ही माध्यम हैं। अज्ञेय के आत्मान्वेषण का एक लक्ष्य अद्वैत भूमि की प्राप्ति है किंतु जागते हुए वर्तमान जीवन क्षण की वे उपेक्षा नहीं करना चाहते। काल के डमरूमध्य में स्थित रहकर वे ऐसा जीवन जीने की आकांक्षा रखते हैं जो श्रेयस्कर है। 'भवन्ती' में वे लिखते हैं : ''काल का डमरूमध्य : इधर स्मृति, उधर आकांक्षा, बीच में यह चेतन क्षण; इधर कृत, उधर ऋत, बीच में यह जगत्—यह जागता हुआ, बीतता हुआ जीवन क्षण, क्या इसी को नहीं **ईशावास्य** की तरह जिया जा सकेगा, बिना इसे पकड़े रहना चाहे—**मा गृधः** ?''[1]

अज्ञेय का रहस्यवाद किस प्रकार का है, यह प्रश्न उठ सकता है। उनके रहस्यवाद पर औपनिषदिक एवं बौद्ध शून्यवादी विचारधाराओं, जैन-बौद्ध-वाद, यास्पर्स के अस्तित्ववाद, ईसाइयत के मूल सिद्धांत आदि का प्रभाव माना जाता है। कुछ भारतीय और कुछ अभारतीय, कुछ प्राचीन तथा कुछ अधुनातन विचार-पद्धितियों का समन्वय उनके रहस्यवाद में देखा जा सकता है किंतु मूलतः अज्ञेय का रहस्यवाद किसी एक घेरे का बन्दी नहीं है। न ही वह निर्गुण-पंथियों के रहस्यवाद से मिलता है न सूफियों के भावनात्मक रहस्यवाद से। इसका अभिप्राय यह नहीं कि अज्ञेय का रहस्यवाद आरोपित या झूठा है। उसमें चिंतन की गहनता उपलब्ध होती है। अज्ञेय के रहस्यान्वेषण में मौन ही प्रार्थना एवं साधना का एक प्रकार है। इसलिए उनके रहस्यवाद में चाहे जिस किसी दार्शनिक पद्धति की छाया दिखलाई पड़े वह अपने आप में विलक्षण भी है। दूसरी महत्त्वपूर्ण बात यह है कि उनके आत्मान्वेषण और रहस्य-संचरण की चेष्टा में वर्तमान जीवन को भुलाया नहीं गया है। कवि का आत्म-बोध उसे जीवन को और भी बेहतर ढंग से जीने की प्रेरणा देता है और लौकिक जगत् से उसे और भी घनतर रूप से जोड़ देता है। इसे चाहे हम नव रहस्यवाद कहें अथवा आधुनिक रहस्यवाद इतना निश्चित है कि अज्ञेय का रहस्यवाद एक विशिष्ट रहस्यवाद है, जिसमें उनके व्यक्तित्व की गहरी छाप है।

---

1. भवन्ती -125

शिल्प-विधान

'किसी को शब्द हैं नैवेद्य।
थोड़ा-सा प्रसादवत्
मुदित विभोर वह पाता है
उसी में कृतार्थ धन्य
सभी को लुटाता है
अपना हृदय
वह प्रेममय'

(इन्द्रधनु रौंदे हुए ये)

शिल्प-विधान

वस्तु के साथ शिल्प का अविभाज्य संबंध है। संवेदन-तत्त्वों को शिल्प ही रूपाकार प्रदान करता है तथा उन्हें ग्राह्य एवं प्रभावशाली बनाता है। यद्यपि वस्तु को शिल्प का स्थानापन्न नहीं माना जा सकता तथापि अज्ञेय के अनुसार 'वस्तु को शिल्प से अलग नहीं किया जा सकता।'[1] किसी भी रचना का शिल्प और तंत्र भी उतना ही महत्त्वपूर्ण है जितना कि वह वस्तु, जिसका संप्रेषण होना है। विशिष्ट वस्तु अपने संप्रेषण के लिए विशिष्ट शिल्प की अपेक्षा रखती है। शिल्प सिर्फ रूपाकार या 'फॉर्म' नहीं है, यह उससे अधिक है इसलिए अज्ञेय समेत प्रायः सभी नये कवियों ने शिल्प को पहले के कवियों की तुलना में कहीं अधिक महत्त्व दिया है। कुछ आलोचकों ने इस चलते नयी कविता को शिल्प का चमत्कार अथवा निरा 'फार्मेलिज्म' तक माना है किन्तु नयी कविता के निष्पक्ष विवेचक-विश्लेषक आज भली-भाँति इस तथ्य से परिचित हैं कि नयी कविता मात्र शिल्प के सहारे खड़ी नहीं है। शिल्प-विरोधी प्रगतिवादी भी यह मानते हैं कि वस्तु और शिल्प के सामंजस्य से रचना अधिक प्रभावशाली बन जाती है। काव्य में शब्द के माध्यम से अर्थ का विधान होता है। शब्द-विधान का संबंध शिल्प से है और अर्थ का वस्तु से। जिस प्रकार शब्द और अर्थ एक अविभाज्य बंधन में बँधे रहते हैं उसी प्रकार का संबंध शिल्प और वस्तु में होना चाहिए। अज्ञेय अपने 'रागदीप्त' सत्य को, अपनी अनुभूतियों को रूपाकार देने में शिल्प के उपकरणों का बड़ी सावधानी से प्रयोग करते हैं। सिर्फ शिल्प के लिए शिल्प की बात वे नहीं करते। आग्रहपूर्वक आलंकारिक शब्द योजना, कृत्रिम छंद-विधान आदि वस्तु तत्त्व के प्रभाव को घटा देते हैं किन्तु जहाँ वस्तु के अनुकूल छंद, रूप और शिल्प के अन्य उपकरणों का प्रयोग होता है वहाँ वस्तु न सिर्फ सहज संप्रेष्य हो जाती है वह अधिक प्रभावशाली भी बन जाती है।

कवि अपनी अनुभूतियों को जिन माध्यमों से प्रस्तुत करता है वे ही शिल्प के उपकरण कहे जाते हैं। इनकी संख्या अनगिनत हो सकती है। नये-नये माध्यमों की तलाश निरंतर जारी रहती है और शिल्प के उपकरण का भण्डार निरंतर समृद्ध होता रहता है। कभी-कभी मौलिक संवेदन-तत्त्वों को अभिव्यक्त करने के लिए शिल्प के नये उपकरणों की तलाश आवश्यक हो जाती है। नये कवियों ने इस दिशा में अनेक नये प्रयोग किये हैं। चेतना-प्रवाह, मुक्त-आसंग, सूक्ष्म व्यंग्य, अनुस्मृति, स्वैर कल्पना, स्वप्न-चित्र, मिथक आदि से संबंधित प्रयोग इसके अंतर्गत गिनाये जा सकते हैं।

शिल्प के पारंपरिक एवं बहुप्रचलित उपकरणों को भी विशिष्ट प्रयोग के द्वारा नवीन संस्कार दिया जा सकता है। शिल्प के मुख्य उपकरण बिम्ब, प्रतीक, अप्रस्तुत, भाषा, शब्द,

---

1. तार सप्तक, -17

छंद आदि माने गये हैं। विवेचन की मर्यादा के कारण यहाँ शिल्प के इन्हीं उपकरणों के संदर्भ में अज्ञेय के काव्य पर विचार किया जा रहा है।

बिम्ब-योजना

बिम्ब शब्द मानस-प्रतिमा का पर्याय है। जीवन और जगत् की अनुभूति हमें बाह्य संवेदनों से प्राप्त विभिन्न बिम्बों के रूप में ही होती है। व्यक्ति-मानस एक ऐसा चित्र-फलक है, जहाँ बाह्य-परिवेश के सन्निकर्ष से निरंतर बिम्बों का ग्रहण होता रहता है। हमारे चिन्तन के मूल में भी बिम्ब निहित होते हैं। चिंतन के समय हमारे मानस में अनेक स्मृतिजन्य तथा स्वरचित बिम्ब उभरते तथा विलीन होते रहते हैं। इनमें से स्मृतिजन्य बिम्ब तो पूर्वगामी अनुभूति के पुनरुत्पादन मात्र होते हैं जबकि स्वरचित बिम्ब मौलिक होते हैं। काव्य में प्रायः कल्पना के योग से निर्मित स्वरचित बिम्बों का विशेष महत्त्व होता है। ज्ञनेन्द्रिय के द्वारा ग्रहण किये गये ऐन्द्रिय बिम्बों को भी भाषा में रूपान्तरित करते समय कवि-गण उन्हें अपनी कल्पना की तूलिका से रँग कर नया बना देते हैं।

काव्य में बिम्बों के प्रयोग का इतना अधिक महत्त्व है कि इनके आधार पर कवि के व्यक्तित्व तक का मूल्यांकन किया जाने लगा है। कुछ आलोचक तो बिम्ब-विधायिनी भाषा को ही कविता मानने लगे हैं। नयी कविता अपने विकास-क्रम में उस दौर से भी गुजरी है जब कविता के नाम पर बिम्बों की माँग की जाती थी। खास कर ऐसे बिम्ब जो पाठकों में एक ऐसी मानस-प्रतिमा के निर्माण में सक्षम हों जो उनके अनुभवों से जुड़कर विशेष अर्थ व्यंजित करने लग जायँ अथवा जो अपने निजी सौंदर्य के अतिरिक्त प्रतीकार्थ भी रखते हों, एक अच्छी कविता के घटक तत्त्व बन सकते हैं। अज्ञेय ने बिम्बों का प्रयोग अपनी भाषा में मूर्तिकरण की क्षमता बढ़ाने, चिंतन को अधिक प्रेषणीय बनाने, वस्तु को अधिक ग्राह्य एवं स्पष्ट करने, उसे प्रतीक से युक्त कर सत्यान्वेषण में सहायक बनाने आदि के लिए किया है।

अज्ञेय के आरंभिक काव्यों में बिम्बों की उतनी बहुलता नही है जितनी 'हरी घास पर क्षण भर' एवं परवर्ती काव्यों में। बिम्ब-चित्रण की कुशलता क्रमशः कवि में बढ़ती गई है। किंतु इसका यह अभिप्राय नहीं कि पूर्ववर्ती काव्यों में सफल बिंब-चित्रण के उदाहरण नहीं मिलते हैं। पूर्ववर्ती रचनाओं में भी अनेक स्थलों पर सफल बिम्ब-चित्रण के उदाहरण मिल जाते हैं। एक उदाहरण द्रष्टव्य है :

> **"बादलों का हाशिया है आसपास**
> **बीच कूजों की डार, कि**
> **लिखी पाँत काली बिजली की**
> **आषाढ़ की निसानी।"**[1]

---

1. इत्यलम् -204

जो पंक्तियाँ उदाहरण रूप में यहाँ उद्धृत की गयी हैं, उनकी मार्मिकता एक विशेष सन्दर्भ में है, जिसे पूरी कविता पढ़कर ही जाना जा सकता है। ये पंक्तियाँ 'ओ पिया पानी बरसा' नामक कविता की हैं। नायिका नायक से प्रतीक-भाषा में पानी बरसाने के लिए कहती है। आकाश में बादल छा गए हैं, जो हाशिये के समान लगते हैं; बीच में कूजों की डार ऐसी लगती है, जैसे बिजली ने काली पंक्तियाँ लिखी हों। ये पंक्तियाँ प्रिय-संदेश की हैं। संभवतः नायिका चाहती है कि विरहाग्नि शान्त करने वाली प्रिय मिलन-रूपी प्रेम-वृष्टि उसे मिले। यहाँ एक व्यापक परिवेश को जिस अन्वय में कवि ने बाँध दिया है, वास्तव में वही इस बिम्ब को महत्त्व देता है।

इसी प्रकार 'मिट्टी पर पहले आसाढ़ के अयाने वारि विंदु की गंध', 'स्तब्ध लयबद्ध भौंरा टँका-सा अधर में'[1], 'सिहरते से पंगु टुंडे नग्न, बुच्चे, दईमारे पेड़'[2], 'सहम कर थम गए बुलबुल के बोल, मुग्ध अनझिप रह गए पाटल के नेत्र'[3] आदि अंशों में कवि के सफल बिम्ब-चित्रण की बानगी देखी जा सकती है।

यौन प्रतीकार्थ रखने वाले बिम्बों का प्रयोग 'इत्यलम्' में संकलित कविताओं से ही देखा जा सकता है। ये बिम्ब बहुचर्चित भी हुए। 'सावन मेघ' कविता इस दृष्टि से उल्लेखनीय है। आगे चलकर 'हरी घास पर क्षण भर' में 'सो रहा है झोंप' 'सागर के किनारे' आदि कविताओं में भी यह प्रवृत्ति देखी जा सकती है। प्रकृति के सुघड़ बिम्बों के स्थान पर प्रकृति के विरूपित बिम्बों का अंकन भी इसी काल की रचनाओं में विशेष रूप से दृष्टिगत होता है।

'हरी घास पर क्षण भर' एवं परवर्ती रचनाओं में बिम्बों की बहुलता के साथ विविधता का प्रवेश भी होता है। साध्य एवं साधन रूप में बिम्बों के प्रयोग के अतिरिक्त मानवीय संवेदना के सभी केन्द्रों को छूने वाले बिम्बों का चित्रण कवि ने किया है। विषय की दृष्टि से भी विविधता आई है। ऐन्द्रिय-बिम्बों के अतिरिक्त प्राकृतिक, पौराणिक, वैज्ञानिक प्रगतिसूचक, मनोवैज्ञानिक, प्रतीक समन्वित आदि बिम्बों की अवतारणा उनके काव्य में हुई है। ऐन्द्रिय बिम्बों के घेरे में न आने वाले, अनुभव, दर्द, जीवन-सत्य आदि को रूपायित करने वाले, खंडित तथा विरोधाभास पर आधृत, रहस्य संकेतित करने वाले, विभिन्न मनोभावों को उद्दीप्त करने वाले आदि विभिन्न प्रकार के बिम्बों के अंकन की प्रवृत्ति परवर्ती रचनाओं में बढ़ी है। 'अरी ओ करुणा प्रभामय' में तो अनेक कविताएँ बिम्बात्मक ही हैं। गति की दृष्टि से गत्यात्मक एवं स्थिर, स्पर्श पर आधृत कोमल एवं कठोर, आकार के आधार पर विराट एवं लघु आदि अनेक प्रकार के बिम्ब अज्ञेय के काव्य में प्रायः सर्वत्र विद्यमान हैं।

'क्योंकि मैं उसे जानता हूँ', 'सागर-मुद्रा' तथा 'पहले मैं सन्नाटा बुनता हूँ' काव्य-संकलन

---

1. इत्यलम् -215 2. वही -166
3. वही -179

की कविताओं के बिम्बों में भावों एवं विचारों को उद्‌बुद्ध करने की शक्ति बढ़ी हुई प्रतीत होती है। चेतना की विभिन्न स्थितियों, काल के विविध रूपों, देश और काल के संश्लेषण से युक्त, अचेतन सत्ता पर चेतना के आरोप से निर्मित अनेक विशिष्ट बिम्ब इन रचनाओं में आये हैं। अज्ञेय द्वारा चित्रित प्रमुख बिम्ब-रूपों का विवेचन, यहाँ संक्षेप में किया जा रहा है।

साध्य और साधन रूप

अज्ञेय ने साध्य रूप में बिम्बों का प्रयोग प्रायः कम ही किया है फिर भी अनेक कविताओं में उनका लक्ष्य एक बिम्ब प्रस्तुत कर देना भर प्रतीत होता है। जापानी मुक्तक 'हाइकू' से प्रभावित प्रायः समस्त कविताओं में एवं अनेक दूसरी प्रकृति संबंधी कविताओं में ऐसी स्थिति देखी जा सकती है। यह बात और है कि कवि उन बिम्बों का प्रस्तुतीकरण इस तरह करता है कि उससे हमारे विचार-केन्द्र झंकृत हो उठते हैं। साध्य रूप में बिम्बांकन का एक उदाहरण है, 'शरत पूर्णिमा' कविता। कवि इन पंक्तियों में 'शरत पूर्णिमा' को रूपायित करता है :

> **चाँद चितेरा**
> **आँक रहा है शारद नभ में**
> **एक चीड़ का खाका।**[1]

यहाँ कवि का मूल उद्देश्य शरत पूर्णिमा का बिम्ब प्रस्तुत करना है। वह किसी विचार को हामरे सामने नहीं प्रस्तुत करना चाहता। इस बिम्ब को प्रस्तुत करने में कल्पना का उपयोग हुआ है। शरत्-चन्द्रिका में एक चीड़ के खाके का दर्शन कवि कल्पना से ही करता है। पाठक अपनी ग्राहक कल्पना से यह समझ लेता है कि किस प्रकार आकाश सफेद बादलों के टुकड़ों से घिरा हुआ है। यहाँ ध्यान देने की बात यह है कि यदि आकाश निरभ्र होता तो चितेरा चाँद 'चीड़ का खाका' नहीं बना पाता। इस प्रकार के चित्रों में कवि पाठक की कल्पना को उद्‌बुद्ध भर कर देना चाहता है। बिम्बात्मक कविता यदि कल्पना को उद्‌बुद्ध न करे तो उसे कविता मानना ही नहीं चाहिए। **चिड़िया की कहानी, पूनो की साँझ, रात में गाँव, धूप, वसंत, पहाड़ी यात्रा, पगडंडी** आदि छोटी कविताओं में बिम्ब का महत्त्व अपेक्षाकृत अधिक है।

'चिड़िया की कहानी' में बिम्बांकन इस प्रकार है कि पाठक अपनी कल्पना का सहज ही उपयोग कर सकता है। चित्र सिर्फ इतना है : 'उड़ गई चिड़िया/ काँपी, फिर/ थिर/ हो गई पत्ती।'[2] पाठक को कल्पना करनी पड़ती है कि पत्ती जो बाद में चिड़िया के उड़ जाने पर थिर हुई, वह पहले भी 'थिर' ही थी। चिड़िया के बैठते समय भी पत्ती काँपी होगी या बैठे होने तक काँपती रही होगी किंतु कवि को यहाँ तक की घटना मार्मिक नहीं

1. अरी ओ करुणा प्रभामय- 'रांसेत्सु' की अज्ञेय द्वारा अनूदित कविता, -115
2. अरी ओ करुणा प्रभामय -76

लगी। इस चित्र का मार्मिक अंश चिड़िया के उड़ने से आरंभ होता है। चिड़िया के उड़ने के बाद पत्ती का काँपना और फिर थिर हो जाना इस बिम्ब को जीवन के संदर्भ में मार्मिक बना देता है। 'पूनो की साँझ' कविता में 'पति सेवारत साँझ, पराये चाँद को उचकता देखकर ललाकर ओट हो जाती है।'[1] इस चित्र में भी पाठक लाज की लालिमा को क्षितिज पर गहराते देखकर विस्मय-विमुग्ध रह जाता है। इसी प्रकार 'रात में गाँव', 'धूप', 'वसंत', 'पहाड़ी यात्रा', 'पगडंडी' आदि कविताओं में बिम्बों का प्रस्तुतीकरण ही प्रधान है। पहाड़ी यात्रा का चित्र देखिये—

> **मेरे घोड़े की टाप**
> **चौखटा जड़ती जाती है**
> **आगे के नदी व्योम, घाटी पर्वत के आस-पास :**
> **मैं एक चित्र में**
> **लिखा गया-सा आगे बढ़ता जाता हूँ।**[2]

यहाँ भी पहाड़ी यात्रा का बिम्बांकन ही कवि का लक्ष्य है किंतु कल्पना के उपयोग से उसने यात्री को चित्र में 'लिखा हुआ-सा' बना दिया है।

बिम्बों का साधन रूप में उपयोग ही अज्ञेय के बिम्बांकन का असली रूप है। बिम्ब, प्रतीक आदि वस्तुतः भावाभिव्यक्ति के साधन ही हैं। अज्ञेय ने भी मूलतः बिम्बों का प्रयोग साधन रूप में ही किया है। प्रकृति-संबंधी कतिपय छोटी कविताओं को छोड़ दें तो शेष कविताओं के बिम्ब साधन रूप में बिम्ब के ही उदाहरण कहे जायेंगे।

प्रकृति के बिम्ब

किसी भाव या विचार की पृष्ठभूमि में प्रकृति के नाना रूपों के बिम्ब अज्ञेय के काव्य में आए हैं। अनेक कविताएँ प्रकृति के खंड एवं विशृंखल बिम्बों से युक्त हैं। आकाश, क्षितिज, सूर्य, चन्द्र, तारे, बादल, इन्द्रधनुष, वन, पर्वत, नदी, सागर, खेत, खलिहान, दलदल, तट, आँगन, द्वार, सरोवर, झील, धूप, किरण, शैवाल आदि प्रकृति के अनेक रूपों के खण्डचित्र अज्ञेय के काव्य में देखे जा सकते हैं। ऋतुराज की प्राकृतिक सुषमा का एक बिम्ब देखिये :

> **शिशिर ने पहन लिया वसन्त का दुकूल**
> **गन्धवह उड़ रहा पराग-धूल झूल,**
> **काँटों का किरीट धारे बने देवदूत**
> **पीत-वसन दमक उठे तिरस्कृत बबूल !**
>
> (अरी ओ. -'ऋतुराज' कविता)

---

1. अरी ओ करुणा प्रभामय -67
2. वही -64

ऋतुराज ने वसंत का दुकूल पहन लिया तथा वायु पराग लेकर उड़ने लगी; यहाँ तक कोई विशेष बात नहीं किंतु तिरस्कृत बबूल भी पीले वस्त्रों मे दमक उठा, काँटे उसके लिए मुकुट के समान बन गये; इससे अवश्य ही ऋतुराज की महिमा प्रकट हो गई। अन्य ऋतुओं से ऋतुराज की श्रेष्ठता के निरूपण के लिए यही एक संकेत काफी है। जब उसके प्रभाव से तिरस्कृत बबूल भी देवदूत बन उठता है तो औरों का क्या कहना। इसी प्रकार कवि ने शरद, वर्षा, हेमन्त आदि ऋतुओं का भी बिम्बांकन किया है।

प्रकृति के बिम्ब कहीं अलंकृत हैं, कहीं मानवीकृत तथा कहीं प्रकृति पर चेतना का आरोप कर उसे चेतन-सत्ता के रूप में अंकित किया गया है। 'ऋतुराज' कविता में प्रकृति का मानवीकृत रूप ध्यान देने लायक है। एक स्थल पर सूर्य में कुरर पक्षी का आरोप कर कवि ने संध्याकालीन धूप का बहुत ही प्रभावशाली रूपांकन किया है :

सूप-सूप भर
धूप-कनक
यह सूने नभ में गयी बिखर :
चौंधाया
बीन रहा है
उसे अकेला एक कुरर। (अरी ओ.– 'धूप' कविता)

सूप में भरकर धूप-रूपी कनक का नभ-रूपी आँगन में बिखेरा जाना तथा सूर्य-रूपी अकेले कुरर पक्षी का उसे बीनते जाना संध्याकालीन प्रकृति का एक चेतन बिम्ब उपस्थित कर देते हैं। धूप पर कनक के आरोप से स्वर्ण अथवा गेहूँ के दानों का रूपक ही नहीं सधता धूप की पीली पड़ती छवि भी आँखों के सामने आ जाती है। इसी तरह 'बीन रहा है उसे अकेला एक कुरर' से सूर्य के द्वारा धूप-रूपी दानों का चुनना ही निरूपित नहीं होता, क्रमशः धूप के विलीन होने और संध्या-वेला के गहराने का संकेत भी मिलता है।

प्रकृति के विविध पुष्प, पेड़, पौधे, पशु-पक्षी, छोटे जीव-जन्तु आदि के बिम्ब भी अज्ञेय के काव्य में प्रचुर मात्रा में मिलते हैं। फूलों में– रजनीगंधा, कचनार, मालती, टेसू, शेफाली, बुरुंस, गुलाब, कुँई, चंपा, जूही, नलिनी, गुड़हल, पलाश आदि; पेड़-पौधों में– बबूल, पीपल, झाऊ, सेमर, बकुल, नरसल, चीड़ आदि; पक्षियों में– काक, बुलबुल, श्यामा, दँहगल, फुलसुंघनी, हंस, टिटहरी, चातक, सारस, मोर आदि; पशुओं में–कुत्ता, गदहा, डांगर, मृग आदि; छोटे जीवों में– साँप, केंचुए, दादुर, घोंघे, भुनगे, मछली आदि अज्ञेय के काव्य में प्रकृति के बिम्ब के रूप में आये हैं।

प्राकृतिक क्रिया-व्यापार–भोर, दोपहर, साँझ, रात, आदि के घटित होने तथा सूर्योदय, सूर्यास्त आदि के बिम्ब भी अनेक स्थलों पर अज्ञेय के काव्य में दृष्टिगत होते हैं। सूर्यास्त का एक आलंकारिक एवं भावपूर्ण चित्रांकन द्रटव्य है :

यह सूरज का जपा-फूल
नैवेद्य चढ़ चला
सागर-हाथों
अम्बा तिमिरमयी कोः
रुको साँस-भर,
फिर मैं यह पूजा-क्षण
तुमको दे दूँगा।[1]

सूर्यास्त प्रतिदिन घटने वाली एक साधारण घटना है किन्तु कवि ने इसके रूपांकन पर पूजा-क्षण का आरोप कर इसे अपनी भावना से रंजित कर दिया है। मानो सूर्यास्त की घटना अपने आप में एक पूजा की घटना हो, जिसमें सूरज रूपी जपा-फूल सागर हाथों नैवेद्य रूप में अंबा तिमिरमयी को अर्पित कर दिया जाता है। सागर के किनारे सूर्यास्त का यह बिम्ब साधारण प्राकृतिक घटना को निश्चय ही चमत्कारपूर्ण बना देता है। इसी प्रकार 'भादों की उमस', 'माघ, फागुन चैत', 'बदली की साँझ', 'वीर बहू', 'वसंत गीत', 'हरी घास पर क्षण भर', 'उषा के समय', 'रजनीगंधा', 'पावस प्रात, शिलङ', 'वैशाख की आँधी' 'दूर्वांचल', 'चक्रांत शिला', 'महानगर कुहरा', 'सागर-मुद्रा', 'नंदादेवी' आदि अनगिनत कविताओं में किसी न किसी रूप में प्रकृति के बिम्बों की उपस्थिति देखी जा सकती है।

ऐन्द्रिय बिम्ब

रूप-रंग, ध्वनि, गंध, स्पर्श और रस से संबंधित बिम्बों का अज्ञेय ने संश्लिष्ट प्रयोग किया है। नेत्र से रूप और रंग का बोध होता है। कवि ने अनेक वर्णयुक्त रूपाकारों का अंकन किया है। लाल, नीला, उजला, काला, पीला, हरा, रुपहला,भूरा, धूसर आदि वर्णों से युक्त बिम्ब अनेक स्थलों पर आये हैं। रंग-संवेदना की दृष्टि से संभवतः अज्ञेय को लाल रंग सर्वाधिक प्रिय है। इसके विभिन्न शेड्स का चित्रण द्रष्टव्य है :

(1) और उषा की धुंधली-सी
अरुणाली थी सारा जग सींचे

(2) भाल पर धरे लाल आग

(3) लाल अंगारे से डह डह इस
पंचमुख गुड़हल के फूल को

(4) उजली लालिम मालती
गंध के डोरे डालती

1. कितनी नावों में कितनी बार. -4

(5) बदन घाम से लाल

(6) फूल अनोखा अग्निशिखा के रंग का सूरजमुखी

(7) मद्धिम लालिमा ढरकी अलक्षित

(8) अटपटी लाली उषा की हुई प्रगल्भ विभोर

इन प्रयोगों में लाल रंग एक ही प्रकार के लाल रंग का द्योतन नहीं करता– **डह डह अंगारे** के समान लाल रंग से उषा की **धुँधली सी अरुणाली** भिन्न है। इसी प्रकार **उजलापन** लिऐ हुए मालती की **लालिमा** घाम से लाल हुए बदन की लाली से भिन्न है।

अन्य रंगों का प्रयोग भी कवि ने विभिन्न शेड्स में किया है। 'चांदनी सित', 'शुभ्र अभ्र खण्ड', 'गोरी-चमक बालू की', 'धवल केश कुंचित मुख', 'धुँधला उजला पंछी', 'अप्रत्याशित उजला दिपती धूप भरा उत्तर वासंती दिन,' 'उजली कपासी धूम डोरियाँ' आदि में उजले रंग के विविध रूप अंकित हुए हैं।

'चिकनी काली रपटन', 'काले घोल की-सी रात', 'बीहड़ काली एक शिला', 'नंगी काली डाली पर', 'धुएँ का काला शोर' आदि प्रयोगों में काले रंग का विविध रूप चित्रित है। एक ही कविता में अनेक रंगों का अंकन द्रष्टव्य है :

गेहूँ की हरी बालियों में से
कभी राई की उजली,
कभी सरसों की पीली फूल-ज्योत्स्ना दिप गई
कभी लाली पोस्ते की सहसा चौंका गई–
कभी लघु नीलिमा तीसी की चमकी और छिप गई।[1]

अज्ञेय के रंग-प्रयोग की विशेषता यह है कि उन्हें रंगों की बारीकियों का ज्ञान है तथा वे इसके अमिश्रित एवं मिश्रित रूपों का प्रयोग करते हैं। उनके संश्लिष्ट रंग-प्रयोगों की अनेक विशेषताएँ हैं। रंग-संवदेना के द्वारा उन्होंने रूप को रंग ही नहीं दिया है बल्कि इसके माध्यम से वे कभी भावना के स्वरूप को व्यक्त करना चाहते हैं, कभी इसका उपयोग प्रतीक के रूप में करते हैं। इसके अतिरिक्त चित्र को अधिक प्रखर बनाने के लिए भी रंग-संवेदना को अंकित किया गया है।

ध्वनि-बिम्बों की दृष्टि से अज्ञेय की 'असाध्य वीणा' कविता का विशेष महत्त्व है। इस कविता में अनेक बिम्बों का सफल प्रयोग हुआ है। उदाहरण के लिए– अन्न की सौंधी **खुदबुद**, नयी वधू की सहमी-सी **पायल ध्वनि**, शिशु की **किलकारी**, मछली की **तड़पन**, **चहक** चिड़िया की,' तालयुक्त **घंटाध्वनि**, नौका पर लहरों की अविराम **थपक**, बहते जल की **छुल-छुल**, संझा गोधूलि की लघु **टुन-टुन**, प्रलय का **डमरू नाद** आदि। दूसरे स्थलों पर भी अनेक ध्वनि-बिम्ब ध्यानाकर्षक हैं जैसे – **चट-चट-चट** कर सहसा हिम खण्ड का

1. आँगन के पार द्वार- 'भीतर जागा दाता' कविता

तड़कना, मर्मर कछार के झाऊ का, खड़-खड़ पलास का अमलतास का, भर्रायी स्टीमर की सीटी, भोर बेला में सिंची छत से ओस की तिप्-तिप्, पहाड़ी काक की डाक हाक्-हाक् आदि। कहीं-कहीं एक ही स्थल पर अनेक ध्वनि बिम्ब एक साथ आये हैं :

हरी तलहटी, में, छोटे पेड़ों की ओट, ताल पर
बँधे समय वन-पशुओं की नानाविध आतुर-तृप्त पुकारें :
गर्जन, घुर्घर,चीख, भूँक, हुक्का, चिचियाहट।

(असाध्य वीणा)

इन ध्वनि-बिम्बों के प्रयोग में कवि ने अनेक स्थलों पर मौलिकता का परिचय दिया है। ओस के गिरने के लिए टपकने के स्थान पर तिप्-तिप् का प्रयोग, पहाड़ी काक के लिए हाक्-हाक् का प्रयोग नवीनता लिये हुए है। प्रकृति जगत् के विविध ध्वनियों के अंकन के अतिरिक्त कवि ने आधुनिक शहरी जीवन के गड्डमड्ड अकुलाहट तथा यांत्रिक युग के विविध कोलाहल का अंकन भी किया है। चिहुँकती हुई रेलें, गरजता हुआ गरुड़ यंत्र (हवाई जहाज), मशीनों की गड़गड़ाहट आदि उस कोलाहल में शामिल हैं। 'असाध्य वीणा' के ध्वनि-प्रयोग और भी गंभीर अर्थ रखते हैं। एक आलोचक ने तो इस कविता में आये हुए कतिपय ध्वनि-बिम्बों का संबंध कुंडलिनी के ऊर्ध्वगमन के समय होने वाले स्फोट से जोड़ा है। कवि ने महामौन में भी संसृति के साँय-साँय को सुनने की चेष्टा की है।

अनेक कविताओं में गंध-बिम्बों की अवतारणा हुई है। कुछ उदाहरण द्रष्टव्य हैं — 'अधजानी धूल की गंधमिली-सी गंध', अजानी गंध-सी अब छा गई होगी उपेक्षित रात', 'चीड़ वनों में गंध-अंध, उन्मद पतंग', 'बास सौंधी मुग्ध मिट्टी की', 'सिगरेट की भभकती डिबिया', 'बूट पालिश की मँहक', 'अगरु धूम-सी मंगल आशंसाएँ' इत्यादि। अज्ञेय के गंध-प्रयोग भी अनेक स्थलों पर संश्लिष्ट हैं। कहीं-कहीं भावों के लिए गंध का प्रयोग मिलता है।

यद्यपि अज्ञेय ने आर्द्र स्निग्ध, कठोर तथा मिश्रित आदि अनेक रूपों में स्पर्श बिम्बों का प्रयोग किया है किंतु तप्त-स्पर्श के अंकन में उनकी प्रवृत्ति विशेष रूप से रमी है। तप्त-स्पर्श के कुछ उदाहरण ये हैं — 'एक भट्ठी, एक आवाँ स्वतः तप्त', 'भाप के अग्निगर्भ बादल', 'मेरा श्वास है उत्तप्त', 'उमस में बेकल, अचल हैं पात चल दल के', 'अनुभव की भट्ठी में तपे हुए कण दो कण, झुलसाती लू, अनुभव का दाह, अनुभूति का तेजाब, जली हुई छाया, झुलसे हुए पत्थर इत्यादि। अज्ञेय ने प्रकृति के संदर्भ के अतिरिक्त स्वयं अपनी अनुभूतियों के संदर्भ में दाह या ताप का उल्लेख किया है। अनुभूतियों पर भट्ठी, आवाँ, तेजाब आदि का आरोप कर वे तीव्र अन्तर्संघर्ष की व्यंजना करते हैं। गीली हवा नदी की', 'आर्द्र वेदना के घन' आदि में आर्द्र स्पर्श की, 'साँस उसकी पंखुड़ियाँ सहलाती हैं', 'चितवन की हल्की-सी सिहरन', 'स्पर्श ममता की' आदि में

स्निग्ध स्पर्श की तथा 'आँखों में ठंढी पिघली ज्वाला-सा झलक गई', 'रोमांच एक बिजली सा', 'शीतल अनल-शिखा' इत्यादि में मिश्रित स्पर्श की अभिव्यक्ति हुई है। चुभने वाले स्पर्श के लिए किरकिराते रेत कण, कंटीले रूप, कुछ है जो कांटे कसकाता, डँसता है फिर एक किरकिरी आदि प्रयोग द्रष्टव्य हैं। अज्ञेय ने रस-बिम्बों का प्रयोग प्रायः लाक्षणिक अर्थों की व्यंजना के लिए किया है जैसे–विषैला कड़ुआ धुआँ, आग मीठे घाम-सी, मीठा-मीठा उपहास इत्यादि। स्वाद के लिए इन बिम्बों का प्रयोग प्रायः नहीं हुआ है।

ऐन्द्रिय-बिम्बों में रूप-रंग, ध्वनि तथा स्पर्श के बिम्ब अज्ञेय के काव्य में अधिक आये हैं। मनुष्य की ऐन्द्रिय संवेदनाओं में प्रायः रंग और स्पर्श का विशेष महत्त्व होता है। अज्ञेय के काव्य में सर्वाधिक बिम्ब इन्हीं संवेदनाओं के मिलते हैं। स्पर्श के संबंध में अज्ञेय ने भवन्ती में लिखा है : "स्पर्श। सबसे पुराना गोचर अनुभव। त्वक् : सबसे पुरानी इन्द्रिय। स्पर्श। चेतन का सबसे पुराना अनुभव, अतः अचेतन मानस के निकटतम।" उनके अनुसार कालातीत भी चेतन के स्पर्श से क्रियमान हो जाता है। ईश्वर को भी छुआ जा सकता है। यदि छुआ न जा सके तो उसकी दूसरी पहचान है ही नहीं।[1] अज्ञेय ने प्रायः सभी ऐन्द्रिय संवेदनाओं का प्रयोग अधिकांश स्थलों पर अनुभूतियों के संदर्भ में किया है। फलस्वरूप उनका ऐन्द्रिय-बोध स्थूलता की सीमा का अतिक्रमण कर जाता है।

अन्य रूप

वैज्ञानिक युग का परिचय देने वाली कविताएँ हैं– 'औद्योकगिक बस्ती', 'हवाई यात्रा : ऊँची उड़ान', 'महानगर कुहरा' आदि। इनमें आधुनिक युग के वैज्ञानिक प्रगति को सूचित करने वाले बिम्बों को अंकित किया गया है। 'औद्योगिक बस्ती' कविता में 'पहाड़ियों से घिरी हुई घाटी में काली चिमनियों का धुआँ उगलना, चढ़ाई पर माल गाड़ी की अफराये डांगर-सी धीरे-धीरे ठिलना' आज के जीवन का एक बिम्ब प्रस्तुत करता है। 'हवाई यात्रा : ऊँची उड़ान' में शहर के ऊपर का 'रासायनिक धुंध' चित्रित हुआ है।

'महानगर : कुहरा' में 'अंगार-नैन' गाड़ियों का सीली हुई सड़कों पर कराहती हुई ठिलती जाना चित्रित है। ये बिम्ब वैज्ञानिक प्रगति को तो सूचित करते ही हैं, इससे उत्पन्न महानगरीय जीवन की कतिपय विडंबनाओं को भी उजागर कर देते हैं।

'दिति कन्या को' एवं 'ओ निस्संग ममेतर' कविता में क्रमशः पौराणिक एवं धार्मिक अनुष्ठान से संबंधित बिम्ब आये हैं। 'दिति कन्या को' में 'मन के भीतर अवरुद्ध और छटपटाते किंतु प्रबल और भोले असुर' के साथ 'दिति कन्या के मन की धधकती हुई गुफा के खोलने' का संकेत है। 'ओ निस्संग ममेतर' में याजक, यज्ञ, हविष्यान्न, आहुति आदि शब्दों के द्वारा धार्मिक अनुष्ठान (यज्ञ) का बिम्ब प्रस्तुत हुआ है।

अनेक बिम्ब ऐसे हैं जो भावों से आश्लेषित हैं और आधुनिक जीवन की कुंठाओं, असफलताओं आदि को व्यक्त करते हैं। यौन कुंठा से आश्लेषित मनावैज्ञानिक बिम्ब

1. भवन्ती -93

एकाधिक स्थलों पर आये हैं। कई स्थलों पर कवि प्रकृति के माध्यम से अपने मनोभावों का बिम्ब अंकित करता है। एक चित्र देखिये :

> **साँझ। बुझता क्षितिज।**
> **मन की टूट-टूट पछाड़ खाती लहर।**
> **काली उमड़ती परछाइयाँ। (अरी ओ.-62)**

इस चित्र में– साँझ उदासी, 'बुझता क्षितिज', अंधकार के छाने तथा मन की टूटन, विषादाकुलता एवं 'पछाड़ खाती लहर' विवशता आदि को सूचित करते हैं। 'काली उमड़ती परछाइयाँ' में बिम्ब प्रतीकात्मक हो उठा है। इससे निराशा के गहन रूप से फैलने का पता चलता है। इस प्रकार संध्या के इस चित्र के साथ मानवीय भावनओं का अभिन्नत्व स्थापित हो गया है।

अज्ञेय की छोटी बिम्बात्मक कविताएँ प्रतीक से समन्वित हो, कहीं रहस्य संकेतित करती हैं, कहीं जीवन-मर्म को वाणी देती हैं : 'झरना : झरता पत्ता/हरी डाल से/ अटक गया।' यह कविता अपने आप में संपूर्ण है। इसका कारण मात्र यही है कि इसमें चित्रित प्रकृति-बिम्ब जीवन-मर्म को व्यंजित करता है। यह नश्वर शरीर झरते पत्ते की तरह है जो सांसारिकता की हरियाली से अटक कर रह गया है। 'द्वारहीन द्वार', 'आँगन के पार' आदि कविताओं के बिम्ब रहस्य की ओर संकेत करते हैं।

गत्यात्मक एवं विराट् बिम्बों का अंकन कवि ने अनेक स्थलों पर किया है :

> **(1) उठी एक किरण, धायी क्षितिज को नाम गयी**[1]
> **(2) एक बूँद सहसा उछली सागर के झाग से–**
> **रंगी गई क्षणभर ढलते सूरज की आग से**[2]

प्रथम उद्धरण में किरण के उठने, दौड़ने तथा क्षितिज को नाप जाने से एक सफल गत्यात्मक बिम्ब निर्मित होता है। गति की तीव्रता की अनुभूति 'क्षितिज को नाप गयी' से होती है। किरण उठी और क्षितिज तक फैल गई में बिम्ब की विराटता भी द्रष्टव्य है। द्वितीय उद्धरण में सागर की पृष्ठभूमि में लघु बूँद चित्रित है जो उछल कर ऊपर आई है। विराट् परिदृश्य में बूँद का लघु बिंब अत्यन्त आकर्षक बन पड़ा है।

निष्कर्ष रूप में यह कहा जा सकता है कि अज्ञेय बिम्ब-योजना में अत्यन्त कुशल हैं। उनके बिम्बों में विविधता एवं नवीनता है तथा उन पर कवि की भावानुभूतियों का गहरा रंग चढ़ा हुआ है। जिस प्रकार चित्रकार कुछ ही रेखाओं में चित्राकृति को स्पष्ट कर देता है उसी प्रकार अज्ञेय थोड़े से शब्दों में वांछित बिम्ब गढ़ लेते हैं। कवि का ऐन्द्रिय बोध भी प्रखर जान पड़ता है। अज्ञेय के बिम्बों की सबसे बड़ी विशेषता उनका प्रतीक समन्वित होना ही है, जो उन्हें एक गंभीर चिन्तक कवि सिद्ध कर देता है। रूपाकार में निराकार भावों को प्रतिष्ठित कर देना तथा निराकार को आकार देना उनके बिम्ब-विधान की सर्वाधिक महत्त्वपूर्ण विशेषता है।

1. बावरा अहेरी - 64
2. आ. लो. हि. क. -अज्ञेय -51

प्रतीक एवं मिथक

प्रतीक का व्युत्पत्तिपरक अर्थ है, वह वस्तु जो किसी अन्य वस्तु का बोध कराये, 'प्रतीयते प्रत्येति वा इति प्रतीकः'। अतीन्द्रिय यथार्थ को उद्‌बुद्ध करने में प्रतीक जितना सहायक हो सकता है, उतना अन्य माध्यम नहीं। अज्ञेय के अनुसार "जो सीधे-सीधे अभिधा में नहीं बँधता उसे आत्मसात् करने या प्रेषित करने के लिए प्रतीक काम देते हैं।...सत्य के अथाह सागर में वह (कवि) प्रतीक रूपी कंकड़ से उसकी थाह का अनुमान करता है।"[1] डॉ. भगीरथ मिश्र ने प्रतीक की परिभाषा इस प्रकार दी है : "अपने रूप, गुण, कार्य या विशेषताओं के सादृश्य एवं प्रत्यक्षता के कारण जब कोई वस्तु या कार्य किसी अप्रस्तुत वस्तु, भाव, विचार, क्रिया-कलाप, देश-जाति, संस्कृति आदिका प्रतिनिधित्व करता हुआ प्रकट किया जाता है, तब वह प्रतीक कहलाता है"[2]

प्रतीक के विषय में अज्ञेय ने गंभीरता से विचार किया है। उपमानों के संबंध में नयेपन की माँग के अतिरिक्त उन्होंने नये प्रतीक सृजन को काव्य के लिए आवश्यक माना है। उनके अनुसार जब तक कोई काव्य-साहित्य प्रतीकों की सृष्टि करता रहता है तब तक स्वस्थ रहता है, जब वैसा करना बंद कर देता है तो जड़ हो जाता है। 'प्रतीक अनिवार्यतया अनेकार्थ सूचक होते हैं।...अर्थ के जितने अधिक स्तर एक साथ झलकें, प्रतीक उतना ही अधिक प्रभविष्णु होते हैं।' प्रतीकों से युक्त काव्य इसीलिए विशेष अर्थ-गर्भित हो उठता है।

अज्ञेय के काव्य में प्रतीकों का जमकर प्रयोग हुआ है। उनके अधिकांश काव्य-संकलनों का नामकरण भी प्रतीकार्थ रखने वाली कविता के आधार पर हुआ है। 'हरी घास पर क्षण भर', 'बावरा अहेरी', 'इन्द्रधनु रौंदे हुए ये', 'आँगन के पार द्वार', 'कितनी नावों में कितनी बार' आदि में क्रमशः हरी घास, अहेरी, इन्द्रधनु, द्वार, नाव आदि प्रतीकार्थ रखते हैं एवं विभिन्न आशयों को द्योतित करते हैं। प्रतीक बहुल कविताओं के रचयिता होने के नाते अज्ञेय 'प्रतीकवादी' विशेषण से भी अभिहित किये गये हैं।

अज्ञेय ने अपने काव्य में विविध प्रकार के प्रतीकों का प्रयोग किया है। उनके काव्य में आए हुए प्रतीकों का संबंध प्रकृति, मनोविज्ञान, समाज, राजनीति, धर्म, दर्शन, पुराण आदि विभिन्न क्षेत्रों से जुड़ जाता है। पारंपरिक प्रतीकों के साथ नवीन, बहुप्रचलित प्रतीकों के साथ उपेक्षित, गंभीर एवं आध्यात्मिक प्रतीकों के साथ व्यंग्यपरक एवं सामान्य जन-जीवन से जुड़े हुए अनेकानेक प्रकार के प्रतीकों की अवतारणा उनके काव्य में हुई है। प्रतीक निर्माण में अज्ञेय इतने कुशल हैं कि उन्हें फ्रांस के प्रतीकवादियों का भारतीय प्रतिनिधि तक कहा गया है।

अज्ञेय के काव्य में प्रकृति से संबंधित प्रतीकों की संख्या सर्वाधिक है। नदी, द्वीप, सागर, तट, आँगन, द्वार, डगर, पगडंडी, आकाश, सूर्य, तारे, बादल, इन्द्रधनु, शिशिर, धूलिकण, नाव, तिनका, बूँद, किरणें, भोर, आदि प्रकृति से संबंधित प्रतीकों का प्रयोग

1. आत्मनेपद -45 2. काव्यशास्त्र : भगीरथ मिश्र -295

अलग-अलग संदर्भों में हुआ है। कवि ने अनेक पशु-पक्षियों, पेड़-पौधों, फूलों तथा अन्य जीवों का भी प्रतीकवत् प्रयोग किया है। उपर्युक्त प्राकृतिक उपादानों में से 'नदी' जीवन-धारा का तथा 'द्वीप' उससे अलगाव का प्रतीक है। 'नदी के द्वीप' अस्तित्व के संकट का बोध कराता है। सागर का प्रयोग कहीं जीवन-सत्ता के रूप में हुआ है, कहीं परमात्मा, परमसत्ता, महाकाल आदि के रूप में, कहीं उद्दाम शक्ति एवं असीम वासना के रूप में। सागर का प्रतीक कवि को प्रिय है। 'सागर-मुद्रा' शीर्षक की 1 से 11 कविताएँ (सागर-मुद्रा) तथा 'सागर-मुद्रा' -12, 13, 14 कविताएँ (पहले मैं सन्नाटा बुनता हूँ) के अतिरिक्त अनेक सागर संबंधी कविताओं में सागर प्रतीक रूप में उपस्थित है। सागर को अज्ञेय ने प्रतीकों का भी प्रतीक बना दिया है :

ओ सागर
ओ मेरी धमनियों की आग...
ओ मेघ, ओ ज्वार, ओ बीज,
ओ निदाध, ओ रावण, ओ कीट दंश !
ओ रवि-चुंबी गरुड़, ओ हारिल,
ओ आँगन के नृत्य रत मयूर !
ओ अहल्या के राम,
ओ सागर ! (पहले मैं.-29)

इस कविता में कवि ने सागर को अनेक प्रतीकाशयों का सागर बना दिया है। सागर धमनियों की आग है, लहू का स्पंदित राज रोग है; साथ ही मेघ, ज्वार, निदाघ, रावण, कीट, गरुड़, हारिल, नृत्य-रत मयूर और अहल्या का राम भी है। मेघ, ज्वार आदि विभिन्न प्रतीकों का निवास इस सागर में ही है।

इन्द्रधनु का प्रयोग कवि ने मनुष्य की आशाओं-आकांक्षाओं के रूप में तथा **नाव** का प्रयोग कवि ने पार लगाने वाले के बदले विभिन्न विचार-पद्धतियों के प्रतीक रूप में किया है।

धूलिकण एवं **तिनका** लघुता का तथा **भोर** आशा एवं उल्लास का प्रतीक है। **बूँद** अज्ञेय की कविता में एक महत्त्वपूर्ण प्रतीक है। यह मनुष्य जीवन की क्षणभंगुरता, खण्ड-जीवन तथा अनित्यता आदि का प्रतीक है।

पशुओं में भैंस, कुत्ता, ऊँट, गधाा आदि प्रतीक बनकर आये हैं। एक कविता में कवि ने 'पछाही भैंस' को 'राष्ट्रीय राजमार्ग के बीचोंबीच बैठ' जुगाली करते हुए दिखलाया है। राजमार्ग पर तेज दौड़ती मोटरें, लारियाँ, उसके पास आते ही सकपका जाती हैं। 'भैंस की आँखों की स्थिर चितवन के आगे, मानो इंजनों की बोलती बंद हो जाती है।'[1] यहाँ पछाहीं भैंस यांत्रिकता से युक्त पाश्चात्य सभ्यता का प्रतीक जान पड़ती है। इसे पाश्चात्य राजनीति

1. क्योंकि मैं उसे जानता हूँ ('जनपथ×राजपथ' कविता)

का प्रतीक भी माना जा सकता है। **कुत्ता** को पदाक्रंत एवं रिरियाता विशेषण से युक्त कर कवि ने उसे कुंठित वर्ग के व्यक्तियों का प्रतीक बना दिया है। 'रेंक' कविता में **गधा** अल्प ज्ञान साहित्यकारों एवं आलोचकों का प्रतीक जान पड़ता है।

पक्षियों में, पक्षीवाची शब्द 'चिड़िया' के अतिरिक्त कीर, हारिल, क्रौंच, चातक, केकी आदि प्रतीकार्थ रखते हैं। 'कीर की पुकार' (इत्यलम्) कविता में कीर कवि के स्वप्नों, आशाओं एवं आदर्शों का प्रतीक बन गया है। **हारिल** अदम्य आस्था का प्रतीक है। हारिल हारना नहीं जानता :

चातक हैं, केकी हैं, संध्या
को निराश हो सो जाते हैं;
हारिल हैं उड़ते-उड़ते ही
अन्त गगन में खो जाते हैं।

इस उदाहरण में **चातक** और **केकी** सामान्य जनों के प्रतीक रूप में व्यवहृत हुए हैं। हारिल उन विशिष्ट व्यक्तियों के – सर्जक कलाकार एवं प्रेमियों के प्रतीक हैं जो आदर्श एवं आस्था के अनंत गगन में खो जाते हैं। क्रौंच वाल्मीकि के युग से ही प्रेमी जीव का प्रतीक है किंतु अज्ञेय ने अपने काव्य में इसे नया संदर्भ देकर आधुनिक प्रेमी का प्रतीक बनाया है। इस क्रौंच के लिए प्रेम ही सब कुछ नहीं है– 'क्रौंच यदि वाल्मीक पर बैठा हो तो इसका यह मतलब नहीं कि वह अपनी संगिनी की याद में अनुष्टुप बाँचता है, वस्तुतः वह तो दीमकों की टोह में है।'[1] आधुनिक क्रौंच के लिए पेट की ज्वाला अथवा अन्य आवश्यकताओं का महत्त्व अधिक है।

अज्ञेय के काव्य में टेसू, पंचमुख गुड़हल, बुरुंस, कचनार, गुलाब, पलास आदि पुष्पों की प्रतीकात्मक स्थिति देखी जा सकती है। 'टेसू' नामक कविता में टेसू अपने को 'ग्रीष्म का अकिंचन अग्रदूत' तथा ग्रीष्म को 'अनलोद्भव अवतार पुरुष' मानता हुआ कहता है :

ग्रीष्म तो न जाने कब आयेगा
लू के दुर्दम दुर्मद घोड़े पर वह...
तब तक मैं उसका एक अकिंचन अग्रदूत
अपनी अखंड आस्था के साक्ष्य-रूप
मशाल जला दूँ–
न सही क्षयग्रस्त नगर में–
इस वन-खंडी में आग लगा दूँ। (इन्द्रधनु.-'टेसू' कविता)

यहाँ ग्रीष्म क्रांति का महान जननायक है तो टेसू उसी क्रांति का अगुआ है। अंततः **टेसू** उस व्यक्ति का प्रतीक बनता है जो अकिंचन होते हुए भी अपनी आस्था खंडित नहीं होने देता। वह अकेले भी कुछ करने की हिम्मत रखता है।

1. पूर्वा -231

पंचमुख गुड़हल को कवि ने पंचतत्त्वात्मक मानव-देह का प्रतीक बनाया है। **बुरुंस, कचनार, गुलाब, पलास** आदि का प्रतीकात्मक प्रयोग प्रेमानुभूति के संदर्भ में किया गया है। गुलाब की पंखुरी प्रिया के ओठ तथा लाल बुरुंस के गुच्छ प्रिया के अंगों के प्रतीक हैं। कचनार के लिए कवि ने स्वयं ही कहा है : 'फूल कचनार के प्रतीक मेरे प्यार के।' **पलास की कली** कवि को 'वासना-सी मुखरा, वेदना-सी प्रखरा' प्रतीत होती है।

अज्ञेय के काव्य में **हरी घास** एक विशिष्ट प्रतीक है। इसको कवि ने मन की उन्मुक्तता एवं समर्पण का प्रतीक बनाया है। 'हरी घास पर क्षण भर' से आशय यह है कि हम थोड़ी देर के लिए ऐसे उन्मुक्त वातावरण में आएँ, जहाँ मन मुक्ति का अनुभव करे। कवि किसी स्त्री-मित्र के साथ ऐसे ही वातावरण में आया हुआ है। स्त्री-मित्र के साथ हरी घास पर बैठे देखकर लोग जाने क्या-क्या सोच लेंगे किंतु वह इसकी चिंता नहीं करना चाहता। संकुचित अर्थ में मन की उन्मुक्तता यहाँ यौन प्रतीकार्थ रखने लगती है तथा मुक्त साहचर्य की ओर भी संकेत देती है। कवि अपनी प्रेयसी को 'हरी घास-सी अन्तः स्मित अंतः संयत होकर सहज भिलने' के लिए कहकर **हरी घास** को सहज समर्पण का प्रतीक बना देता है।

'बावरा अहेरी' कविता में **अहेरी** सूर्य के लिए आया है। यहाँ सूर्य सृष्टिकर्ता एवं सृष्टिसंहर्ता के साथ-साथ आत्मानुभूति देने वाले ज्ञानी गुरु का प्रतीक है।

भोर का बावरा अहेरी
पहले विछाता है आलोक की
लाल-लाल कनियाँ **(बावरा अहेरी.-16-17)**

हर सुबह बावरा अहेरी (सूर्य) आलोक की कनियाँ बिछाकर सृष्टि को प्रकाशित कर देता है। शाम के समय सूर्य-रूपी अहेरी अपने जाल में दृश्य-जगत् की छोटी से छोटी और बड़ी से बड़ी चीजों को समेट लेता है। कवि सूर्य से प्रार्थना करता है कि वह उसकी शिरा-शिरा को छेड़ दे ताकि वह 'सिरोपे-से कनक तार' पहन सके। यहाँ **कनक-तार** रश्मि के लिए आया है और रश्मि आह्लाद एवं ज्ञानमय स्थिति के लिए। कवि सूर्य से आह्लाद और ज्ञान प्राप्त करना चाहता है। इस प्रकार सूर्य अंततः आत्मानुभूति देने वाला ज्ञानी गुरु या परमेश्वर बन जाता है।

कवि के प्रकृति से संबंधित प्रतीकों में एक महत्त्वपूर्ण प्रतीक है मछली। 'हम निहारते रूप काँच के पीछे हाँफ रही है मछली', (अरी ओ करुणा प्रभामय) 'सागर आँक कर फिर आँक एक उछली हुई मछली' (सुनहले शैवाल), 'अभी-अभी जो उजली मछली भेद गई है सेतु पर' – (आत्मनेपद) आदि पंक्तियों में मछली का प्रतीक रूप में प्रयोग ध्यातव्य है। अज्ञेय ने एक स्थल पर मछली के प्रतीकत्व को स्वयं स्पष्ट किया है। उनका कहना है : "यदि हम सागर को हमारे न जाने हुए सब कुछ का प्रतीक मान लें, तो मछली उस प्रतीक का प्रतीक हो जाती है जिसके द्वारा कवि अज्ञात सत्य का अन्वेषण करता है। यहाँ

से अन्वेषण पद्धति का अन्वेषण करें तो और भी कई प्रतीक मिलते हैं...सागर और मछली, नदी, सेतु, जल पर पड़ता हुआ प्रकाश, परछाँही, परछाँही को भेदने वाली किरण और अन्त में वह प्रकाशवान मछली जो परछाँही को भेद जाती है—वह प्रतीक जिसके द्वारा अन्वेषी स्वयं अपने अहंकार से उत्पन्न पूर्वाग्रहों की छाया के पार देख लेता है।''[1] 'सोन मछली' कविता में काँच बँधन का एवं हाँफती मछली जिजीविषा का प्रतीक है। काँच बाह्य परिवेश एवं मछली आन्तरिक स्वरूप को व्यंजित करता है। प्रत्येक व्यक्ति सत्य को काँच से देखता है इसलिए सत्य रूपी मछली हाँफ रही है। हम रूप को महत्त्व देते हैं, रूप के पीछे अस्तित्व रूपी मछली को नहीं। मछली पर जीवात्मा, मन, आदि का प्रतीकत्व भी आरोपित हो जाता है। 'बना दे चितेरे' में विस्तीर्ण, प्रगाढ़, नीला, हलचल भरा सागर, असंख्य तनावों से परिपूर्ण व्यापक जीवन का प्रतीक है तथा अधर में टँगी मछली उस व्यक्ति का प्रतीक है जो मुक्ति, आदर्श आदि का एक घूँट भर पीने के लिए बेचैन है।

'मैं वहाँ हूँ' कविता में सेतु का तथा 'हमने पौधे से कहा' कविता में पौधे का प्रतीक रूप में सफल प्रयोग हुआ है। सेतु 'जो है और जो होगा' उसको मिलाने का प्रतीक है तथा पौधा एक ऐसे सर्जक कलाकार का जिसके लिए कवि कहता है :

'सड़ा दे दो, गला दे दो, पचा दे दो,
कचरा दो राख दो अशुचं दो, उच्छिष्ट दो—
वह तो है सृजन-रत
उसे सब रस है।'[2]

वस्तुतः सर्जक कलाकार को एक पौधे की भाँति होना चाहिए। जैसे पौधा सड़ा-गला, अशुच आदि को सुंदर पुष्प में बदल देता है उसी प्रकार सर्जक से यह अपेक्षा की जाती है कि वह जीवन के अशुभ तत्त्वों को भोगकर शिवत्व-युक्त-कृतियों की रचना करेगा। अशुभ को अपने तक सीमित रखेगा तथा शुभ को दूसरों में बाँट देगा।

प्रकृति के उन प्रतीकों को, जिनका संबंध कवि के स्वप्नों एवं यौन-चेतना से जुड़ता है मनोवैज्ञानिक प्रतीक की संज्ञा दी जा सकती है। सदैव समर्पिता हरी घास, नदी की जाँघ पर सोता हुआ अंधियाला, डाह से सिहरी हुई चांदनी, गुलाब की झरी दो पंखुरियाँ, लाल बुरुंस के गुच्छ, पलास की कली आदि यौन-प्रतीकार्थ रखते हैं। लताएँ, फूल, तितली आदि भी यौन-भावना के प्रतीक हैं। अज्ञेय यह मानते हैं कि ''आधुनिक युग का साधारण व्यक्ति यौन वर्जनाओं का पुंज है...आज के मानव का मन यौन-परिकल्पनाओं से लदा हुआ है। ...उसकी सौंदर्य-चेतना भी इससे आक्रांत है। उसके उपमान यौन-प्रतीकार्थ रखते हैं।''[3] अज्ञेय के इस कथन से ऐसा लगता है कि उनके काव्य में यौन-प्रतीकों की भरमार है किंतु बात ऐसी नहीं है। यौन-प्रतीकों से युक्त कविताएँ विशेषकर 'इत्यलम्' एवं 'हरी घास पर

1. आत्मनेपद -46 2. इन्द्रधनु. -85
3. तार सप्तक-वक्तव्य

क्षण भर' संकलन में आई हैं। बाद में यौन-प्रतीकों की संख्या क्रमशः कम होती गई है। 'चार का गजर' कविता में कवि का दिवा-स्वप्न व्यक्त हुआ है। दिवा-स्वप्न एवं स्वप्नों के माध्यम से व्यक्ति अपनी दमित भावनाओं का रेचन करता है। स्वप्न में आये हुए रूपाकार, घटनाएँ आदि प्रतीकात्मक होते हैं।

जिन प्रतीकों के माध्यम से आत्मान्वेषण, रहस्य-दर्शन, जीवन-सत्य आदि की प्रतीति होती है उन्हें दार्शनिक प्रतीक की संज्ञा दी जा सकती है। अज्ञेय के काव्य में ऐसे प्रतीकों की संख्या भी कम नहीं है। सागर, तारा, आँगन के पार द्वार, द्वारहीन द्वार, मछली, नदी के द्वीप, सन्नाटा, हरा अंधकार, सागर के झाग से उछली हुई बूँद, महाशून्य का शिविर, महामौन की सरिता, असाध्य वीणा, चक्रांत शिला, काल की गदा, काली शिला, धवल शिला, आकाश, वृत्त, सूर्य, किरणें, तट, झरना, पत्ता, दीप, धुंध-ढकी गहरी वापिका, लघु अंजलि आदि को इस वर्ग के अंतर्गत रखा जा सकता है। इनमें से **असाध्य वीणा** नहीं सध पाने वाली जीवन-वीणा का प्रतीक है। इसे कोई केश कम्बली जैसा साधक ही अपने अहंकार को विलीन करके साध पाता है। **चक्रांत-शिला** काल का प्रतीक है। स्वयं अज्ञेय ने एक स्थल पर स्पष्टीकरण देते हुए चक्रमित होती हुई शिला का संबंध प्रत्यावर्तित होते हुए काल से जोड़ा है। वे इसका संबंध बुद्ध के धर्म-चक्र से भी जोड़ते हैं। **हरा अन्धकार, महाशून्य का शिविर** तथा **धुंध-ढकी गहरी वापिका** निराकार सत्ता का प्रतीक हैं। **काल की गदा** मृत्यु का प्रतीक हैं। **नदी के द्वीप** अस्तित्व की नियति को व्यंजित करता है। **सागर के झाग से उछली हुई बूँद** क्षणभंगुर एवं खण्ड-जीवन का सफल प्रतीक है :

> **एक बूँद सहसा**
> **उछली सागर की झाग सेः**
> **रंगी गई क्षण-भर**
> **ढलते सूरज की आग से।**
> **मुझको दीख गयाः**
> **हर आलोक-छुआ अपनापन**
> **है उन्मोचन**
> **नश्वरता के दाग से!** **(सर्जना के क्षण – 91)**

बूँद में भी असीम आलोक से भर उठने की क्षमता है अर्थात् क्षणभंगुर जीवन भी आत्म-साक्षात्कार के आलोक से भर कर 'नश्वरता के दाग' से मुक्त हो सकता है।

अज्ञेय ने पौराणिक प्रतीकों का प्रयोग भी किया है। एकलव्य, द्रोणाचार्य, मुनिजन, दितिकन्या, असुर, प्रजापति, रावण, रवि-चुंबी गरुड़, अहल्या, राम, मनु, वासुकि, इन्द्र, कुंती इत्यादि पौराणिक प्रतीक हैं। 'इतिहास की हवा' कविता में **एकलव्य, द्रोणाचार्य** एवं **मुनिजन** का प्रयोग हुआ है। ये क्रमशः नीतिभंजक, राजनीतिज्ञ एवं विवेकी व्यक्ति के प्रतीक हैं :

'मेरे चेहरे में बागड़ियों के झोंपड़ों से झाँकता है एकलव्य
द्रोणाचार्य अभिसंधि करते हैं
मुनियों की ब्याज हीन आँखों में
पोष्य राजहंस माला नीर-क्षीर करती है।'
(इन्द्रधनु.-33-34)

'दिति कन्या को' कविता में दिति कन्या आदिम वासना का केन्द्र तथा असुर वासना का प्रतीक हैं। 'असाध्य वीणा' कविता में वासुकि का प्रतीकगर्भित प्रयोग द्रष्टव्य है :

वज्रकीर्ति ने मंत्र पूत जिस
अति प्राचीन किरीटी तरु से इसे गढ़ा था–
उसके कानों में हिम-शिखर रहस्य कहा करते थे अपने,
कंधों पर बादल सोते थे,...
और सुना है–जड़ उसकी जा पहुँची थी पाताल लोक
उसकी गन्ध-प्रवण शीतलता से फण टिका नाग वासुकि सोता था।

हठयोग की साधना में योगी कुण्डलिनी शक्ति को जगाता है। कुण्डलिनी मूलाधार में स्थित होती है। योगियों की दृष्टि में कुण्डलिनी वह मूल शक्ति है जो मेरुदण्ड के निम्नतम बिन्दु पायु और उपस्थ के मध्य त्रिकोणाकार अग्नि चक्र में सर्पिणी की भाँति साढ़े तीन कुण्डली मार कर सोती है। इन पंक्तियों में वासुकि के प्राचीन किरीटीं तरु की जड़ में सोते रहने की बात कवि ने कही है। ऊपर की पंक्तियों को यदि विशिष्ट संदर्भ दे दिया जाय तो यहाँ वासुकि को कुण्डलिनी का प्रतीक माना जा सकता है। वज्रकीर्ति ने किरीटी तरु से असाध्य वीणा को गढ़ा। किरीटी तरु का जो रूपांकन कवि ने किया है इससे सहज ही उसका संबंध विराट तत्त्व से जुड़ जाता है। इस तरु के कंधों पर बादल सोते थे और इसकी जड़ पाताल तक जाती थी। आकाश से पाताल तक किरीटी तरु की सत्ता विद्यमान थी। उस विराट सत्ता की जड़ में वासुकि सोता था। यह ठीक वैसा ही है जैसा कि योगियों की दृष्टि में मनुष्य की चेतना के मूल में कुण्डलिनी शक्ति है और शिखर-भाग में रहस्य लोक। 'उसके कानों में हिम-शिखर रहस्य कहा करते थे अपने' से उसी रहस्य लोक का संकेत मिलता है।

अज्ञेय ने औद्योगिक प्रगति एवं उसकी परिणति को व्यक्त करने के लिए विज्ञान से संबंधित प्रतीकों का प्रयोग किया है। वैज्ञानिक प्रगति की परिणति का सफल अंकन इन पंक्तियों में हुआ है :

उतरो थोड़ा और
घनी कुछ हो जाने दो
रासायनिक धुंध के इस चीकट कंबल की नयी घुटन को :

मानव का समूह जीवन इस झिल्ली में ही पनप रहा है।[1]

रासायनिक धुंध एक पूरे युग-विशेष का प्रतिनिधि है। आज के व्यक्ति की नियति इसी धुंध में जिन्दगी गुजार देने की है। इसी प्रकार 'गरजता गरुड़ यंत्र' 'अंगार नैन गाड़ियाँ', 'रेलें, चिमनियाँ, हवाई यात्रा, आदि वैज्ञानिक प्रगति के सूचक हैं। आधुनिक शहरी-जीवन को व्यक्त करने के लिए साँप का प्रयोग अज्ञेय ने एक सशक्त प्रतीक के रूप में किया है। यह आज की सभ्यता का प्रतीक है, जो हर व्यक्ति को डस लेता है। इसके अतिरिक्त साँप विश्वासघात एवं दुष्टता का भी प्रतीक है।

निष्कर्ष रूप में यह कहा जा सकता है कि प्रतीक-विधान की दृष्टि से अज्ञेय का काव्य समृद्ध है। अज्ञेय के प्रतीक-विधान में नव्यता प्रायः नये संदर्भों के कारण उत्पन्न हुई है। एकलव्य, द्रोणाचार्य, दीप, टेसू, द्वार, नदी, द्वीप, इन्द्रधनु, मछली, साँप, सेतु आदि नये संदर्भों में प्रयुक्त हुए हैं। बिल्कुल नवीन प्रतीत होने वाले प्रतीक हैं – गधा, ऊँट, भूत, भैंस, कुत्ता इत्यादि। इनके द्वारा कवि ने समाज के वर्ग-विशेष पर व्यंग्य किया है। ये ऐसे प्रतीक हैं जो प्रायः काव्य के क्षेत्र में उपेक्षित रहे हैं। हरी घास भी एक उपेक्षित प्रतीक है।

अज्ञेय के प्रतीक-विधान पर पश्चिम के प्रतीकवादियों–रिम्बो, मलार्मे तथा हिन्दी के संत कवि, बौद्ध दर्शन, औपनिषदिक विचारधारा आदि का प्रभाव लक्षित किया जा सकता है। अज्ञेय के प्रभाव ग्रहण करने की भी अपनी विशेषता है। वे प्रायः प्रभावित होने पर भी नया संदर्भ जड़कर अपने प्रयोग को मौलिक एवं विशिष्ट बना देते हैं।

अज्ञेय के काव्य में मिथकों का प्रयोग भी द्रष्टव्य है। पौराणिक प्रतीकों– एकलव्य, अहल्या, द्रोणाचार्य, दिति कन्या, रावण, रविचुंबी गरुड़, राम, वासुकि आदि प्रतीक होने के साथ-साथ मिथक भी हैं। अज्ञेय के अनुसार "दिक्काल का प्रस्तार जब मुट्ठी से फिसलने लगता है, तब उसको पकड़ में लाने लायक बनाने के लिए हमें खास मगर अत्यन्त लचकीली दूरी की आवश्यकता होती है। वह दूरी और दूरी की वह नमनीयता, हमें मिथक देता है।"[2] मिथक का संबंध मूलतः मानव जाति के सहज विश्वास के साथ जुड़ा होता है। इसे प्रायः पुरातन और अधुनातन में समान्तरता दिखाने का माध्यम बनाया जाता है। देश-कालातीत किसी सत्य की अभिव्यक्ति में मिथक सहायक होता है। यद्यपि कवि-लेखक मिथक का संबंध इतिहास के किसी काल से भी जोड़ने की चेष्टा करते हैं किंतु वास्तव में उसका कोई निश्चित काल नहीं होता। अज्ञेय के काव्य में पुराणकालीन, वेदकालीन, तथा बौद्धकालीन मिथक आये हैं। वेदकालीन मिथकों में आद्यमातृका, प्रकृति-देवता, हिरण्याभ, ऐल, मनु, अजित, अघर्ष, इन्द्र, प्रजापति आदि उल्लेखनीय हैं। 'असाध्य वीणा' कविता में आये हुए केश कम्बली एवं वज्रकीर्ति बुद्ध-कालीन जान पड़ते हैं। इसके अतिरिक्त क्षीरसागर, मंदराचल, दधीचि, तांडव, वामन, वज्र, चक्र, कामधेनु, स्वर्ग, नारायण, मोक्ष आदि का भी अज्ञेय ने प्रयोग किया है।

---

1. इन्द्रधनु. -61

1. भवन्ती –101-2

मिथकीय अवधारणाओं से जुड़े हुए पात्र, वस्तु, घटना, भाव इत्यादि अपना प्रतीकार्थ तो रखते ही हैं, वे मानव जाति के विश्वास, अतीत के प्रति अनुराग, किसी व्यापक सत्य या आदर्श के प्रति आस्था आदि को भी व्यक्त करते हैं। उपर्युक्त मिथकों में वासुकि, शेषनाग, मंदराचल, असुर, तांडव, दधीचि, इन्द्र, मनु, देवता, वज्रकीर्ति आदि मुख्यतः प्रतीक कोटि के मिथक हैं। इनका प्रयोग प्रायः किसी विश्वास, आस्था, अतीतानुरागी स्वप्न आदि को व्यंजित करने के लिए नहीं हुआ है। यहाँ एक प्रश्न यह उठता है कि यदि ये प्रतीक कोटि के हैं या मूलतः प्रतीकाशय व्यक्त करने के लिए प्रयुक्त हुए हैं तो इन्हें सिर्फ प्रतीक न मानकर मिथक भी क्यों मानें। इसका स्पष्ट कारण यह है कि इनमें प्रतीकार्थ का प्रवेश मिथकीय अवधारणाओं के कारण ही हुआ है। अज्ञेय के अनुसार तो प्रायः प्रत्येक 'प्रतीक के मूल में मिथक' हुआ करता है।[1] व्यक्ति की अवधारणाएँ ही किसी वस्तु, भाव, घटना या व्यक्ति में प्रतीकार्थ को नियोजित करती हैं।

जिन अवधारणाओं का संबंध किसी विश्वास, आस्था एवं मनुष्य के अतीतानुरागी स्वप्न से होता है वे दूसरी कोटि के मिथक हैं। ऐसे मिथकों के द्वारा किसी अमूर्त, आदर्श एवं प्राप्तव्य को रूपायित किया जाता है। कामधेनु, कल्पवृक्ष, स्वर्ग, मोक्ष, समुद्रमंथन, ऋत, नारायण आदि ऐसे ही मिथक हैं। प्रतीकार्थ ये भी व्यक्त कर सकते हैं किंतु कामधेनु, कल्पवृक्ष आदि का संबंध मूलतः हमारे ऐसे स्वप्नों से है जो प्रत्यक्ष जगत् में कभी पूर्ण नहीं होते। जो इच्छा की जाय कामधेनु वही दे देती है। कल्पवृक्ष भी अपनी शक्ति से व्यक्ति की इच्छा को अविलंब पूर्ण कर देता है। किसी ने भी ऐसी धेनु या ऐसा वृक्ष नहीं देखा किंतु मनुष्य अपने इस विश्वास से अनुराग करता है और इसे असत्य नहीं मानता। इस प्रकार कामधेनु और कल्पवृक्ष सिद्धियों एवं समृद्धियों से भरे हुए आदर्श जीवन का रूप-कल्पक बन जाते हैं। स्वर्ग, मोक्ष, समुद्र-मंथन आदि भी मानवीय विश्वास एवं स्वप्न से उद्भूत ऐसी हा अवधरणाएँ हैं।

अज्ञेय ने मिथकों का प्रयोग प्रतीक के अतिरिक्त उपमान एवं संदर्भ के रूप में भी किया है। देवदूत और अप्सरा का उपमान रूप में प्रयोग द्रष्टव्य है :

(1) काँटों का किरीट धारे बने देवदूत
पीत वसन दमक उठे तिरस्कृत बबूल

(अरी ओ.-'ऋतुराज' कविता)

(2) फेन-झालर-दार मखमली चादर पर मचलती
किरण-अप्सराएँ भारहीन पैरों से थिरकीं

(आँगन के पार.-'भीतर जागा दाता' कविता)

प्रथम अवतरण में बबूल के लिए देवदूत को उपमान बनाया गया है। यहाँ देवदूत का मिथक प्राकृतिक सौंदर्य को रूपायित करने के लिए प्रयुक्त हुआ है। दूसरे अवतरण

1. भवन्ती -104

में भी यही स्थिति है। किरण की सुषमा अप्सरा मिथक से रूपायित होती है। इसी प्रकार **वामन** और **क्राइस्ट** का संदर्भ रूप में सफल प्रयोग कवि ने किया है :

(1) वामन ने तीन डग में त्रिलोक नाप लिया था,
ऊँचे पूरे बाम्हन की एक ही डकार से
मच गया कहीं ब्रह्माण्ड में हाहाकार ?

(क्योंकि मैं.-'अहं राष्ट्री संगमनी जनानाम्' कविता)

(2) हाय रे मसीहा !
आजादी के बीस बरस निकल गये
और तुम्हें कुछ नहीं मिला–
एक कमबख्त कम से कम पहचाना जा सकने वाला जटियल
सलीब भी नहीं :

(क्योंकि मैं.-'आजादी के बीस बरस' कविता)

प्रथम अवतरण में भारतीय समाज पर तीव्र व्यंग्य किया गया है। यह देश नाना जातियों, वर्णों में विभाजित है। विशेष कर तथाकथित उच्चजाति के लोग इस देश को निरंतर खोखला करने में लगे रहे हैं। ब्राह्मण उनमें शामिल हैं। उनका मुख्य काम 'भूख लगने पर सबको दान और श्रद्धा का उपदेश देकर' खूब छककर खाना रहा है। उनकी पेट-पूजा के बाद ली हुई डकार की पृष्ठभूमि में वामन का मिथकीय प्रयोग डकार के ब्रह्माण्ड में फैलने के व्यंग्यात्मक रूप को उजागर कर देता है। कतिपय ब्राह्मणों में पेट-पूजा की प्रवृत्ति हास्यास्पद रूप से विराट् रही है, जैसे वामन ने तीन पग में आकाश को नाप लिया था वैसे ही कहीं ब्राह्मण की भूख ब्रह्माण्ड में फैलकर हाहाकार न मचा दे, यह आशंका यहाँ व्यक्त हुई है। मसीहा अथवा क्राइस्ट के संदर्भ के द्वारा आधुनिक मानव की नियति को स्पष्ट किया गया है। कष्ट उसने मसीहा की तरह सहे किंतु उन्हें सलीब नहीं मिला इसलिए उसे कोई पहचान नहीं सकता।

मिथकों में प्रायः अद्भुत संमोहन की शक्ति हुआ करती है जो सामान्य प्रतीकों में नहीं होती। अज्ञेय भी अनेक मिथकों से संमोहित होकर उनका प्रयोग करते हैं किंतु उनका मिथक-प्रयोग देशकालातीत व्यापक सत्य को रूपायित करने के लिए प्रायः कम ही हुआ है। काव्य में मिथक के आ जाने मात्र से मिथक की पूरी गरिमा उसमें नहीं आ जाती। यदि निरवधि काल के प्रस्तार को बाँधने के लिए उसका सफल प्रयोग हो तभी मिथक की पूरी शक्ति उजागर होती है। 'असाध्य वीणा' को कवि ने ऐसा ही मिथकीय आयाम देने की चेष्टा की है। इस कविता में आये हुए केशकम्बली, वज्रकीर्ति, वासुकी, किरीटी तरु आदि देशकालातीत आयाम की अभिव्यंजना करने में समर्थ हैं। किंतु ऐसी व्यापक अर्थ-गर्भ योजना अज्ञेय के काव्य में सर्वत्र नहीं मिलती। उनका मिथक प्रयोग प्रायः प्रतीक एवं उपमानों की कोटि तक ही पहुँच पाया है।

अप्रस्तुत-योजना

साधारणतया 'अप्रस्तुत' शब्द 'उपमान' का पर्याय है। आज अनेक समीक्षक 'उपमान' के स्थान पर 'अप्रस्तुत' का अधिक प्रयोग करने लगे हैं। इसका कारण यह है कि 'अप्रस्तुत' से अधिक व्यापक अर्थ की प्रतीति होती है। रामदहिन मिश्र के अनुसार 'अप्रस्तुत योजना' में बाहर से लाई जाने वाली सारी वस्तुओं का ग्रहण हो जाता है। चाहे अप्रस्तुत विशेष्य हो अथवा विशेषण, क्रिया हो अथवा मुहावरा, चाहे कुछ हो – इसके भीतर सब समा जाते हैं। "आलंकारिक योजना के 'उपमेय' और 'उपमान' –इन दो उपादानों में से अप्रस्तुत योजना का विशेष महत्त्व है...इससे काव्य में रसार्द्रता, प्रभविष्णुता, प्रेषणीयता और मर्मस्पर्शिता का संचार होता है। इसी अप्रस्तुत योजना के द्वारा काव्यगत भाव प्रमाता के लिए संवेदनीय बनता है। अप्रस्तुत-योजना से प्रकृष्ट रूप में संयोजित कविता पाठक एवं श्रोता को काव्यानन्द प्रदान करने में समर्थ होती है। कवि जितना ही भावप्रवण और सहृदय होगा, उतनी ही उसकी अप्रस्तुत योजना मार्मिक एवं अखंड आनन्द का स्रोत होगी।"[1]

प्रयोगवादी कविता-आन्दोलन के आरंभिक दिनों में नये उपमानों को काव्य में लाने की चर्चा बड़े जोर-शोर से चली थी। इसके सूत्रधार अज्ञेय ही थे। इस संबंध में उनकी एक प्रसिद्ध कविता है – 'कलगी बाजरे की।' इस कविता में पुराने उपमानों के घिस जाने की चर्चा की गई है। निरंतर उपयोग से परंपरागत उपमानों का सौन्दर्य नष्ट हो जाता है तब नये उपमानों एवं प्रतीकों की रचना आवश्यक हो जाती है। उपर्युक्त कविता में प्रेयसी को संबोधित करते हुए अज्ञेय इसी भाव को व्यक्त करते हैं। 'यदि मैं तुमको ललाती साँझ के नभ की अकेली तारिका या शरद के भोर की नीहार न्हाई टटकी कली चंपे की नहीं कहता तो इसका यह अभिप्राय नहीं कि मेरा हृदय उथला या मैला है।' वस्तुतः बात इतनी सी है कि–

ये उपमान मैले हो गए हैं
देवता इन प्रतीकों के कर गए हैं कूच[2]

नये अप्रस्तुत अथवा उपमान लाने के उत्साह में कवि ने अपनी प्रेयसी की तुलना 'बाजरे की दोलती कलगी' से तो की ही, बिना संकोच घास तक से कर डाली :

बिछली घास हो तुम
या शरद के साँझ के सूने गगन की पीठिका पर
दोलती कलगी अकेली
बाजरे की।[3]

1. हिन्दी साहित्य कोश –1-14
2. हरी घास पर क्षण भर -57
3. वही

इसमें कोई संदेह नहीं कि अज्ञेय उपर्युक्त पंक्तियों में व्यक्त की गई विचारधारा पर निरंतर चलने का प्रयत्न करते रहे। यद्यपि उन्होंने आगे चलकर कतिपय पारंपरिक अप्रस्तुतों का भी प्रयोग अवश्य किया है किंतु वे उसे नया संदर्भ एवं नया संस्कार देना नहीं भूले हैं।

अज्ञेय के आरंभिक काव्यों में छायावादी अप्रस्तुतों का प्रयोग ही अधिक हुआ है। 'इत्यलम्' तक झंझा, सांध्यरश्मि, तारा, उल्काकुल, निकुंज, इन्दु एवं इसी प्रकार के उपमानों की संख्या अधिक है। किंतु 'इत्यलम्' की भूमिका में कवि ने स्पष्ट कर दिया है कि वे आत्माभिव्यंजना के दूसरे माध्यमों से जूझ रहे हैं। इसी संग्रह से नवीनता के प्रति उनका झुकाव बढ़ने लगा है। 'चिंता' काव्य-संग्रह में कवि प्रेमिका को अधिक से अधिक 'गूजरी' और प्रेमी को 'वंशी' कह पाया था किंतु 'इत्यलम्' में आए हुए कुछ उपमानों में भरपूर ताजगी आ गई है। बादलों के लिए 'हाशिया', कूजों की डार के लिए 'पाँत काली' एकदम नया प्रयोग है। इसी प्रकार 'मिट्टी सा निरीह', 'वासना-सी मुखरा', 'तपःक्षीण कापालिक सा चाँद', 'चीत्कार-सी मीनार' आदि में अप्रस्तुत विधान नयापन लिये हुए है। बाद में 'हरी घास पर क्षण भर' में तो कवि ने पारंपरिक उपमानों को घिसा हुआ मानकर, उन्हें छोड़ने का मानो संकल्प ही ले लिया। इस काव्य-संग्रह से लेकर 'पहले मैं सन्नाटा बुनता हूँ' तक की कविताओं में प्रायः सर्वत्र कवि ने अपने अप्रस्तुत विधान में नवीन संस्कार डालने की चेष्टा की है। यह बात और है कि 'आँगन के पार द्वार' संकलन के बाद की कविताओं में अप्रस्तुत-योजना की प्रवृत्ति घटती गई है और प्रस्तुत का प्रतीक-गर्भ प्रयोग बढ़ता गया है।

अप्रस्तुतों का प्रयोग मुख्यतः मूर्तामूर्त विधान तथा सादृश्य-गर्भ अलंकारों में होता है। गौण रूप में गूढ़ार्थ प्रतीतिमूल अलंकारो में भी अप्रस्तुतों की उपस्थिति देखी जा सकती है। अज्ञेय की अप्रस्तुत-योजना में मूर्तामूर्त विधान के सभी रूप मिल जाते हैं।

मूर्त के लिए अमूर्त अप्रस्तुत

यद्यपि छायावाद काल में इस प्रकार के अप्रस्तुतों की भरमार रही किंतु अज्ञेय की कविता में इनका प्रयोग नयी भंगिमा के साथ हुआ है। यहाँ नये संदर्भों के कारण अमूर्त अप्रस्तुत महत्त्वपूर्ण हो गये हैं–

''पार्श्व गिरि का नम्र, चीड़ों में, डगर चढ़ती उमंगों-सी
बिछी पैरों में नदी, ज्यों दर्द की रेखा।''[1]

प्रस्तुत उद्धरण में चीड़ के वन में डगर के चढ़ने का वर्णन है। डगर उमंगों-सी चढ़ती जाती है। उमंग या उत्साह में आदमी बढ़ता ही जाता है, प्रायः उम्मीद से अधिक। इसी प्रकार चीड़ के वन में डगर के चढ़ने की कोई विशेष सम्भावना नहीं थी, किन्तु सम्भावना के विपरीत वह चढ़ती गई है। चीड़ वन के सन्दर्भ में डगर के चढ़ने के लिए 'उमंगों-सी'

---
1. इन्द्रधनु रौंदे हुए ये -82

अप्रस्तुत काफी समर्थ है। नदी का दर्द की रेखा की तरह बिछी होना प्रयोग भी भावाभिव्यंजक है। नदी की तरलता, निश्छलता, पवित्रता, सहज करुणामयता आदि को व्यक्त करने के लिए 'दर्द की रेखा' प्रयोग सार्थक है। 'दर्द की रेखा' में मूर्त और अमूर्त दोनों तत्त्व विद्यमान हैं। नदी दर्द के समान बिछी हुई है। 'रेखा' उसे आकार देती है। किन्तु मूलतः अप्रस्तुत यहाँ अकेली 'रेखा' नहीं है बल्कि 'दर्द की रेखा' है, जिसको मूर्त और अमूर्त का विलक्षण समन्वय कह सकते हैं। एक अन्य सशक्त उदाहरण 'भीतर जागा दाता' कविता में है। 'दूर-दूर तक गेहूँ की हरी बालियाँ हैं। उसके बीच में कहीं-कहीं राई के सफेद और सरसों के पीले फूल खिले हैं। हरी बालियों में ये पुष्प ज्योत्स्ना के समान दिपते प्रतीत होते हैं।'[1] ज्योत्स्ना के आरोप ने सरसों एवं राई के फूलों की झलमलाहट, कोमलता आदि अभिव्यक्त कर इस प्राकृतिक बिम्ब को काफी सौन्दर्य प्रदान किया है।

अमूर्त के लिए मूर्त अप्रस्तुत

'यह महाशून्य का शिविर' कविता में कवि महाशून्य के अनुभव को प्रस्तुत करना चाहता है। ऐसे अवसर पर मूर्त अप्रस्तुतों की काफी आवश्यकता थी। अतएव कवि मूर्त अप्रस्तुत के रूपकत्व के साथ ही इस कविता का आरम्भ करता है—

"यह महाशून्य का शिविर...
असीम, छा रहा ऊपर
नीचे महामौन की सरिता
दिग्विहीन बहती है।"[2]

असीम शिविर के समान महाशून्य ऊपर छाया हुआ है, और रात्रि की इस गहन शून्यता में पृथ्वी पर महामौन छाया हुआ है। यह महामौन ही इस समय एकमात्र सक्रिय प्रतीत हो रहा है। सरिता के समान यह मौन दिग्विहीन होकर बह रहा है। यहाँ क्रमशः **शिविर** एवं **सरिता** के कारण महामौन का विराट् मूर्त चित्र हमारे सामने उपस्थित हो जाता है। इसी प्रकार 'लू' के लिए '**दुर्दम दुर्मद घोड़े**' का तथा 'सूप-सूप भर धूप' के लिए '**कनक**' का प्रयोग कवि ने किया है। इन प्रयोगों से अमूर्त मूर्त होकर प्रस्तुत तो हुआ ही, साथ ही इन शब्दों की भावाभिव्यंजकता भी बढ़ गई है। लू की उद्दण्डता, प्रचण्डता के लिए दुर्दम घोड़े का प्रयोग उचित ही है। धूप पर कनक के आरोप से सिर्फ उसका रूप ही इन्द्रियगम्य नहीं होता बल्कि उसकी महार्घता भी स्पष्ट हो जाती है।

मूर्त के लिए मूर्त

मूर्त अप्रस्तुत के द्वारा किसी मूर्त बिम्ब को नया अर्थ-गौरव देने में अज्ञेय कुशल हैं। एक रूपाकार पर दूसरे रूपाकार के अभिन्नत्व से कभी-कभी साधारण चित्र भी विशेष रूप से अलंकृत हो उठता है। इस दृष्टि से यहाँ कुछ पंक्तियाँ द्रष्टव्य हैं—

1. सुनहले शैवाल -69
2. आँगन के पार द्वार- 'यह महाशून्य का शिविर' कविता।

"यह सूरज का जपा फूल
नैवेद्य चढ़ चला
सागर हाथों।
अम्बा-तिमिरमयी को।"[1]

यहाँ 'सूरज' प्रस्तुत में 'जपा फूल' (एक विशेष प्रकार का लाल रंग का फूल, अड़हुल) अप्रस्तुत का आरोप है। इस आरोप ने सांध्य रवि की गहरी लाली को भी स्पष्ट कर दिया तथा नैवेद्य चढ़ जाने वाले पुष्प की पवित्रता भी उस पर आरोपित हो गई। 'सागर-हाथों' में लहरों के लिए 'हाथों' का प्रयोग भी किया गया है। किन्तु यहाँ आरोप स्पष्ट न होकर गम्य है। यदि सूरज में जपा फूल का आरोप एवं लहरों में हाथों का आरोप यहाँ बाह्य एवं कृत्रिम होता तो ये अप्रस्तुत विशेष आकर्षक न लगकर कृत्रिम ही प्रतीत होते। वस्तुतः कवि की पवित्र मनःस्थित के आरोप एवं उसके कथ्य की गरिमा के कारण ये अप्रस्तुत भावभीने हो गए हैं। इसी प्रकार 'तरंग की पंखयुक्त वीणा पर' में झागों से युक्त तरंग के लिए पंखयुक्त वीणा को अप्रस्तुत बनाया गया है। झागों का अलग से उल्लेख नहीं हुआ है, यह तो अप्रस्तुत के विशेषण से ही संकेतित होता है। 'वीणा' कहने से तरंगों में कल-कल आदि संगीत का आरोप भी सहज ही हो जाता है। अज्ञेय के काव्य में ऐसे अनेक अप्रस्तुत हैं जो आज की मानवीय कुंठा को अभिव्यक्ति देते हैं एवं युगीन विशेषता के परिचायक हैं:

"बँधी लीक पर रेलें लादें माल
चिहुँकती और रँभाती अफराए डांगर-सी
ठिलती जाती हैं।"[2]

बँधी हुई लीक पर रेलों का चिहुँकना, रँभाना एवं डांगर-सा घिसट कर चलना कवि ने चित्रित किया है। 'डांगर' यहाँ अप्रस्तुत है। यह इस बात की व्यंजना भी करता है कि आज हम उस युग से आगे चले आए हैं जब 'अश्व' ही एकमात्र 'तुरंग' (तेज चलनेवाला) था और बैल आदि पशु भारवाही। आज रेलों ने भारवाही पशु का स्थान ग्रहण कर लिया है। यह हमारी वैज्ञानिक प्रगति की निशानी है। इसी प्रकार 'नदी की जाँघ', 'नीचे ताजी धुनी हुई रुई की उजली बादल-सेज' आदि में कवि मूर्त के लिए मूर्त अप्रस्तुत की योजना करता है। जाँघ, कवि की यौन कुण्ठा से आश्लेषित अप्रस्तुत है। बादल में सेज के आरोप से बादल का बिम्ब प्रभावशाली एवं स्वप्नमसृण हो गया है।

अमूर्त के लिए अमूर्त अप्रस्तुत

कभी-कभी किसी अमूर्त वस्तु के सौन्दर्यबोध के लिए अमूर्त उपमान ही अधीक सहायक होते हैं। ऐसे अवसरों पर अज्ञेय ने अमूर्त उपमानों का ही प्रयोग किया है—

1. सुनहले शैवाल -9
2. अरी ओ करुणा प्रभामय -47

"धूप
माँ की हँसी के प्रतिबिम्ब से शिशु वदन पर
हुई भासित"[1]

इस उदाहरण में कवि ने अमूर्त धूप के लिए अमूर्त 'हँसी के प्रतिबिम्ब' का प्रयोग किया है। यहाँ अप्रस्तुत विधान का आधार प्रभाव-साम्य है। 'धूप' में स्निग्धता एवं अपनत्व का भाव भरने के लिए कवि ने ऐसा किया है। माँ के हँसने पर स्वाभाविक रूप से शिशु भी हँसता है। धूप कवि को शिशु की निश्छल हँसी के समान लगी। इस अप्रस्तुत ने इस चित्र में व्यक्त कवि-कथ्य को एक विशेष गरिमा प्रदान की है। दिन के चुक जाने को व्यक्त करने के लिए कवि ने लिखा है, 'चुक गया दिन—एक लम्बी साँस।' यहाँ भी अमूर्त के लिए अमूर्त अप्रस्तुत के माध्यम से कवि गंभीर व्यंजना करना चाहता है। आधुनिक युग-जीवन की कठिनाइयों के कारण दिन नाना-संघर्षों में बीता है। उसका चुक जाना 'एक लम्बी साँस' के समान है। निश्चय ही 'एक लम्बी साँस' 'आह' का प्रतिरूप है।

अप्रस्तुत एवं सादृश्यगर्भ अलंकार

सादृश्गर्भ अलंकारों के मूल में अप्रस्तुत योजना निहित होती है। सादृश्यगर्भ अलंकार मुख्यतः तीन प्रकार के होते हैं — भेदाभेदतुल्य-प्रधान, अभेद-प्रधान तथा भेद-प्रधान। इन सबका मूल आधार साधर्म्य होता है। भेदाभेदतुल्य प्रधान के अन्तर्गत उपमा, अनन्वय और स्मरण अलंकार आते हैं। इनमें अप्रस्तुत एवं प्रस्तुत में साधर्म्य की स्थिति होती है। अभेद प्रधान अलंकार हैं— रूपक, परिणाम, संदेह, भ्रांति, उल्लेख, अपह्नुति, उत्प्रेक्षा तथा अतिशयोक्ति। इनमें प्रस्तुत और अप्रस्तुत के साधर्म्य में अभेद का कथन किया जाता है। भेद-प्रधान सादृश्यगर्भ अलंकार में प्रस्तुत और अप्रस्तुत का भाव प्रतीयमान अथवा व्यंग्य रूप में रहता है, वाच्य रूप में नहीं इसलिए इसे गम्यमान औपम्य भी कह सकते हैं। इसके अन्तर्गत 16 अलंकार आते हैं — तुल्ययोगिता, दीपक, प्रतिवस्तूपमा, दृष्टांत, निदर्शना, व्यतिरेक, सहोक्ति, विनोक्ति, समासोक्ति, परिकर, श्लेष, अप्रस्तुत-प्रशंसा, पर्यायोक्ति, अर्थान्तरन्यास तथा आक्षेप।[2]

अज्ञेय के काव्य में प्रायः सभी प्रमुख अलंकारों की योजना हुई है। सादृश्य-गर्भ अलंकारों में उपमा, रूपक स्मरण, संदेह, भ्रांतिमान, उत्प्रेक्षा, दीपक, अर्थान्तरन्यास, निदर्शना, अप्रस्तुत-प्रशंसा, समासोक्ति, अतिशयोक्ति, व्यतिरेक, श्लेष इत्यादि का प्रयोग अज्ञेय ने किया है। उपमा और रूपक संभवतः उन्हें सर्वाधिक प्रिय हैं। इनके प्रयोगों की संख्या अन्य अलंकारों की तुलना में कहीं ज्यादा है।

उपमा में प्रस्तुत की अप्रस्तुत से तुलना की जाती है तथा रूपक में प्रस्तुत पर अप्रस्तुत का आरोप कर दिया जाता है। अवगुंठन-सा लालिम गगनांबर, पराग-सी स्मृति धूल, दहकते दाड़िम पुहुप-से ओठ, उमंगों-सी डगर, सुलगे अंगार-सा गुड़हल, दर्द की रेखा-सी नदी,

1. इन्द्रधनु रौंदे हुए ये -83
2. हिन्दी साहित्य कोश-भाग –70

अफराये डांगर-सी रेलें, अंगारे-सा भगवान-सा मानव, सरि, सागर, सोते, निर्झर-सा जीवन आदि में उपमा की तथा सूरज का जपा फूल, बादल-सेज, धूप-कनक, रूप-केकी, आलोक-कशा, नभ का कच्चा आँगन, महाशून्य का शिविर, स्वर-तार, जिन्दगी का रेश्तराँ, अंधकार का सागर, भावों का अनन्त क्षीरोदधि, शब्द-शेष, आलोक की अनी आदि में रूपक की योजना द्रष्टव्य है। इनमें आये हुए अप्रस्तुतों में नयापन संदर्भ को लेकर है। प्रस्तुत की भाव-व्यंजकता को बढ़ाने में वे सक्षम हैं तथा कवि की कल्पना-प्रवणता को सूचित करते हैं।

जहाँ प्रस्तुत में अप्रस्तुत की संभावना हो वहाँ उत्प्रेक्षा अलंकार होता है। 'राजमुकुट सहसा हल्का हो आया था, मानो हो फूल सिरिस का', 'ओस-बूँद की ढरकन इतनी कोमल, तरल कि झरते-झरते मानो हरसिंगार का फूल बन गई', 'दूर पहाड़ों से काले मेघों की बाढ़ हाथियों का मानो चिंघाड़ रहा हो यूथ', आदि में उत्प्रेक्षा की स्थिति देखी जा सकती है। यदि उत्प्रेक्षा में 'मानो' जैसे वाचक शब्दों का प्रयोग न हो किंतु अर्थ उत्प्रेक्षा वाला लगता हो तो गम्योत्प्रेक्षा की स्थिति होती है अनेक स्थलों पर कवि ने गम्योत्प्रेक्षा का प्रयोग भी किया है।

जहाँ प्रस्तुत की व्यंजना के लिए सिर्फ अप्रस्तुत का ही प्रयोग हो वहाँ रूपकातिशयोक्ति अलंकार होता है। ऐसा करने के लिए यह आवश्यक होता है कि अप्रस्तुत अथवा उपमान प्रसिद्ध हो ताकि उससे प्रस्तुत का आसानी से अंदाजा लग सके। अज्ञेय ने प्रस्तुत की व्यंजना के लिए सिर्फ अप्रस्तुत का प्रयोग भी किया है :

उड़ गया वह बावला
पंछी सुनहला
कर प्रहर्षित देह की रोमावली को
प्रात होते **(इत्यलम्-172)**

यहाँ पंछी सुनहला सूर्य के लिए प्रयुक्त हुआ है। यद्यपि पक्षी सूर्य के उपमान के रूप में रूढ़ नहीं है तथापि 'प्रात होते' तथा 'सुनहला' कहने से 'सूर्य' का प्रस्तुत होना संकेतित हो जाता है। समासोक्ति और अप्रस्तुत-प्रशंसा का प्रयोग भी द्रष्टव्य है। समासोक्ति में प्रासंगिक (प्रस्तुत) के वर्णन के द्वारा अप्रासंगिक (अप्रस्तुत) का बोध कराया जाता है :

बेल-सी वह मेरे भीतर उगी है, बढ़ती है।
उसकी कलियाँ हैं मेरी आँखें,
कोपलें मेरी अँगुलियों में अंकुराती हैं,
जितना मैं चुकता जाता हूँ,
वह मुझे ऐश्वर्य से मढ़ती है ! **(सागर-मुद्रा-22)**

यहाँ अप्रासंगिक प्रेमिका की स्मृति अथवा लालसा का चित्रण प्रासंगिक 'बेल-सी वह' के द्वारा किया गया है। अप्रस्तुत प्रशंसा में अप्रासंगिक के द्वारा प्रासंगिक की व्यंजना की जाती है। 'यूथ से निकलकर, घनी वनराजियों का आश्रय छोड़कर गजराज पर्वत की ओर दौड़ा है' में अप्रासंगिक गजराज का अंकन प्रासंगिक बादल के क्रिया-व्यापारों की व्यंजना करता है।

अज्ञेय के काव्य में अप्रस्तुत-योजना का महत्त्व इस बात में नहीं है कि उन्होंने कितने अंलकारों में अप्रस्तुतों की योजना की है बल्कि उसकी सफलता का आधार उस क्षमता में निहित है, जिसके कारण उनके अप्रस्तुत अधिक भावव्यंजक एवं अर्थगर्भ हैं। उनमें पाठकों की कल्पना को उद्‌बुद्ध कर देने की क्षमता विद्यमान है। अज्ञेय की अप्रस्तुत-योजना सायास एवं कृत्रिम नहीं है। इस संबंध में ध्यान देने योग्य बात यह है कि जैसे-जैसे कवि अर्थ की गइराइयों में उतरता गया है उपमानवाची अप्रस्तुत के स्थान पर प्रतीक-साध्य अप्रस्तुत अर्थ ही उसके लिए महत्त्वपूर्ण होता गया है।

भाषा-शिल्प

अज्ञेय भाषा को 'संस्कृति का सर्वाधिक शक्तिशाली और समृद्ध उपकरण' मानते हैं। भाषा रोजमर्रा के असंख्य साधारण प्रयोजनों एवं कार्य-व्यापारों का माध्यम होने के साथ 'मूल्यों के रचनात्मक शोध का और गंभीरतम अनुभूतियों तथा संवेदनाओं के प्रेषण का माध्यम भी है।' साधारण प्रयोजनों की अभिव्यक्ति के लिए हमें भाषा की समस्या से प्रायः जूझना नहीं पड़ता किंतु सर्जक मूल्यों का रचनात्मक शोध करता है तथा अपनी विशिष्ट अनुभूतियों को अभिव्यक्त करना चाहता है इसलिए उसे सर्जनात्मक भाषा की समस्या से जूझना पड़ता है। सृजन की भाषा विशिष्ट होती है। प्रायः हर युग के कवि के संमुख यह समस्या नये रूप में आती है।

नये कवियों को भी भाषा की समस्या से जूझना पड़ा है। छायावादियों से जो भाषा उन्हें उत्तराधिकार में मिली थी वह उनकी आवश्यकता के अनुरूप नहीं थी। उन्होंने परंपरा से प्राप्त भाषा को अपर्याप्त माना। उनके समय तक 'वैज्ञानिक और वैकासिक प्रगति से नयी विचार वीथियाँ खुल गई थीं जिनके लिए नयी शब्दावली की जरूरत थी।' छायावादियों को जो कहना था, उसके लिए उन्होंने शब्द गढ़ लिये थे, भाषा पा ली थी किंतु नये कवियों को अभी संघर्ष करना बाकी था। यही कारण है कि हम प्रयोगवाद और नयी कविता के आरंभिक दिनों में कवियों को भाषा की खींचतान करते तथा उससे लड़ते हुए पाते हैं। उन दिनों भाषा को अपर्याप्त पाकर विराम-संकेतों, अधूरे वाक्यों, सभी प्रकार के इतर साधनों से वे अपनी 'उलझी हुई संवेदना' को पाठकों तक अक्षुण्ण रूप में पहुँचाने की चेष्टा कर रहे थे। वे भाषा को 'खींचकर और पकड़कर कभी उसकी धज्जियाँ उड़ाते थे और उसे रौंदते थे।' अन्ततः संघर्षरत नये कवियों ने अपने विशिष्ट अनुभवों की अभिव्यक्ति के लिए उपयुक्त भाषा की खोज कर ही ली।

एक संस्कारी एवं सर्जनात्मक काव्य-भाषा के निर्माण के लिए जितना प्रयत्न अज्ञेय ने किया संभवतः और किसी नये कवि ने नहीं किया। उन्होंने अभिव्यक्ति की समस्या को कवि के संदर्भ में ही नहीं प्रत्येक कविता के संदर्भ में देखा है किंतु वे इससे निराश नहीं हुए हैं। वे मानते हैं कि जो सर्जक अभिव्यक्ति के लिए जूझेगा, भाषा उसे निराश नहीं करेगी। 'भाषा कल्पवृक्ष है। जो उससे आस्थापूर्वक माँगा जाता है भाषा वह देती है।'[1] सर्जक का प्रत्येक अधीर संघर्ष भाषा की निधि में से उसे ऐसा कुछ देता है, जो नया, सुन्दर, समर्थ एवं मूल्यवान हो।

अभिव्यक्ति के लिए भाषा की समस्या का वास्तविक अर्थ है उपयुक्त शब्दों के चुनाव की समस्या। अज्ञेय के अनुसार 'कविता शब्द में होती है, विचार भाषा में होता है' अथवा 'कविता जोड़कर नहीं बनती, वह रची जाती है : उसका प्रतिज्ञात 'गिवन' भाषा नहीं, केवल शब्द है।' किंतु इससे कोई यह न समझ ले कि सिर्फ शब्द-योजना मात्र ही कविता

1. अद्यतन -14

है इसलिए अज्ञेय ने इसका स्पष्टीकरण भी दिया है : "कवि शब्द में शब्द नहीं जोड़ता शब्दों के सान्निध्य मात्र से नये अर्थ रचता है, अर्थों, भावों, ध्वनियों, संस्कारों, रूपाकारों की अनेक गूँजे-अनगूँजे उत्पन्न करता है, ध्वन्यर्थों का पूरा संसार रच देता है।"[1]

काव्य-भाषा एवं गद्य-भाषा में अन्तर होता है किंतु इसका अभिप्राय यह नहीं कि कविता की भाषा असाधारण शब्दों से युक्त, दूरारूढ़ या गरिष्ठ होती है। वस्तुतः नये कवियों ने विशिष्ट शब्दावली का परित्याग कर काव्य-भाषा को बोलचाल की सहज एवं साधारण शब्दावली से युक्त करने की चेष्टा की है। नये कवि यथासंभव जाने-पहचाने शब्दों को सहज ग्राह्य अनुक्रम में ही रखते हैं। विशिष्टता शब्द-प्रयोग में होती है,शब्दकोश से ढूँढ़कर लाए गए दुर्बोध एवं भारी-भरकम शब्दों में नहीं। उनका लक्ष्य साधारण शब्द से असाधरण अर्थ की प्राप्ति में निहित होता है।

अज्ञेय ने काव्य-भाषा के संबंध में गंभीरता से विचार किया है। भाषा संबंधी उनके विचार **आत्मनेपद, तार सप्तक, अद्यतन, जोग लिखी, अंतरा, आलवाल** आदि पुस्तकों में देखे जा सकते हैं। उनके भाषा संबंधी विचारों के अध्ययन से काव्य-भाषा का जो स्वरूप स्पष्ट होता है उसके अनुसार यह कहा जा सकता है कि अज्ञेय काव्य-भाषा को बोलचाल की भाषा के निकट लाना चाहते हैं। वे समर्थ अभिव्यक्ति के लिए नये मुहावरों की तलाश, शब्दों के नवीन संस्कार की चेष्टा तथा शब्दों के मित प्रयोग को आवश्यक मानते हैं। यद्यपि अज्ञेय ने जरूरत पड़ने पर विराम-चिह्नों तथा उपयुक्त इतर साधनों के प्रयोग की ओर भी संकेत दिया है किंतु उनका मुख्य बल (स्ट्रैस) शब्द-प्रयोग पर है। उनकी दृष्टि में शब्द-प्रयोग ही काव्य-भाषा की पहली और अंतिम कसौटी है : "काव्य सबसे पहले शब्द है। और सबसे अंत में भी यही बात बच जाती है कि काव्य शब्द है। सारे कवि-धर्म इसी परिभाषा से निःसृत होते हैं। शब्द का ज्ञान, शब्द की अर्थवत्ता की सही पकड़ ही कृतिकार को कृती बनाती है। ध्वनि, लय, छंद आदि के सभी प्रश्न इसी में से निकलते हैं और इसी में विलय होते हैं। इतना ही नहीं सामाजिक संदर्भ भी यहीं से निकलते हैं: और इसी में युग-संपृक्ति का और कृतिकार के सामाजिक उत्तरदायित्व का हल मिलता है या मिल सकता है।"[2]

उपर्युक्त पंक्तियों से यह स्पष्ट है कि अज्ञेय काव्य-भाषा की परख की कसौटी भी मूलतः शब्द-प्रयोग को ही मानते हैं। वे अपनी मान्यता पर खरे उतरे हैं। शब्द-प्रयोग की कसौटी पर कसें तो हम पाते हैं कि कवि अज्ञेय शब्द और अर्थ के निष्ठावान साधक हैं। वे अनुभूति को अभिव्यक्ति में बदलने के लिए 'आलोक-स्फुरण' की तलाश में रहते हैं ताकि अनुभूति के सत्य को शब्द में उतार सकें। वे पाते हैं कि शब्द और सत्य आपस में एक दूसरे से तने रहते हैं किंतु उनकी चेष्टा शब्द और सत्य के बीच की दूरी को मिटा देने की रहती है :

---

1. अंतरा –115-116 2. तार सप्तक -301

यह नहीं कि मैंने सत्य नहीं पाया था
यह नहीं कि मुझको शब्द अचानक कभी-कभी मिलता है:
दोनों जब-तब संमुख आते ही रहते हैं।
प्रयोजन मेरा बस इतना है
ये दोनों जो सदा एक-दूसरे से तनकर रहते हैं।...
कब, कैसे, किस आलोक-स्फुरण में
इन्हें मिला दूँ–
दोनों जो हैं बन्धु, सखा, चिर सहचर मेरे।[1]

कवि के लिए वही प्रयत्न सार्थक है जिससे शब्द और सत्य या शब्द और अनुभूतियाँ एक दूसरे से जुड़ सकें। शिल्प की सार्थकता भी तभी घटित होती है।

भाषा के जिस रूप का अज्ञेय ने वरण किया है उसमें भाषा का आभिजात्य व्यवहार भले ही दिखलाई पड़ता हो वे बोलचाल की शब्दावली से युक्त सहज भाषा की तलाश करते प्रतीत होते हैं। इसका प्रमाण यह है कि तत्सम शब्दों के अतिरिक्त उनकी भाषा में अनेक देशज, अरबी, फारसी, अंग्रेजी तथा हल्के-फुल्के व्यंजक शब्दों के प्रयोग देखे जा सकते हैं।

ठेठ देहाती एवं देशज शब्दों में चिरी, चिरैया, दीठ, चिऊँटा, पैंडा (पथ), मचिया, कुलिया, मुँहझौंसी, झगड़ैल, साँझ, पाँख, जोखम, झक्कड़, असाढ़, अकास, इकला, लौंदा, डांगर, गोयठा, चोला, अंटी, कनियाँ, तलैया, खोखल, फुदकी, दँहगल, फुलसुंघनी आदि शब्दों को उनके काव्य में स्थान मिला है। ग्राम्य गीत शैली पर लिखे गीतों में आंचलिक शब्दों का प्रयोग भी द्रष्टव्य है। 'कांगड़े की छोरियाँ' कविता में ऐसे कई प्रयोग हुए हैं। छोरियाँ, तिजोरियाँ, चोरियाँ, गोरियाँ, क्यारियाँ, प्यारियाँ, पुतलियाँ, आदि शब्दों में कांगड़ीपन आ गया है। इन शब्दों के प्रयोग से कवि की भाषा बोलचाल की सहज भाषा के करीब तो आई ही है उसकी भावाभिव्यंजकता भी बढ़ी है। स्याह मुख चिमनियों के लिए **मुँहझौंसी चिमनियाँ**, पशु के लिए **डांगर**, पक्षियों के लिए **चिरी, चिरैया** आदि शब्द विशिष्ट परिवेश के चित्रण में सहायक हैं। ठेठ देहाती एवं देशज शब्दों से निर्मित 'वैशाख की आँधी' की एक तस्वीर देखिए :

हहर-हहर घहराया
काला बद्दल:
लेकिन पहले आया
झक्कड़...
आया पानी :

1. अरी ओ करुणा प्रभामय- 'शब्द और सत्य' कविता।

अरी धूल झगड़ैल,
चढ़ी पछवा के कंधों पर तू थी इतराती,
ले काट चिकोटी अब भी :
बस एक स्नेह की बूँद और तू हुई पस्त
पैरों में बिछ-बिछ जाती।[1]

इस उदाहरण में प्रयुक्त **बद्दल, झक्कड़, झगड़ैल, पछवा** आदि शब्दों ने वैशाख की आँधी के अकृत्रिम रूप को स्पष्ट कर दिया है। **बद्दल** कहने से घने मस्त, बेपरवाह बादल का चित्र सामने आता है। झंझा के स्थान पर **झक्कड़** प्रयोग नया ही नहीं, भावाभिव्यक्ति की दृष्टि से अधिक समर्थ है। झाड़ने, तोड़ने-फोड़ने, उखाड़ने-गिराने आदि का भाव इसमें कहीं अधिक है। इसके अतिरिक्त बद्दल और झक्कड़ शब्द घहराने की ध्वनि का बिम्ब भी प्रस्तुत कर देते हैं। **पछवा, झगड़ैल, इतराती** आदि शब्द भी उपर्युक्त संदर्भ में बिल्कुल सही प्रतीत होते हैं।

नये कवियों में मुक्तिबोध ने विदेशी शब्दों का प्रयोग संभवतः सर्वाधिक किया है। अज्ञेय के काव्य में विदेशी शब्दों की उतनी अधिकता तो नहीं दिखलाई पड़ती किंतु आवश्यक होने पर उन्होंने अरबी-फारसी तथा अंग्रेजी के अनेक शब्दों का प्रयोग किया है। अरबी-फारसी से गुजरना, मुलम्मा, हाशिया, फरियाद, अल्ला, करमकल्ला, सलीब, शौक, जिम्मा, बेबस, साकी, शायर, सितम, मुल्ला, इश्तहार, अरमान, मंजिल, इन्सान आदि तथा अंग्रेजी से रेल, पार्क, मोटर, कलैंडर, फ्रेम, डाइनामाइट, जैंटलमैन, थियेटर आदि शब्द उनके काव्य में सहज भाव से आए हैं। कहीं-कहीं अज्ञेय ने विदेशी उक्तियों को भी अपने काव्य में ज्यों का त्यों ले लिया है, जैसे 'अस्सला तु खैरुम्मिनिन्ना'-(अरबी), दि चाइल्ड इज द फादर आफ मैन'-(अंग्रेजी) इत्यादि।

विदेशी शब्दों के प्रयोग का सीधा और स्पष्ट कारण यह है कि हमारी दैनंदिन भाषा में ये शब्द घुस आये हैं। हमारे जीवन में ये इस तरह घुलमिल गये हैं कि इनका प्रयोग अस्वाभाविक नहीं जान पड़ता। कुछ विदेशी शब्द ऐसे हैं जिनका एक शब्द में उपयुक्त एवं सरल हिन्दी पर्याय उपलब्ध भी नहीं है, जैसे– हाशिया, रेल, मोटर, कलैंडर, इत्यादि। बहुत से विदेशी शब्द हिन्दी की प्रकृति से पूरी तरह जुड़ गए हैं। उदाहरण के लिए – 'बादलो का हाशिया है आसपास', 'कभी बासन घिसने से मुलम्मा छूट जाता है' में **हाशिया** और **मुलम्मा** शब्द का स्थानापन्न ढूँढ़ने की कल्पना करना ही असंगत है। बँधी लीक पर रेलें लादे माल' में अंग्रेजी का **रेल** शब्द हिन्दी की प्रकृति में ढलकर **रेलें** बन गया। कवि ने कहीं-कहीं अंग्रेजी शब्द का प्रयोग तत्सम शब्दावली के साथ किया है। 'पार्क के किनारे पुष्पिताग्र कर्णिकार की आलोक खची तन्वी रूप-रेखा' में तत्सम शब्दों की बहुलता के साथ 'पार्क' अकेला किनारे में प्रयुक्त हुआ है। प्रयोग की विशेषता इस बात

1. इन्द्रधनु रौंदे हुए ये –26-27

में है कि 'पार्क' यहाँ बाहर का (आउटसाइडर) नहीं लगता। उल्टे 'पार्क' के साथ 'पुष्पिताग्र कर्णिकार' और 'आलोकखची तन्वी रूप-रेखा' कहीं ज्यादा सजते हैं।

कई ऐसे उदाहरण भी मिलते हैं जहाँ कवि ने अंग्रेजी शब्द या पदावली से भावानुवाद कर नये शब्द का निर्माण कर लिया है जैसे – **डस्टबिन** के लिए कचरापेटी, **लूज बॅडी** के लिए ढीली देह, **हण्टर आफ द ईस्ट** के लिए भोर का बावरा अहेरी, **एयरोप्लेन** के लिए यन्त्र-गरुड़, ट्रकों के लिए अंगारनैन गाड़ियाँ इत्यादि। अज्ञेय की भाषा पर अंग्रेजी और अरबी फारसी के अतिरिक्त जापानी, यूनानी, चीनी आदि भाषाओं से भी कुछेक शब्द आ गए हैं। वाक्य-रचना में हिन्दी के अतिरिक्त बंगला, पंजाबी तथा अंग्रेजी का प्रभाव लक्षित किया जा सकता है। 'पहाड़ी काक की क्लांत बेसुर डाक' में **डाक** स्पष्टतः बंगला से आया है। इस वाक्य में प्रयुक्त 'काक की' के स्थान पर यदि 'काकेर' कर दें तो यह पूरा वाक्य ही बंगाली भाषा का वाक्य बन जायगा। इसी तरह 'आये पधारो, सिर आँखों पर, बन्दना सकारो' में पंजाबी वाक्य-रचना का प्रभाव देखा जा सकता है।

कवि ने अपने काव्य में हल्के-फुल्के व्यंजक शब्दों को भी सादर स्थान दिया है। ऐसे शब्द वे हैं जो प्रयोग से मँज गये हैं। (घिस गये हैं ऐसा कहना उचित नहीं होगा) जैसे–त्रिशूल से मँजकर बने **तिसूल**, उल्लास से **उल्लस**, चित्रकार से **चितेरे**, आकाश से **अकास**, संचित से **संची**, निर्लज्ज से **निलज** आदि। ये शब्द आम बोलचाल में मँजकर हल्के हो गए हैं। बेचारा त्रिशूल रगड़ खाकर तिसूल बन गया, आकाश अकास तथा निर्लज्ज निलज किंतु इस मँजाई से ये शब्द अर्थ की दृष्टि से घिसे नहीं हैं बल्कि अधिक चमक गये हैं। कुछ शब्दों को अज्ञेय ने अल्पप्राण से महाप्राण भी बना दिया है जैसे उठा से **उट्ठा**, मशाल से **मश्शाल**, पर्वती से **पार्वती**, उगा से **ऊगा**, उन्नत से **उन्नीत** आदि। कुछ शब्दों में वर्ण-मात्रा परिवर्तन से नवीनता एवं सुघड़ता लायी गई है, जैसे-अंजली से **अंजुरी**, सुनहरी से **सोनाली** इत्यादि तथा कुछ में पंजाबी के प्रभाव से सरलता लाने की चेष्टा की गई है, जैसे वर्षा से **बारस**, प्रजातंत्र से **परजातंतर** इत्यादि।

कई स्थलों पर कवि ने संज्ञा से विशेषण तथा क्रिया बनाकर शब्दों को नवीन अर्थ एवं नया संस्कार दिया है। अंधकार से **अंधियारा, अंधियाला**, फरियाद से **फरियादी**, अज्ञान से **अयानी** आदि संज्ञा से बने विशेषण रूपों में एक नयी ताजगी है। नये क्रिया रूप भी द्रष्टव्य हैं, जैसे– असीसूँगा, बतियाते, अड़ड़ाता, अनुकूलो, न्हाई, चीन्हना, झींकना आदि। 'अड़ड़ाता है कागा' एवं 'नीहार न्हाई कुँई' में क्रिया का नवीन रूप क्रमशः ध्वनि बिम्बानुरूप एवं कोमल हैं। कहीं-कहीं इन शब्दों से दुहरा काम लिया गया है। 'अविराम अनगिन झींकते झींगुर' में 'झींगुर' के लिए 'झींकना' प्रयोग ध्वन्यार्थ व्यंजक होने के साथ-साथ उसकी विशिष्ट स्थिति को भी द्योतित करता है। 'झींगुर' दाता नहीं है, वह भिखारी है और वह मानो झींकता हुआ गाल बजा रहा है। दाता तो चुपचाप पथ से गुजरता है।

अज्ञेय की भाषा में तत्सम शब्दों का प्रयोग भी प्रचुर मात्रा में उपलब्ध है। उनके काव्य

में जहाँ संस्कृत शब्द-भंडार से आघात, अन्तर, असीम, आषाढ़ कनक, नारायण, वेदना, दुःख, निष्ठा, समर्पण, स्मृति, श्रद्धा, आलोक, लक्ष्य, अनुकम्पा, अचंचल, अनल, अनुभव, रूपाकार, विलय, आकांक्षा, विश्राम, प्रतिमा, अप्रतिम आदि सरल बोधगम्य शब्द आये हैं वहाँ जल्पक, जिजीविषा, उदीषा, परभृता, आप्लवन, अत्यन्तगता, आस्पर्द्धा, क्षुप, कशा, पुष्पिताग्र आदि अपेक्षाकृत दुरूह एवं कम प्रचलित शब्द भी बेझिझक प्रयुक्त हुए हैं। कहीं-कहीं संस्कृत के वाक्य एवं वाक्यांशों को ज्यों का त्यों उद्धृत कर दिया गया है। 'आषाढस्य प्रथम दिवसे', 'निर्गंधाइव किंशुकाः', 'मुदन्तु सर्वे, प्रसीदन्तु सर्वे', 'जम्बू द्वीपे भरत खंडे अमुकशर्मणामया', 'सर्वे सुखिनः सन्तु' इत्यादि। कुछ स्थलों को देखने से ऐसा प्रतीत होता है कि अज्ञेय भाषा को बोलचाल के करीब लाने की बात करते भर हैं उस पर अमल नहीं करते, जैसे–

निविड़ाऽन्धकार
को मूर्त रूप देने वाली
एक अकिंचन, निष्प्रभ अनाहूत,
अज्ञात द्युति किरण :
आसन्न-पतन, बिन जमी ओस की अन्तिम
ईषत्-करुण, स्निग्ध, कातर शीतलता
अस्पृष्ट किंतु अनुभूत : (पूर्वा-132)

उपर्युक्त पंक्तियों में संस्कृत शब्दों की बहुलता के कारण भाषा की सहजता एवं स्वाभाविकता नष्ट हुई-सी प्रतीत होती है। 'असाध्य वीणा' कविता में भी तत्सम शब्दों का खूब प्रयोग हुआ है जैसे–प्रियंवद, गुफागोह, गिरि-प्रांतर, वज्रकीर्ति, मन्त्रपूत, प्राचीन किरीटी तरु, करिशुण्ड आदि किंतु यहाँ तद्भव, देशज तथा हल्के-फुल्के व्यंजक शब्दों के प्रयोग से भाषा अपनी सहजता नहीं खो पायी है। तत्सम शब्दबहुल वाक्य-रचना का उद्देश्य गंभीर मनोभावों एवं वातावरण को चित्रित करना है।

नादात्मक शब्दों के प्रयोग के संदर्भ में भी कवि की कुशलता प्रकट हुई है। डाक्, हाक्-हाक्, अड़ड़ाता, खड़खड़, गुडुप, हहरना, फहरना, तिप्-तिप्, पट-पट, थाप, ढरकन, फुरकन, सरसर, क्रेंकार, साँय-साँय, घुरघुराहट, छप्-छड़ाप, गर्जन, घुर्घर, चीख, भूँक, हुक्का, चिचियाहट, टाप, चहक, खुदबुद, छुल-छुल गमक, टुनटुन इत्यादि नादात्मक शब्दों का विशिष्ट संदर्भ में सफल प्रयोग कवि ने किया है। ऐसे शब्दों के प्रयोग से बिम्ब की प्रभावशालिता एवं गोचरता बढ़ी है। एक उदाहरण द्रष्टव्य है :

भोर बेला। सिंची छत से ओस की तिप् तिप्
पहाड़ी काक

की विजन को पकड़ती-सी क्लांत बेसुर डाक्–

हाक्! हाक्! हाक्![1]

इन पंक्तियों में **तिप् तिप्, डाक्, हाक्** आदि शब्दों के प्रयोग से कवि ने शिलङ् के पावस प्रात को चित्रित किया है। सामान्यतः ओस की बूँद बड़ी नहीं होती इसलिए उसके टपकने की सूचना के लिए तिप्-ति्प शब्द कहीं अधिक उपयुक्त है। पहाड़ी काक की डाक (पुकार) का अनुकरणात्मक 'हाक्-हाक्' भी सफल ध्वनि बिम्ब प्रस्तुत करता है।

मुहावरे, कहावत इत्यादि के प्रयोग से भाषा की जीवंतता बढ़ जाती है। अज्ञेय ने प्रचलित कहावतों एवं मुहावरों का प्रयोग प्रायः सन्दर्भ बदलकर किया है। दबे पाँव आना, मुँह चिढ़ाना, झींकते रहना, गाल बजाना, आकाश फाड़ना आदि मुहावरों के विशिष्ट संदर्भ में प्रयोग का एक उदाहरण प्रस्तुत है :

फूल खिलते रहे चुपचाप :
मंजरी आयीं
दबे पाँव, सकुचाती।
तड़फड़ाते रहे, करते रोर,
मुँह चिढ़ाते रहे वन की शांति को
अविराम अनगिन झींकते झींगुर
भिखारी सब
बजाते गाल बगलें,
फाड़ते आकाश : (अरी ओ करुणा. – 161)

यहाँ मुहावरों के प्रयोग से मानवीकारण में मदद मिली है। प्रकृति एवं मनुष्य दोनों के संदर्भ से जुड़कर ये मुहावरे भावाभिव्यक्ति को द्विगुणित कर देते हैं। कुछ मुहावरों में थोड़ा-सा हेर-फेर कर कवि ने नये मुहावरे गढ़ लिए हैं, जैस–सपने टूटना से सपने झड़ना, लीक पीटना से लीक पोंछना, याद ताजी होना से याद हरी होना, कड़ुवे घूँट पीना से कड़ुवे प्रत्यय पीना इत्यादि। मुहावरों का जन्म प्रायः लाक्षणिक प्रयोगों से होता है। अज्ञेय की काव्य-भाषा लाक्षणिक प्रयोगों की दृष्टि से सम्पन्न है इसलिए विशिष्ट भावाभिव्यक्ति के लिए नये मुहावरे की तलाश में वे सफल हुए हैं।

अज्ञेय की काव्य-भाषा की सर्वाधिक महत्त्वपूर्ण विशेषता है, उनके द्वारा शब्दों का नैवेद्यवत प्रयोग। किसी के लिए शब्द कंकड़ हुआ करते हैं, किसी के लिए सीपियाँ और किसी के लिए नैवेद्य। अज्ञेय शब्द को नैवेद्य ही मानते हैं:

किसी को शब्द हैं नैवेद्य

1. हरी घास पर क्षण भर- 'पावस-प्रात, शिलङ्' कविता

थोड़ा-सा प्रसादवत्
मुदित विभोर वह पाता है।[1]

'शब्द', 'मुझे तीन दो शब्द', 'आज तुम शब्द न दो' आदि कविताओं में जो भाव व्यक्त हुए हैं उसके आधार पर यही कहा जा सकता है कि अज्ञेय शब्दों के संयमित प्रयोग पर बल देते हैं। काव्य-रचना के लिए थोड़े से विशिष्ट एवं अर्थवान शब्दों की आवश्यकता होती है न कि ढेर सारे शब्दों की। अज्ञेय मौन को भी अभिव्यंजना मानते हुए लिखते हैं : "पूर्व की एक परम्परा के उत्तराधिकारी के नाते मैं यहाँ तक कह सकता हूँ कि कविता भाषा में नहीं होती। वह शब्दों में भी नहीं होती, कविता शब्दो के बीच की नीरवताओं में होती है। और कवि सहजबोध से जानता है कि उससे दूसरे तक पहुँचा जा सकता है : उससे संलाप की स्थिति पायी जा सकती है, क्योंकि वह जानता है कि मौन के द्वारा भी संप्रेषण हो सकता है"।[2] एक अन्य स्थल पर उन्होंने स्पष्ट किया है : "कवि शब्दों का न केवल भरपूर सार्थक प्रयोग करता है बल्कि कभी-कभी शब्दों या वर्णों का उपयोग न करके ही अर्थ की वृद्धि करता है—यानी शब्दों का ही अर्थगर्भ उपयोग नहीं, अर्थगर्भ मौन का भी उपयोग करता है"।[3]

अज्ञेय की अनेक कविताओं में अर्थगर्भ मौन एवं शब्दों का संयमित प्रयोग लक्षित होता है। मौन के प्रयोग का एक उदाहरण द्रष्टव्य है :

भोर !
तुम !
आशी !
जीवन है !
आशीः ![4]

यह पूरी कविता है। इसमें भोर से सम्बन्धित समस्त उल्लास को अनभिव्यक्त छोड़ दिया गया है। कवि सन्दर्भ भी नहीं बताता, किन्तु इसमें अभिव्यक्त प्रसादित मनःस्थिति को देखते हुए अनुमान लगाया जा सकता है कि कवि सागर के किनारे खड़ा है। जीवन के समस्त अनुभव, आशा-निराशा, आक्रोश-कुण्ठा उसके मन में सन्निहित हैं। जब वह अपने पास जीवन ढूँढ़ना चाहता है, तो उसे सिर्फ अपनी हीनताओं का एक भण्डार मिलता है। ऐसे निराश क्षणों में भी जब कवि भोर को उल्लास, आदिगन्त प्रसार एवं स्निग्ध आलोक से सना देखता है तो उसे किंचित आश्चर्य ही होता है, और वह कह उठता है, 'भोर'! किन्तु 'तुम' कहते-कहते जैसे वह आश्वस्त हो गया और कवि समस्त हर्षातिरेक को छिपाकर सिर्फ 'आशी' कहता है। इस भोर के उल्लास में भीग जाने के बाद कवि निराश नहीं रहता, उसे क्षण भर के लिए ही सही, लगता है कि जीवन है। फिर इस

1. इन्द्रधनु रौंदे हुए ये -85
2. आलवाल -12
3. आलवाल –11-12
4. सुनहले शैवाल -102

सत्यान्वेषण का विस्मय भाव पुनरुच्चारित 'आशी': में व्यक्त किया गया है। इस कविता में यदि मौन अभिव्यंजना में सहायक न हो तो इसे कविता मानना ही असंभव हो जाएगा। प्रायः छोटी कविताओं में अज्ञेय ने मौन का एवं शब्दों के मित प्रयोग का परिचय दिया है। 'चिड़िया की कहानी' (अरी ओ करुणा प्रभामय), 'जीवन मर्म' (सागर-मुद्रा) आदि कविताओं में भी मौन की भावाभिव्यंजक स्थिति देखी जा सकती है। इसके अतिरिक्त गैप सूचक चिह्न (...), (–) भी मौन का संकेत देते हैं। शब्दों के संयमित प्रयोग की दृष्टि से 'दूज का चाँद', 'मैंने देखा, एक बूँद', 'सोन मछली', 'द्वारहीन द्वार' आदि कविताएँ विशेष महत्त्व रखती हैं। इन कविताओं से एक भी शब्द को निकाला नहीं जा सकता। कवि प्रायः विस्तारप्रिय होता है और अज्ञेय भी सर्वत्र अपनी मान्यता को चरितार्थ नहीं कर पाते।

अभिव्यक्ति के इतर साधन विराम चिह्नों आदि के विशिष्ट प्रयोगों को भी अज्ञेय ने स्थान दिया है। उनकी भाषा नवीन भंगिमाओं से युक्त है तथा लाक्षणिक, व्यंजक, प्रतीकात्मक, बिम्बात्मक प्रयोगों से भली भाँति सजी-सँवरी हुई है। अज्ञेय परम्परा से प्राप्त काव्य-भाषा को नया कलेवर दे पाने में निश्चय ही सफल हुए हैं। भाषारूपी कल्पवृक्ष से मनोवांछित फल प्राप्त करने के लिए उनका अन्तर्संघर्ष सदैव जारी है।

मौन

अज्ञेय की कविता में मौन के प्रयोग पर अलग से विचार करने की आवश्यकता है। अभिव्यंजना की दृष्टि से मौन के महत्त्व को निरूपित करते हुए अज्ञेय ने अपने निबंध-संकलनों एवं कविताओं में जगह-जगह मौन के संदर्भ में अपने विचार प्रस्तुत किये हैं :

(*i*) अज्ञेय की दृष्टि में 'अंतिम उक्ति मौन है'। वे लिखते हैं–

"आज कवि पाता है– और अगर नहीं पाता है तो मैं कहूँगा कि उसे पाना चाहिए–कि व्यंजना के पुराने साधन पर्याप्त नहीं है....व्यंजना के नये माध्यम की खोज में, अगर कभी कवि पाता है कि उसे जो कुछ कहना है, वह मौन ही में कहा जा सकता है तो क्या वह बिल्कुल भूला है"।[1]

(*ii*) "कवि शब्दों का न केवल भरपूर सार्थक प्रयोग करता है बल्कि कभी-कभी शब्दों या वर्णों का उपयोग न करके ही अर्थ की वृद्धि करता है– यानी शब्दों का ही अथगर्भ उपयोग नहीं, अर्थगर्भ मौन का भी उपयोग करता है"।[2]

(*iii*) "पूर्व की एक परंपरा के उत्तराधिकारी के नाते मैं यहाँ तक कह सकता हूँ कि कविता भाषा में नहीं होती, वह शब्दों में भी नहीं होती, कविता शब्दों के बीच की नीरवताओं में होती है। और कवि सहज बोध से जानता है कि उससे दूसरे तक पहुँचा जा सकता है, उससे संलाप की स्थिति पायी जा सकती है, क्योंकि वह जानता है कि मौन के द्वारा भी संप्रेषण हो सकता है"।[3]

(*iv*) "मैं तो उन लोगों में से हूँ जो कई वर्षों से यह बात ज़ोर देकर कहते आये हैं कि मौन अभिव्यंजना का एक साधन होता है और बड़ा समर्थ साधन होता है। मैं यह बात विशेषतया काव्य के और साधारणतया रचनात्मक साहित्य के संदर्भ में कहता हूँ। लेकिन यह बात उसी क्षेत्र तक ही सीमित नहीं है।" अन्य क्षेत्रों में भी इसका उपयोग हो सकता है। "चुप की दहाड़" तक हो सकती है।[4]

(*v*) "मैं मानता हूँ कि विचार, सूझ, आइडिया, कभी नहीं मरता, इसलिए मैं हर विचार को पकड़ लेने के लिए आतुर नहीं होता। क्योंकि सभी विचार ऐसे नहीं होते कि उन्हें सभ्य या पालतू बनाया जा सके; कुछ ऐसे वन-विहग होते हैं कि उन्हें खुले में ही विचरते रहने देना चाहिए। पकड़े जाकर वे रोगी, खाज भरे, बुच्चे हो जायेंगे"।[5]

गद्य के उपर्युक्त अंशों के अतिरिक्त अज्ञेय ने अनेक कविताओं में भी मौन की अभिव्यंजना-क्षमता की बात की है :

1. आत्पनेपद, –33-34
2. आल वाल –11-12
3. आल वाल -12
4. जोग लिखी -168
5. भवन्ती -13

(*i*) "मौन भी अभिव्यंजना हैः/जितना तुम्हारा सच/उतना ही कहो" ।[1]

(*ii*) "आज तुम शब्द न दो, न दो/कल भी मैं कहूँगा,[2]
(अर्थात् ममेतर जब तक आत्मसात् नहीं हेाता, कवि को चुप ही रहना है।)

(*iii*) "मुझे तीन दो शब्द/कि मैं कविता कह पाँऊ/एक शब्द वहः/ जो न कभी जिह्वा पर लाँऊ/और दूसराः/जिसे कह सकूँ/किंतु दर्द मेरे से/ जो ओछा पड़ता हो/और तीसराः/खरा धातु/पर जिसको पाकर पूछूँ/क्या न बिना इसके भी काम चलेगा?/ और मौन रह जाँऊ"। (इन्द्र धनु रौंदे हुए ये)

(*iv*) "पर सबसे अधिक मैं/वन के सन्नाटे के साथ मौन हूँ– क्योंकि वही मुझे बतलाता है कि मैं कौन हूँ/जोड़ता वह मुझको वह विराट से"। "चक्रांत शिला' कविता (आँगन के पार द्वार)

(*v*) "सुना आपने जो वह मेरा नहीं/न वीणा का था/वह तो सब कुछ की तथता थी/महाशून्य/ वह महामौन अविभाज्य, अनाप्त, अद्रवित, अप्रेमय/जो शब्दहीन/सबमें गाता है। 'असाध्य वीणा' कविता (आँगन के पार द्वार)

(*vi*) "कहीं बड़े गहरे में/सभी स्वैर हैं नियम/ सभी सर्जन केवल/आँचल पसार कर लेना" ।[3]

(*vii*) "पहले मैं सन्नाटा बुनता हूँ।/उसी के लिए स्वर-तार चुनता हूँ" ।[4]

मौन संबंधी उद्धरणों से जो बातें सामने आती हैं, उन्हें संक्षेप में इस प्रकार कहा जा सकता है–

जब कहने की दृष्टि से शब्द अपर्याप्त हो जाते हैं तब अंतिम उक्ति मौन है। मौन से अभिव्यंजना संभव है। कविता शब्दों में नहीं, शब्दों के बीच के अंतराल में होती है। मौन में शब्दों के निहित और संभाव्य अर्थों का पूरा उपयोग किया जा सकता है। अर्थ-गर्भ मौन का उपयोग संभव है। श्रेष्ठतम गायन वह है, जिसमें कलाकार नहीं, उसके समर्पण के बाद मौन गाता है। मौन निरंतर गा रहा है, उसे सुनने के लिए अर्पण चाहिए। वह कवि को विराट से जोड़ देता है और वही उसे बतलाता है कि वह कौन है। कुछ विचार, भाव एवं अर्थ शब्दों में बाँधे नहीं जा सकते। यदि कोई महनीय अर्थ मिले तो उसके संदर्भ में गूँगा हो जाना ठीक है क्योंकि महनीय अर्थ गूँगे के गुड़ जैसा है। मौन अर्पण है, अर्पण ही सृजन है। सृजन चुपचाप आँचल पसार कर लेने जैसा है। जो सर्जक कहने की इच्छा रखता हो, उसे मौन को सुनना सीख लेना चाहिए, क्योंकि सन्नाटा ही स्वर बनकर फूटता है, वही सृजन बनता है।

मौन संबंधी अज्ञेय की उपर्युक्त मान्यता के पीछे कई प्रभाव सक्रिय हैं। वे अपने को पूर्व की एक परंपरा का उत्तराधिकारी मानते हैं। मंत्र-द्रष्टा ऋषि मौन साधक थे। उनका

1. सर्जना के क्षण -59
2. सर्जना के क्षण -79
3. सर्जना के क्षण -98
4. पहले मैं सन्नाटा बुनता हूँ -11

संबंध मनन-चिंतन एवं मौन से था। मौन की महत्ता से वे परिचित थे। ऋषियों ने जिस सत्य का दर्शन किया था उसके लिए उन्होंने स्पष्टतः कहा–

(*i*) न तत्र चक्षुर्गच्छति, न वाग्गच्छति नो मनो[1]
(न वाणी वहाँ पहुँच सकती है, न आँख और न मन)
(*ii*) नैव वाचा न मनसा प्राप्तुं शक्यो न चक्षुषा,[2]

भारत के ही बुद्ध जैसे सिद्ध पुरुष अव्याकरणीय अनुभवों का प्रसंग आ जाने पर 'आर्य मौन' से ही सत्य प्रकट करते थे।

पूर्व की परंपरा का उत्तराधिकारी होने के नाते अज्ञेय भारतीय चिंतन-परंपरा से प्रभाव लेते हैं। मौन के संदर्भ में पश्चिम के चिंतकों से उन्हें निराशा नहीं मिलती। पश्चिम के कवि चिंतक भी मौन की महत्ता स्वीकारते हैं। विटगेन्स टाइन कहते हैं–

What we can not speak of
We must be silent about

वर्ड्सवर्थ की मान्यता है कि प्रकृति की अन्तः प्रेरणा हमें ऋषियों से भी अधिक शिक्षा दे सकती है :

One impulse from a vernal wood
can teach you more of man
of moral evil and of good
than all the sages can.

अज्ञेय चुप्पा प्रसिद्ध रहे हैं। हिन्दी की छायावादी कवयित्री महादेवी के अनुसार युवावस्था तक अज्ञेय एक ऐसे व्यक्ति थे, जिनके कंठ से शब्द फूटते ही नहीं थे। बोलने की आवश्यकता पड़ने पर 'शब्द कंठ तक आकर वहीं रुक जाते थे।' भारतीय प्रभाव, पश्चिम से समर्थन तथा स्वभाव से अनुकूलता पाकर अज्ञेय मौन के पक्षधर हो गये। मौन में रहने का अभ्यास और उसे सुन सकने के प्रयास के कारण वे मौन की अभिव्यंजना-क्षमता को पहचान सके।

क्या अज्ञेय ने अपनी कविता में मौन की अभिव्यंजना-क्षमता का उपयोग किया है? क्या उनकी कविता-शब्दों के बीच की नीरवताओं में है? क्या वे मौन के द्वारा संप्रेषण में समर्थ हुए हैं?

अज्ञेय का मौन के साथ पहला रिश्ता समर्पण और उससे प्राप्त विलक्षण स्थिति की प्राप्ति का है। मौन के साथ वे शून्य को भी जोड़ देते हैं। शून्य मौन को गहरा करता है। जब वे समर्पण भाव से युक्त होकर शून्य और मौन में उतरते और स्थित होते हैं तब वे उस सत्ता से जुड़ जाते हैं जो सब कुछ को अर्थ देता है। उस सत्ता से अर्थ की किरणें

1. कठोपनिषद् -1/3 2. कठोपनिषद -2/3/12

फूटती रहती हैं। उस आलोक में कवि को कभी ऐसी अनुभूति मिल जाती है, जिसे वह 'ज्योति : शिखा' कहना चाहता है, कभी उसे वह भाव-सत्य मिल जाता है, जिसको पा लेने पर सभी सर्जन केवल आँचल पसार कर लेने जैसा रह जाता है। इतना ही नहीं मौन उसे ममेतर अथवा विराट प्रकृति से जोड़ देता है। अब प्रकृति अथवा ममेतर की संपूर्ण सत्ता अपने छिपे हुए रहस्यों, अर्थों को उसके लिए खोल देती है। ऐसी स्थिति में किसी 'अर्थ' या अनुभूति को पाते ही वह 'अभिभूत' हो उठता है।[1]

'सत्य' अथवा 'अर्थ' में अभिभूत कर देने की शक्ति होती है। कभी कवि महनीय अनुभूति, सत्य अथवा अर्थ को 'चौंध' के रूप में अनुभव करता है। तब उसे कहना पड़ता है—

तुम्हारी आँखों की ज्योति से
अधिक है चौंध जिस रूप की
उसका अवगुंठन मत खोलो

ऐसी महनीय अनुभूति को शब्दों में अभिव्यक्त करने को अनुचित मानकर वह सलाह देता है :

मन के उन्मेष से
उसे जानोः उसे पकड़ो मत
उसी के हो लो।[2]

अज्ञेय की जीवन शैली यही है। वे गहरे मौन में उतर कर जिस सत्य का साक्षात्कार करते हैं, उसे बाँधने के बदले वे उसके हो लेना चाहते हैं, उसमें बहना चाहते हैं, उससे अभिभूत रहना चाहते हैं। अभिभूत रहने की दशा, अनुभूति में होने की दशा है और अनुभूति में होना काल निरपेक्ष होना है— उसीमें 'अमरत्व का क्षण' है।[3] ऐसे विलक्षण क्षणों में वे अनुभूति में डूबे होते हैं, विस्मय-विमुग्ध होते हैं, सत्त्वोद्रेक से युक्त होते हैं, उसीमें बने रहना, उसीमें बहते रहना चाहते हैं। यह स्थिति उनकी सत्ता को अखिल से जोड़कर उसे भी सार्थक कर देती है। ऐसी स्थिति में डूबे रहने पर कभी उसे ज्योति के भीतर ज्योति दिखती है, कभी आह्लाद से भर उठने पर उनके भीतर 'दाता' खिल आता है। स्वाभाविक है कि ऐसे क्षणों को वे फिर-फिर जीना चाहें, पाना चाहें। और वे ऐसा ही निरंतर करते

---

1. "एक क्षण भर और / रहने दो मुझे अभिभूत : / फिर जहाँ मैंने सँजोकर और भी सब रखी हैं/ ज्योति : शिखाएँ / वहीं तुम भी चली जाना / शांत तेजो रूप।" 'सर्जना के क्षण' संकलन में इसी शीर्षक की कविता -109
2. सर्जना के क्षण 'जितना तुम्हारा सच है' कविता -59
3. 'अमरत्व का क्षण' शीर्षक से की गई एक टिप्पणी में अज्ञेय लिखते हैं - "अमरत्व का अर्थ अनन्त काल तक जीवित रहना नहीं हो सकता, क्योंकि वह तो अनन्त काल तक मरते रहने का ही दूसरा नाम है। अमरत्व तभी सार्थक है जब वह काल-निरपेक्ष हो— अर्थात् जब वह एक अनुभूति हो, एक मनोदशा हो, एक दृष्टि हो।" आत्मनेपद, द्वितीय सं -253

रहते हैं। मौन साधने या सन्नाटा बुनने का अभ्यास उसी प्रयास से संबंधित है। यह उनकी जीवन-पद्धति, प्रकृति का एक अंग है। समर्पण भाव से शून्य और मौन में उतरना उनके सृजन कर्म के लिए भी उपादेय है, यह दूसरी बात है। पहली बात है, मौन के माध्यम से 'अर्थ' को पाकर उससे 'अभिभूत' होना, अमरत्व के क्षणों का उपभोग करना।

अज्ञेय का मौन के साथ दूसरा रिश्ता–सर्जक होने के नाते उसकी अभिव्यंजना शक्ति से है। सर्जक के रूप में निरंतर उन्हें एक दायित्व का निर्वाह करना है– एक 'सत्य' या 'अर्थ' जो उसे मिला, एक अनुभूति मिली उसे शब्दों में पकड़ना है। शब्द आक्रमण है, जाल है, अर्थ मानो पक्षी है। कुछ ऐसे खग होते हैं जो पकड़े जा सकते हैं, कुछ ऐसे वन-विहग हैं जो पकड़े जाकर बुच्चे हो जाएँगे। अज्ञेय ऐसे अर्थ, विचार आदि को ही पकड़ना चाहेंगे जो पूरी तरह पकड़े जा सकते हों अन्यथा वे उन्हें मुक्त गगन में विचरने के लिए छोड़ देंगे। इस मामले में उनकी नीति यह है कि 'उतना ही कहो, जितना तुम्हारा सच है'। अर्थात् जितना आत्मसात् हो सका है, जितने को शब्दों में उतार पाना संभव है, उतना ही कहो, शेष को छोड़ दो।

जिस अर्थ या भाव-सत्य को शब्दों में बाँधने या उतारने के लिए वे अपने को तैयार कर पाते हैं, उस मामले में भी शब्द अपर्याप्त पड़ने लगते हैं। शब्द तो बहुत हैं पर उपयुक्त शब्द मिलना कठिन हो जाता है। वह अन्य सर्जकों की तरह अनुभूति के संदर्भ में 'ढेर सारा फिचकुर' डाल देना नहीं चाहते, न ही किसी भावना में बहकर उसे आनन-फानन शब्दों में उतारना चाहते हैं क्योंकि इस कार्य की व्यर्थता को वे पहचानते हैं। वे अन्य कवियों के साथ अपने-आप को भी बताते रहते हैं–

सुनो कवि ! भावनाएँ नहीं हैं सोता
भावनाएँ खाद हैं केवल
जरा उनको दबा रखो,
जरा-सा और पकने दो **(पूर्वा -230)**

भावनाओं को शब्दों में बहने देना उन्हें अनुपयुक्त और अप्रीतिकर लगता है। वे पूरा संयम दिखाते हैं। भाव को पकने देते हैं।

अज्ञेय अपने सर्जक की माँग पर कई काम करते हैं। कभी किसी ऐसे अनुभूत सत्य को, 'जो सीधे-सीधे अमिधा में नहीं बँधता' उसे आत्मसात् करने और प्रेषित करने के लिए प्रतीक की सहायता लेते हैं। इस तरह 'सत्य के अथाह सागर में वे प्रतीक रूपी कंकड़ से उसकी थाह का अनुमान' लगाना चाहते हैं। भाषा को 'कल्पवृक्ष' समझकर अज्ञेय पूरी आस्था से उसके पास जाते हैं किंतु इतना सब कुछ करने के बाद भी वह शब्द नहीं मिलता, जिससे वह अनुभूत सत्य पकड़ा जा सके। तब मौन के अतिरिक्त और कोई उपाय शेष नहीं बचता। अब वे मौन की अभिव्यंजना को पहचानकर उसका ही उपयोग करने की सोचते हैं।

अज्ञेय ने अपनी कविताओं में 'मौन' का उपयोग किया है। इसके कुछ लक्षण ढूँढे जा सकते हैं। एक लक्षण तो यही है कि वे शब्दों के 'नैवैधवत' प्रयोग में विश्वास रखते हैं। 'मुझे तीन दो शब्द', 'आज तुम शब्द न दो', 'जितना तुम्हारा सच है' आदि कविताओं का संदेश यही है। उनकी अनेक कविताएँ बहुत थोड़े से शब्दों में समाप्त हो जाती हैं। बहुत कुछ अनकहा छोड़ दिया जाता है। इसके लिए वे कभी किसी प्रतीकात्मक शब्द की सहायता लेते हैं क्योंकि वे जानते हैं कि प्रतीक एक ऐसा साधन है, जिसमें कुछ अर्थ कवि को दिखा है, कुछ अनकहा विधमान है, जो कभी उसे ही या किसी पाठक को दिखेगा।

दानवों, मानवों और देवताओं के कल्याण के लिए ब्रह्मा ने उन्हें केवल 'द' कहा और वास्तविक उपदेश को अनकहा छोड़ दिया– कहें कि ब्रह्मा ने 'मौन' का प्रयोग किया। बाद में 'द' का अनकहा अर्थ सब को अलग-अलग मिल गया। 'द' ने एक प्रतीक का काम किया। प्रतीक अनेकार्थी होते हैं, हो सकते हैं। अलग-अलग भावक के लिए प्रतीकात्मक शब्द अलग-अलग अर्थ दे सकता है। इस तरह जो नहीं कहा गया, वह प्रतीकों में निहित होता है।

अज्ञेय की एक कविता है, 'चिड़िया की कहानी'। इसकी पंक्तियाँ हैं–

उड़ गयी चिड़िया
काँपी, फिर
थिर
हो गयी पत्ती,

कविता के रूप में प्रकाशन से पूर्व चिड़िया से संबंधित ये पंक्तियाँ उनकी कॉपी में पड़ी रहीं। इन्हें उन्होंने कविता नहीं माना न ही इनका प्रकाशन करवाया क्योंकि जिस चिड़िया का यहाँ उल्लेख है वह तो सन् 1951 में उनकी छोटी सी कोठरी के बाहर देखी गयी थी। 'आत्मनेपद' में अज्ञेय ने लिखा है– "एक चिड़िया आकर क्वांर की पत्ती के छोर पर टिकी ही थी कि पत्ती को ठेलती हुई फिर उड़ गयी। मानो उसका बैठने आना, पत्ती को छूना और पकड़ने से पहले ठेलकर उड़ जाना अलग-अलग क्रियाओं का क्रम नहीं, एक अविभाज्य क्रिया थी। पंजों के और पंखों के धक्के से आहत लंबी पत्ती दो-एक बार काँपी और क्रमशः स्थिर होती चली"।[1] यह चिड़िया अभी कविता नहीं बनी थी।

'चिड़िया की कहानी' चिड़िया के विषय में लिखी पंक्तियों के कविता बनने की कहानी भी है। कोठरी से बाहर देखी गयी चिड़िया जापान यात्रा के दौरान एक दिन अचानक कविता बन गयी। क्या हुआ? अज्ञेय लिखते हैं– "फिर एक दिन अचानक अपनी कॉपी उठायी और गोरैया चिड़िया वाली पंक्तियों को मूल रूप में एक नये पृष्ठ पर लिखा, ऊपर शीर्षक दे दिया 'चिड़िया की कहानी'। फिर एक बार शीर्षक युक्त पंक्तियों को देखा और सहसा पहचान लिया कि यह कविता है।... मेरे मन के भीतर जो चिड़िया वर्षों से

1. आत्मनेपद, 'थिर हो गई पत्ती' -51

उड़ती-उड़ती भी उड़ नहीं पायी थी और पत्तों को वर्षों से काँपता छोड़ गयी थी, उस दिन सहसा उड़ गयी। काँपती हुई पत्ती स्थिर हो गयी"।[1] निश्चय ही अब चिड़िया कवि के लिए वही चिड़िया नहीं थी। उसमें कुछ अनकहा अर्थ जुड़ गया था। वह कुछ और ही हो गई थी, वह कुछ सिखा गयी थी। अज्ञेय मानते हैं कि –"क्या जाने उस पत्ती से उड़ती चिड़िया आपको क्या सिखा जाती"।[2] अज्ञेय की कविता में मौन का उपयोग चिड़िया की कहानी में निहित मौन और उसकी संभावना के समान है।

चिड़िया के संबंध में अज्ञेय की एक दूसरी कविता है– "चिड़िया ने ही कहा"। यह कविता भी चिड़िया के चिड़िया न रह जाने की बात को ही सामने लाती है। इस कविता में कवि कहता है–

मैंने कहा/कि 'चिड़िया:'/मैं देखता रहा–/
चिड़िया चिड़िया ही रही।/ फिर-फिर देखा/
फिर/फिर बोला/ 'चिड़िया'!/
चिड़िया चिड़िया ही रही।/
फिर– न जाने कब– मैंने देखा नहीं।
भूल गया था मैं क्षण भर को तकना–
मैं कुछ बोला नहीं–
खो गयी थी क्षण भर को स्तब्ध-चकित-सी
वाणी/शब्द गये थे बिखर,
तब-जाने कब-चिड़िया ने ही कहा/ कि 'चिड़िया'।
चिड़िया ने ही देखा/ वह चिड़िया थी।/
चिड़िया/चिड़िया नहीं रही है तब से:/मैं भी नहीं रहा मैं/कवि हूँ।[3]

यहाँ मौन ने ही चिड़िया को एक नया अर्थ दिया। तब पता चला कि चिड़िया रूप मात्र नहीं है, वह 'अर्थ' है, एक अनुभूति है, अनुभूति-प्रतीक है। इस अनुभूति के प्रकाश में साधारण रूप-द्रष्टा व्यक्ति कवि बन गया। वाणी के खो जाने पर ऐसा हुआ, पाठक के साथ भी हो सकता है। चिड़िया उसके लिए नये अर्थ में बदल सकती है। चिड़िया के माध्यम से कोई दूसरी अनुभूति अपना प्रतिनिधित्व पा सकती है। यही मौन की महिमा है, यही उसकी अभिव्यंजना-क्षमता है।

'अरी ओ करुणा प्रभामय' संकलन की 'धूप' कविता में एक चित्र है–

सूप-सूप भर
धूप-कनक

---

1. आत्मनेपद, 'थिर हो गई पत्ती' -56 2. वही, वही, -56
3. सर्जना के क्षण, 'चिड़िया ने ही कहा' कविता –97-98

यह सूने नभ में गयी विखर :
चौंधाया
बीन रहा है
उसे अकेला एक कुरर।

यहाँ संध्याकालीन प्रकृति का एक बिंब भर है किंतु क्या यह केवल इतना ही है? यह 'कुरर' कौन है? 'धूप-कनक' क्या है? क्या यह केवल सूरज रूपी पक्षी द्वारा धूप रूपी कनक को चुन लेने की व्यंजना करता है? अपने-अपने स्मृति-संस्कारों के प्रकाश में न जाने यह 'कुरर' किसको क्या अर्थ देने लगे। यह कुरर अर्थ के सागर से चमत्कृत होकर दीप्त अनुभव-कणों को चुनने का अर्थ देने लगे तो कोई उसे कैसे रोक सकता है? अर्थ का सागर प्रकाश का सागर भी है, उस संदर्भ में 'चौंध' क्या अपनी सार्थकता नहीं पा लेगा? 'कुरर' किसी के लिए मुक्त आत्मा बन जाए, हंस बन जाए तो उसे ही कौन रोक सकता है? तब 'धूप-कनक' कबीर के 'हंसा' का 'मोती' बन जाएगा। किसी एक अर्थ को खोलकर कह देने पर नये-नये अर्थों की संभावना कुंठित हो जाती है, इसमें क्या संदेह है। इसलिए कवि एक ऐसा चेतन-बिंब प्रस्तुत करता है जो 'चिड़िया ने ही कहा' कविता की 'चिड़िया' की तरह है। एक दिन वह बिम्ब ही चेतन होकर बताएगा—'कुरर' ही बताएगा कि कौन सा 'कुरर'। और उस प्रकाश में अज्ञेय का पाठक भी रचयिता हो उठेगा। अज्ञेय की कविता में मौन के उपयोग का एक संदर्भ तो यही है।

दूसरा संदर्भ वहाँ है, जहाँ शब्दों के नये अनुषंग रचे गये हैं। अज्ञेय की मान्यता है—''कवि शब्द में शब्द नहीं जोड़ता, शब्दों के सान्निध्य मात्र से नये अर्थ रचता है, अर्थों, भावों, ध्वनियों, संस्कारों, रूपाकारों की अनेक गूँजे-अनुगूँजे उत्पन्न करता है, ध्वन्यर्थों का पूरा संसार रच देता है''।[1] नये 'अर्थ' की रचना और 'ध्वन्यर्थों का पूरा संसार' वहाँ उपस्थित नहीं होता। ध्वन्यर्थों का संसार तो शब्दों के नये संदर्भ और अनुषंग के कारण उद्‌घाटित होगा। पाठक अपने संस्कारों के अनुरूप वहाँ नयी अर्थ-छवियाँ, अर्थ-छायाएँ, अर्थ-व्यंजनाएँ पा सकते हैं।

अज्ञेय की एक कविता है—'जन्म दिवस'। पूरी कविता इस प्रकार है :

एक दिन
और दिनों-सा
आयु का एक बरस ले चला गया[2]

यहाँ प्रतीकात्मकता नहीं है किंतु 'बरस' को उठाकर ले जाने वाला 'दिन' है। यह दिन और दिनों सा ही एक दिन है किंतु फिर भी वह कितना असाधारण है। 'ले चला गया' कहने से दिन जीवंत हो उठा है। कहने वाले की ओर से 'ले चला गया' की व्यंजना यहाँ कृतज्ञता की नहीं है, कुछ खो देने की है। कुछ, जिसे वह खोना नहीं चाहता है किंतु 'दिन' उसकी आयु के एक 'बरस' कम करता हुआ, उसे लेकर चला गया। किसी की कोई कीमती वस्तु उठा ले जाए तो कैसा लगता है, अर्थ की एक छाया उस ओर संकेत करती

1. अंतरा –115-116
2. अज्ञेय काव्य-स्तबक –75

है। 'दिन' की ओर से देखें तो एक और ही अर्थ खुलने लगता है। यह दिन और दिनों सा ही है पर यह 'दिन' अच्छा खासा चमत्कारी है। इसका अनुमान भी नहीं लगाया जा सकता था कि यह दिन ऐसी कारगुजारी कर जायेगा। और दिनों सा ही है पर एक बरस लेकर चला गया—चला क्या गया, चुराकर भाग गया। 'जन्म दिवस' के सान्निध्य से एक और ही अर्थ-छवि सामने आयेगी। यह एक दिन और दिनों-सा भले ही हो, जन्म दिवस है। लोग जन्म दिन मनाते हैं। उत्सव होता है। उत्सव के रूप में आया हुआ दिन उल्लास के बीच से एक बरस ले चला गया है। ऐसा ले गया है कि फिर लौटाया नहीं जा सकता। यह कैसा उत्सव है जो देता हुआ नहीं, हर ले जाता हुआ आता है। जन्म-दिवस में जिस 'दिन' के लिए उपहार मिलते हैं, वह दिन ही यहाँ इतनी कीमती चीज़ (आयु) लेकर चला गया। इस अर्थ-छवि के प्रकाश में 'जन्म -दिवस' क्या रह गया—प्राप्ति का दिवस, आनन्द का दिवस या लुट जाने का दिवस? 'कवि' के सान्निध्य से कविता के शब्दों को देखें तो ये शब्द एक जीवन-सत्य की अर्थ-छवि प्रस्तुत करते हैं। कवि का ही जन्म दिवस है। उसने इस दिन को और दिनों जैसा ही पाया है। इस दिन में कोई अंतर नहीं था पर यह क्या, अचानक उसे यह एक नया सत्य मिला। अरे, यह दिवस तो उसके जीवन के एक बरस को लेकर चला गया! स्पष्ट है कि शब्दों के सान्निध्य से नयी-नयी अर्थ-छवियाँ, अर्थ-छायाएँ पायी जा सकती हैं।

मौन के प्रयोग का एक संदर्भ वहाँ है, जहाँ कविता में शब्द अथवा पंक्ति के बीच कुछ अनकहा छोड़ दिया गया है। वहाँ न तो प्रतीक है, न शब्दों के नये अनुषंग किंतु कुछ ऐसा है जिसे जान बूझकर (किसी अन्तर्निहित भाव अथवा विचार-दृष्टि के प्रभाव में) छोड़ दिया गया है। अज्ञेय की 'जन्म-दिवस' शीर्षक से एक दूसरी कविता में पंक्तियाँ हैं—

मैं मरूँगा सुखी/क्योंकि तुमने जो जीवन दिया था—
(पिता कहलाते हो तो जीवन के तत्त्व पाँच
चाहे जैसे पुंज-बद्ध हुए हों श्रेय तो तुम्हीं को होगा—)
उनसे मैं निर्विकल्प खेला हूँ—
खुले हाथ उसे मैंने वारा है—
धज्जियाँ उड़ाई हैं।[1]

कवि कहता है, तुमने जो जीवन दिया था, उससे मैं निर्विकल्प खेला हूँ। पर कोष्ठक में क्या है? विधाता के प्रति कृतज्ञता है या नाराजगी है? चाहे जैसे पुंज-बद्ध हुए हों तब भी 'श्रेय तो तुम्हीं को होगा'— कुछ तो है जो कहा नहीं गया है। या तो यह हो सकता है कि पाँच तत्त्वों को किसी और ने पुंज-बद्ध किया और विधाता को अकारण श्रेय दिया जा रहा है। 'पिता कहलाते हो तो' तर्क का आरंभ है, 'श्रेय तुम्हीं को होगा', निष्कर्ष है किंतु इस निर्ष्कष से जीवन की धज्जियाँ उड़ाने का संकल्प लिया गया है, यह कहाँ तक

1. अज्ञेय काव्य-स्तबक –117

उचित है? कुछ है, जो अनकहा है। फिर 'उससे मैं निर्विकल्प खेला हूँ-' —यह खेल कैसा होता है? 'खुले हाथों उसे मैंने वारा है',—वारा है, तो धज्जियाँ कैसे उड़ाई है? अनकहा है। सब मौन में है।

कविता में आगे की पंक्तियां हैं—

पाँच ही थे तत्त्व मेरी गूदड़ी में—मैंने नहीं गाना उन्हें लाल,
चाहे यह जीवन का वरदान तुम नहीं देते बार-बार—
(अरे, मानव की जोनि! परम संयोग है!)[1]

यहाँ कोष्ठक में मानव-योनि प्राप्त करने की खुशी तो नहीं है, परम संयोग पर व्यंग्य है, पर क्यों? यह अकथित है।

अज्ञेय की एक कविता है—'वन तुलसी की गंध'। पूरी कविता इस प्रकार हैः

आह! यह वन-तुलसी की गन्ध! आह!
एक उमस
मन के भीतर ही भीतर कर गयी अंध![2]

यहाँ कवि की स्मृति में कुछ है, जिसे 'वन तुलसी की गंध' जगा गयी है। कवि ने उसे अकथित छोड़ दिया है। 'गंध' ने 'उमस' को उभार दिया है। 'उमस' भीतर ही भीतर 'अंध' कर गयी है। यहाँ कौन सा संदर्भ है, कब का है, स्पष्ट नहीं है। 'आह', 'गंध', 'उमस', 'अंध' आदि विभिन्न पाठकों के विशिष्ट स्मृति संस्कारों में अपना साहचर्य पा सकें तभी कविता का 'मौन' पकड़ में आयेगा और बात खुलेगी। बात सबके लिए एक ही रूप में खुले, यह आवश्यक नहीं। 'सोन-मछली', 'द्वार हीन द्वार', 'न दो प्यार', 'ग्रीष्म की रात', 'छंद' आदि कविताओं में भी इसी तरह मौन का प्रयोग हुआ है।[3]

कभी-कभी अज्ञेय विराम-चिह्नों के प्रयोग से मौन में छिपी बातों की ओर संकेत भर दे देते हैं। 'सुनहले शैवाल' की भोर से संबंधित कविता की पंक्तियाँ हैं : भोर!/तुम!/आशी!/जीवन है!/आशीः'। पाँच पंक्तियों की इस कविता में, जिसमें एक पंक्ति को छोड़ सभी में एक ही शब्द है, विस्मयादिबोधक चिह्न का प्रयोग आश्चर्य, उल्लास, स्वीकृति आदि के कारणों की ओर संकेत भर करता है, अर्थ तो मौन में ही है।

ये कुछ ही संदर्भ हैं, जिनकी चर्चा यहाँ की गई है। अज्ञेय के अध्येता निश्चय ही और भी संदर्भ देख पायेंगे जहाँ उन्होंने 'मौन' का अभिव्यंजक प्रयोग किया है।

---

1. अज्ञेय काव्य-स्तबक –117
2. अज्ञेय काव्य-स्तबक –201
3. अज्ञेय काव्य-स्तबक, 'सोन-मछली' –69, 'द्वारहीन द्वार' –70, 'न दो प्यार' -76, 'ग्रीष्म की रात' –172, 'छंद' -206

छंद और लय

काव्य-विषयक चिंतन के संदर्भ में अज्ञेय ने छंद पर भी विचार किया है। वे छंद की बँधी हुई परिपाटी को नहीं स्वीकारते। सामान्यतः अक्षरों की संख्या, मात्रा अथवा वर्ण-गणना एवं यति-गति आदि से संबंधित विशिष्ट नियमों से नियोजित पद्य-रचना छंद कहलाती है किंतु अज्ञेय के अनुसार "छंद का अर्थ केवल तुक या बँधी हुई समान स्वरमात्रा या वर्ण संख्या नहीं है...छंद **योजना** का ही नाम है। जहाँ भाषा की गति नियंत्रित है वहाँ छंद है"।[1]

मुद्रण-युग से पहले कविता की वाचिक परंपरा थी, जिसमें कविता को प्रायः गाकर सुनाये जाने का प्रचलन था। इसी कारण कविता श्रव्य काव्य कहलाती थी। मुद्रण-युग ने एक नयी स्थिति उत्पन्न कर दी। अब कविता छप कर आने लगी और पढ़ी जाने लगी। पढ़ने की क्रिया अकेले में और चुपचाप भी की जा सकती है इसलिए छंद के पुराने बंधन अनावश्यक हो गए।

कविता की वाचिक परंपरा में विराम-चिह्नों का विशेष महत्त्व नहीं था, हस्तलिखित प्रतियों में या तो वे आते ही नहीं थे या फिर प्रत्येक पंक्ति के अंत में एक ही प्रकार का विराम-चिह्न सर्वत्र प्रयुक्त होता था। प्रश्न, विस्मय, हर्ष आदि के लिए कभी कोई चिह्न प्रयुक्त नहीं होता था। कविता को सुनाने वाला व्यक्ति स्वरों के उतार-चढ़ाव, काकु आदि के प्रयोग से ही प्रश्न, विस्मय आदि को व्यक्त करता था किंतु मुद्रित कविता में आवश्यकतानुसार अनेक प्रकार के विराम-चिह्नों एवं संकेतों का प्रयोग होता है। ये चिह्न कवि के मनोगत भाव को स्पष्ट करने में सहायक होते हैं। जहाँ कवि प्रश्न करना चाहता है वहाँ प्रश्नवाचक चिह्न होता है, जहाँ वह चुप रहना चाहता है वहाँ बिन्दुओं का प्रयोग करता है, जहाँ किसी बात का विशिष्ट संदर्भ या अर्थ संकेतित करना चाहता है वहाँ कोष्ठक का प्रयोग करता है। डैस, कोलन, कोमा, विस्मय, उद्धरण, गैप सूचक आदि अनेक प्रकार के विराम-चिह्नों एवं संकेतों से आज का कवि अपने मन्तव्य को मूर्त रूप देता है।

कविता के श्रव्य से पठ्य हो जाने के कारण वस्तुतः उसे परंपरा से प्राप्त छन्द शास्त्र की आवश्यकता ही नहीं रही। नये कवियों ने उसको छोड़ भी दिया किंतु उन्होंने छंद का पल्ला नहीं छोड़ा। उन्होंने इस दिशा में नये प्रयोग किये और लय को छंद के महत्त्वपूर्ण तत्त्व के रूप में पाया। नये कवियों ने 'नादलय', 'अर्थलय', 'आंतरिक लय', आदि के रूप में लय के कई भेद भी ढूँढ़ निकाले। 'अर्थलय' को छोड़ दें तो शेष प्रकार की लय मुख्यतः ध्वनियों के विशेष प्रकार के संगठन एवं नियमन से उत्पन्न होती है। इसलिए अज्ञेय मानते हैं कि भाषा की ध्वनियों का संगठन या नियमन ही छंद है। "छंद के द्वारा हम साधारण बोल-चाल के गद्य की लय को नियमित करते हैं—यानी स्वर-मात्राओं के परस्पर संबंधों को सरलतर बना देते हैं : जो निहित रहता है उसे विहित कर देते हैं— या कर नहीं देते तो पहचाना जाने लायक कर देते हैं।"[2]

---

1. जोग लिखी -190

2. भवन्ती -27

लय के महत्त्व को स्वीकारने के कारण ही नये कवि लय को शिल्प का एक महत्त्वपूर्ण पक्ष ही नहीं काव्य का एक आवश्यक गुण भी मानते हैं। लय उत्पन्न करने में सर्वाधिक सहायता स्वरों से मिलती है। नये कवियों ने स्वर-बोध को साधने की चेष्टा की है। स्वयं अज्ञेय ने स्वर-योजना को छंद का एक आवश्यक गुण माना है। "छंद स्वरों को स्पष्टतर करता है : भाषा की गति को धीमा करता है क्योंकि स्वरों की मात्रा बढ़ाता है : दीर्घतर स्वर अपनी पूरी अनुगूँज के साथ सामने आते हैं। उनकी सच्ची रंगत पहचानी जाती है। स्वरों की रंगत भावना की रंगत है, अतः छंद के द्वारा स्वर अर्थ की वृद्धि करते हैं। छंदमय उक्ति हमें शब्दार्थ भर नहीं देती–रंजना विशिष्ट भावार्थ देती है।"[1]

छंद और लय संबंधी अपनी मान्यताओं का अज्ञेय ने सर्वत्र पालन किया है, ऐसा नहीं कहा जा सकता। यद्यपि उन्होंने छंद के क्षेत्र में अनेक प्रयोग किये हैं किंतु आरम्भिक रचनाओं में उनकी छंद-योजना परंपरागत छंद-विधान से प्रभावित है। उन पर पूर्ववर्ती एवं समकालीन कवियों का प्रभाव भी देखा जा सकता है। कुछ कविताओं पर प्रसाद के 'आँसू'-छंद एवं 'कामायनी' के 'चिन्ता' सर्ग में व्यवहृत छंद का प्रभाव लक्षित होता है। गुप्त जी की 'हा ! हा !' शैली एवं तुकों का आग्रह भी यत्र-तत्र दृष्टिगत होता है। कहीं-कहीं बच्चन जी के छंद का प्रयोग मिलता है :

मैंने कहा, 'कंठ सूखा है
दे दे मुझे सुरा का प्याला,
मैं भी पीकर आज देख लूँ
यह तेरी अंगूरी हाला।[2]

16-16 मात्राओं के इस छंद में कुछ वैसा ही 'मधुशाला' वाला प्रवाह एवं शब्द-विधान है। 'प्याला' और 'हाला' भी वही है। इसके अतिरिक्त अज्ञेय की आरम्भिक छंद-योजना पर श्रीधर पाठक, हरिऔध, रामचरित उपाध्याय, महादेवी वर्मा आदि का प्रभाव भी लक्षित किया जा सकता है।

आरंभिक काल ही नियमित छंदों के प्रयोग का काल था। किंतु यहाँ भी कवि की विशिष्टता इस बात में दिख जाती है कि पुराने छंदों से ग्रहण किए गए प्रभाव को वे संस्कार के साथ उपस्थित करते हैं। बरवै, कवित्त, वीर, हरिगीतिका, गीतिका, रोला, मालिनी आदि छंदों का यत्र-तत्र प्रयोग मिलता है। कवि ने स्वयं स्वीकारा है, "रोला और वीर तो हिन्दी के अति परिचित छंद हैं, जिनसे कौन हिन्दी कवि बचा होगा; और गुप्तजी की कृपा से हरिगीतिका और गीतिका पर भी हाथ साफ करने का साहस किया। ...हरिऔध की यशोदा का विलाप पढ़कर मैंने मालिनी छंद में कई एक विलाप लिखे थे– राधा का, प्रवत्स्यत्पतिका वीर वधू का इत्यादि। मंद्राक्रांता तब इतना अच्छा नहीं लगता था, जितना बाद में लगने लगा, पर मैं 'शिखरिणी' पर विशेष मुग्ध था, विशेषकर पिताजी के पढ़े हुए

1. भवन्ती -27 2. इत्यलम् -66

'महिम्न स्तोत्र' के कारण। लेकिन ये छंद मुझसे सधे नहीं और पीछे बरवै के आकर्षण में अपनी असफलता का दुःख भी भूल गया।"[1]

"मधु, मंजरी, अलि पिक-रव सुमन, समीर/ नव वसन्त क्या जाने मेरी पीर।"[2] आदि अंशों में बरवै छंद अज्ञेय के काव्य में उपलब्ध है। कवित्त छंद के अन्तर्गत हुए प्रयोग के लिए इत्यलम् की 'वीर-बहू', 'बदली की साँझ' आदि कविताओं को देखना चाहिए। 'बदली की साँझ' की कुछ पंक्तियाँ देखिए :

धुंधली है साँझ, किन्तु अतिशय मोहमयी,
बदली है छाई, कहीं तारा नहीं दीखता।

ब्रजभाषा का कवित्त पढ़ने के बाद हिन्दी में प्रवाह का वही रूप नहीं मिलता। यहाँ हिन्दी का खड़ापन भी मिला हुआ है। इसी प्रकार उर्दू के बंद की लयात्मकता से युक्त छंद का प्रयोग कवि ने किया है।[3]

परंपरागत छंदों के अन्तर्गत ही लोकगीतों को भी लिया जा सकता है। कवि ने क़ई गीतों में लोकधुन लाने का प्रयत्न किया है। 'कांगड़े की छोरियाँ' कविता स्पष्टतः लोकधुन पर आधृत है। इसके अतिरिक्त 'पानी बरसा', 'आशीः' (इत्यलम्), 'कतकी पूनो', 'अकेली न जैयो राधे यमुना के तीर' (हरी घास पर क्षण भर), 'वसंत की बदली' (बावरा अहेरी), 'चातक पिउ बोलो' (इन्द्रधनु रौंदे हुए ये) आदि कविताएँ भी लोकधुन पर किये गये प्रयोगों से युक्त हैं। 'पानी बरसा' की कुछ पंक्तियाँ द्रष्टव्य हैं–

'ओ पिया, पानी बरसा!
ओ पिया, पानी बरसा!..
ओठ को ओठ, वक्ष को वक्ष–
ओ पिया, पानी!
मेरा हिया तरसा।
ओ पिया पानी बरसा![4]

इस गीत में पहली पंक्ति 'टेक' की पंक्ति है। लय के अनुरूप 'पिया' पर पहली यति है। दुहराते समय 'ओ पिया, पानी' पर ही एक बार विराम लिया जाता है। बीच के बंदों में काफी हेर-फेर है। पहले बंद में नौ पंक्ति के बाद 'टेक' की आवृत्ति होती है, दूसरे में छः पंक्ति के बाद। पहले और दूसरे बंद की पंक्तियाँ भी सम नहीं हैं। पहले बंद की पंक्तियाँ अपेक्षाकृत बड़ी हैं, दूसरे की छोटी, अधिकतर तीन शब्दों वाली। किंतु पूरे गीत में मुक्त छंद का अविच्छिन्न प्रवाह विद्यमान है। इसके अतिरिक्त अज्ञेय की अनेक कविताएँ गीतात्मक हैं, जैसे– **गीति-1, गीति-2, घृणा का गान, शिशिर के प्रति, प्राण तुम्हारी**

1. आत्मनेपद -24
2. चिन्ता -113
3. हरी घास पर क्षण भर -36
4. इत्यलम् –204-205

पदरज फूली, मैं तुम्हारे ध्यान में हूँ, रजनीगंधा मेरा मानस, दूरवासी मीत मेरे इत्यादि।

आरंभिक रचनाओं के बाद कवि मुक्त छंद पर उतर आया है। अज्ञेय ने सर्वाधिक प्रयोग इसी प्रकार के छंदों का किया है। इन्हीं छंदों में लय संबंधी विविध प्रयोग भी दृष्टिगत होते हैं इनकी रचना कहीं तो लय और तुक के आंतरिक प्रवाह पर आधृत है, कहीं गद्य की लय पर। कहीं उनके संस्कार में बसे हुए परंपरागत छंदों ने नवीन रूपाकार वाले मुक्त छंद में भी वही लय भर दिया है। दो-दो एवं एक-एक शब्द की पंक्तियों वाले विशिष्ट छंद लिखने की प्रवृत्ति भी अज्ञेय में अनेक स्थलों पर दिखलाई पड़ती है, साथ ही इस प्रवृत्ति का विलोम भी कई कविताओं में परिलक्षित होता है। दोनों तरह के छंदों का उदाहरण एक साथ देखिये–

(1) निचले
हर शिखर पर
देवलः
ऊपर
निराकार
तुम
केवल[1]...

(2) नहीं नहीं नहीं। ये हंसावलियाँ नहीं ये ब्रह्मपुत्र की मछलियाँ हैं
जिन्हें चीनी सिपाहियों ने डायनामाइट लगाकर सन्न कर दिया है।[2]

पहले उद्धरण में हर, शिखर, पर, देवल में 'अ' स्वर की पुनरावृत्ति से आंतरिक लय उत्पन्न हुई है। 'ऊपर' के बाद 'निराकार' में 'आ' स्वर लय को ऊँचा उठा देता है। 'तुम' और 'केवल' में 'अ' उसे फिर समतल पर ले आता है। पढ़ते समय 'निचले हर शिखर पर देवल' एक खण्ड बनता है तथा 'ऊपर निराकार तुम' दूसरा खण्ड। 'केवल' को दूसरे खण्ड के साथ भी पढ़ा जा सकता है और हल्का-सा विराम देकर भी। यदि शब्दों को टुकड़े में न पढ़ा जाय और स्वरों के प्रभाव पर ध्यान न दिया जाय तो यहाँ लय ढूँढ़ना असंभव हो जायगा। दूसरे उद्धरण में गद्य की लय है। यहाँ पहली पंक्ति में 'नहीं नहीं' का आंतरिक तुक, 'मछलियाँ' शब्द की 'याँ' से मिलकर प्रवाह उत्पन्न करता है। इन पंक्तियों में भी स्वरों के विशेष प्रकार के नियोजन से ही लय उत्पन्न हुई है।

यद्यपि अज्ञेय ने छोटी से छाटी एक शब्द वाली पंक्ति तथा गद्य-विद्या को छूती हुई बड़ी से बड़ी पंक्ति को अपने छंदों में स्थान दिया है तथापि मध्यम आकार की पंक्ति वाले छंदों की संख्या ही उनके काव्य में अधिक है। प्रायः एक ही छंद में कुछ पंक्तियाँ बहुत छोटी तथा कुछ बड़ी होती हैं, जैसे–

---

1. पहले मैं सन्नाटा बुनता हूँ -75 2. इत्यलम् -33

लहर पर लहर पर लहर पर लहरः
सागर, क्या तुम जानते हो कि तुम
क्या कहना चाहते हो ?
टकराहट, टकराहट, टकराहटः
पर तुम
तुम से नहीं टकराते;
कुछ ही तुम से टकराता है
और टूट जाता है जिसे तुम ने नहीं
तोड़ा।[1]

यह एक मध्यम आकार की पंक्तियों वाला छंद है जिसमें एक शब्द वाली पंक्ति भी है और आठ शब्दों वाली भी। इसमें शब्दों की आवृत्ति तथा समान स्वर वाले शब्दों से लय उत्पन्न की गई है। 'लहर' एवं 'टकराहट' की आवृत्ति तो है ही; दूसरी पंक्ति का 'जानते हो' तीसरी पंक्ति के 'चाहते हो' से तथा पाँचवी पंक्ति का 'तुम' छठी पंक्ति के 'तुम' से मिलकर पंक्तियों में आंतरिक लय उत्पन्न कर देते हैं। लहरों के बार-बार प्रयोग से लहर के बार-बार उमड़ने का बिम्ब भी मन में उभर आता है।

अज्ञेय की कविता प्रायः सर्वत्र लयात्मक है। जो कविताएँ गद्यात्मक हैं वहाँ भी स्वर ध्वनियों से आंतरिक लय उत्पन्न कर ली गयी है। लय उत्पन्न करने के साधनों में नादात्मक, अनुकरणात्मक एवं स्फोटात्मक शब्दों का सहारा लेने के साथ-साथ कवि ने काकु की मदद भी ली है। अज्ञेय सृष्टि की सारी घटनाओं में लय की उपस्थिति देखते हैं। भवन्ती में वे लिखते हैं : 'कोई भी लययुक्त गति–फूलचुही का पंख फड़फड़ाते हुए क्षण-भर को अधर में अटक जाना; अच्छी तैराकी; घुड़दौड़ की सरपट; अबाबील की लहराती या बाज की सीधी उड़ान; हिरण की छलाँग, कुम्हार के चाक पर सकोरे का रूपायन... सूची का कोई अन्त है ? एकाएक सोचता हूँ कि कितनी सुन्दर है दुनिया– क्योंकि कितनी लययुक्त गतियाँ दिखती हैं इसमें!'[2]

अज्ञेय ने अपने काव्य में ऐसी ही अनन्त लययुक्त गतियों का अंकन किया है। उनकी कविता में एक ओर विदेशी प्रभाव से 'हाइकू' एवं 'रेंगा' छंद आए हैं तो पंजाबी एवं बंगाली की शैली की पंक्तियाँ भी आई हैं। उनकी कविता में लय की स्थिति प्रकृति की तरह अनियम में नियम से युक्त है, सागर की तरह उसकी विभिन्न मुद्राएँ हैं किंतु मुख्यतः वे उद्दाम, तेज एवं द्रुत लय के नहीं, मंद एवं शांत लय के कवि हैं।

---

1. पहले मैं सन्नाटा बुनता हूँ- 'सागर मुद्रा-12'
2. भवन्ती, प्रथम सं. -11

आधार एवं सहायक ग्रंथ

अज्ञेय की रचनाएँ

कविता-संग्रह

भग्नदूत (1933)
चिंता (1942)
इत्यलम् (1946)
प्रिज़न डेज़ एण्ड अदर पोयम्स (अंग्रेजी, 1946)
हरी घास पर क्षण भर (1949)
बावरा अहेरी (1954)
इन्द्रधनु रौंदे हुए ये (1957)
अरी ओ करुणा प्रभामय (1959)
आँगन के पार द्वार (1961)
पूर्वा ('इत्यलम्' तथा 'हरी घास पर क्षण भर', 1965)
सुनहले शैवाल (1965)
कितनी नावों में कितनी बार (1967)
क्योंकि मैं उसे जीनता हूँ (1969)
सागर-मुद्रा (1970)
पहले मैं सन्नाटा बुनता हूँ (1973)
महावृक्ष के नीचे (1977)
सर्जना के क्षण (1979)
नदी की बाँक पर छाया (1981)
सदानीरा (दो खण्डों में, 1986)
ऐसा कोई घर आपने देखा है (1986)
मरुथल (अज्ञेय की अंतिम कविताएँ, 1995)
अज्ञेय काव्य-स्तबक (सं) विधानिवास मिश्र, रमेशचंद्र शाह, 1995)

निबंध-संग्रह (गद्य-संकलन)

त्रिशंकु (1945)
आत्मनेपद (1960)
हिन्दी साहित्य : एक आधुनिक परिदृश्य (1967)
सबरंग और कुछ राग (1969)
आल वाल (1971)
लिखि कागद कोरे (1972)
जोग लिखी (1977)
अद्यतन (1977)
संवत्सर (1978)
स्रोत और सेतु (1978)
व्यक्ति और व्यवस्था (1979)
अपरोक्ष (1979)
युग संधियों पर (1981)
धार और किनारे (1982)
स्मृति-लेखा (1982)
कहाँ है द्वारका (1982)
आत्मपरक (1983)
छाया का जंगल (1984)
केन्द्र और परिधि (1984)
सर्जना और संदर्भ (1985)

अन्तः प्रक्रियाएँ

भवन्ती (1972)
अंतरा (1975)
शाश्वती (1979)

कहानी-संग्रह

विपथगा (1937)
परंपरा (1944)
कोठरी की बात (1945)
शरणार्थी (1948)

जयदोल (1951)
ये तेरे प्रतिरूप (1961)
अमर वल्लरी और अन्य कहानियाँ 1954)
कड़ियाँ और अन्य कहानियाँ (1957)
अछूते फूल और अन्य कहानियाँ (1960)
संपूर्ण कहानियाँ (दो खंडों में 1975)

उपन्यास

शेखर : एक जीवनी, भाग-1 (1941)
शेखर : एक जीवनी, भाग-2 (1944)
नदी के द्वीप (1952)
अपने अपने अजनबी (1961)
बारह खंभा (संयुक्त कृति, दस अन्य लेखकों के साथ एक प्रयोग)

यात्रा-वृत्तांत

अरे यायावर रहेगा याद (1953)
एक बूँद सहसा उछली (1960)

नाट्य कृति

उत्तर प्रियदर्शी (1967)

अज्ञेय द्वारा संपादित ग्रंथ

तार सप्तक (कविता-संग्रह, 1943)
नेहरू अभिनंदन ग्रंथ (संयुक्त रूप से, 1951)
नये एकांकी (1952)
हिन्दी की प्रतिनिधि कहानियाँ (1952)
दूसरा सप्तक (कविता-संग्रह) (1957)
तीसरा सप्तक (कविता-संग्रह) (1959)
पुष्करिणी (कविता-संग्रह) (1959)
रूपाम्बरा (कविता-संग्रह) (1960)
आज का भारतीय साहित्य
इण्डियन पोएटिक ट्रेडिशन (विद्यानिवास मिश्र एवं लेनार्ड नाथन के साथ)
सामाजिक यथार्थ और कथा-दृष्टि
साहित्य और परिवेश

समकालीन कविता में छंद

भारतीय कला-दृष्टि

'नये साहित्य-स्रष्टा माला' में रघुवीर सहाय, सर्वेश्वर दयाल सक्सेना, शांति मेहरोत्रा और अजित कुमार के साहित्य-संकलन

वत्सल-निधि ग्रंथ-माला-संपादन

सर्जन और संप्रेषण (1983)

साहित्य और समाज परिवर्तन (1984)

अज्ञेय द्वारा अनूदित ग्रंथ

हिन्दी 'त्यागपत्र' (जैनेन्द्र कुमार) से अंग्रेजी 'द रेजिग्नेशन' (1946)

बाङ्ला 'गोरा' (रवीन्द्रनाथ ठाकुर) से हिन्दी 'गोरा' (1961)

बाङ्ला 'राजा' (रवीन्द्रनाथ ठाकुर) से हिन्दी 'राजा' (1963)

हिन्दी 'अपने अपने अजनबी' (अज्ञेय) से अंग्रेजी 'टू ईच हिज स्ट्रेंजर' (1967)

हिन्दी 'नदी के द्वीप' (अज्ञेय) से अंग्रेजी 'आइलेंड्स इन द स्ट्रीम' (1979)

अंग्रेजी 'विवेकानंद' (रोमां रोलां) से हिन्दी 'विवेकानंद'

बाङ्ला 'श्रीकांत' (शरतचंद्र चट्टोपाध्याय) से हिन्दी 'श्रीकांत'

अंग्रेजी 'विजिर' स एलीफेंट' (इवो आंद्रिक) से हिन्दी 'वजीर का फीला'

लागर क्विस्ट के तीन उपन्यासों का अंग्रेजी से हिन्दी अनुवाद

हिन्दी 'भवन्ती' (अज्ञेय) से अंग्रेजी 'ट्रक्युलेंट क्ले' (1982)

हिन्दी 'अंतरा' (अज्ञेय) से अंग्रेजी 'ब्रेकिंग द ग्राउंड' (1984)

विभिन्न लेखकों के ग्रंथ

अज्ञेय और आधुनिक रचना की समस्या-रामस्वरूप चतुर्वेदी

अज्ञेय का काव्य-संसार : शब्द और सत्य (सं.) अशोक वाजपेयी

अज्ञेय- (सं) विश्वनाथ प्रसाद तिवारी

अज्ञेय का रचना संसार (सं.) डॉ. गंगा प्रसाद विमल

अज्ञेय कवि - डॉ. ओऽम प्रकाश अवस्थी

अज्ञेय का काव्य - सुमन झा

अज्ञेय की कविता : परंपरा और प्रयोग - रमेश ऋषिकल्प

अज्ञेय की सौंदर्य-संसृति - डॉ. रामशंकर त्रिपाठी

आज के लोकप्रिय कवि : अज्ञेय (सं.) विद्यानिवास मिश्र

फिलहाल - अशोक वाजपेयी

कविता के नये प्रतिमान - नामवर सिंह

नयी कविता का आत्मसंघर्ष तथा अन्य निबंध - ग.मा. मुक्तिबोध

मुक्तिबोध रचनावली-5 - ग. मा. मुक्तिबोध

नयी कविता : सीमाएँ और संभावनाएँ - गिरिजाकुमार माथुर

प्रगति और परंपरा - रामविलास शर्मा

विवेक के रंग (सं) डॉ. देवीशंकर अवस्थी

अध्ययन और अन्वेषण (सं) डॉ. देवराज

प्रयोगवाद और नयी कविता - डॉ. शंभुनाथ सिंह

आधुनिक साहित्य की प्रवृत्तियाँ - नामवर सिंह

आधिुनिक कविता की प्रवृत्तियाँ - डॉ. नगेन्द्र

नये प्रतिमान पुराने निकष - लक्ष्मीकांत वर्मा

समकालीन हिन्दी साहित्य - अलेक्सान्द्र सेन्केविच

काव्य शास्त्र - डॉ. भगीरथ मिश्र

लिटरेरी क्रिटिसिज्म, शार्ट हिस्ट्री - विलियम के विमसेट

कोश-ग्रंथ

हिन्दी साहित्य कोश, भाग-1 - ज्ञान मंडल लिमिटेड, वाराणसी

बृहत् हिन्दी कोश - ज्ञान मंडल लिमिटेड, वाराणसी

संस्कृत हिन्दी कोश - वामन शिवराम आप्टे, नाग प्रकाशन, दिल्ली

मानक अंग्रेजी-हिन्दी कोश - हिन्दी साहित्य सम्मेलन, प्रयाग

व्यावहारिक उर्दू - हिन्दी शब्द कोश– (सं) सैयद असद अली, लिपि प्रकाशन, दिल्ली

कॉलिन्स इंग्लिश डिक्शनरी

पत्र-पत्रिकाएँ

प्रतीक

क. ख. ग.

धर्मयुग

सारिका

अमृत-प्रभात

नवभारत टाइम्स